U0795114

经济管理类课程教材·国际贸易系列

对外经济贸易大学国际贸易教材编写组

国际金融

主　编　刘　园
副主编　郑晓佳

中国人民大学出版社
·北京·

内容简介

本书用十章的篇幅呈现了国际金融学的发展动态，涵盖了近年来国际金融领域的最新变化等，旨在培养具有家国情怀的高素质金融人才。本书编写时突出了金融理论解析的逻辑性、金融理论与金融市场的联动性、金融工具的实操性和案例选择的时效性，既对基础知识进行了详尽介绍，又对金融理论进行了重点评述。

本书在体例架构上设置了引导案例、教学目的、中国视角、阅读专栏、延伸阅读专栏、思考题等，为教师教学和学生学习提供了较大的便利。

本书可供国际经济与贸易、金融学、国际商务等经管类专业本科生使用，同时对企业和金融机构的从业人员也具有很高的实用价值。

作者简介

刘园，对外经济贸易大学国际经济贸易学院教授、博士生导师，世界经济学会国际贸易与投资专业委员会副秘书长，国际贸易学会理事，跨国公司研究会常务理事。主要研究领域为：国际金融、国际商务谈判、国际贸易与投资等。在国内外发表了多篇金融专业论文，出版了多部经济学和金融学专著，主持完成了多个国家社科基金项目，并编写了多部金融、经济学专业教材。

郑晓佳，对外经济贸易大学国际经济贸易学院副教授、博士生导师。在 *Journal of Corporate Finance*、*Journal of Banking & Finance*、*Journal of Business Research*、《管理世界》、《金融研究》等顶尖国内外学术期刊上发表了多篇论文，研究成果曾获第二十二届“安子介国际贸易研究奖”，主编了《公司金融》《公司治理：文献研读与未来展望》两本教材，主持了一个国家自然科学基金项目。

总序

在全球经济一体化的大背景之下，尽快培养出我国国际贸易领域的专业化、国际化人才，已经成为当前市场经济发展迫在眉睫的任务。

本着加强国际贸易学科建设、努力培养能满足社会需求的贸易人才的理念，由对外经济贸易大学牵头，中国人民大学等校鼎力合作，并经过联合攻关，编写了这套适应新时期教学需要的国际贸易教材。

纵观本套教材，其特点主要有三：

第一，内容前瞻新颖。本套教材立足于市场经济发展的前沿，借鉴了国际上先进的贸易工作经验，采用新结构、新内容、新观点、新方法，并紧跟时代发展的步伐。

第二，知识丰富实用。本套教材对国际贸易工作从理论到实践的方方面面做了介绍，它以实务为中心，将应掌握的知识和技能贯穿于每一个案例中，可以帮助学生明确在工作中应做什么、怎样才能做好以及怎样不断提高工作效率。

第三，架构系统全面。本套教材是由多本教材组成的相互关联、衔接有序的动态系统，囊括了国际贸易的全部内容。

总之，我们集思广益，在教材的先进性、实用性、规范性等方面做了大量的工作。真诚地期待广大师生和其他读者提出宝贵的意见和建议。

对外经济贸易大学国际贸易教材编写组

前言

国际金融是一国宏观经济的重要组成部分，而国际金融学就是专门研究国际货币与资本的运动规律的学科，换言之，国际金融学寻找的是人类社会的财富密码。

然而，2020年开始，一场始料未及的新冠疫情肆虐全球，直到2022年初春那个疫情尚未完全退却的乍暖还寒时节，又突发了一场关系到东西方乃至世界各国利益的俄乌冲突。这场冲突和新冠疫情一起不仅重创了世界经济，而且深刻改变了国际金融关系的基本格局：外汇交易规则调整，各国货币汇率剧烈波动；主要经济体对金融市场进行强力干预，金融机构面临爆雷风险；数字金融创新异军突起，国际资产价格定价基石被颠覆……这一切都对国际政治经济关系的走向产生了深远影响，重构了各国金融竞争力乃至综合实力的版图。

国际金融的研究内容主要包括外汇与国际收支、汇率与汇率决定、外汇市场与外汇交易、国际融资业务、国际储备与国际债务危机、国际货币制度与国际金融组织等。

本教材以习近平新时代中国特色社会主义思想为指导，全面落实党的二十大精神，在编写结构设计上注重前沿性、逻辑性、完整性和实操性，以培养学生的理解能力、判断能力、分析能力和解决实际问题的能力为宗旨，较为全面地把握了知识点介绍的科学性、全面性、凝练性和时效性，非常适合金融专业和其他经济类相关专业学生以及金融从业者学习及使用。

为适应时代发展要求，根据党的二十大为我国未来金融改革指引的方向，本教材在设置引导案例、教学目的、中国视角、阅读专栏的基础上，还设置了有利于培养具有家国情怀和远大理想的优秀人才的延伸阅读专栏。在此基础上，本教材不仅提供了教学课件，而且在教学大纲中提供了由多种题型的题目组成的章节测验及测验答案，极大地方便了教师的课堂教学。

本版教材主编为对外经济贸易大学国际经贸学院金融系博士生导师刘园教授，副主编为郑晓佳博士。此外，王亦豪、王健等也为本书作出了贡献，特此致谢！

刘园

2024 年于北京

目录

第一章 外汇与国际收支

引导案例

2022年中国国际收支的八个新变化

近日，国家外汇管理局公布了2022年第四季度国际收支平衡表初步数据。从2022年年度与季度国际收支平衡表中，我们可以看到八个引人注目的新变化。

第一，2022年中国经常账户顺差高达4 175亿美元，是仅次于2008年的4 206亿美元的历史次高。2022年中国货物贸易顺差达到6 856亿美元，创下历史新高，历史次高为2015年的5 761亿美元。2022年中国服务贸易逆差仅为943亿美元，这是自2012年以来的新低。

第二，中国的初次收入逆差在2020年、2021年、2022年屡创历史新高，分别达到1 182亿美元、1 620亿美元与1 942亿美元。最重要的原因在于外国投资者在华投资收益不断上升，在2020年、2021年、2022年分别达到3 008亿美元、3 483亿美元、4 174亿美元，后两年均创历史新高。

第三，如果用非储备性质金融账户和净误差与遗漏项之和来衡量中国私人部门的资本流动，那么该指标在2022年为2 768亿美元的净流出，这是自2015年与2016年之后的历史第三高净流出（2015年与2016年分别为6 363亿美元与6 347亿美元）。

第四，在2022年，中国直接投资项下净流入仅为323亿美元，这是自2017年以来的直接投资净流入的新低，与2021年直接投资2 059亿美元的净流入形成鲜明对比。值得注意的是，在2022年第三季度与第四季度，中国对外直接投资规模分别达到396亿美元与447亿美元，而中国外商直接投资规模分别为141亿美元与284亿美元，这意味着，中国在2022年下半年再度成为直接投资的净输出国（中国在2016年一度成为直接投资的净输出国，规模达到417亿美元）。值得一提的是，2022年中国对外直接投资高达 1 580 亿美元，这是继 2016 年与 2015 年之后的历史第三高（2016 年为 2 164 亿美元，2015 年为 1 744 亿美元）。此外，2022 年中国外商直接投资为 1 903 亿美元，显著低于 2021 年的 3 340 亿美元以及 2020 年的 2 531 亿美元。

第五，2022 年前三季度证券投资项下净流出达到 2 606 亿美元，远远超过了 2006 年 684 亿美元的净流出历史峰值。这意味着，在 2022 年，证券投资项下净流出成为中国非储备性质金融账户净流出最重要的贡献者。这一点与近年来中国加快国内金融市场开放有着密切联系。这也意味着，在未来，我们应该高度重视证券投资项下资本流动对中国国际收支与人民币汇率的影响。

第六，在 2022 年第二、三季度，中国其他投资项连续两个季度出现净流入，这是自 2017 年第四季度与 2018 年第一季度以来的首次，说明其他投资项的净流出现象有所减弱。在 2020 年与 2021 年，中国其他投资项净流出分别为 2 452 亿美元与 2 298 亿美元。而在 2022 年前三季度，其他投资项出现了 94 亿美元的净流入。从季度数据来看，在 2022 年第二、三季度，中国对外其他投资连续两个季度出现净撤回，这是自 2006 年第一、二季度以来的首次净撤回。

第七，2022 年，从国际收支平衡表来看，中国增加了 982 亿美元外汇储备，然而从央行资产负债表来看，外汇储备存量由 2021 年 12 月的 32 502 亿美元下降至 2022 年 12 月的 31 277 亿美元，下降了 1 225 亿美元。如果我们把央行资产负债表的外汇储备变动规模与国际收支平衡表的外汇储备变动规模之间的差额算作估值效应，那么在 2022 年，由于美国长期利率上升（导致美国国债市场价值缩水）与美元升值（导致其他币种资产折算为美元的价值缩水），中国外汇储备资产面临 2 207 亿美元的估值损失。

第八，2022 年，中国储备资产中的货币黄金项增加了 35 亿美元，这意味着中国政府在境外购买了黄金。事实上，这是自 2009 年以来中国政府首次在境外购买黄金。2009 年货币黄金项增加了 49 亿美元。

资料来源：张明. 2022 年中国国际收支的八个新变化. 新浪财经，2023－02－14.

/ 教学目的 /

通过学习本章，应掌握与国际收支相关的基本概念，熟悉国际收支涵盖的各种经济交易的内容以及国际收支平衡表账户设置和记账的规则，学会运用相关理论理解国际收支失衡的原因、失衡的类型和各国政府采取的调节国际收支失衡的措施。

中国视角

通过学习国际收支平衡表、国际收支差额调节措施等相关知识，深入了解改革开放以来中国国际收支状况发生的巨大变化，深入领会党的二十大精神，正确认识中国经济腾飞奇迹的伟大意义，增强制度自信和道路自信。

第一节　外　汇

外汇的产生是人类社会商品流通和商品经济发展的必然结果。

由于各国货币制度不同，各国货币的价格标准和价格符号不同，一国的货币通常只能在本国流通。因此，当清偿国际债权债务时，需要进行国与国之间的货币兑换，这种金融活动就是国际汇兑，这也是外汇的最初含义。

一、外汇的含义

外汇有静态外汇与动态外汇之分。

静态外汇描述的是外汇作为一种物质的特性，即外汇是指一国所持有的、以外币表示的、可以用于国际结算和支付的流通手段和支付手段。其具体形态包括：存放在国外银行的外币资产或以外币表示的银行存款；可以在国外得到偿付的、以外币表示的各种商业票据和支付凭证；外国政府国库券和其他外币有价证券；其他对外债权及外币现钞等。

国际货币基金组织（IMF）对外汇的定义为：外汇是货币行政当局（中央银行、货币管理机构、外汇平准基金组织及财政部）以银行存款、财政部库券、长短期政府证券等形式所持有的在国际收支逆差时可以使用的债权。

我国对外汇的定义为：《中华人民共和国外汇管理条例》规定："本条例所称外汇，是指下列以外币表示的可以用作国际清偿的支付手段和资产：（一）外币现钞，包括纸币、铸币；（二）外币支付凭证或者支付工具，包括票据、银行存款凭证、银行卡等；（三）外币有价证券，包括债券、股票等；（四）特别提款权；（五）其他外汇资产。"

与 IMF 对外汇的定义相比，我国对外汇的定义有两个特点：①不强调外汇的官方持有性；②不仅包括生息资产，也包括外国货币和支付凭证等流通手段。

IMF对外汇的定义与我国对外汇的定义都属于广义上对静态外汇的定义。

狭义的静态外汇是指以外币表示的、可直接用于国际结算的支付手段和工具。从这个意义上讲，只有放在国外银行的外币存款，以及索取这些存款的外币票据和外币凭证才是外汇。

动态外汇描述的是外汇作为一种活动的特性，即外汇是指把一国货币兑换成另一国货币并借以清偿国际债权债务关系的一种专门性经营活动。早期的外汇概念指的就是这种国际汇兑活动。

二、外汇的特征

外汇必须具备以下三个特征：

（1）外汇必须以本国货币以外的外国货币来表示。虽然本国货币及以其表示的支付凭证和有价证券等可用作国际结算的支付手段或国际汇兑，但是对本国居民来说它们并不是外汇。

（2）外汇必须是可以自由兑换的货币（记账外汇除外）。一种货币只有在能够自由兑换成其他货币或者其他形式的资产时，才能作为国际支付和国际汇兑的手段。

（3）外汇必须具有普遍接受性。只有能够在国际上得到偿付，能够被各国普遍接受的货币，才能承担国际支付的责任，才能成为外汇。

三、外汇的种类

外汇的种类可以从不同角度、以不同标准或根据不同的研究目的来划分，但常用的划分方法主要有以下几种。

1. 从能否自由兑换的角度划分

从能否自由兑换的角度，外汇可分为自由外汇和记账外汇。

自由外汇（free foreign exchange）也称现汇，是指那些可以在国际金融市场上自由买卖、在国际支付中广泛使用并可以无限制地兑换成其他国家货币的外汇，即上文所述的静态外汇，如美元（USD）、英镑（GBP）、日元（JPY）、港元（HKD）等货币。这种外汇既可以互相自由兑换，也可以用于向第三国支付，而且被世界各国普遍接受。与自由外汇对应的是限制自由兑换货币和不可自由兑换货币。

记账外汇（foreign exchange of account）也称双边外汇或协定外汇，是指用于贸易协定或支付协定项下双边清算所使用的外汇。一般是在两国签订协定后，在双方中央银行或指定银行设立双边清算账户，以协定中规定的货币作为记账货币，两国之间发生的外汇收支均以记账货币为单位记入对应的清算账户。最后，以相互抵消的方式清算在协定范围内所发生的债权债务。记账外汇所使用的货币既可以是协定国任何一方的货币，也可以是第三国货币，但它不能自由兑换成其他国家货币，也不能用于向第三国支付，只能在协定国之间使用。

2. 从外汇买卖交割期限的角度划分

从外汇买卖交割期限的角度，外汇可以分为即期外汇和远期外汇。

即期外汇（spot foreign exchange）即现汇，是指在国际贸易或外汇买卖成交后两个营业日内办理交割的外汇。

远期外汇（futures foreign exchange）即期汇，是指买卖双方按商定的汇率订立合约、在约定日期办理交割的外汇。一般期限为 3～6 个月，其中 3 个月期限的较为普遍。

交割是指买卖双方履行交易合约，款货授受，进行实际收付的行为。

3. 从使用范围的角度划分

从使用范围的角度，外汇可以分为贸易外汇和非贸易外汇。贸易外汇是指商品进出口，即有形贸易收支所使用的外汇。非贸易外汇是指劳务进出口，即无形贸易收支及单方面转移收支等所使用的外汇。

4. 从持有人的角度划分

从持有人的角度，外汇可分为官方外汇和私人外汇。

官方外汇是指由一国财政部、货币当局或其他政府机构以及国际组织所持有的外汇。官方外汇是一国国际储备的主要组成部分，可用于维持一国货币汇率的稳定、平衡一国的国际收支差额和偿付一国对外到期债务等。一国的官方外汇必须是自由兑换货币，限制性兑换货币和不可自由兑换货币都不是真正的外汇。

私人外汇又称个人外汇，是官方外汇的对称，指具有自然人地位的居民和非居民所持有的外汇。与官方外汇相同的是，私人外汇也必须是自由兑换货币。一般情况下，一国境内私人外汇的多少与该国的开放程度和发达程度直接相关。

5. 从对一国经济金融的重要性的角度划分

从对一国经济金融的重要性的角度，外汇可分为关键货币和基准货币。

关键货币是指能自由兑换、在国际上被普遍接受的货币。关键货币与黄金不同，它是作为国际储备的特定货币，并且在一定条件下可兑换成黄金或其他储备资产。关键货币是一国主要的计价货币、结算货币和资产货币，比如第二次世界大战之前的英镑和当今的美元、欧元、英镑等。通常关键货币也是一个国家的储备货币、基准货币。

在计算汇率时，往往先算出本国货币与在本国对外经济关系中经常使用的某一主要货币之间的汇率，以其作为基准，再套算出本国货币和其他国家货币之间的汇率。

因为逐一计算本国货币和所有国家货币的汇率不仅没有必要，而且效率太低。计算基准汇率时所采用的主要货币就是该国的基准货币。

6. 从外汇形态的角度划分

从外汇形态的角度，外汇可以分为外币现钞和外币现汇。外币现钞是指外国钞票、铸币，现钞主要从国外携入，属于广义外汇。外币现汇的实体是在货币发行国本土银行的存款账户中的自由外汇，现汇是由境外携入或寄入的外汇票据，经本国银行托收后存入，为狭义外汇。

除以上常见划分方法外，外汇还有许多种分类，如黑市外汇、劳务外汇、旅游外汇、留成外汇等。

四、外汇头寸

外汇头寸是指银行日常经营活动中外汇收入与外汇支出之间的差额。外汇头寸通常表现为各种外币账户余额的状况。如果某种外币的买入超过了卖出，则称为“多头”或“超买”，反之则称为“空头”或“超卖”；如果某种外币的买入等于卖出，则称为“轧平”。如不对“多头”或“空头”头寸加以抛补处理，则该头寸会变为“敞口头寸”或者“风险头寸”，金融机构将面临因该种货币币值变动而带来的财富价值变动的可能。

五、外汇的作用

外汇是随着国际经济交往的发展而产生的，反过来，它又推动了国际经贸关系的进一步发展，在国际政治、文化、科技交往中起着重要的纽带作用。

1. 充当国际结算的支付手段

在世界经济交往中，如果没有可兑换的外汇，那么每笔交易都必须用充当“世界货币”的黄金来支付和结算，而在各国间运送黄金既要花费大量的运送费，又会耽误支付的时间，给有关方面造成资金占压，同时还要承担很大风险。以外汇充当国际结算的支付手段，则能解决这一难题。利用国际信用工具，通过在有关银行账户上转账或冲抵的方法来办理国际支付，既安全迅速又简单方便，还可节省费用，加速资金周转，促进国际经贸关系的发展。

2. 实现国际购买力的转移

当今世界各国实行的是纸币流通制度。各国货币不同，一国货币一般不能在别国流通，对于别国市场上的商品和劳务没有直接的购买力。外汇作为国际支付手段被各国普遍接受，它使货币购买力得以在不同国家间转移，极大地促进了世界各国在经济、政治、科技、文化等领域的相互交流。

3. 调剂国际资金余缺

由于世界经济发展不平衡，各国资金的余缺程度不同，客观上需要在世界范围内进行资金的调剂。不同国家的资金调剂，不像一国范围内资金余缺部门相互调剂那样直接进行。外汇的可兑换性使各国余缺资金的调剂成为可能，从而推动了国际信贷和国际投资活动的进行，使资金的供求在世界范围内得到调节，对于国际金融市场的繁荣以及世界经济的快速发展起到了巨大的推动作用。

4. 充当国际储备资产

国际储备是指一国货币当局所持有的，能随时用来支付国际收支差额，干预外汇市场，维持本币汇率稳定的流动性资产。国际储备由货币性黄金、外汇储备、在基金组织的储备头寸（普通提款权）以及特别提款权构成。其中，外汇储备是当今国际储备的主体，所占比重最大、使用频率最高。外汇储备的主要形式是国外银行存款与外国政府债券。能充当储备货币的一般是那些可自由兑换、被各国普遍接受、价值相对稳定的货币。

第二节　国际收支

随着各国经济的发展和科学技术的进步，在广泛的国际交往中，必然涉及国际收支问题。国际收支是衡量一国经济对外开放的主要工具，它反映了一国与其他国家间的商品、服务以及资本和劳动力等生产要素的国际流动过程。国际收支平衡表则系统记录了一国在一定时期内对外经济交易的全部内容，是研究国际金融的起点。

15 世纪至 18 世纪，由于地理大发现、工业革命，以国际贸易为主的国际经济活动开始迅速发展。一国为了能准确了解本国的国际经济活动情况，就提出了统计国际贸易收支的要求，从而产生了贸易差额（balance of trade）的概念，它表示一国在一定时期内对外商品贸易的综合情况。这个时期是国际收支概念的萌芽时期。

随着世界经济的发展，资本主义国家国际经济交易的内容不断丰富，范围不断扩大，尤其是 20 世纪 20 年代之后，国际资本流动在国际经济中扮演着越来越重要的角色。显然，在这种情况下，“贸易差额”这个概念已不能全面反映各国国际经济交易的全部内容，于是就出现了“外汇收支”（balance of foreign exchange）的概念，此时的国际收支概念指的是一定时期内外汇收支的总和。各国间的经济交易只要涉及外汇收支，就属于国际收支范畴，无论它是贸易、非贸易，还是资本借贷或单方面资金转移。这也是目前许多国家仍在沿用的狭义的国际收支概念。

第二次世界大战结束之后，国际经济活动的内涵、外延又有了新的发展，狭义国际收支的概念已经不能准确客观地反映实际情况，因为它已不能反映一系列不涉及外汇收支的国际经济活动，如易货贸易、补偿贸易、无偿援助和战争赔款中的实物部分、清算支付协定下的记账方式等。随着这些国际经济活动在世界经济中的影响越来越大，国际收支的内涵又有了新的发展，形成了广义的国际收支概念。广义的国际收支是指一个国家或地区在一定时期内（通常为一年）在同外国政治、经济、文化往来的国际经济交易中的货币价值的全部系统记录。目前，世界各国普遍采用广义的国际收支概念。

一、国际收支概念

1. 狭义的国际收支概念

狭义的国际收支是指一个经济体在一定时期内（通常为 1 年），同其他经济体为清算到期的债权债务所发生的外汇收支的总和。在这一时期内，其外汇收支相抵后所出现的差额称为国际收支差额，这在一定程度上能够代表该经济体在国际金融方面的实力与地位。

2. 广义的国际收支概念

与狭义的国际收支概念强调现金基础不同，广义的国际收支概念强调了国际经济交易的业务基础，即将无须货币偿付的各种“援助”项目和不需要进行现金支付的物资、服务之间的交换，以及赊购赊销的信用交易项目也列入国际收支。据此，国际货币基金组织对国际收支所下的定义是：“国际收支是特定时期的统计报表，它系统记录某经济实体与世界其他经济实体之间的经济交易，其中包括：①商品、服务和收益方面的交易；②该经济实体所持有的货币性黄金和特别提款权的变化，以及它与其他经济实体的债权债务关系的变化；③无偿的单方转移，以及会计意义上为平衡尚未抵消的上述交易所规定的对应项目。”

二、国际收支概念的特点

（一）狭义的国际收支概念的主要特点

狭义的国际收支概念强调现金支付，它所记录的内容是已经结清债权债务关系或已经进行了支付结算的外贸交易往来，不包括已发生债权债务关系或签订贸易合同但尚未清算或尚未进行支付的交易。

（二）广义的国际收支概念的主要特点

1. 流量原则

国际收支是一个流量概念（flow concept），而不是一个存量概念（stock concept）。所谓流量指的是一段时间内经济发生的情况，而存量则指的是某一时点经济发生的情况。一国国际收支记录的是一个时期内该国各项国际经济交易增减变动的发生额，而非在某一个时点上的余额。所以，当人们谈及国际收支时，必须要指明是属于哪一段时间的，记录时段一般是一年，也可以是半年或者一个季度。

2. 居民原则

它所记录的对外经济交易是指居民与非居民之间的交易，即它强调对外经济交易的参与者是居民，而不是公民。在国际收支概念中，对居民（resident）和非居民（nonresident）的界定所依据的是居民原则，而非公民原则。也就是说，判断一项经济交易是否应当包括在国际收支范围内，所依据的不是交易双方的国籍，而是其中是否有一方是该国的居民。只有当交易的一方为本国居民，而交易的另一方为本国的非居民的时候，该经济交易才是国际经济交易，才能记入一国的国际收支。

需要特别注意的是：判断居民与非居民的依据不是国籍，也不完全是居住地，而是该机构单位的主要经济利益中心是否在一国的经济领土*内。在一国经济领土内具有主要经济利益中心的机构单位**为该国的居民，否则为该国的非居民。机构单位分为住户（人或人群）、企业（包括准企业）、政府和非营利机构。根据以上关于居民的定义，有以下特殊情况需要注意：

（1）住户。

①学生。出国进行全日制学习的人员一般继续属于其出国学习前常住领土的居民。

②病人。对于到国外求医的人员，其主要利益中心仍然在其求医前具有居民身份的领土内。

③船舶之类的工作人员。船舶、飞机、石油钻塔、太空站或类似设备如果在一领土之外或跨越若干领土作业，那么其工作人员将被当作其本部所在领土的居民处理。

④外交人员、军事人员等。国家外交人员、维和人员与其他军事人员、在政府飞

---

* 经济领土是指一国政府控制或管理的地理领土，但并不等同于地理疆域。其包括陆地区域、领空、领海、在海上领土中属于该领土的岛屿以及在国外其他地方的领土飞地。

** 如果一个机构单位在一国经济领土内有某种场所、住所、生产地或者其他建筑物，并且在这些地方无限期地或者有限期但长期（一般定义为一年以上）从事或者打算继续从事大规模经济活动和交易，那么我们就说该机构单位在该经济领土具有主要经济利益中心，因而为该经济领土内的居民。

地受聘的其他海外公务员及其家庭成员都视为聘用政府所在经济领土的居民。

⑤国际组织工作人员。国际组织工作人员，包括具有外交身份的人员和军事人员是其主要居所所在领土的居民。

⑥跨境工人。跨境工人，包括边境工人、季节性工人和其他短期工人跨境是为了从事短期工作，因而他们的居民地位都取决于主要居所，而不是工作所在地。

（2）企业是其经营所在地的居民。

（3）政府和非营利机构是所在地的居民。

（4）国际组织是任何国家的非居民。

3. 产生原则

国际收支统计的内容包括一定时期内发生的所有对外经济交易，而无论其是否已经支付或结清，即它强调交易的发生。

4. 交易基础

国际收支所反映的内容是国家间各种形式的经济交易，即经济价值（如商品、资产和服务等）的所有权从一国居民向另一国居民的转移。其以交易为基础，既包括涉及货币收支的交易，也包括不涉及货币收支的交易，当然，后者需要折算成货币予以记录。根据经济价值转移的内容和方向，国际经济交易主要可以划分为五类：

（1）商品之间、商品和服务之间、服务之间的交换，如易货贸易、补偿贸易等；

（2）金融资产和商品、服务之间的交换，如商品和劳务的进出口贸易等；

（3）金融资产和金融资产之间的交换，如货币资本借贷、国际直接投资、有价证券投资和无形资产（如专利权、版权）的转让及买卖等；

（4）无偿的、单项的商品和服务的转移，如无偿的物资捐赠、服务和技术援助等；

（5）无偿的、单项的金融资产的转移，如债权国对债务国的债务豁免、高收入国家对低收入国家的投资捐赠等。

三、国际收支与国际借贷的关系

人们常常把国际借贷（international indebtedness）误认为国际收支，实际上它们之间既有联系又有区别。国际借贷是指一个国家或地区在一定日期对外资产和对外负债的汇总记录，反映的是某一时点上一国居民对外债权债务的综合情况。在非现金结算条件下，国家之间的经济交往总是先形成债权债务关系，如在商品、劳务和资本的输出输入过程中，在两国进行结算前，输出国形成对外债权，输入国形成对外债务，这种关系就是国际借贷关系。国际借贷关系一经结算即告消失，但在结算过程中会引起国际收支的发生，即债权国会得到外汇收入，债务国会支出外汇，这就分别形成了两个国家的国际收支。因此，这两个概念既有区别，又密切相关。国际借贷是产生国际收支的直接原因，但有时国际收支又反作用于国际借贷，因为国际收支的某些变化会引发国际借贷活动。

1. 国际收支与国际借贷的区别

（1）国际借贷表示一个国家在一定日期对外债权债务的综合情况；而国际收支则表示一个国家在一定时期对外全部经济交易的综合情况。

（2）国际借贷是个静态的概念，表示的是存量（余额）；国际收支是个动态的概念，表示的是流量（发生额）。

（3）国际借贷只包括形成债权债务关系的经济交易，范围小；国际收支则包括一切对外发生的经济交易，范围大。例如，对外捐赠属于国际收支范畴，但并未体现国际借贷关系。

2. 国际收支与国际借贷的联系

如果说国际借贷是因，那么国际收支就是果。它们之间是因果关系。一般来说，国际债权债务关系发生后，必然会在相关国家的国际收支平衡表上有所反映。但有时国际收支又会反作用于国际借贷，即国际收支的某些变化会引发国际借贷活动。因此，两者之间相辅相成、互为因果。

第三节　国际收支平衡表及其主要内容

为了及时、准确地分析和掌握对外经济状况，一国需要将其国际收支活动按照复式簿记原理，分类分层次编制国际收支平衡表。世界各国的国际收支平衡表大都是按照国际货币基金组织的要求进行编制的。

一、国际收支平衡表的概念

国际收支平衡表是一个国家按照复式簿记原理，对一定时期居民与非居民之间的国际交易的系统记录。它集中反映了该国国际收支的具体构成和总貌。有些国家在编制国际收支表格时，将平衡项目单列，编制出来的表格称为国际收支差额表；如果将平衡项目包括在内，则编制出来的表格称为国际收支平衡表。

二、国际收支平衡表的编制

1. 编制原则

国际收支平衡表按照复式簿记原理，采用现代会计普遍使用的借贷记账法进行编制，即“有借必有贷，借贷必相等”。每发生一笔经济交易，都要以相等金额同时在相关的借贷账户进行两笔或两笔以上的记录。

2. 编制方法

（1）国际收支平衡表把全部交易活动划分为贷方、借方、差额三项，分别反映一国一定时期各项对外经济交易的发生额和余额。贷方是记录收入项目或负债增加、资产减少的项目，即记录那些引起本国外汇收入的交易，也称“+”号项目，例如，收回货款或借入款项、出口产品等。借方是记录支出项目或负债减少、资产增加的项目，即记录那些引起本国外汇支出的交易，也称“－”号项目，例如，归还货款或借出款项、进口产品等。差额是记录单笔交易借方与贷方的算术和，贷方数额大于借方为顺差（surplus），借方数额大于贷方为逆差（deficit）。从每笔交易来看，差额总是有正有负，几乎不可能为零。因为一国与他国之间的任何相互交易在金额上都几乎不可能完全相等。但从国际收支平衡表的总差额来看，由于储备资产和净误差与遗漏两个项目的设置起到了轧平账户的作用，因而借方总额与贷方总额相等，差额一定为零，即从会计意义上说，“有借必有贷，借贷必相等”，差额总是为零。这完全是出于会计记账要求账户平衡的需要而设计的。真实的国际收支差额总是有正有负，尽管数额不同，但不是顺差就是逆差，几乎不可能完全相等。

（2）经济交易的记录日期应以所有权变更日期为标准。在国际经济交易中，签订买卖合同、货物装运、结算、交货、付款等一般都是在不同日期进行的，为了统一各国的记录口径，IMF 明确规定必须采用所有权变更原则。

（3）按照 IMF 的规定，国际收支平衡表中记录的各种经济交易应包括以下几方面内容：

①在国际收支平衡表编制时期内全部结清部分。一笔经济交易如在国际收支平衡表编制时期内已结清，则理所当然可以如实记录。

②在国际收支平衡表编制时期内已到期，因而必须结清部分（不管实际上是否结清）。例如，对于在国际收支平衡表编制时期内已到期，故应予支付的利息，若实际上并未支付，则应在到期日记录，未付的利息作为新的负债记录。又如，某项劳务已提供，但在国际收支平衡表编制时期内尚未获得收入，则应按劳务提供日期登记，未获得收入作为债权记录。

③在国际收支平衡表编制时期内已经发生（指所有权已变更），但需跨期结算部

分，例如，涉及贸易信用的预付货款或延付货款。这类贸易发生时，所有权已变更，因而应在交易发生日期进行记录。就预付货款而言，应在借方记录货物债权，贷方记录支付的货款。就延付货款而言，应在借方记录获得的货物，贷方记录货款负债。收到货物或支付货款时，再冲转债权或货款负债。

3. 编制实例

凡属于下列情况的均应记入国际收支平衡表的贷方：

（1）向外国提供商品或劳务（输出）；

（2）外国人提供的捐赠与援助等；

（3）国内官方当局放弃国外资产或国外负债的增加；

（4）国内私人放弃国外资产或国外负债的增加。

凡属于下列情况的均应记入国际收支平衡表的借方：

（1）从外国获得的商品和劳务（进口）；

（2）向外国政府或私人提供的援助与捐赠等；

（3）国内官方当局的国外资产的增加或国外负债的减少；

（4）国内私人的国外资产的增加或国外负债的减少。

每笔交易都必须分别记入上述借贷双方项下有关的四个类别之中，为了便于理解，这里以美国为例，列举七笔交易来说明国际收支的记账方法。

【例 1－1】 英国商人从美国购买汽车 50 辆，价值 50 万美元，从英国银行提取美元存款支付货款。这笔交易包含两项内容：一是美国商品出口，应记录在贷方的贸易项目中；二是英国商人的美元存款减少，也就是美国私人对外短期负债减少，应记入借方的金融项目的其他投资项目中，如表 1－1 所示（以下交易记录均同，表中各项的序号为交易序号）。

【例 1－2】 美国公司向中国公司购买价值 100 万美元的纺织品，用纽约银行的美元支票付款。这笔经济交易反映了美国从外国获得商品，应该记入借方的贸易项目下；同时，中国在纽约银行的美元存款增加，也意味着美国私人对外短期负债增加，应记入贷方项目的金融项目的其他投资项目下。

【例 1－3】 德国人在美国旅游，支付了 40 万美元的费用，旅游者所需的美元是在美国银行用欧元兑换的。这笔交易所涉及的内容有两项：其一，美国为外国居民提供了服务，为服务输出，应在贷方服务项目记录；其二，美国银行在德国法兰克福的欧元存款增加，即美国私人对外短期资产增加，应在借方的金融项目的其他投资项目下记录。

【例 1－4】 在美国直接投资的日商将 200 万美元的投资利润汇回日本。这笔交易所涉及的两项内容是：其一，这是在美国的直接投资收入，应在借方的收入项目下记录；其二，假定这笔汇款是通过美国银行和日本银行之间的信用进行的，由日本银行代美国银行支付，所以这意味着美国私人对外短期负债增加，应在贷方的金融项目的其他投资项目下记录。

【例 1-5】 美国政府向墨西哥提供了 80 万美元的援助。这笔交易所涉及的两项内容是：其一，美国政府资产的对外单方面转移，应在借方的经常转移项目下记录；其二，美国官方对外资产减少，应在贷方的储备资产项目下记录。

【例 1-6】 美国公民购买加拿大某公司发行的加拿大元债券，折合价值为 300 万美元。这笔交易所涉及的两项内容是：其一，美国的资本输出，即国外长期资产增加，应在借方的证券投资项目下记录；其二，美国公民支取加拿大银行的加拿大元存款购买债券，因此，美国私人对外短期资产减少，应在贷方的金融项目的其他投资项目下记录。

【例 1-7】 法国公民购买 500 万美元为期 10 年的美国公司债券。这笔交易也涉及两项内容：其一，美国的长期资本流入，应在贷方的证券投资项目下记录；其二，法国公民提取在美国银行的美元存款购买债券，是美国私人对外长期负债减少，应在借方的金融项目的其他投资项目中记录。

表 1-1 国际收支记账方法 单位：万美元

借方（一）		贷方（+）	
A. 贸易项目			
2. 进口	−100	1. 出口汽车	+50
B. 服务项目			
		3. 旅游收汇	+40
C. 收入项目			
4. 投资利润汇出	−200		
D. 经常转移项目			
5. 政府捐赠	−80		
E. 证券投资项目			
6. 债券投资	−300	7. 发行债券	+500
F. 其他投资项目			
1. 私人对外短期负债	−50	2. 私人对外短期负债	+100
3. 私人对外短期资产	−40	4. 私人对外短期负债	+200
7. 私人对外长期负债	−500	6. 私人对外短期资产	+300
G. 储备资产项目			
		5. 官方储备	+80

三、国际收支平衡表的结构与主要内容

世界各国编制的国际收支平衡表的格式不尽相同，每种格式都反映了各国的需要和特点，但其基本结构还是与 IMF 的要求大体一致的。根据 IMF 的《国际收支和国际投资头寸手册》（第 6 版）的规定，国际收支平衡表主要包括四个账户（或项目），即经常账户、资本账户、金融账户、净误差与遗漏账户，其结构如表 1－2 所示。

表 1－2　《国际收支和国际投资头寸手册》中的国际收支平衡表示例

国际收支	贷方	借方	余额
经常账户			
货物和服务			
货物			
服务			
初次收入			
雇员报酬			
利息			
公司的已分配收益			
再投资收益			
租金			
二次收入			
对所得、财富等征收的经常性税收			
非寿险净保费			
非寿险索赔			
经常性国际转移			
其他经常转移			
养老金权益变化调整			
经常账户余额			
资本账户			
非生产非金融资产的取得/处置			
资本转移			
资本账户差额			
净贷出（＋）/净借入（－）（来自经常账户和资本账户）			
金融账户（按职能类别）			
直接投资			

续表

国际收支	贷方	借方	余额
证券投资			
金融衍生品（非储备）和雇员认股权			
其他投资			
储备资产			
资产/负债变化总额			
净贷出（+）/净借入（-）（来自金融账户）			
净误差与遗漏账户			

1. 经常账户

经常账户（current account）记录一国一定时期内对外经常性经济交易，反映一国与他国之间资源的实际转移状况。经常账户主要是指狭义的国际收支概念所包括的内容，即反映一国一定时期内所发生的全部外汇收入和支出，是国际收支平衡表中最基本、最重要的项目，也是决定和影响一国国际收支真实平衡的基本内容。其子项目有三个：货物和服务、初次收入、二次收入。

（1）货物和服务（goods and services）。货物是商品贸易或有形贸易，主要指一般商品的进口与出口。除此之外，还包括用于加工的货物、货物修理、非货币黄金（即不作为储备资产的黄金）等的进出口。货物一般按离岸价（FOB 价）计算，其出口记入贷方，进口记入借方。

在各国的国际收支平衡表中，货物收支统计数据的来源及商品价格的计算方式不尽相同。按 IMF 规定，货物进出口统计一律以海关统计为准，对商品一律按离岸价计算。但实际上有许多国家对出口商品按离岸价计算，而对进口商品则按到岸价（CIF 价）计算。这两种不同的价格条件，在计算进出口总值时，会产生一定的差额。例如，进口商品以 CIF 价计价，其中，运费和保险费属于劳务方面的支出，这样就会产生重复入账的项目，结果会影响国际收支平衡表的精确性。

服务是劳务贸易或无形贸易，指由提供或接受劳务服务以及无形资产的使用所引起的收支。其具体内容主要包括运输、旅游、通信、建设、保险和养老金、金融、计算机和信息等服务、别处未涵盖的知识产权使用费，以及其他商业服务所引起的收支活动。其输出记入贷方，输入记入借方。服务具体包含的项目如下：

第一，运输通信收支。它包括海陆空运商品和旅客运费的收支。有些国家将运输工具的修缮费、港湾费与码头的使用费、船舶注册费等均纳入运输收支。在通信方面，属于国际电报、电话、电传、卫星通信等服务项目引起的外汇收支都记入劳务账户下。

第二，保险收支。凡本国人向外国保险公司投保，则列入保费支出；凡外国人向本国保险公司投保，则列入保费收入。

第三，旅游收支。它指本国居民到国外旅游或外国居民到本国旅游而产生的膳费、交通费等服务性费用的收支。

第四，其他服务收支。其他服务收支包括办公费、专利权使用费、广告宣传费、手续费、使领费等项目收支。

目前，劳务收支的重要性日趋突出，不少国家的劳务收支在该国的国际收支中占有举足轻重的地位，有的甚至还超出了有形贸易收支。

（2）初次收入（primary income）。《国际收支和国际投资头寸手册》（第 6 版）将第 5 版中的收益项目分成了初次收入和二次收入两项。初次收入项目包括雇员报酬（compensation of employees）、利息（interest）、公司的已分配收益（distributed income of corporations）、再投资收益（reinvested earnings）、租金（rent）五项。其中，雇员报酬包括非居民职工的工资、薪金、福利等；利息包括跨国投资所获的股息、利息、红利等；再投资收益特指直接权益投资的再投资。在五个项目中，属于本国收入的记入贷方，属于本国支出的记入借方。

（3）二次收入（secondary income）。二次收入项目包括对所得、财富等征收的经常性税收（current taxes on income，wealth，etc.）、非寿险净保费（net nonlife insurance premiums）、非寿险索赔（nonlife insurance claims）、经常性国际转移（current international cooperation）、其他经常转移（miscellaneous current transfers）和养老金权益变化调整（adjustment for change in pension entitlements）。其中，非寿险净保费既包括在会计期内承保人所收保费的毛收益，也包括承保人通过保费投资产生的应分配收益（premium supplements payable）。非寿险索赔即当期内被保人向承保人提出的索赔额。经常性国际转移指在政府、国际组织间的经常性资金转移，具体包括如下三项：

①为弥补当期开支而进行的转移，如一国政府在自然灾害发生后给予另一国政府的食物、衣服、药品等紧急援助。

②年度或其他定期由成员政府向国际组织和国际组织向成员政府的政策性转移。

③政府向派遣前来进行技术援助的他国签约技术人员支付的工资。

其他经常转移包括在之前所述项目的范围之外的经常转移项目，既包括现金，也包括非现金，属于非资本性所有权的转移，例如无偿援助（subscription）、参加国际组织缴纳的会费（membership dues）、捐款（donations）、由国际法庭或其他政府处以的罚款和罚金（fines and penalties）、因战争或其他伤害行为对其他实体造成创伤而支付的赔款（payments of compensation）等。

养老金权益变化调整是为了调整作为经常性转移项目处理的当期应付养老金，和作为金融资产项目处理的养老金权益之间的不同而生的。该项从二次收入项目中减去收到的养老金（pension receipts），加上社会支付的养老金（social contribution）。经过调整后的经常账户余额就与刨掉收到和支付的养老金的经常账户余额相同。

在二次收入项目中，由国外转移至本国的资金计入贷方，由本国转移至国外的资金计入借方。

2. 资本账户

资本账户（capital account）反映了国际资产的转移，属于资本性所有权的转移。输入本国的记入贷方，输出本国的记入借方。资本账户分为两个部分：

（1）非生产非金融资产的取得/处置，指非生产创造的有形资产与无形资产，即自然资源，契约、租约和许可（有时称为无形资产），营销资产（和商誉）。关于无形资产的记录与经常账户中服务项下无形资产的记录不同，前者记录的是各种专利权、特许权及各种知识产权的买卖所产生的收支，而后者记录的是专利权、特许权的使用所产生的费用。

（2）资本转移（capital transfer），内容包括投资捐赠和债务注销。投资捐赠，即固定资产所有权的无偿转移，以及同固定资产的收买或放弃相联系或以其为条件的转移；债务注销，即债权人不索取任何回报而取消的债务。

3. 金融账户

金融账户（financial account）反映国际投资与借贷的增减变化，分为直接投资、证券投资、金融衍生品（非储备）和雇员认股权、其他投资和储备资产五项。

（1）直接投资（direct investment）反映跨国投资者的永久性权益，即它是指拥有控股权或经营权的投资，包括股本资本（控股比例最低为10%）、用于再投资的收益和其他资本。直接投资的主要特征是：投资者对另一经济体的企业拥有永久性权益，这意味着直接投资者和企业之间存在长期关系，并且投资者可以对企业经营管理施加相当大的影响。直接投资在传统上主要采用在国外建立分支机构的形式，目前越来越多地采用购买一定比例的股票的形式来实现。如果是采用这种形式，那么一般要求这一比例最低为10%。

（2）证券投资（portfolio investment），即跨国投资者对股本证券和债务证券的投资。证券投资是指为了取得一笔预期的固定货币收入而进行的投资，投资者对企业没有发言权。证券投资的交易标的包括股票、中长期债券、货币市场工具等。投资的利息收支记录在经常项目下，本金还款记录在金融项目下。

(3) 金融衍生品（非储备）和雇员认股权［financial derivatives (other than reserves) and employee stock options］。金融衍生品（非储备）和雇员认股权为《国际收支和国际投资头寸手册》（第 6 版）新增项目，这一项目是从证券投资中拆分而来的。金融衍生品是一个与其他金融工具或指标（如利率、汇率、股票或商品价格、信用风险等）相联系的合约，金融衍生品的交易与其标的资产的交易有完全不同的方法。金融衍生品不包括非标准化的合同、保险和标准化担保、或有资产和负债、含有其他衍生品的金融工具和正常商业活动中产生的时滞。雇员认股权是公司授予其雇员的本公司股票的看涨期权，当公司未来股票价格超过执行价格时，在执行日（vesting day）后雇员可以通过行使期权获得股票，然后将所得股票按市场价格卖出得益。雇员认股权的价格按照相同期权的市场价格或布莱克-斯科尔斯（Black-Scholes，B-S）模型决定。

(4) 其他投资（other investment)，指上述两种投资之外的跨国金融交易。这是一个剩余项目，包括所有直接投资、证券投资、金融衍生品（非储备）和雇员认股权或储备资产未包括的金融交易，比如长短期的贸易信贷、贷款、货币和存款以及应收款项和应付款项等。

(5) 储备资产（reserve assets)，指一国官方拥有的国际储备资产，反映一国一定时期内国际收支活动的结果。一国国际收支的状况最终都表现为储备资产的增减。储备资产主要包括以下三类：一是黄金储备，这是传统储备形式，现已退化为二线储备。二是外汇储备，即以外币表示的流动资产，现为一线储备。在 IMF 的储备头寸称为普通提款权，即 IMF 成员方向 IMF 认缴份额中 25%的黄金或外汇部分，可自由动用。三是特别提款权（special drawing rights，SDR)，这是 IMF 成员方除普通提款权以外的提款权利，是一种按成员方所缴份额分配的账面资产。

储备资产项目记录和反映由经常账户与资本和金融账户差额所引起的储备资产的增减变动，而经常账户与资本和金融账户的差额最后必须通过储备资产的增减予以平衡，所以该账户又称为平衡账户。

4. 净误差与遗漏账户

净误差与遗漏账户（net errors and omissions）是为了轧平国际收支平衡表借贷方总额而设立的项目。按照复式记账法，国际收支借方总额应与贷方总额相等，差额为零。但实际上，由于国际收支活动的资料来源比较复杂，数据经常会出现偏离或不一致，而且在统计工作中，常有可能发生统计误差，加之一些人为因素，国际收支借贷方总额一般不能够自动达到平衡。因此，出于会计记账借贷必须平衡的需要，人为地设置了净误差与遗漏账户这一项目进行调整。当国际收支平衡表因统计错误而出现各项数字总额不平衡时，就将差额列入此项目，从而在账面上使国际收支借方总额与贷方总额相等，差额为零。例如，当贷方总额大于借方总额时，差额数就计入净误差与遗漏账户的借方；当借方总额大于贷方总额时，差额数就计入净误差与遗漏账户的贷方。

一般而言，虽然一国的开放程度越高，净误差与遗漏账户的规模可能就越大，但此项目数额过大也会在一定程度上影响一国国际收支平衡表的信誉。因此，根据IMF的标准，通常一国国际收支平衡表的净误差与遗漏账户的绝对值不应超过该国进出口总额的5％。

四、国际收支差额

从会计意义上来看，国际收支借方总额与贷方总额相等，差额为零，所以国际收支总是平衡的。但实际上，从每个具体项目来看，差额总是有正有负，并不为零，也只有这些差额才具有真正的经济意义。尽管各国编制国际收支平衡表的格式和口径有所差别，计算国际收支差额的方法也不尽相同，但在考察国际收支状况时，对以下几个项目差额的分析各国一般都比较重视。

（一）贸易收支差额

贸易收支差额（trade balance），也称净出口（NX），是出口额X与进口额M之差，即

$$NX = X - M$$

它集中反映了一国在国际市场上的竞争能力，也在一定程度上反映了一国的经济实力。贸易收支差额在很大程度上决定了一国国际收支的总差额。需要注意的是，理论分析中的进出口不仅包括货物进出口，也往往包括服务进出口。尽管贸易项目仅仅是国际收支的一个组成部分，不能代表国际收支的整体，但是对于某些国家来说，贸易收支在全部国际收支中所占比重相当大，以至于经常性地把贸易收支作为国际收支的近似代表。此外，贸易收支在国际收支中还有它的特殊重要性，因为商品的进出口情况综合反映了一国的产业结构、产品质量和劳动生产率状况，反映了该国产业在国际市场上的竞争能力。因此，即使是资本项目所占比重相当大的发达国家，也仍然非常重视贸易收支差额。

（二）经常账户差额

经常账户差额（current account balance），即货物、服务、初次收入加上二次收入等项目的差额。它反映了一国在对外经济关系中所拥有的可支配的实际资源的增减变

化，可用来分析和衡量一国国际收支的真实平衡状况，对一国对外经济关系及国民经济的健康发展有重要的作用和影响。其中，货物进出口差额即贸易收支差额的作用尤为突出。

（三）资本账户差额

资本账户差额（capital account balance），即资本转移、非生产非金融资产的取得/处置项目的差额。通过单独对资本账户进行分析，可以了解一国对外无偿的资本转移或接受国际捐赠的情况，以及该国无形资产的国际交易情况，从而更好地衡量一国经济软实力。

（四）金融账户差额

国际金融危机前后，以股票、债券为代表的国际资本市场的活跃度、体量和发展速度较 21 世纪初有了显著提升，同时，包括期权、期货等在内的金融衍生品的国际交易活动随着技术创新如雨后春笋般蓬勃发展。为更好地衡量一国国际资本性投资收益的变化情况，IMF 在《国际收支和国际投资头寸手册》（第 6 版）中将金融账户与资本账户单独设置，使相应的差额更加直观，易于从不同维度进行分析。

通过金融账户差额（financial account balance），可以分析一国对外资本的流动情况、国际投资方向变化、利用外资水平等。特别地，金融账户项下的储备资产项目不仅在会计上被用于平衡国际收支账户，而且其差额可以反映出国际收支的顺差和逆差情况。需要注意的是，储备资产的记账符号与国际收支的顺逆差符号正好相反，即储备资产减少（＋）表示国际收支逆差（－），储备资产增加（－）表示国际收支顺差（＋）。

（五）综合差额

综合差额（overall balance），也称国际收支差额，即用经常账户差额、资本账户差额、金融账户差额再加上净误差与遗漏账户的总差额，减去储备资产项目得到。综合差额为正号，则储备资产记负号，表示该国储备资产增加，国际收支顺差；反之，综合差额为负号，则储备资产记正号，表示该国储备资产减少，国际收支逆差。综合差额的符号与国际收支的顺逆差符号一致，即综合差额盈余（＋）表示国际收支顺差（＋），综合差额赤字（－）表示国际收支逆差（－）。

当一国实行固定汇率制时，对综合差额的分析更为重要，因为国际收支的各种行为将导致外国货币与本国货币在外汇市场上的供求变动，影响两种货币之间汇率的稳定性。为了保持外汇市场汇率的稳定，政府必须利用官方储备介入市场以实现供求平衡。所以，综合差额在政府有义务维护固定汇率制时是极其重要的。而在浮动汇率制下，政府原则上可以不动用官方储备而听任汇率变动，或是灵活地动用官方储备调节市场汇率，此时对这一差额进行分析的意义略有弱化。

五、分析国际收支平衡表的作用

通过分析国际收支平衡表，可以掌握国内外经济状况，研究国际经济关系的发展变化及其原因，为经济预测和经济政策的制定与调节提供依据。所以，国际收支平衡表对编表国家及其他国家都有很重要的作用。

从宏观经济的角度来看，分析国际收支平衡表的作用主要有两点：①可及时了解和掌握本国国际收支顺逆差状况及其产生的原因与影响，以便采取正确的调节措施；②可了解和掌握本国与相关国家之间经济关系的状况及其原因，弄清本国对外经济实力和在国际经济中的地位，为及时、准确地制定对外经济政策提供依据。

从微观经济的角度来看，分析国际收支平衡表对一国的进出口企业有着更为重要的现实意义，主要表现为：①有利于准确预测相关国家货币汇率的走势，以帮助企业正确选择进出口计价货币；②有利于准确预测相关国家的政策变化趋势，以帮助企业及时调整进出口目的地；③有利于分析相关国家国际收支状况，帮助企业适当调整其出口商品价格。

第四节 国际收支不平衡及其调节

由于国际收支不平衡会给本国对外经济关系及国内经济发展带来严重的负面影响，因此，一国宏观经济调控所追求的目标之一就是国际收支平衡。

一、国际收支的平衡与不平衡

由于国际收支平衡表运用现代会计借贷记账法进行编制，因而借方总额与贷方总额相等，账面上总是平衡的，但不能只从账面上来判断实际国际收支的平衡与否。因此，只有明确了国际收支平衡表与国际收支平衡两个概念的区别和联系，才能真正理解国际收支平衡与失衡的含义。

（一）国际收支平衡的含义

判断一国国际收支是否平衡，需要弄清以下三组概念。

1. 国际收支的账面平衡与真实平衡

国际收支账面平衡是指国际收支平衡表的账面平衡。从会计意义上说，国际收支平衡表的账面总额总是平衡的。虽然其中某些账户可能出现赤字，但可以用其他账户的盈余来弥补。例如，经常账户的差额可用资本账户、金融账户的差额来平衡；所有交易项目的差额可用官方储备资产来弥补。这是由编制国际收支平衡表所依据的复式簿记原理和借贷记账法所决定的，但这并非国际收支的真实平衡。

国际收支真实平衡是指国际收支在经济意义上的平衡。事实上，一国的国际收支活动是由各种各样的对外经济交易引起的，不可能做到收支完全相抵。因此，一国真实的国际收支活动往往不是顺差就是逆差，只是数额大小不同而已。

分析一国国际收支是否平衡，最直观的办法就是从国际收支平衡表的账面上，根据储备资产项目的数额变动来判断。国际收支顺差，则储备资产增加；国际收支逆差，则储备资产减少。

2. 国际收支的主动平衡与被动平衡

一国国际收支记录的全部对外经济交易可以分为自主性交易（autonomous transaction）和弥补性交易（accommodating transaction）。由自主性交易达成的国际收支平衡为主动平衡，由弥补性交易达成的国际收支平衡为被动平衡。

（1）自主性交易也称事前交易，是交易者出于特定的经济目的自主进行的交易，例如，经常账户的各项交易及资本账户、金融账户中的一些交易，包括资本转移、非生产非金融资产的取得/处置、直接投资等大都是出于获取经济利益的目的自主进行的交易。这种自主性交易引起的收支活动总是会产生差额，或者收大于支，或者支大于收，不可能完全相等。

（2）弥补性交易也称事后交易，主要是指金融账户中由官方调节性措施引起的短期资本流动及储备资产变动。当自主性交易出现较大差额，需要动用储备资产或利用短期投融资人为地进行弥补或调节时，才通过弥补性交易达成国际收支的被动平衡。

通过自主性交易达成的国际收支的主动平衡才是各国追求的国际收支平衡目标。是否通过自主性交易达成了国际收支平衡是判断一国国际收支是否达成了真实平衡的标准。

3. 国际收支的数额平衡与内容平衡

国际收支的数额平衡主要是指一定时期内一国对外经济交易在价值量上的平衡；国际收支的内容平衡主要是指各种国际收支活动在结构上的平衡。如果一国国际收支达成了真实平衡，则其量与结构都应该平衡。通过弥补性交易达成的平衡可能只是量的平衡，而非结构的平衡，而结构不平衡会给一国经济带来一些负面影响。例如，通过吸引短期资本流入来弥补经常账户逆差的做法将加重该国外债负担；储备资产的骤增或骤减将会影响该国货币供求关系与本币币值稳定；等等。所以，只有量与结构同时平衡才是真实平衡。

（二）国际收支不平衡的类型

（1）周期性不平衡（cyclical disequilibrium）。它是指由经济周期波动引起的国际收支失衡。当一国经济处于衰退期时，社会总需求下降，对进口产品的需求也相应下降，国际收支可能会出现顺差。反之，当一国经济处于扩张期或繁荣期时，国内投资与消费需求旺盛，对进口产品的需求也相应增加，国际收支可能会出现逆差。

（2）结构性不平衡（structural disequilibrium）。它是指因国内经济和产业结构不能适应世界市场的变化而发生的国际收支失衡。结构性失衡通常反映在贸易账户或经常账户上。结构性失衡有两层含义：第一层含义是，经济和产业结构变动滞后或困难，引起国际收支失衡；第二层含义是，由于一国的产业结构比较单一，或对进口产品的需求较为刚性，所以只要国际市场上相应产品的供求或者价格发生较为剧烈的变动，就会引起该国国际收支的失衡。结构性失衡具有长期性，改变这种失衡的难度极大。

（3）货币性不平衡（monetary disequilibrium）。它是指在一定的汇率水平下，一国国内货币成本与一般物价上升引起其出口产品价格相对上升、进口产品价格相对下降，进而导致的国际收支失衡。在这里，国内的货币成本与一般物价上升的原因被认为是该国货币供应量的过分增加，因此，国际收支失衡的原因是货币性的。货币性失衡可以是短期的，也可以是中长期的。

（4）收入性不平衡（income disequilibrium）。这是一个比较笼统的概念，可以概括为因一国国民收入相对快速增长，导致其对进口产品的需求的增长超过出口产品的增长所引起的国际收支失衡。国民收入相对快速增长的原因是多种多样的，可以是周期性原因、货币性原因、或经济处在高速增长阶段。

（5）偶然性不平衡（temporary disequilibrium）。偶然性不平衡是短期的，由非确定因素或者突发性因素，如自然灾害、战争、国际商品价格的偶发变动等引起的。这种性质的国际收支失衡程度较轻，持续时间通常较短，带有可逆性，可以认为是一种正常的市场现象。

（6）政策性不平衡（policy disequilibrium）。它是指一国推出重要的经济政策或者实施重大改革而引发的国际收支不平衡。

（三）国际收支不平衡对一国经济的影响

尽管对大多数发展中国家而言，国际收支不平衡问题突出表现为长期国际收支逆差给本国经济带来的不利影响，但持续大量的国际收支顺差对一国经济也有一定的消极影响。

1. 国际收支逆差的消极影响

第一，国际收支逆差可能降低经济发展速度，恶化就业状况。无论是贸易逆差还是资本净流出，都会产生类似影响。

第二，在浮动汇率制下，国际收支逆差会导致本币对外贬值，可能引起贸易条件恶化。汇率不稳定也可能增大贸易和投资活动中的风险。

第三，在国际收支逆差情况下，如果政府要维持汇率稳定，就需要动用外汇储备，从而导致外汇储备减少。当外汇储备减少到一定程度时，该国就可能会出现国际支付困难甚至发生国际债务危机。

第四，若政府采取各种国际收支逆差调节政策，则这些政策可能对国民经济运行造成冲击，如利率上升会产生紧缩效应，直接管制会造成资源配置扭曲。

2. 国际收支顺差的消极影响

第一，国际收支顺差通过外汇储备的增加造成货币供给增加，影响政府物价稳定目标的实现。

第二，一个国家的国际收支持续顺差意味着其他国家的国际收支持续逆差，这会加剧国际矛盾，甚至可能引起对方的报复行为，因而不利于对外经贸关系的长远发展。

第三，在浮动汇率制下，顺差造成本币对外升值，这对该国商品的国际竞争力有消极影响。

第四，在顺差情况下，若政府力图维持汇率稳定，就要干预外汇市场并相应增加外汇储备。一旦外汇储备超出适度规模，该国就要付出很大的机会成本，即相应的官方资本输出是以牺牲本国经济发展为代价的。

二、国际收支的调节

无论一国国际收支是逆差还是顺差，只要它对该国经济的正常发展会产生严重的消极影响，就必须采取相应措施进行调节。但相对而言，国际收支逆差给一国经济带来的消极影响更为突出，因此对逆差的调节更受世界各国政府的关注。

由于市场机制对国际收支失衡的自发调节存在一定局限性，这影响了其国际收支调节作用的发挥，甚至可能造成一国经济外部均衡与内部均衡的冲突，导致国民经济偏离正常发展的轨道，因此，在国际收支出现严重不平衡而市场调节机制失灵或有缺陷时，世界各国大都采取干预的方式，对国际收支失衡进行政策调节。

（一）外汇缓冲政策

所谓外汇缓冲政策，即利用外汇储备调节外汇市场的供求关系，以缓冲国际收支不平衡对本国经济造成的冲击和影响的政策措施。其具体做法是：通过中央银行在外汇市场上买卖外汇，改变外汇供求关系，对国际收支进行调节。实际上，这种政策的作用主要是抵消国际收支失衡带来的消极影响，并且只适用于国际收支短期不平衡。因为任何国家的外汇储备规模都受到客观限制，如果中央银行在外汇市场上长期大量吞吐外汇，势必导致外汇储备过多或枯竭，引发新的矛盾，尤其是对逆差国来说，实施外汇缓冲政策要求政府持有一定量的外汇储备作为外汇基金。而一国在一定时期内储备资产的数量是有限的，特别是当资本大量外逃时，这一政策很难奏效。

（二）汇率政策

汇率政策也称开支转换政策，是指一国通过调整其货币的汇率，使国内相对价格和国外相对价格发生变化，进而引起市场对本国商品和外国商品的需求发生转换，从而实现国际收支平衡的政策措施。

在固定汇率制下，如果一国国际收支出现逆差，则政府可以采取本币法定贬值的办法进行调节。实质上，这种政策的实施是政府有意识地利用国际收支的汇率调节机制来调节国际收支失衡。因为在固定汇率制下，汇率对国际收支的自发调节机制失灵，只能采用政府干预的方式，人为调整本币汇率，以达到调节国际收支失衡的目的。

一般来讲，本币贬值可以使本国出口商品的外币价格下降、本国进口产品的本币价格上升，从而有利于出口，不利于进口，进而使国际收支得到改善。但汇率政策的实施需要具备一些前提条件，且这一政策的效果不仅取决于本国进出口商品需求弹性的大小，还取决于国际上对该国本币贬值政策的反应。

（三）财政政策

财政政策是指一国政府通过增加或减少财政开支和提高或降低税率的办法来平衡国际收支的政策措施。

当国际收支为逆差时，政府往往实行紧缩性财政政策，一方面削减财政支出，另一方面提高税率，以增加财政收入，减少投资和消费，降低对商品的需求，迫使物价下跌，从而达到扩大出口、减少进口、改善国际收支的目的。

当国际收支为顺差时，政府则应实行扩张性财政政策，以达到抑制出口、增加进口、减少国际收支顺差的目的。

（四）货币政策

货币政策也称金融政策，主要有贴现政策、改变存款准备金比率和公开市场业务等形式。

（1）贴现政策。它是指中央银行通过改变其对商业银行等金融机构所持有的未到期票据进行再贴现所收取利息的比率，即再贴现率，来影响金融市场利率的政策措施。金融市场利率的升降既影响资本流出流入的规模，也影响国内的投资、消费需求和贸易收支，从而影响国际收支。在所有调节国际收支差额的措施中，贴现政策是各国央行采用得最频繁的政策措施之一。

（2）改变存款准备金比率。在金融市场上，商业银行等金融机构都要依法按其吸收存款的一定比率，向中央银行缴存保证储户提现和中央银行控制货币量的特定基金。这个比率即存款准备金比率，它的高低决定着商业银行等金融机构可用作贷款的资金规模的大小，因而决定着一个经济体的信用规模与货币量，进而影响总需求和国际收支。因此，改变存款准备金比率也是调节国际收支的政策措施之一。

（3）公开市场业务。它是指中央银行或政府在公开市场上买卖债券、外汇等，以影响货币流通量、利率、汇率等经济变量，从而影响经济和调节国际收支的政策措施。比如，当国际收支为逆差时，中央银行可以在公开市场上抛出政府债券，回笼货币。这样一则可以使货币流通量减少，信用收缩，总需求受到抑制，物价下降，从而促进出口，限制进口，改善贸易收支状况；二则可以使债券价格下降，利率上升，从而吸引资本流入，改善资本账户和金融账户收支状况。

贴现政策、改变存款准备金比率、公开市场业务并称为中央银行调节国际收支差额的三大货币政策工具。

（五）行政管制政策

政府也可以采用行政管制政策，即直接干预国际经济交易的政策和措施，以达到调节国际收支的目的。政府的行政管制政策可分为三种类型。

（1）财政管制政策，即关税、补贴、出口信贷等方面的鼓励或限制性政策。例如，一国国际收支存在严重逆差时，政府可以采取出口退税、出口补贴、出口信贷优惠等奖出限入政策，以支持本国出口，改善国际收支逆差。

（2）外汇管制政策，即汇率、外汇买卖、资本流动及国际结算等方面的鼓励或限制性政策。它有利于维持外汇市场的稳定和国际收支的平衡。

（3）贸易管制政策，即对进出口贸易直接实施干预的政策，如进口许可证、进口配额及其他非关税壁垒等贸易保护政策。这种直接干预政策可能会引起国际社会的不满和指责。

（六）国际经济和金融合作

一国在出现国际收支不平衡时，还可以寻求国际社会的帮助和支持，加强国际经济和金融合作，如成立国际金融机构、协调各国金融政策，以及开展贸易谈判、利用国际信贷等。

阅读专栏

里拉总算稳住了，但土耳其的外汇储备却快耗尽了

在央行大规模干预后，土耳其里拉汇率企稳。但在大规模消耗后，土耳其的外汇储备已经不多了。

土耳其里拉汇率周三企稳，美元/土耳其里拉汇率一度反弹至10.23。美元/土耳其里拉周一一度创下18.4的历史新低，全年下跌60%，但在土耳其官方宣布了由该国财政部和中央银行支持保护里拉储蓄计划后，土耳其里拉汇率大幅反弹。

根据新规定，一旦土耳其里拉兑硬通货的汇率波动幅度超过银行承诺的利率水平，政府就会向持有土耳其里拉存款的人补偿因为土耳其里拉贬值而蒙受的损失。

埃尔多安称，从现在起，任何一位土耳其国民都不需要因为担心“汇率波动可能抹去所有利息收入”而将土耳其里拉存款兑换成外币，土耳其正在赢得金融战，“我们正在与通货膨胀和利息的压迫作斗争”，“这一次，我们会达到我们想要的结果”。

但外界普遍认为，土耳其里拉汇率反弹与土耳其央行的干预密不可分。

土耳其央行本周尚未宣布任何官方干预措施，并拒绝评论最近几天是否出售美元以支撑土耳其里拉。但其外国资产的减少表明，其在土耳其里拉汇率反弹中发挥了重要作用。

英国《金融时报》报道称，基于央行数据的计算表明，土耳其的净外国资产在本周前两天下降了59亿美元，至－51亿美元。分析师预计，在经历本周的强力干预后，土耳其本月的外汇储备消耗总额可能高达150亿～170亿美元。

有市场分析认为，在经历今年的持续干预后，土耳其央行的外汇储备已经减少了1 000亿美元；如果扣除银行和盟国政府规模达630亿美元的持续互换安排，土耳其央行的储备实际上已经为负值。

评级机构惠誉（Fitch）此前将土耳其的评级展望下调至“负面”。该机构对12月初土耳其央行声明将恢复干预以支持土耳其里拉表示担忧，称如果这种政策持续下去，“可能会进一步削弱央行本已疲弱的国际储备构成”。

资料来源：里拉总算稳住了，但土耳其的外汇储备耗尽了．华尔街见闻网，2021-12-23.

延伸阅读：中国视角

中国式现代化是中国特色金融发展的基本遵循

党的二十大报告首次对中国式现代化的特色、内容和分步推进的战略安排进行了系统阐述，这是未来中国金融改革和发展的基本遵循。

值得注意的是，在方法论意义上，报告凸显了中国式现代化的两个重要特点：第一，现代化不是凭空产生的，它是人类社会在长期的经济社会实践中共同创造出来的，因此，它有着超越民族国家的共同特征、共同内容、共同的运行机制和共同的发展规律；中国的现代化和中国金融业的发展必须全面吸收这些人类社会共同创造的财富。第二，由于资源禀赋、文化传统、历史渊源和现实国情等千差万别，世界各国现代化的内容和道路其实不尽相同。中国式现代化发生在一个拥有五千年文明史的社会主义大国中，显然具有自己的鲜明特色。

关于今后的金融改革，报告强调了三项内容，一是建设现代中央银行制度；二是加强和完善现代金融监管、强化金融稳定保障体系；三是健全资本市场功能，提高直接融资比重。

值得注意的是对中央银行制度的重视。根据《党的二十大报告辅导读本》的解说，“现代中央银行制度是现代货币政策框架、金融基础设施服务体系、系统性金融风险防控体系和国际金融协调合作治理机制的总和。建设现代中央银行制度的目标是建立有助于实现币值稳定、充分就业、金融稳定、国际收支平衡四大任务的中央银行体制机制，管好货币总闸门，提供高质量金融基础设施服务，防控系统性金融风险，管控外部溢出效应，促进形成公平合理的国际金融治理格局。”显然，报告实际上是用“建立现代中央银行制度”的提法，概括了我们已知的金融改革和发展的主要内容及领域。

2022 年年初的 LIBOR 形成机制改革也体现出相同趋势。改革的目的是彻底摆脱伦敦银行同业市场的报价机制，杜绝商业性机构的参与可能对市场信号造成的扭曲。改革的方向是全面转向流动性市场或政府债券市场（例如，美国和瑞士），或数字化货币市场（例如，英国、日本和欧盟）。

对应全球央行功能及其流动性管理发生的变化，以“建立现代中央银行制度”为改革目标的中国，显然也应围绕完善流动性管理体制来推进这一进程。事实上，近年来我国央行对货币政策目标的阐述中都凸显“保持流动性合理充裕”，这表明我国已充分注意到国际上的这一动向。当然，鉴于我国央行体制及金融机制的特殊性，这一转换需循序渐进。一是继续完善以中期借贷便利为主的流动性对冲机制，缓解财政收支对银行体系流动性造成的季节性和阶段性扰动。原因在于，财政收支的任何变动客观上都会对各种金融机构和金融市场的运行产生或大或小的影响。二是改革法定准备金制度。目前中国畸高的法定准备金率是历史的产物，如今，实行高准备金率的条件已不满足。面对新的形势和任务，今后两年，为提高流动性而继续降准将是大概率事件。然而，降到一定水平后，法定准备金率势将相对稳定。在法定准备金率不会再频繁且大规模变动的背景下，我们的货币政策势将主要依靠公开市场操作，货币政策框架也将借以实现现代化转型。三是构建以无风险资产（国债）为中心的流动性对冲和管理机制。协调财政政策和货币政策，逐渐建立以政府债券为基础的新的流动性管理机制。四是以提高国库现金的收益为导向，全面完善国库现金管理制度。

在货币政策操作中突出流动性管理和公开市场操作，必然要求国债市场有较大的发展，做出较大幅度的改革。可以预见，在经济下行背景下，政府债务不断增长将是大概率事件。仅仅依靠财政部门自身对不断增长的政府债务进行管理并不容易，因为政府债务生来就兼有财政和金融双重功能——它发行的规模和种类或许主要由财政政策决定，但是一旦进入市场，它就成为重要的具有高流动性的金融资产，广泛进入各类金融机构和非金融机构的资产负债表，其运行完全遵循金融规律。鉴于此，央行成为中央政府债券市场的主要参与者，进而通过在国债市场的操作来实施货币政策，便有了必要性和合理性。

资料来源：李扬．中国金融改革和发展进入新阶段：学习党的二十大报告的初步体会．国际金融，2023（1）：21－25.

本章思考题

1. 外汇必须具备哪些特征？外汇有哪些形式？
2. IMF 关于国际收支的基本内涵是什么？
3. 国际收支平衡表由哪些账户组成？
4. 国际收支有哪些重要的差额？它们的经济意义分别是什么？
5. 国际收支不平衡有哪些不同类型？
6. 调节国际收支的基本政策有哪些？它们各自的效果如何？

第二章 主要国际收支理论

引导案例

日本2022上半财年经常项目收支顺差降幅创新高

据日本《读卖新闻》11月10日报道，日本财务省9日公布的国际收支统计显示，2022财年上半年（2022年4月至9月）日本经常项目收支录得48 458亿日元（约合350亿美元）的顺差，但与上一财年同期相比大降58.6%，创1985年有可比数据以来最大降幅。

造成这一结果的主要原因是：日元大幅贬值和能源价格高企等因素叠加，导致进口额增长了47.1%，贸易逆差激增至92 334亿日元。

报道还说，同样是受日元贬值的影响，反映海外投资产生的利息及分红动向的第一次所得收支录得18.23万亿日元的顺差，同比增长25.2%，也是1985年以来的最大顺差。

资料来源：日本2022上半财年经常项目收支顺差降幅创新高．参考消息网，2022-11-13.

教学目的

通过学习本章，应了解国际收支的弹性分析理论、吸收分析理论、货币分析理论、政策配合调节的基本原理，正确认识各种理论的贡献和局限性，掌握其分析问题和解决问题的方法。

/ 中国视角 /

通过学习国际收支理论的相关知识，全面理解我国制定调节国际收支的宏观经济政策的依据，正确认识选择中国特色社会主义道路的必然性。

第一节 价格-现金流动机制理论

价格-现金流动机制（price-cash flow mechanism）理论被看作最早的国际收支调节理论。这一理论是英国经济学家大卫·休谟（David Hume）在1752年提出的。该理论认为，在金本位制下，国际收支具有自动调节机制。

一、价格-现金流动机制理论的基本观点

价格-现金流动机制理论认为，市场机制可以自动调节国际收支，而无须政府干预。其认为，一国贸易差额会引起货币黄金的流入流出，从而改变商品的相对价格，而商品相对价格的变化又会改变贸易差额，从而使国家间货币黄金量的分配恢复正常。这一过程完全是市场机制在自动发挥作用，而不必政府干预。

一国如果发生国际收支逆差，就会引起黄金外流，从而使本国货币供给减少，导致国内物价下跌。国内物价下跌可以增强该国出口产品的竞争力，使出口增加；同时，逆差国物价下跌还会使进口产品的相对价格上升，使进口减少，因而起到自动调节国际收支，改善国际收支逆差的作用。

二、对价格-现金流动机制理论的评价

价格-现金流动机制理论的重要贡献在于：该理论从货币数量的角度出发，揭示了国际收支、货币数量及物价变动三者之间存在的一种自动循环、互相制约的内在联系，系统阐明了市场机制对国际收支的自动调节作用。这一理论不仅对当时西方各国的国际收支调节实践具有指导意义，而且对认识和发挥当前国际收支自动调节机制的作用仍具有重要的理论和现实意义。

价格-现金流动机制理论的局限性在于：该理论只考虑了货币数量，而未考虑其他因素对国际收支的影响，是一种局部静态分析，而且是一种适用于金本位制的国际收

支调节理论。只有在没有资本流动，实行自由放任和公平贸易，进出口商品价格弹性足够大，以及各国严格执行金本位制等条件下，该理论所阐释的基本原理才能较为充分地体现。

第二节 弹性分析理论

弹性分析理论产生于20世纪30年代，由英国经济学家马歇尔（Marshall）提出，后经英国经济学家罗宾逊（Robinson）和美国经济学家勒纳（Lerner）等发展而成。该理论把汇率水平的调整作为调节国际收支的基本手段，紧紧围绕进出口商品的供求弹性来探讨通过货币贬值改善国际收支的条件。

弹性分析理论（theory of elasticity approach）研究的是在收入不变的条件下汇率变动对于一国国际收支由不平衡状态到平衡状态的作用。其核心是研究货币贬值，从而商品相对价格发生变化后，商品进出口数量将发生什么变化，以及如果要使进出口差额得到改善，需要满足何种条件。

一、主要内容

1. 马歇尔－勒纳条件

假设：①其他经济条件，如商品价格、消费者偏好不发生改变，只考虑汇率变化对国际收支的影响；②国内外商品具有无限的价格弹性；③不考虑资本流动；④初始国际收支处于平衡状态。可以得到基本的国际收支差额表达式：

$$B=P_xQ_x-sP_mQ_m \tag{2-1}$$

（2－1）式中：B 是名义的贸易余额；Q_x 是本国出口产品的实物数量；P_x 是以本国货币表示的本国出口产品的价格；Q_m 是本国进口产品的实物数量；P_m 是以外币表示的本国进口产品的价格；s 是直接标价法下的名义汇率。

（2－1）式两边对汇率（s）求导得：

$$\frac{\mathrm{d}B}{\mathrm{d}s}=\frac{Q_x\cdot P_x}{s}(\eta_x+\eta_m-1) \tag{2-2}$$

（2－2）式中：η_x 和 η_m 分别是出口产品和进口产品的需求价格弹性的绝对值。

由（2－2）式可以看到，如果要求贬值后出口额大于进口额，就要有：

$$\eta_x + \eta_m > 1 \tag{2-3}$$

（2－3）式即著名的马歇尔-勒纳条件（Marshall-Lerner condition）。它说明本币贬值改善国际收支的必要条件是：在贸易商品供给弹性无限大的情况下，出口产品的需求价格弹性与进口产品的需求价格弹性之和大于1。

2. 马歇尔－勒纳－罗宾逊条件

对于出口国来说，供给弹性无穷大的假设是不现实的。罗宾逊考虑到了这一点，在马歇尔-勒纳条件的基础上进一步界定了贬值改善国际收支的条件，该条件被称为马歇尔-勒纳-罗宾逊条件。

用 ε 表示供给的价格弹性，下标 x 和 m 分别表示出口和进口，则有：

$$\frac{\eta_x(\varepsilon_x+1)}{\varepsilon_x} + \frac{\eta_m(\varepsilon_m+1)}{\varepsilon_m} \geqslant 1 \tag{2-4}$$

可推导出，在国际收支初始为均衡状态的时候，两个条件是一致的。

二、评价

1. 贡献

弹性分析理论是金本位制崩溃后，主要资本主义国家之间矛盾激化，乃至发生激烈的贸易战、货币战的产物，是对国际收支价格-现金流动机制的补充。弹性分析理论考察货币贬值的价格效应，强调汇率在平衡国际收支、改善贸易条件方面的作用，直接关注政府应对严重国际收支逆差时应采取的经济政策，说明国际收支理论已经开始朝着实用的方向发展。直至今天，在实行严格的资本管制的国家，货币贬值的价格效应仍是其改善国际收支时所遵循的政策依据。

2. 批评

对于弹性分析理论的批评主要集中在以下几个方面：①弹性分析理论假定“其他经济条件”与汇率无关，国际收支初始处于平衡状态，没有考虑资本流动，因而与现实存在差距。②弹性分析理论采用局部均衡分析方法，将汇率视为调节国际收支的唯一手段，用短期微观分析研究宏观问题，有很大的局限性。③在实际运用中，对进出口商品的需求弹性、结构的计量存在技术上的困难。④弹性分析理论只是一种比较静态分析，而忽视了“时滞”（time-lags）因素。这种缓慢调整产生了所谓的J曲线效应。

J曲线效应出现的主要原因是以下时滞的存在：①认识时滞。本币贬值后，出口产品价格下降的信息不能立即为进出口商所了解。②决策时滞。进出口商在意识到货币贬值引起的产品价格变动后，需要一定时间来判断价格变化的重要性，进而作出改变进出口商品数量的决定。③生产时滞。面对出口商品需求的增加，国内生产商需要一定时间才能获得足够的资金、人力资源，从而增加出口商品和劳务的供给。④取代时滞。进出口商在货币贬值前签订的合同不能被取消，需要一段时间才能对进出口商品数量进行调整。

正是由于以上时滞的存在，一国货币贬值后，其出口商品的数量不能立即增加，进口商品的数量不能立即减少，而且相同数量本币的出口商品换回的外汇收入反而下降。因此，在短期内，本币贬值有可能使本国贸易收支状况进一步恶化。经过一段时间，直到出口供给和进口需求进行了相应调整后，贸易收支才慢慢开始改善。一般认为，出口供给的调整时间为半年到一年。该过程用曲线描述出来，呈字母 J 形（如图 2-1 所示）。因此，在马歇尔-勒纳条件成立的情况下，货币贬值对贸易收支的时滞效应被称为 J 曲线效应。这是对弹性分析理论最重要的批评。

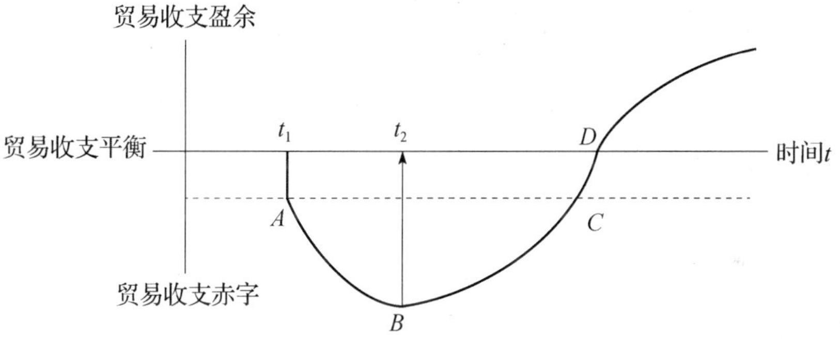

图 2-1　J 曲线效应

第三节　吸收分析理论

吸收分析理论（theory of absorbing approach），也被称为支出分析理论，最早是由美国经济学家米德（Meade）和亚历山大（Alexander）在凯恩斯（Keynes）的国民收入方程式的基础上提出的。由于它把总支出称为总吸收，所以被称作吸收分析理论。它以凯恩斯的宏观经济理论为基础，把国际收支作为国民经济的一个有机组成部分，建立国民收入四部门模型，用定量分析的方法考察国际收支与国民收入总量及各变量之间的关系。

一、吸收分析理论的基本公式

凯恩斯的封闭型国民收入均衡公式为

$$Y=C+I+G \tag{2-5}$$

(2-5) 式中，Y 为总收入；C 为消费支出；I 为投资支出；G 为政府支出。国民经济只有消费、投资和政府三部门，没有对外经济部门。$C+I+G$ 为国内总支出，即总吸收，用 A 表示。$Y=A$，即总收入＝总吸收。

在开放经济条件下，国民经济应包括对外经济部门。以净出口（$X-M$）代表对外经济部门支出，即国际收支差额。则开放型国民收入均衡公式为

$$Y=C+I+G+(X-M) \tag{2-6}$$

移项后，得

$$(X-M)=Y-(C+I+G) \tag{2-7}$$

上式中，（$X-M$）是进出口差额，用 NX 表示。因此上式可写成

$$NX=Y-A \tag{2-8}$$

即

$$\text{国际收支差额}(B)=\text{总收入}(Y)-\text{总吸收}(A)$$

该公式说明，国际收支差额的形成与国民收入及国内支出总量密切相关。国际收支平衡意味着总收入等于国内总支出；国际收支顺差意味着总收入大于总支出；国际收支逆差则是由总支出大于总收入造成的。所以，改善国际收支逆差可以通过减少总支出或增加总收入两种办法实现。

如果将总吸收分为两部分，一部分为引致性吸收，另一部分为自主性吸收，可得：

$$A=cY+D \tag{2-9}$$

其中，c 为边际吸收倾向，cY 为引致性吸收；D 为独立于收入之外的吸收，即自主性吸收。将（2-9）式代入（2-8）式，并经过相关运算，可得：

$$\Delta B=(1-c)\Delta Y-\Delta D \tag{2-10}$$

因此，贬值的效果取决于三个方面：(1) 贬值如何影响收入（体现为 ΔY）；(2) 收入变化如何影响吸收（体现为 c）；(3) 贬值如何影响吸收（体现为 ΔD）。表 2-1 对这三个方面进行了归纳。

表 2-1　贬值的效果

对（$1-c$）ΔY 的影响	对 ΔD 的影响
闲置资源效应 贸易条件效应	实际货币余额效应 收入再分配效应 货币幻觉效应 预期效应 劳尔森-梅茨勒效应

1. 贬值如何影响收入及收入变化如何影响吸收

（1）闲置资源效应。如果贬值的国家存在尚未得到充分利用的资源，贬值就会通过增加出口、减少进口引起产量（Q）的多倍增加。只要边际吸收倾向小于 1，收入增加就可以使贸易收支得到改善，改善的程度为 $(1-c)\Delta Q$。

（2）贸易条件效应。一国货币贬值通常会造成贸易条件恶化，使实际收入下降。设实际收入因贸易条件恶化而减少的程度为 t。在贬值之初，由于进出口数量不变，贸易差额也随之恶化同样程度（t）。之后，吸收会随着实际收入下降而减少 ct，其中部分通过进口直接减少，部分通过资源从非贸易品部门转移到贸易品部门间接减少，最终贸易差额改善 ct。综合来看，贬值通过贸易条件恶化对贸易差额的影响为 $(1-c)t$。显然，只有 $c>1$，贸易条件效应才会改善国际收支状况。

2. 贬值如何影响吸收

（1）实际货币余额效应。这是最重要的直接效应。贬值会导致进口品和本国生产的贸易品的价格上升，在货币供应量不变的情况下，将使人们以货币形式持有的财富，即货币余额的实际价值下降。此时，公众为了将实际货币余额恢复到其意愿持有的水平，一方面会减少商品和劳务的开支，即减少吸收；另一方面会变卖手中的证券，引起证券价格下降、利率上升，从而再度减少吸收。

（2）收入再分配效应。贬值引起的价格上升将导致收入的再分配。由于各个收入阶层的边际吸收倾向不同，所以吸收也会受到影响。一般而言，物价上涨所造成的收入再分配有利于利润收入者，不利于固定收入者。因为固定收入者的收入水平通常较低，边际消费倾向较利润收入者更高，故收入再分配的结果是：整个社会的吸收总额减少，贸易收支得到改善。但是，虽然高收入阶层的边际消费倾向低于低收入阶层，收入再分配会减少消费支出总额，但如果高收入阶层用其利润所得来增加投资，则整个社会的吸收总额也不一定会减少。

（3）货币幻觉效应。假定货币收入与价格同比例上升，如果人们存在货币幻觉，只注意到价格上升，并因此减少消费、增加储蓄，那么即使实际收入没有变化，一国的吸收总额也会随之减少。

（4）预期效应。货币贬值引起价格上涨，使人们产生价格上涨预期。这又会进一步刺激价格上涨，导致直接吸收的增长，从而引起国际收支状况的恶化。但通货膨胀预期会导致投资减少，从而降低直接吸收。

（5）劳尔森-梅茨勒效应（Laursen-Metzler effect）。货币贬值后，贸易条件恶化，引起国民收入下降，进而相关税收减少，这就是收入效应。但是货币贬值后，国内产品的价格比国外产品相对低廉，这就产生了一种替代效应，有利于增加国内产品的需求。由于国内产品相对便宜，因此直接吸收会有所增加。如果正替代效应超过负收入效应，则贸易条件恶化会导致吸收增加。

综上所述，贬值对直接吸收的影响并不明确。但即便如此，吸收分析理论对决策者来说还是具有重要的意义，因为它提出可以通过支出转换政策和支出增减政策来改善一国的国际收支状况。

二、吸收分析理论提出的调节国际收支的政策

吸收分析理论提出，根据一国经济生产是否达到充分就业，可以采取以下两种不同的政策来调节国际收支。

（一）国内未达到充分就业，采取支出转换政策

在非充分就业条件下，国内有闲置资源，因此可以用增加总收入的办法来调节国际收支。政府有关部门可以采取支出转换政策，即通过货币贬值对国际收支进行调节，或通过实施贸易限制措施，刺激本国扩大出口，从而改善国际收支。

由于国内总支出会随着国民收入的增长而增长，所以必须在本币对外贬值的同时，在国内实行紧缩性财政政策和货币政策，以抑制进口需求，使国内总支出的增加（ΔA）小于总收入的增加（ΔY），即边际吸收倾向（$\Delta A/\Delta Y$）小于1，确保出口增长快于进口增长，保证国际收支逆差得以改善。

（二）国内达到充分就业，采取支出变更政策

在国内达到充分就业的条件下，国内没有闲置资源，增加总收入只会导致通货膨胀。因此，只能用减少国内总支出的办法来调节国际收支，这同样可以通过国内经济和对外经济两条渠道进行。具体来说，一方面，对内采取紧缩性财政政策和货币政策，压缩国内吸收，使进口需求下降，把压缩下来的资源转移到出口部门，同时使出口商品的国内需求下降，出口数量增加；另一方面，对外进行本币贬值，相对降低本国出口商品的价格，刺激国外对其出口商品的需求，同时抑制进口需求。

三、对吸收分析理论的评价

吸收分析理论的主要贡献是：吸收分析理论与弹性分析理论一样，都是采取让本币贬值的办法来调节国际收支逆差，但吸收分析理论指出，只有在能够增加收入或减少支出的条件下，本币贬值才是有效的。因此，它强调通过国内财政政策和货币政策的配合，进行需求管理，压缩或转移国内需求，把资源从国内需求中解放出来，转移到出口部门，这样才能成功地改善国际收支，保持一国内部经济与外部经济的平衡。因此，吸收分析理论是有效需求管理理论的延伸和扩展。除此之外，吸收分析理论建立在国民收入四部门模型的基础上，综合考虑了多种因素的相互作用，并分析了本币贬值对国民收入和国内支出的影响，属于一般均衡分析，对宏观经济管理理论与实践有重要意义。

吸收分析理论的局限性表现在以下方面：该理论仍是一种不考虑资本流动的、以贸易收支为研究对象的国际收支理论；该理论假定生产要素的转移机制可以轻而易举地实现，背离市场经济的客观实际；该理论以单一国家为分析模式，未涉及其他相关的国家。实际上，进出口商品的价格与数量不以一方意志为转移，而是受制于进出口双方的意愿与决定。

第四节 货币分析理论

货币分析理论（theory of monetary approach）是随着货币主义的兴起而出现的一种国际收支调节理论。它认为国际收支主要是一种货币现象，影响国际收支的根本因素是货币供给量。只要一国货币供给量的增加与真实国民收入的增长保持一致，国际收支就可以保持平衡与稳定。它反对凯恩斯主义者运用财政金融政策调节国际收支的做法，主张一国政府只需要控制货币供给量，根据国内需要执行稳定的货币政策，即采取“单一规则行事”，将一国货币供给的增长率稳定在与国民收入平均增长率相同的水平上，这样就能经常保持国民经济和国际收支的均衡与稳定，其国内经济与国际收支就都可以自动实现平衡。

该理论还认为，国际收支作为与一国货币供求相联系的一种货币现象，又是一国货币供求关系的一种自动调节机制。一方面，国际收支是否平衡取决于一国货币供给增长率与真实国民收入增长率是否一致；另一方面，国际收支顺逆差又会对一国货币供给进行自动调节，顺差可以形成本币投放，从而增加一国货币供给，逆差则可造成本币回笼，从而减少一国货币供给。

因此，货币分析理论主张自由放任的国际收支调节政策。

一、货币分析理论的假设条件

货币分析理论的假设条件与现代货币主义主流思想一脉相承，主要包括以下几个：

（1）一国货币需求是实际收入、价格和利率的稳定函数，在长期内可以看作一个不变的常数。

（2）货币中性，即货币供给的变化不会影响实物产量。

（3）货币供给与外汇储备同方向变化。

（4）各国采取固定汇率制，国际收支的调节不依赖汇率变动，而主要依赖储备变化实现。

（5）一国贸易商品的价格与利率接近世界市场水平。

二、货币分析理论的基本观点

一国的货币需求 M_d 是国民收入 Y 和利率 r 的稳定函数，即

$$M_d = f(Y, r) \tag{2-11}$$

一国的货币供给 M_s 可以分为两部分：国内创造部分 D，即通过国内银行信用体系创造的货币供给，可由中央银行或政府人为控制；来自国外的部分 R，即国际储备，是通过国际收支活动获得的。一国的货币供给主要由市场决定，即

$$M_s = D + R \tag{2-12}$$

移项得

$$R = M_s - D \tag{2-13}$$

假定长期内一国的货币需求等于货币供给，国民经济达到均衡，即 $M_s = M_d$，则上式可转换为

$$R = M_d - D \tag{2-14}$$

即

国际储备＝一国货币需求－一国货币供给

由于一国货币需求在一定时期内是稳定的，因此，国际储备的增减变化取决于由中央银行或政府控制的国内信用创造的货币供给。同时，作为国际收支活动的最终结果，国际储备的增减变化对一国的货币供给又具有自动调节功能。

如果一国在一定时期内国内货币供给大于货币需求，则会引起通货膨胀、物价上升，因而不利于出口，有利于进口，出现贸易账户逆差；同时，货币供给过多还可能导致利率下降，资本外流，出现资本账户逆差，进而导致国际收支逆差。但国际收支逆差会使国际储备减少，又会自动调节国内货币供给，从而使得由外汇占款构成的本币投放减少，进而使货币供给减少，物价下跌，反之亦然。

三、对货币分析理论的评价

货币分析理论的贡献在于：它再次强调了国际收支分析中货币因素的作用；它不仅仅以经常项目为研究对象，还考虑了包括资本流动在内的全部国际收支因素，强调国际收支的整体均衡，是一种相对更全面的一般均衡分析；相比弹性分析理论和吸收分析理论，它考虑了资本流动对国际收支的影响。

货币分析理论的缺陷在于：它的一些基本假设不一定符合现实状况；同时，它过于强调货币因素的作用，而忽视了其他因素的作用；另外，它过于强调自由放任，忽视了政府干预的作用，显然有失偏颇。

第五节　政策配合调节理论

政策配合调节理论是凯恩斯主义有关国际收支理论的一种学说，最初是由凯恩斯主义经济学家蒙代尔（Mundell）于 1962 年提出的，之后英国经济学家米德、荷兰经济学家丁伯根（Tinbergen）、澳大利亚经济学家斯旺（Swan）等人又对这一理论进行了发展和补充。该理论主张一国在制定和实施经济政策时要兼顾国内、国外两个方面，既要达到内部平衡，也要达到外部平衡，不能顾此失彼。所谓内部平衡，是指一国在保持国内物价稳定的同时，实现充分就业和经济增长；所谓外部平衡，是指一国国际收支的平衡和汇率的稳定，这两种平衡是有机联系的。政策配合主要是指政府将财政政策与货币政策进行适当配合和运用，以便同时实现内部平衡与外部平衡的目标。

根据凯恩斯主义和货币主义的宏观经济管理及国际收支调节理论，一国出现外部不平衡时，可以采取的政策有三种：一是支出变更政策（expenditure changing policy），也称作支出调整政策，即政府运用财政政策与货币政策调节和控制社会总需求或总吸收，以实现国际收支平衡的目标；二是支出转换政策（expenditure switching policy），即政府通过汇率政策、工资政策和价格政策，使国内价格和国外相对价格发生变化，以实现支出在本国产品和外国产品之间的转换，调节国际收支；三是直接管制政策，包括财政性管制政策、货币性管制政策及贸易管制政策。由于直接管制政策损害国际贸易，不利于资源的合理配置，所以它往往会受到其他国家的反感和抵制，容易激化国际矛盾，因此，有效调节国际收支的政策主要是支出变更政策和支出转换政策。

另外，对国际收支的调节不能只从某一方面进行，追求国际收支的单方面平衡，而是必须将其纳入国民经济管理的整体框架中，与各种政策进行配合，这样才能实现一国内部经济和外部经济同时平衡的最高目标。

一、米德冲突

英国经济学家米德在分析上述国际收支调节政策时指出，一国如果只使用一种支出变更政策或支出转换政策对宏观经济运行进行调节，就可能发生内部平衡与外部平衡的冲突，这就是所谓的“米德冲突”（Meade's conflict）。米德是最早提出固定汇率制下内外部均衡相互冲突的经济学家。

例如，当一国国内存在通货膨胀，而国际收支为顺差时，只采用一种支出转换政策进行调节，就会引起内外部平衡之间的冲突；反之，当一国国内存在严重失业，而国际收支为逆差时，只采用一种支出变更政策进行调节，也会引起内外部平衡之间的冲突（如表 2-2 所示）。

表 2-2 单一支出变更政策引起的米德冲突

经济情况		扩张性支出变更政策		紧缩性支出变更政策	
国内经济	国际收支	内部	外部	内部	外部
通货膨胀	顺差	加剧通胀	得到改善	缓解通胀	更加不平衡
严重失业	逆差	扩大就业	更加不平衡	加剧失业	得到改善

支出转换政策包括汇率政策、工资政策和价格政策，其效应都会体现为实际汇率的变动，如本币对外贬值、降低国内工资水平、降低国内商品价格，都会因提高本国出口商品的竞争力而产生外币实际汇率上升、本币实际汇率下降的效应。当一国国内存在严重失业，而国际收支为顺差时，只采用一种支出转换政策，如只采用汇率政策

进行调节，就会引起内外部平衡之间的冲突；反之，当一国国内存在通货膨胀，而国际收支为逆差时，只采用汇率政策进行调节，也会引起内外部平衡之间的冲突（如表 2-3 所示）。

表 2-3 单一支出转换政策引起的米德冲突

经济情况		汇率政策（本币贬值）		汇率政策（本币升值）	
国内经济	国际收支	内部	外部	内部	外部
通货膨胀	顺差	扩大就业	更加不平衡	加剧失业	得到改善
严重失业	逆差	加剧通胀	得到改善	缓解通胀	更加不平衡

二、丁伯根法则

荷兰经济学家丁伯根对上述国际收支调节政策的有效性进行了分析，他认为，要想达到一个经济目标，政府就至少要运用一种有效的政策工具进行调节；而要想实现多个经济目标，政府就至少要运用多种独立、有效的政策工具进行调节。这就是著名的丁伯根法则（Tinbergen's rule）。

2020 年年初至 2022 年上半年，受到疫情影响，作为美国经济主要支柱的第三产业的发展受到了严重阻碍，加之美国国内供应链和国际物流受阻，美国经济面临经常账户赤字扩大、国内失业率上升、企业破产等多重现实经济问题，难以通过单一的政策同步实现多重目标。因此，为确保市场主体和个人资金的流动性安全，维持实体经济正常运转，在第一阶段，美国不仅采取了力度空前的财政刺激措施，大幅提高财政赤字率，为中小企业及家庭提供资金保障，而且采取了无限量化宽松政策，通过购买银行等机构持有的国债、抵押贷款支持证券（MBS）等金融产品为机构提供宽松的流动性环境。而到了 2022 年中期，在美国国内通货膨胀率达到历史性高位后，为了避免第二阶段经济过热，进而陷入“工资-通胀螺旋”，美联储逐步退出量化宽松政策，并采取了大幅加息的紧缩性货币政策。从上述各种政策组合与一国宏观经济目标之间的动态变化，以及各国国际收支调节的实践结果来看，丁伯根法则是成立的。

三、政策配合理论

政策配合理论是一种整体均衡分析方法。它将国际收支平衡与国内经济平衡联系起来，通过财政政策和货币政策的有效配合，同时实现国内经济平衡和国际收支平衡。与弹性分析理论、吸收分析理论相比，它将经常项目和资本项目有机结合起来，全面分析国际收支的综合平衡问题，而不只是分析经常项目收支。与货币分析理论相比，它强调了利率因素对国际资本流动所产生的巨大影响，从而克服了货币分析理论的致命弱点。

政策配合理论将宏观经济总体平衡分为内部平衡和外部平衡。内部平衡要求社会总需求等于充分就业时的社会总供给，这意味着实现了充分就业、物价稳定和经济适度增长。外部平衡则要求国际收支平衡和汇率稳定。根据著名的丁伯根法则，一国政府要实现一个经济目标，至少要使用一种有效的政策工具；要实现 n 个独立的目标，至少要使用 n 种独立而且有效的政策工具。因而，要实现内部和外部的综合平衡，就要注意多种政策的配合使用。

在丁伯根、米德等经济学家的研究成果的基础上，蒙代尔认为，财政政策对国内经济的作用通常大于对国际收支的作用，而货币政策对国际收支的作用要大于对国内经济的作用。他认为，财政政策主要表现为政府开支的增减，其对国内经济活动的调节作用比对国际收支的调节作用大；货币政策主要表现为国内外利率水平的差异，它会促进资本在国家间的流动，对国际收支的影响较大。所以，一国可以通过财政政策和货币政策的适当配合对国际收支进行调节，同时实现内部均衡和外部均衡（见表 2-4）。

表 2-4　蒙代尔实现内外均衡的政策配合简表

经济情况		财政政策（对内）	货币政策（对外）
国内经济	国际收支		
衰退	逆差	扩张（扩大政府开支）	紧缩（升利率、降物价）
衰退	顺差	扩张（扩大政府开支）	扩张（降利率、升物价）
通货膨胀	逆差	紧缩（缩减政府开支）	紧缩（升利率、降物价）
通货膨胀	顺差	紧缩（缩减政府开支）	扩张（降利率、升物价）

四、蒙代尔-弗莱明模型

一般而言，能够经常运用的实现内外部平衡的政策工具只有财政政策、货币政策和汇率政策。那么，如何通过这些政策的搭配来实现经济的内外部平衡，正是政策配合理论的要义所在。

蒙代尔-弗莱明模型（Mundell-Flemming model）是在蒙代尔的政策配合理论的基础上，通过弗莱明（Flemming）和其他一些经济学家的补充和完善，将表示国际收支平衡的 *BP* 曲线引入标准的 *IS-LM* 模型，并将其扩展为 *IS-LM-BP* 模型而建立起来的。该模型将开放条件下的宏观经济划分为三个市场：产品市场、货币市场和外汇市场。这三个市场的均衡条件分别用 *IS* 曲线、*LM* 曲线、*BP* 曲线表示。蒙代尔-弗莱明模型将这三个市场综合起来，从一般均衡的角度考察财政政策和货币政策对国际收支的影响。

（一）*IS-LM-BP* 模型的基本原理

IS-LM-BP 模型可用一个以利率 i 为纵坐标，以国民收入 y 为横坐标的直角坐标系图形来表示（见图 2－2）。

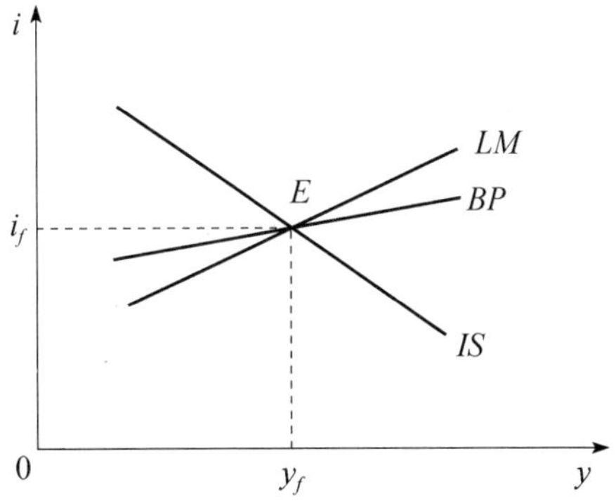

图 2－2　*IS-LM-BP* 模型

图中 E 点表示内外部经济同时平衡，并且对应于充分就业条件下的国民收入水平 y_f，以及适合于内外部经济同时平衡条件下投资与资本流动的利率水平 i_f。

IS 曲线表示的是产品市场均衡的条件，即 *IS* 曲线上任意一点都表明：在给定的利率及相应的国民收入水平上，只有当投资正好等于储蓄时，产品市场才能达到均衡。其中，I 表示投资，S 表示储蓄。投资是利率的减函数，储蓄是收入的增函数。当收入增加引起储蓄增加时，利率必须下降以相应地增加投资，才能保持产品市场的均衡。因此，在 *IS-LM-BP* 模型图上，*IS* 曲线是一条向右下方倾斜的曲线，其斜率为负值。

LM 曲线表示的是货币市场均衡的条件，即 *LM* 曲线上任意一点都表明：在给定的利率及相应的国民收入水平上，只有当货币需求正好等于货币供给时，货币市场才能达到均衡。其中，L 表示货币需求，M 表示货币供给。L 分为两部分：L_1 表示对货币的交易需求，是收入的增函数；L_2 表示对货币的投机需求，是利率的减函数。M 是可以由政府调控的外生变量。在货币供给既定的条件下，只能通过调节货币需求来实现货币市场的均衡。当收入增加引起货币交易需求增加时，利率必须上升，以减少对货币的投机需求，抵消收入增加引起的货币交易需求增加。因此，在 *IS-LM-BP* 模型图上，*LM* 曲线是一条向右上方倾斜的曲线，斜率为正。

BP 曲线表示的是国际收支平衡的条件。国际收支主要包括经常项目、资本项目和金融项目。在凯恩斯主义宏观经济学四部门经济均衡模型中，常常用贸易差额（$X-M$）来代表经常项目差额和国际收支差额，而在蒙代尔-弗莱明模型中则引入了国际资本流动因素，以进行更加全面的国际收支差额分析。

如果不考察资本流动因素，只考察经常项目，则 *IS-LM-BP* 模型中反映国际收支均衡的 *BP* 曲线是一条与横轴垂直的直线，因为这一坐标系假设代表经常项目差额的贸易差额（$X-M$）是收入 y 的函数，只受收入的影响，与利率无关。这时，内外部均衡同时实现表现为 *IS* 曲线、*LM* 曲线和 *BP* 曲线相交，交点 E 对应于充分就业条件下

的国民收入 y_f（见图 2-3）。

如果引入资本流动因素，全面考察国际收支平衡状况，则可能出现三种情况（见图 2-4）。

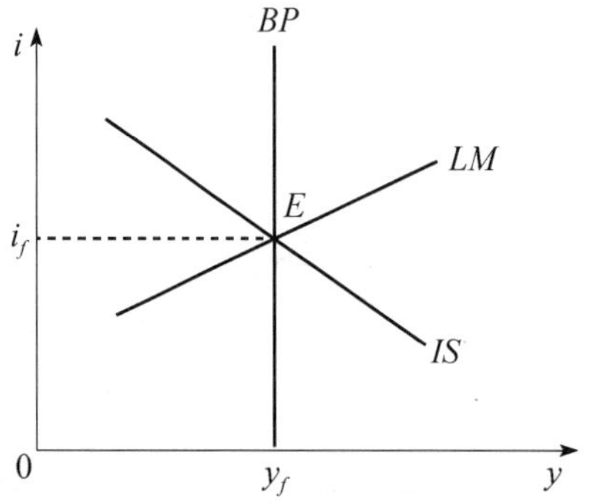

图 2-3　无资本流动情况下的 ***IS-LM-BP*** 模型

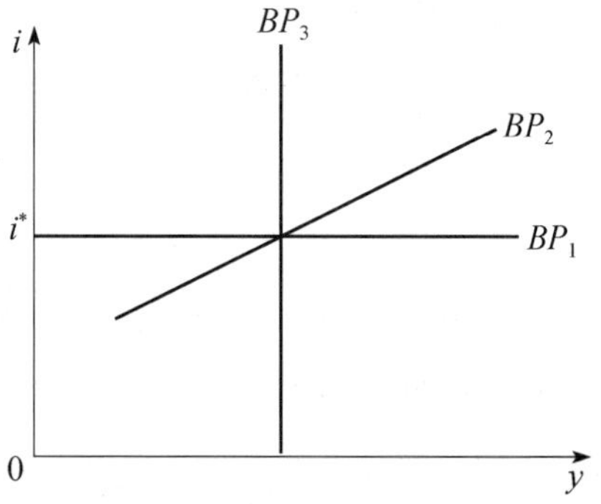

图 2-4　资本流动情况下的 ***IS-LM-BP*** 模型

第一种情况：当资本完全流动时，图 2-4 中反映国际收支均衡的 BP 曲线是一条与横轴平行的水平线（BP_1）。资本完全流动意味着国际金融市场实现了一体化，各国间不存在任何资本流动的障碍，本国利率 i 与国际市场利率 i^* 完全一致，可以通过资本流动来弥补任何经常项目的差额，从而实现国际收支平衡。由于国际市场利率 i^* 是外生变量，国际收支不平衡主要发生在本国利率与国际市场利率不一致的情况下。因此，在这条水平的 BP 曲线上方的各点都表示本国利率高于国际市场利率，资本流入大于资本流出，国际收支处于顺差状态；在这条水平的 BP 曲线下方的各点都表示国际收支处于逆差状态。

第二种情况：当资本不完全流动时，图 2-4 中反映国际收支均衡的 BP 曲线是一条向右上方倾斜的曲线（BP_2）。这时，仍然把进出口贸易差额（$X-M$）近似地看作经常项目差额，并称为净出口。净出口为负值意味着进口大于出口，经常项目为逆差；反之，经常项目为顺差。将资本流出和流入的差额称作净资本流出。净资本流出为负值意味着资本流入大于资本流出，资本项目和金融项目为顺差；反之，则为逆差。只有当净出口正好与净资本流出相等，即国际收支中经常项目与资本项目和金融项目的差额正好抵销，国际收支的总差额为零时，一国国际收支才能达到平衡。BP_2 曲线上任意一点都表明在给定的利率及相应的国民收入水平上，净出口正好等于净资本流出，国际收支达到平衡。在 *IS-LM-BP* 模型中，进口是收入的增函数，而资本流出是利率的减函数。当收入增加使得进口增加、净出口为负值、经常项目为逆差时，利率必须上升，以减少资本流出，相应减少净资本流出，只有当资本项目和金融项目为顺差时，经常项目与资本项目和金融项目的差额才能互相抵消，国际收支才能达到平衡。因此，此时的 BP 曲线是一条向右上方倾斜的曲线，具有正斜率。由于模型假设资本流动对利率变动比货币需求对利率变动更为敏感，因此在一般情况下，*BP* 曲线的斜率要小于 *LM* 曲线的斜率。

第三种情况：当资本完全不流动时，则与只考察经常项目差额的结果一样。图 2－4 中反映国际收支均衡的 *BP* 曲线是一条与横轴垂直的线（BP_3）。

（二）*IS-LM-BP* 模型对宏观经济调节的政策选择

1. 固定汇率制下的国际收支调节

（1）财政政策对国际收支的影响。

在货币政策保持不变的情况下，当采取扩张性财政政策时，收入增加，而对国际收支的影响则取决于 *BP* 曲线斜率与 *LM* 曲线斜率的对比。财政政策对收入的影响被称为收入效应，即采取扩张性财政政策时，收入增加，从而导致进口增加和经常项目逆差。财政政策对利率的影响被称为利率效应，即采取扩张性财政政策时，总需求增加，因而利率上升，资本内流，资本项目得到改善。

从图 2－5 中可以看出，采取扩张性财政政策使 IS_0 向右移动至 IS_1，这意味着利率和收入提高，利率上升促使货币需求等于可获得的货币供应。这时经济在 E_1 点达到新的均衡。收入增加使 E_1 点向 *BP* 曲线的下方移动（即逆差方向），而利率上升使 E_1 点向 *BP* 曲线的上方移动（即顺差方向）。由于图中 *BP* 曲线的斜率大于 *LM* 曲线斜率，因此 E_1 点在 *BP* 曲线的下方，即国际收支恶化。如果 *BP* 曲线的斜率小于 *LM* 曲线斜率，则 E_1 点在 *BP* 曲线的上方，即国际收支得到改善。因此 *BP* 曲线与 *LM* 曲线斜率的相对大小是决定财政政策对国际收支的影响的关键。紧缩性财政政策的影响正好相反。

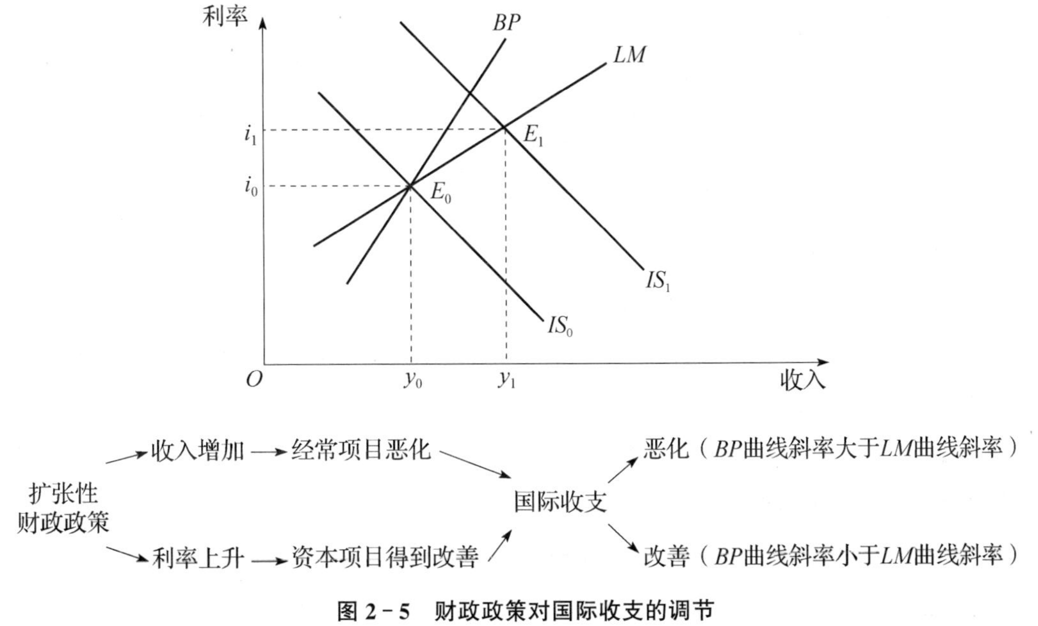

图 2－5　财政政策对国际收支的调节

（2）货币政策对国际收支的影响。

货币政策对国际收支的影响是显而易见的。采取扩张性货币政策时，收入增加，导致进口增加和经常项目逆差。而采取紧缩性货币政策时，利率下降，一方面引起资本外流，使资本项目恶化；另一方面引起投资增加和收入增加，又使经常项目恶化。

从图 2－6 中可以看出，扩张性货币政策（从 LM_0 至 LM_1）导致货币过度供给，利率下降（从 i_0 至 i_1）。当交易性货币需求和投机性货币需求得到满足后，收入迅速增加（从 y_0 至 y_1）。此时，增加的货币供给通过利率下降和国民产出提高引起货币需求增加而被消化。这时，经济在 E_1 点达到新的平衡，而 E_1 点位于 BP 曲线的下方，即国际收支逆差。

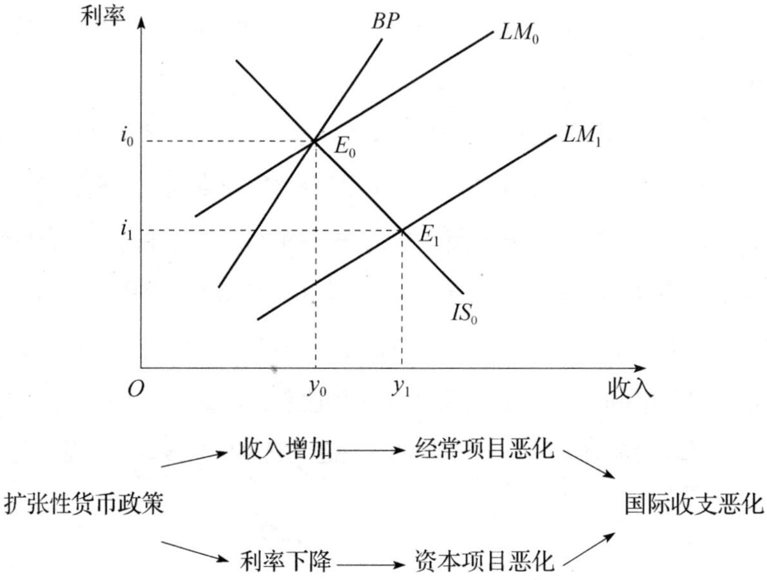

图 2－6　货币政策对国际收支的调节

（3）财政政策与货币政策的配合。

从以上分析可知，财政政策和货币政策在调节宏观经济平衡时表现出显著差异。财政政策在调节内部平衡时并不一定与调节国际收支冲突，而货币政策在调节内部平衡时，与调节国际收支冲突较大。只有通过财政政策和货币政策的有效配合，才能实现宏观经济的任何目标——既解决内部失衡问题，又解决外部失衡问题。

图 2－7 显示的是如何通过政策配合调节宏观经济失衡的一种情形——高失业率和国际收支逆差。在初始状况 A 点，对应的利率为 i_a，收入为 y_a，这时经济处于高失业率和国际收支逆差状态。首先，通过采取扩张性财政政策使收入超过充分就业时的水平，收入的快速增长引起利率上升，但 B 点仍然位于 BP 曲线的下方，即国际收支仍

为逆差。这时配合紧缩性货币政策，使利率升高至 i_c，由于利率上升引起的收入下降正好抵消由财政扩张引起的收入过度增长倾向，所以这时经济就能达到完全的均衡水平 C 点。从这个调节过程可以看出，仅仅靠一种政策调节是不可能达到这一目标的，必须依靠两种政策的有效配合。由于财政政策在调节国际收支方面存在不确定性，而货币政策对调节国际收支的作用较为明显，因此就形成了财政政策与货币政策的分工。也就是说，财政政策的任务是使国内经济在没有过度通胀的情况下，达到充分就业；货币政策的任务是调节国际收支。这就是蒙代尔的“指派法则”。

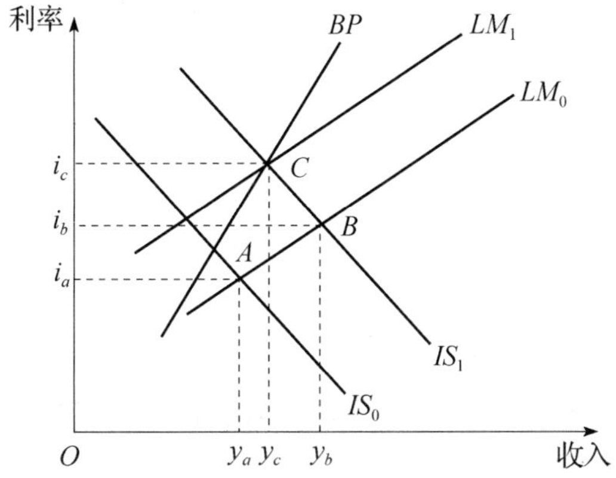

图 2－7　财政政策和货币政策配合对国际收支差额的调节

2. 浮动汇率制下的国际收支调节

在浮动汇率制下，从理论上说，政府不再干预外汇市场，国际收支平衡通过汇率自发调节实现。这里假定马歇尔-勒纳条件得以满足。因此，国际收支不平衡只是暂时的。从长期来看，国际收支总是平衡的。因此，货币政策和财政政策的任务就是实现国内经济平衡。

（1）财政政策。

在浮动汇率制下，财政政策发挥作用的情况较为复杂。当采取扩张性财政政策时，支出增加，引起收入增加，这会增加进口，使经常项目恶化。同时扩张性财政政策使本国利率升高，吸引资本流入，从而改善资本项目。如果利率效应超过收入效应，则国际收支顺差，这时本币将升值，本国产品的国际竞争力下降，引起出口减少，使国际收支又恢复到平衡状态。如果收入效应超过利率效应，则国际收支逆差，这时本币将贬值，本国产品竞争力将提高，这可以通过扩大出口改善经常项目，使国际收支恢复平衡。

（2）货币政策。

在浮动汇率制下，当采取扩张性货币政策时，交易性货币供给增加，导致收入增长；同时，利率下降引起的投资性货币供给也会增加，导致收入增长，引起经常项目逆差。同样，利率下降会造成资本外流和资本项目逆差。国际收支逆差使本币贬值，根据马歇尔-勒纳条件，本国产品的国际竞争力增强，出口增加，经常项目得到改善，国际收支恢复到平衡状态。而这时由于货币贬值效应，收入又会上升一个台阶。

（3）财政政策与货币政策的效果比较。

财政政策或者货币政策都能在一定程度上实现内外部平衡，然而二者对于利率和收入的影响却有较大差别。扩张性货币政策促使利率下降，同时导致经常项目和资本项目恶化，本币较大幅度贬值，贬值对收入的扩张效果非常明显；相反，扩张性财政政策促使利率提高，导致经常项目恶化，同时资本项目改善，即使国际收支恶化，本币贬值的幅度也比较小，从而削弱了贬值对收入的扩张效应。

阅读专栏

人民币在全球外储中占比再创新高

国际货币基金组织发布的最新数据显示，截至2022年第一季度末，人民币在全球外汇储备中的占比再创新高，而美元占比同比小幅下滑。

人民币在全球外汇储备中的占比再创新高

数据显示，2022年第一季度，美元仍是全球最广泛持有的储备货币，在所有外汇储备中所占的份额为58.88%，与上一年第四季度持平，但相比上一年第一季度的59.4%，有小幅下滑。

2022年第一季度末，人民币在全球外汇储备中所占比重为2.88%，环比高于上一年第四季度的2.79%，同比高于上一年同期的2.5%，再创新高，位居全球第五位。

2022年第一季度末，英镑在全球外汇储备中的占比为4.97%，也环比高于上一年第四季度的4.8%，同比高于上一年同期的4.7%。

与此同时，全球第二大储备货币欧元在全球外汇储备中的占比从上一年第四季度的20.6%和一年前的20.5%降至20%。日元在全球外汇储备中的占比也从上一年第四季度的5.5%和上一年同期的5.9%下滑至5.4%。

人民币国际化步伐稳中有进

俄乌冲突爆发后，IMF第一副总裁戈皮纳特（Gopinath）此前接受采访时曾表示，西方国家对俄罗斯的金融制裁可能逐步削弱美元在全球的地位。不过，2022 年上半年美联储加速加息，推动美元指数一度创下近二十年新高，提高了美元的吸引力。

与此同时，随着我国积极推动人民币国际化，人民币在全球外汇储备中的占比不断攀升。

近日，中国人民银行与国际清算银行（BIS）签署了参加人民币流动性安排（RMBLA）的协议。人民币流动性安排由所有参加方共同出资建立，各方实缴资金不低于 150 亿元人民币或等值美元。在有流动性需求时，参加方除可提取其出资部分外，也可凭合格抵押品从储备池中借入短期资金。

据介绍，中国人民银行积极参与了该安排的设计，其他首批参加方还有印度尼西亚中央银行、马来西亚中央银行、香港金融管理局、新加坡金融管理局和智利中央银行。

业内专家表示，我国央行积极参与该安排的设计，加强了我国与国际金融组织、其他地区央行的合作，有助于提高我国参与国际金融治理的能力，提升我国在国际金融治理中的话语权。同时，该制度安排反映出各国更加重视人民币流动性安全问题，有助于进一步促进人民币国际化。

资料来源：刘蕊 . 2.88%！人民币在全球外储中占比再创新高 美元占比同比下滑 . 财联社网站，2022-07-01.

延伸阅读：中国视角

抛售全部欧元资产！俄罗斯主权财富基金将仅持有人民币、卢布、黄金

据央视新闻，当地时间 2 月 9 日，据俄新社报道，俄罗斯财政部副部长科雷切夫表示，本年度财政部将清空国家主权财富基金中的欧元份额，将只保留黄金、卢布和人民币。

俄罗斯主权财富基金主要用于支持国家养老金系统，也可用于在危机时期弥补预算赤字。

2022 年 2 月俄乌冲突爆发以来，人民币在俄罗斯的地位急速攀升，人民币在俄罗斯外汇交易总量中所占的比例暴涨。根据俄罗斯央行 2022 年 12 月发布的金融稳定报告，截至 2022 年 11 月 21 日，当月俄罗斯交易所的人民币交易量在外汇交易总量中所占比例达到 33%，是 2022 年 3 月（3%）的 11 倍。

2023 年 1 月，俄罗斯央行表示，将从 2023 年 1 月 13 日开始恢复其在俄罗斯国内

市场上的外汇交易业务，将用人民币作为填充国家主权财富基金的主要储备。根据俄罗斯财政部2023年的预算规则，该国央行在莫斯科交易所的外汇操作将以“人民币—卢布”工具进行，并根据石油和天然气收入买卖外汇。

俄罗斯去美元化的时间已有数年，其主权财富基金早在2021年7月就宣布完全剔除美元。当时进行了资产结构调整后，俄罗斯主权财富基金的美元比例为0，英镑比例减少至5%，欧元和人民币比例分别提升至39.7%和30.4%，日元比例为4.7%，现货黄金比例为20.2%。2021年调整的“导火索”是黑客攻击事件。由于美国认为一系列黑客攻击事件都是俄罗斯政府在背后指使的，美国总统拜登威胁要对俄罗斯实施更多经济制裁。

俄乌冲突爆发后，卢布兑美元汇率一度腰斩。俄罗斯央行随后宣布暂停在国内市场购买外汇。为稳定卢布汇率，俄罗斯政府在2022年4月将卢布与天然气出口绑定，宣布向欧盟成员等“不友好国家和地区”供应天然气时改用卢布结算。俄罗斯央行同时恢复购买黄金，且将卢布与黄金挂钩。俄罗斯的这番操作，使得卢布兑美元汇率实现大逆转，收复了乌克兰局势升级以来的全部失地。

与此同时，伴随着2022年西方国家对俄罗斯制裁的加码，俄罗斯也削减了相关国家的货币敞口。此前，俄罗斯财政部宣布了俄罗斯国家财富基金新的法定资产结构，将人民币占比上限提高到60%（此前为30%），黄金占比上限提高到40%，英镑和日元账户余额被归零。

最新消息显示，俄罗斯主权财富基金连欧元也不要了。2023年2月初，欧盟委员会主席冯德莱恩表示，欧盟将在乌克兰危机升级一周年之际，通过对俄罗斯的第十轮制裁措施。欧盟与七国集团正在讨论对俄罗斯石油实施新的限价措施。

从清空美元资产，到清空英镑和日元资产，再到连欧元也不要了，俄罗斯主权财富基金在去西方化资产的道路上更进一步。

据环球时报援引俄罗斯《观点报》2月7日发布的文章称，曾预测2008年全球经济危机的著名美国经济学家努里尔·鲁比尼预测，世界将抛弃美元。目前，不仅俄罗斯，西方也在抛弃美元。他还作出了更令人震惊的预测：去美元化将发生在十年内。他称，这是因为美国与中国的地缘政治竞争日益激烈，不可避免地会出现两种相互竞争的全球储备货币。

资料来源：刘茜．抛售全部欧元资产！俄罗斯主权财富基金将仅持有人民币、卢布、黄金．华尔街见闻网站，2023-02-10.

本章思考题

1. 马歇尔-勒纳条件对弹性分析理论的主要贡献是什么？J 曲线效应反映了马歇尔-勒纳条件的什么缺陷？

2. 吸收分析理论的主要观点和贡献是什么？

3. 什么是米德冲突？什么是丁伯根法则？

4. 政策配合理论如何同时实现国际收支平衡和国内经济平衡？

5. 蒙代尔-弗莱明模型在不同汇率制度下如何进行宏观经济的调节？

第三章 汇率与汇率决定

引导案例

美联储加息放缓，利好人民币升值和资金回流A股

2023年2月，美联储议息会议宣布加息25个基点，将联邦利率区间抬升至4.5%～4.75%，加息步伐再次放缓。

美国通胀放缓趋势确立，2022年12月，美国CPI同比上涨6.5%，涨幅连续6个月回落，环比下降0.1%。鲍威尔（Powell）表示：考虑再加息约两次后暂停，但尚未看到今年降息的可能；当前的金融状况收紧仍需时间，但现在可以第一次说通胀放缓进程已开始。

高利率导致美国经济放缓，美国产业需求、景气度、劳动力市场等指标均指向美国经济持续下行。(1) 2023年1月，美国ISM制造业指数录得47.4%，连续3个月低于荣枯线，创2020年6月以来新低。其中，新订单、新出口订单、生产等分项均全面下滑。(2) 2022年12月，美国工业生产环比下降0.7%，连续3个月收缩。(3) 个人实际总消费支出环比下降0.29%，连续两个月环比负增长，实际服务消费环比增速放缓至零。(4) 美国第四季度GDP投资相关分项持续回落，美国第四季度设备投资环比折年下降0.9%，住宅固定投资环比折年下降7.5%。(5) 2023年1月，"小非农"ADP（Automatic Data Processing，美国自动数据处理公司）就业人数仅增加10.6万人，远不及预期的17.8万人。

美元周期强弩之末，美元走弱，人民币走强，资金回流A股和港股。

第一，受美国经济放缓、通胀超预期回落、美联储放缓加息影响，美元指数出现回调。截至2023年2月1日，美元指数为101，较去年高点下降11%。

人民币汇率反弹，截至2023年2月1日，美元兑人民币汇率为6.75，较去年高点

下降了7%。2022年12月，银行代客结售汇顺差当月值约为49亿美元，由负转正，较11月和10月分别增长140亿美元和165亿美元。

第二，中美利差倒挂缩窄，资金开始逐步回流中国市场。截至2023年2月1日，陆股通累计买入约1.87万亿元，较2022年11月3日美联储首次释放放缓加息信号前增长15%。2022年12月，外资增持51亿美元中国债券，这是2022年2月以来的首次净流入。

A股整体涨幅明显，截至2023年2月2日，上证综指为3 285，较2022年11月2日低点上涨9.6%。

第三，与美元相关的其他资产如黄金等均出现普涨。截至2023年2月1日，Comex黄金收盘价为1 950美元/盎司，较11月以来上涨17%。

未来美元将维持下降趋势，市场持续看好人民币及其资产。本轮美元周期始于美联储坚定的抗通胀目标。虽然目前美国非住房核心服务通胀尚未出现下滑，但通胀回归是大概率事件，我们判断美联储或在2023年内退出加息周期。未来若中国把发展作为首要任务，全力拼经济，人民币资产将持续向好。

资料来源：泽平宏观．美联储加息放缓，利好人民币升值和资金回流A股．网易新闻，2023-02-04.

教学目的

通过学习本章，应熟练掌握汇率的直接标价法、间接标价法和美元标价法；熟悉从不同角度划分的各种汇率及其相互间的关系；了解汇率决定的基础，固定汇率制度、浮动汇率制度的内涵、作用和具体的表现形态，知晓汇率变动对国际经济和国内经济产生的影响。

中国视角

在深入学习汇率相关知识的基础上，正确认识人民币国际化取得的成绩和中国在国际舞台上不断扩大的话语权。

由于各国所用的货币不同，国际上又没有统一的货币，各国从事国际经济交往以及其他业务时都涉及本国货币与外国货币之间的兑换，由此产生了汇率的概念。汇率的变化受宏观、微观经济中许多因素的影响，也反过来影响国际收支中各个账户的变化和一国经济的运行。所以，对汇率的研究就成为国际金融研究的重要课题之一，掌握有关汇率的基本知识是研究整个国际金融问题的基础。

第一节 汇率概述

汇率是进行外汇买卖、实现货币相互转换的基础和依据。国际贸易及国际债权债务清偿、资本国际转移等活动，都要求将一国货币兑换或换算成另一国货币。但是，由于各国货币的名称和定值标准不同，所以就产生了汇率，即一国货币究竟可以折合为多少他国货币的问题。

一、汇率的概念

外汇作为一种资产，可以和其他商品一样进行买卖。商品买卖是用货币购买商品，而货币买卖是用货币购买货币。汇率（foreign exchange rate）又称汇价，即两国货币的比率或比价，即以一国货币表示的另一国货币的价格。例如，USD1＝CNY6.55，即以人民币表示美元的价格，说明了人民币与美元的比率或比价。外汇是实现两国之间商品交换和债务清偿的工具，是两种不同货币的买卖行为；汇率是买卖外汇的价格。因此，可以说外汇是对兑换行为的质的表述，汇率则是对兑换行为的量的度量。

在不同的环境下，汇率有不同的称谓。直观上看，汇率是一国货币折算成另一国货币的比率，因此，汇率又可称为“兑换率”；从外汇交易的角度来看，汇率是一种资产价格，即外汇价格。外汇作为一种特殊的商品，可以在外汇市场上买卖，这就是外汇交易。进行外汇交易的外汇必须有价格，即“汇价”，它是以一国货币表示的另一国货币的价格。由于外汇市场上的供求经常变化，汇价也经常发生波动，因此，汇率又称为“外汇行市”。在一些国家，如我国，本币兑换外币的汇率通常在银行挂牌对外公布，这时汇率又称为“外汇牌价”。

二、汇率的标价方法

折算两个国家的货币，先要确定以哪个国家的货币作为基准。由于确定的基准不同，因此，外汇存在两种标价方法：直接标价法和间接标价法。此外，根据外汇市场惯例，还有一种美元标价法和非美元标价法。

1. 直接标价法

直接标价法（direct quotation），也称应付报价，即以本币表示的外币价格。这也是以单位外币作为标准，折合为若干数量本币的方法。这是除英、美两国外，其他国家所采用的方法。用这种标价法计算时，外币的数额固定不变，而本币的数额随着供求关系等各方面因素的变化而变化。当把外国货币作为一种商品看待时，直接标价法与商品的标签价格有异曲同工之处。在本国超市货架上，每一个标签价格都表示购买一单位商品所需要支付的本币价格，而在虚拟的外币市场中，直接标价法则表示购买一单位外币所需要付出的本币数量。

例如，USD1＝CNY6.55↑↓，即以美元作为外币，其数额固定不变，而人民币作为本币，其数额则随着外币币值或本币币值的变化而变化。外汇汇率上升，则如箭头↑所示，等式右端的本币数额增加；外汇汇率下跌，则如箭头↓所示，等式右端的本币数额减少。

2. 间接标价法

间接标价法（indirect quotation），也称应收报价，即以外币表示的本币价格。这也是以单位本币作为标准，折合为若干数量外币的方法。世界上只有英、美两国采用此方法。所以，间接标价法标出的实际上是美元或英镑的价格。用这种标价方法计算时，本币的数额固定不变，而外币的数额则随着本币币值或外币币值的变化而变化。

例如，GBP1＝A$2.59↓↑，即以英镑作为本币，其数额固定不变，而以澳大利亚元作为外币，其数额则随着本币币值或外币币值的变化而变化。外汇汇率上升，则如箭头↓所示，等式右端的外币数额减少；外汇汇率下跌，则如箭头↑所示，等式右端的外币数额增加。

3. 美元标价法

由于美元是包括石油等在内的大宗商品在国际贸易结算中使用的最主要货币，具备最高的国家信用等级背书，是特别提款权最主要的组成部分，也是世界上最广泛使用的货币，因此，外汇市场中也可以将标价法分为美元标价法和非美元标价法两种。

在美元标价法下，美元是基准货币，其他货币是标价货币；在非美元标价法下，非美元货币是基准货币，美元是标价货币。在国际外汇市场上，除英镑、澳大利亚元、新西兰元、欧元、南非兰特等几种货币采用非美元标价法以外，其余大多数货币均采用美元标价法，这一惯例已被世界市场参与者接受。

例如，如果外汇市场报道美元兑瑞士法郎汇率水平为 1.815 0，则表明 1 美元＝1.815 0 瑞士法郎；如果外汇市场报道英镑兑美元汇率水平为 1.568 0，则表明 1 英镑＝1.568 0 美元。

在统一外汇市场惯例标价法下，市场参与者不必区分直接标价法和间接标价法，都按市场惯例进行报价和交易。货币升值或贬值可以通过汇率数额的变化直接反映出来。

综上所述，在谈到外汇汇率上升或下跌时，首先要明确其采用的标价法，然后才能正确理解其含义。

三、汇率的种类

汇率可以按照不同标准，从不同角度，根据不同需要划分为各种不同的种类。

1. 按银行业务操作情况来划分

汇率或汇价按银行业务操作情况，可以分为买入价、卖出价、中间价和现钞价几种类型。

买入价和卖出价是银行与非银行客户交易时所使用的汇率，也叫“商人汇率”。这里的买入和卖出是站在银行角度而言的，其价格是银行买入外汇或卖出外汇时所使用的汇率。

（1）买入价（buying exchange rate），即买入汇率，是银行买入外汇时所使用的汇率。

在直接标价法下，外汇的买入价是前一数字，即较小的那个数字。例如，USD1＝CNY 6.555 8/6.556 2，意味着银行所买的外汇是单位美元，在等式的左端。银行买外汇是收进美元，付出人民币。而付出的人民币数额就是等式右端带有下划线的数字，即单位外汇——美元的买入价。

在间接标价法下，外汇的买入价是后一数字，即较大的那个数字。例如，USD1＝CNY 6.555 8/6.556 2，意味着银行所买的外汇是若干人民币，在等式的右端，即带有下划线的数字。银行买外汇是收进人民币，付出美元，而这时美元是本币。

（2）卖出价（selling exchange rate），即卖出汇率，是银行卖出外汇时所使用的汇率。

在直接标价法下，外汇的卖出价是后一数字，即较大的那个数字。例如，USD1＝CNY 6.555 8/6.556 2，意味着银行所卖的外汇是单位美元，在等式的左端。银行卖外汇是付出美元，收进人民币。而收进的人民币数额就是等式右端带有下划线的数字，即单位外汇——美元的卖出价。

在间接标价法下，外汇的卖出价是前一数字，即较小的那个数字。例如，USD1＝CNY 6.555 8/6.556 2，意味着银行所卖的外汇是若干人民币，在等式的右端，即带有下划线的数字。银行卖外汇是付出人民币，收进美元，而这时美元是本币。

（3）中间价（middle exchange rate），即中间汇率或挂牌价格。它是外汇买入价和卖出价的平均数，是市场报价时所使用的汇率，也叫同业汇率，一般在银行间外汇市场上使用。

（4）现钞价（cash buying exchange rate），即现钞汇率，是买卖外币现钞时使用的汇率。外币现钞买卖一般为外汇零售业务。由于外币现钞不能直接用于大宗国际贸易支付，而只有运回其母国才能正常使用，因此可能会发生运费、保险费等费用。所以，外币现钞的买入价要比外汇的买入价低，是从外汇买入价中扣除将其运往母国的运费和保险费之后的价格，但其卖出价与外汇相同。

根据 2021 年国家外汇管理局的统计数据，人民币兑马来西亚林吉特、俄罗斯卢布、南非兰特、韩元、阿联酋迪拉姆、沙特里亚尔、匈牙利福林、波兰兹罗提、丹麦克朗、瑞典克朗、挪威克朗、土耳其里拉、墨西哥比索、泰铢汇率中间价采取间接标价法；人民币兑美元、欧元、日元、港元、英镑、澳大利亚元、加拿大元、新西兰元、新加坡元、瑞士法郎汇率中间价采取直接标价法。

2. 按交割期限来划分

外汇汇率按交割期限，可以分为即期汇率和远期汇率。

（1）即期汇率（spot exchange rate），即现汇汇率，是外汇买卖成交后在两个营业日内进行交割时所使用的汇率。一般即期外汇交易都是通过电话、电报、电传方式进行的，因此即期汇率就是电汇汇率。同时，它也是外汇市场上的基本汇率之一。

（2）远期汇率（forward exchange rate），也称期汇汇率，是外汇买卖成交后，按照约定在到期日进行交割时所使用的汇率。远期汇率常以对即期汇率的升水或贴水来报价。

升水（premium）意味着远期汇率比即期汇率高，即 $P=F>S$；

贴水（discount）意味着远期汇率比即期汇率低，即 $D=F<S$；

平价（par）意味着远期汇率与即期汇率相等，不升不贴，即 $F=S$。

即期汇率主要由外汇交易当时的供求状况所决定，而远期汇率则主要由约定到期日的外汇交易供求状况所决定。一般来说，即期汇率较高，因为短期内可以兑现，风险较小；远期汇率则低一些，因为它要经过一段时间才能兑现，风险较大。

3. 按外汇交易的结算方式划分

外汇汇率按外汇交易的结算方式可以分为电汇汇率、信汇汇率和票汇汇率。

（1）电汇汇率（telegraphic exchange rate），是以电信方式进行外汇交易时使用的汇率，即以电信方式通知付款时所使用的汇率。由于国际上不同外汇市场之间较大金额的外汇买卖通常都使用电话、电报、电传等电信方式进行，因此电汇汇率成为外汇市场上的基本汇率之一。电汇汇率就是即期汇率。

(2) 信汇汇率 (mail exchange rate),是以信函方式进行外汇交易时使用的汇率,即以信函方式通知付款时所使用的汇率。由于以信函方式收付外汇的时间远比电汇长,所以信汇汇率一般比电汇汇率低。

(3) 票汇汇率 (draft exchange rate),是以汇票、支票或其他票据作为支付方式进行外汇买卖时所使用的汇率,也可分为即期和远期两种。即期票汇是现汇汇票,为见票即付汇票;远期票汇是期汇汇票,即在约定到期日付款的汇票。即期票汇汇率是银行买卖即期票汇时使用的汇率;远期票汇汇率是银行买卖远期票汇时使用的汇率。由于以票汇方式收付外汇的时间也比电汇长,因此,票汇汇率一般也比电汇汇率低。

由于使用电汇方式可以保证在两个营业日内完成交割,付款时间短,因此,可避免汇率波动风险,加之银行不能利用客户的在途汇款资金进行短期周转,因此电汇汇率要高于信汇汇率和票汇汇率。

4. 按汇率制度来划分

外汇汇率按汇率制度可分为固定汇率和浮动汇率。

(1) 固定汇率 (fixed exchange rate),即固定比价,是指两国货币比价基本固定,其波动范围被限制在一定幅度内。所谓固定比价,并不是一成不变的,而是一般不做大的变动,小变动则被限制在一定幅度内。

(2) 浮动汇率 (floating exchange rate),即可变汇率,指可以由货币行政当局自主调节或由外汇供求关系自发影响其涨跌的汇率。其还可以按照浮动的类型进一步划分:按政府是否干预,可分为自由浮动与管理浮动;按照浮动的形式,可分为单独浮动与联合浮动等。

5. 按交易对象划分

外汇汇率按交易对象可分为银行同业汇率和商人汇率。银行同业汇率是指银行同业之间买卖外汇的汇率,即中间汇率。我国现行外汇市场上的汇率即同业汇率。商人汇率是指银行向非银行客户买卖外汇的汇率,包括买入汇率和卖出汇率。

6. 按换算标准划分

外汇汇率按换算标准可分为基础汇率和套算汇率。基础汇率 (basic exchange rate) 是指一国货币同关键货币的比价,如美元兑其他国家货币的汇率。套算汇率 (cross exchange rate) 又称交叉汇率,是指两国货币通过各自兑第三国货币的汇率套算出的汇率。

7. 按管理程度划分

外汇汇率按管理程度可分为官方汇率和市场汇率。官方汇率 (official exchange

rate）是指由国家外汇管理当局确定和公布的汇率。市场汇率（market exchange rate）是由外汇市场供求状况决定的汇率。官方汇率又可进一步分为单一汇率和多重汇率。单一汇率为无国别、无货物来源等方面差异的汇率，是 IMF 要求成员方使用的汇率。多重汇率为对不同国别、不同货物来源分别规定的差别汇率。制定多重汇率是一种外汇管制方法。

8. 按营业时间划分

外汇汇率按营业时间可分为开盘汇率和收盘汇率。开盘汇率是银行在营业日开始营业时，对首笔外汇买卖报出的第一个外汇牌价（foreign exchange quotation）。收盘汇率是银行在营业日结束营业前报出的最后一个外汇牌价。这种划分一般是在浮动汇率制下使用。

9. 按外汇资金性质和用途划分

外汇汇率按外汇资金性质和用途可分为贸易汇率和金融汇率。贸易汇率是指用于进出口贸易及其从属费用方面的汇率。金融汇率主要是指用于资金转移和旅游支付等方面的汇率。

10. 按外汇收付的来源与用途划分

外汇汇率按外汇收付的来源与用途可分为单一汇率和多种汇率。在单一汇率情况下，一国对外仅有一个汇率，各种不同来源与用途的外汇收付均按此汇率计算，或本币对各种外币的即期外汇交易的买卖价差不超过 2%。在多种汇率（又称复汇率）情况下，一国货币对某一外国货币的汇率因用途及交易种类的不同有两种以上，或本币对各种外币的即期外汇交易的买卖价差超过 2%者。

11. 按测算方法来划分

外汇汇率按测算方法可分为名义汇率、实际汇率、有效汇率和均衡汇率。

（1）名义汇率。

名义汇率（nominal exchange rate）是指官方公布的汇率，或在市场上通行的、没有剔除通货膨胀因素的汇率。名义汇率可分为两种情况：

第一种情况是，各国政府为了达到增加出口、限制进口的目的，对各类出口商品提供补贴或减免税收，对各类进口商品征收各种类型的附加税而形成的。这时名义汇率等于实际汇率与财政补贴和税收之和或之差，用公式表示为：名义汇率＝实际汇率±财政补贴或税收减免。

第二种情况是，名义汇率等于实际汇率加上一国通货膨胀率。这表明，由于一国存在通货膨胀，所以其名义汇率高于实际汇率。通货膨胀是直接影响币值、汇率与物价的重要因素，其后果必然是币值下跌、物价上涨、名义汇率与实际汇率差距拉大，由此又必然导致出口商品的竞争力变弱，出口减少，进口增加，国际收支失衡加剧。

（2）实际汇率。

实际汇率（real exchange rate）e_r 是能够反映一国国际竞争力的汇率。与名义汇率不同的是，它反映了物价因素对汇率的影响。它有以下两种基本表达方式：

1）用价格水平加权的实际汇率。用价格水平加权的实际汇率可表述为

$$e_r = e(P^* / P) \tag{3-1}$$

式中，P^* 和 P 分别表示外国和本国的价格水平；P^*/P 表示国际相对价格，它可看成名义汇率 e 的权数。实际汇率可反映一个国家的国际竞争力（针对价格竞争）。在其他条件不变的前提下，实际汇率上升表明该国国际竞争力提高。对上式作对数差分，可以得出

$$\Delta \ln e_r = \Delta \ln e + \Delta \ln P^* - \Delta \ln P \tag{3-2}$$

从上式可以看出，实际汇率变动率 $\Delta \ln e_r$ 反映的是名义汇率变动率 $\Delta \ln e$ 与两国通货膨胀率差额（$\Delta \ln P^* - \Delta \ln P$）之和。外币汇率上升、外国物价上升和本国物价下降都是本国商品国际竞争力提高的核心因素。

在理论分析中，人们习惯使用该实际汇率概念。但是，在经验分析中，它有明显的局限性，即物价水平作为若干种商品和服务价格的加权平均数，缺少相应的统计数据。

2）用价格指数加权的实际汇率。由于物价水平数据难以获得，人们使用价格指数代替物价水平，于是实际汇率可以表述为

$$e_r = e(P_t^* / P_t) \tag{3-3}$$

式中，P_t^* 和 P_t 分别为 t 期外国和本国的价格指数。价格指数有大量的统计数据，这是该实际汇率概念具有可操作性的原因。但是，各国在编制价格指数时，选择的基期不同，容易造成混淆。此外，价格指数只适用于跨时分析，在静态分析中不能说明什么问题。

（3）有效汇率。

有效汇率（effective exchange rate，EER）指用本币数量表示的一篮子外币的加权平均值。其计算公式为：

$$EER = \sum_{i=1}^{n} W_i e_i \tag{3-4}$$

式中，n 为一篮子外币中的外币种类数；e_i 为第 i 种外币的汇率（直接标价法）；W_i 为第 i 种外币在计算中的权数。一篮子外币中外币种类的选择以及权数的计算，主要由本国与其他国家对外经贸往来的密切程度决定。

由于一个国家往往会同多个国家发生经济往来，会与多个国家产生货币兑换关系，因而会出现多种汇率。这些汇率的走势可能不同。例如，人民币在相对日元升值的同时，可能相对欧元贬值，同时相对美元保持稳定。在宏观经济分析中，如果人们要研究汇率变动对宏观经济的影响，那么使用相对任何一个国家货币的汇率都是不够准确的，这时就需要使用有效汇率。

（4）均衡汇率。

均衡汇率的定义于 1945 年被提出，经过半个多世纪的实践，其内涵不断丰富。当下虽然理论界对均衡汇率仍有不同争论，但以下关于均衡汇率的概念被普遍接受：均衡汇率是指与内部均衡（主要是指产品市场与劳动力市场）和外部均衡（可持续的经常账户）相一致的实际汇率。

第二节　汇率决定及其变动

分析研究决定和影响汇率变动的因素，可以为经济体制定对外经济政策提供依据，为政府进行宏观经济管理，尤其是调控对外经济关系提供基础。

一、汇率决定

汇率是两种货币之间的相对价格或兑换比率，所以各国货币所具有或代表的价值是决定汇率的基础。但由于在不同货币制度下，货币发行基础、货币种类和形态各异，因而决定汇率的基础也各不相同。

（一）金本位制下决定汇率的基础

金本位制是指一国通过法律规定以一定成色及重量的黄金作为本位货币而进行流通的货币制度。本位货币是指作为一国货币制度基础的货币。根据流通中货币与黄金的联系程度不同，可以将以黄金作为本位货币的制度分为金币本位制（gold coin standard system）、金块本位制（gold bullion standard system）和金汇兑本位制（gold exchange standard system）。

在金本位制下，各国货币都规定了含金量，汇率就是两国货币以其内在的含金量为基础确定的交换比例。

1. 决定汇率的基础

在金本位制下，决定两国货币汇率的基础称为铸币平价（mint par）。铸币平价表示的是铸币含金量与其面额相一致的关系，即金属货币在铸造时所耗用的金属价值与其交换价值相一致的关系。铸币的含金量也叫金平价，是一国通过立法程序规定的。两国货币的含金量之比称为法定平价。因此，铸币平价是金本位制下决定两国货币汇率的基础。

2. 汇率波动的界限

法定平价一般不会轻易变动，但实际汇率却时有涨落。受外汇市场上供求关系的影响，外汇的实际汇率经常围绕两国货币的法定平价上下波动，但其波动幅度自发地受到黄金输送点的限制。所以，黄金输送点是金本位制下汇率波动的界限。

黄金输送点（gold transport points），即黄金输出点（gold export points）与黄金输入点（gold import points）的总称，是金本位制下由汇率波动引起黄金输出和输入的界限，也是汇率波动的界限。

黄金输出点＝铸币平价＋运费

黄金输入点＝铸币平价－运费

在金本位制下，尽管黄金是世界货币，但由于在国际结算中用黄金作为支付手段比较麻烦且费用（如运费、保险费等）很高，所以一般的贸易往来都采用非现金结算，即用汇票作为支付手段，而汇票结算就必然带来汇率波动问题。

从债务人或进口商的角度看，如果汇率上涨到黄金输出点以上，则意味着以汇票形式清偿债务或支付货款不如以黄金形式直接进行清偿或支付划算，所以债务人或进口商就不会去购买汇票，而以直接向对方支付黄金的方式来进行清偿或支付，于是会发生黄金输出及汇票由于需求减少而价格回落的情况。

从债权人或出口商的角度看，如果汇率下跌到黄金输入点以下，则意味着以汇票形式收回债权或货款不如直接以黄金形式进行清算或结算收益更大，所以债权人或出口商往往不收汇票而要求对方直接以支付黄金的方式来清算或结算，收取黄金后自行运回国内，于是会发生黄金输入及汇票由于供给减少而价格回升的情况。

因此，汇率波动以黄金输送点为界限，即汇率在黄金输出点和黄金输入点的范围内上下波动。汇率波动一旦越过此范围，就会引起黄金的输出或输入，从而使汇率又回到以黄金输送点为界限的范围之内。

（二）纸币流通条件下决定汇率的基础

纸币是价值符号，可以代表金属货币执行流通手段的职能。在纸币流通条件下，汇率实质上是两国纸币以各自所代表的价值量为基础而形成的交换比例。所以，在纸币流通条件下，纸币所代表的实际价值是决定汇率的基础。

纸币所代表的价值，在历史的发展演变过程中曾经有两种含义。

（1）第一种含义是指纸币所代表的金平价，即国家法令规定的纸币的含金量。在纸币发行以黄金准备为限的条件下，金平价说明了每单位纸币的含金量。所以，两国纸币的金平价是决定两国汇率的基础。

但是，纸币发行是由政府控制的。第一次世界大战前后，参战各国滥发纸币，纸币发行越来越超过黄金准备的限制，使纸币贬值。通货膨胀成为经常现象，导致纸币不能兑换黄金。金平价逐渐背离其名义上所代表的黄金量，纸币日益脱离了与黄金的联系。因此，汇率便无法以纸币名义上的金平价为基础来决定，而只能以纸币所代表的实际价值量为依据来决定。

（2）第二种含义是指纸币的购买力，即每单位纸币能购买到的商品量。按照马克思的劳动价值论和货币理论，决定两国货币汇率的是两国纸币的购买力。

1973 年以后，在黄金非货币化的影响下，黄金逐渐脱离了与货币的联系，不再作为各国货币的定值标准，各国也不再规定货币的含金量，而纸币也演变为纯粹的不兑现的信用货币。在这样的纸币发行制度下，纸币所代表的实际价值就是纸币的购买力。

在纸币流通条件下，汇率的变动主要受外汇供求关系的影响。这种情况在历史上可以分为两个时期：在布雷顿森林体系时期，西方各国以法律形式规定了纸币的含金量，并人为规定了汇率的波动幅度，把汇率的波动限制在一定范围之内；而在“牙买加协议”基础上的现行国际金融体系时期，黄金已经非货币化，纸币的金平价也已被废止，汇率则基本摆脱了自发的及人为的限制，主要受外汇供求关系的影响，波动频繁、幅度较大，影响外汇供求关系的因素也更加复杂。

综上可以看出，在当今的纸币流通条件下，虽然影响汇率变动的因素有很多，但最基本的两个方面还是货币本身代表的价值量的变动和外汇市场的供求关系。货币本身具有或实际代表的价值量对比形成了货币的真实汇率，决定了现实汇率的基本水平。在此基础上，其他各种因素通过影响国际收支和外汇供求关系，导致现实汇率偏离真实汇率，并围绕真实汇率上下波动。

那么，都有哪些因素会影响汇率变动呢？

二、影响汇率变动的主要因素

汇率变动受很多因素的影响，其中既包括经济因素，也包括政治因素、心理因素及一些其他因素。各因素之间在相互联系的同时也相互制约，并且其作用的强弱也经常发生变化，有时以这些因素为主，有时以另一些因素为主，而同一种因素在不同国家或在同一国家的不同时期所发挥的作用也不尽相同。因此，汇率变动的原因是极其错综复杂的。但从根本上来说，影响汇率变动的主要因素是一些基本的经济因素，它们都是通过影响外汇的供求关系而导致汇率变动的。这些基本的经济因素主要包括以下几个。

（一）国际收支状况

分析国际收支状况对汇率变动的影响，需要区分两种情况。

在浮动汇率制下，由于汇率受市场自发作用的调节，因此国际收支状况对一国的汇率变动会直接产生影响。其作用过程为：一国国际收支逆差导致本国外汇供给减少或外国对本币的需求减少，从而造成市场上外汇供不应求或本币供过于求，引起外汇汇率上涨，本币汇率下跌；反之，一国国际收支顺差则引起外汇汇率下跌，本币汇率上涨。

在固定汇率制下，由于汇率是由官方人为控制的，因此国际收支状况不会直接导致汇率变动，但它会带来汇率变动的压力。例如，长期、大量的国际收支逆差往往是本币法定贬值的先导，政府往往迫于市场作用的压力而改变汇率。

国际收支状况是影响汇率变动的重要经济因素，但需要指出的是，某些国际收支状况是否必然会直接导致汇率发生变动还要看国际收支差额的性质。长期的、巨额的国际收支逆差一般来说肯定会导致本国货币汇率下降，而暂时的、小规模的国际收支差额可以较为容易地被国际资本流动等有关因素抵消或者调整，最终不一定会使汇率发生变动。

（二）通货膨胀率差异

通货膨胀（inflation）对汇率变动的影响是长期性的，而且可以从不同方面表现出来。首先，国内货币供给过多造成物价上涨，导致本国出口商品和劳务在世界市场上的价格竞争力降低，从而使出口需求减少。与此同时，国内通货膨胀、物价上涨还会导致进口价格相对降低，刺激进口需求增加，从而引起国际收支逆差。而一国国际收支逆差会导致其外汇供不应求，引起本币贬值和外汇汇率上涨。其次，一国货币对内贬值，将会降低其本币在国际上的信誉，因而不可避免地会影响到其对外价值，导致其本币汇率下跌。

（三）利率差异

利率对汇率变动的影响一般是短期性的，但表现较为剧烈，尤其是在浮动汇率制下。利率主要通过对资本项目的影响而对汇率变化产生影响，因为在开放经济条件下，国际利率差异往往会引起短期资本的国际流动。本币利率高的国家会发生资本流入，本币利率低的国家会发生资本流出，而资本的流入流出会引起外汇市场的供求关系发生变化，从而对汇率变动产生影响。其具体的作用过程如图 3-1 所示。

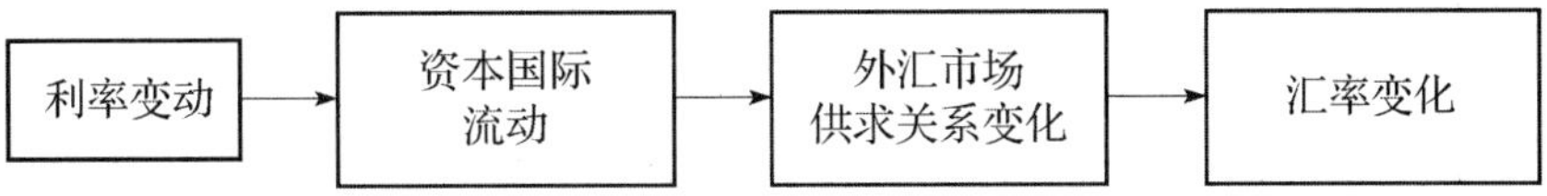

图 3-1　利率通过资本流动影响汇率变动的过程

（1）利率高→资本流入→国际收支顺差→外汇供大于求→外汇汇率下跌、本币升值；

（2）利率低→资本流出→国际收支逆差→外汇供不应求→外汇汇率上升、本币贬值。

利率还通过对国际收支经常项目的影响而对汇率变动产生影响。利率可以通过影响国内货币供给而影响物价水平。一般情况下，提高本币利率往往伴随着减少国内货币供给及紧缩信用政策，因而会引起物价下跌，进而影响进出口和国际收支乃至汇率。其具体作用过程见图 3-2。

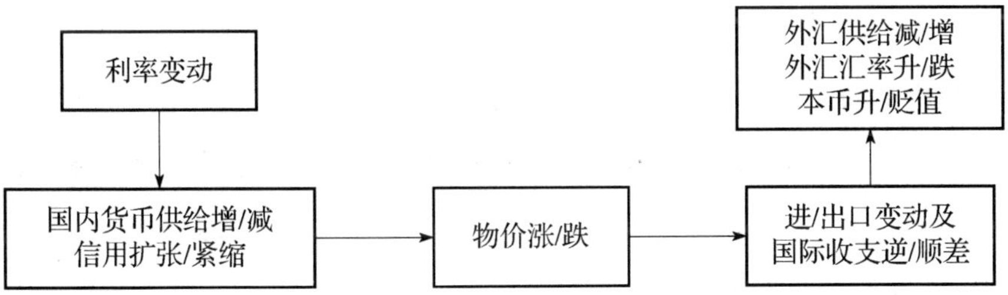

图 3-2　利率通过进出口影响汇率变动

（1）利率提高→伴随着国内货币供给减少和信用紧缩→物价下跌→有利于出口，不利于进口→国际收支顺差→本币升值；

（2）利率降低→伴随着国内货币供给增加和信用扩张→物价上涨→不利于出口，有利于进口→国际收支逆差→本币贬值。

（四）经济增长率

一国经济增长率对汇率变动的影响较为复杂，出现的情况可能有以下几种。

对发展中国家而言，在国内经济增长的同时，国际收支出现逆差，从而影响汇率。这主要是由于：发展中国家经济增长率的提高会引起国内需求水平的提高，又往往依赖于增加进口以弥补国内供给的不足，因而其出口增长慢于进口增长，国际收支出现逆差，本币汇率下跌。

对出口导向型国家而言，情况则与上面相反。出口导向型国家的经济增长主要表现为出口的增长，因而其国际收支出现顺差，并影响汇率。

另外，经济增长也反映了一国经济实力的变化。从市场参与者的心理角度分析，一国经济增长表明了该国经济实力的提高，从而会增强外汇市场对其货币的信心，提高本币信誉，导致本币汇率上升。

当然，在其他条件不变的情况下，如果各国经济增长率同步变化，就不会对汇率产生太大影响。

（五）财政赤字

一国财政赤字对汇率变动的影响较为复杂。一般说来，庞大的财政赤字说明财政支出过度，会引发通货膨胀，导致国际收支经常项目恶化，使一国货币汇率下降。但这种情况是否会发生，主要取决于弥补财政赤字的方法。

在市场经济条件下，如果采用财政性发行方法来弥补财政赤字，就会导致国内通货膨胀和物价上涨，利率下降，不仅不利于本国出口，而且会导致资本流出，从而使国际收支恶化，本币汇率下降。

如果通过紧缩信贷来弥补财政赤字，则会导致国内利率上升，物价下跌，不仅有利于本国出口，而且能吸引资本流入，从而改善国际收支，使本币汇率趋于坚挺。

（六）外汇储备

中央银行所持有的外汇储备表明了一国干预外汇市场、维持本币汇率的能力。但一国外汇储备对汇率变动的影响较为有限，而且只能在短期内起作用，因为在一定时期内，一国的外汇储备毕竟有限。

（七）政策因素

由于政府机构是外汇市场的交易主体之一，因此政府可直接通过外汇买卖来影响汇率。但是，政府出售外汇的能力取决于其持有的外汇储备的规模，其购买外汇的行为也会受到其持有外汇储备的机会成本的影响。

在中央银行参与外汇市场交易不足以实现政府的汇率政策目标时，政府可借助外汇管制来限制外汇供求关系，以使汇率变动保持在政府可以接受的范围之内。

政府其他经济政策也会对汇率产生间接影响。例如，扩张性财政政策会通过刺激增长，引起进口增加，带来本币对外贬值压力；紧缩性货币政策会通过抑制通货膨胀和利率上升，引起贸易顺差和资本流入，最终导致本币对外升值。

政府的贸易政策既可能刺激出口（如出口退税），又可能限制进口（如非关税壁垒），对汇率也有较长期的影响。

政府还可以与他国政府进行政策协调，共同采取干预汇率的措施。

在现实生活中，政策因素往往通过改变市场心理预期来影响汇率。政府是外汇市场上最有实力的交易者，因此政府的意图具有很强的影响力。在很多情况下，领导人发表公开讲话之后，无须政府采取实际干预行动，市场汇率的变化就已经能够达到政府期待的目标。

（八）市场心理预期

如果人们预期外币汇率上升，资本就会流出，外币汇率就会上升。这说明汇率预期具有自我实现的特点。

人们对其他价格信号和宏观经济变量的预期也有类似特点。例如，如果人们形成了通货膨胀预期，为了避免物价上涨给自己带来损失，他们就会抢购商品，这就使得人们通过自己的主观行为引起物价上涨成为现实。所以，通货膨胀预期会引起外币汇率上升。对其他变量的预期也会产生类似的作用。

人们的预期受多种因素的影响。由于人们的文化素质和知识水平不同，所以同样的因素会使人们产生不同的预期。搜寻信息的成本也决定了不同人掌握的信息是不相同的。一条新闻，不论它是谣言，还是严肃的报道，只要对人们的预期产生了重大影响，就都会通过人们的外汇交易行为来影响汇率。

（九）重大国际国内政治事件

重大国际国内政治事件也是影响汇率变化的因素。因为政治事件会对经济因素产生直接或间接影响，所以汇率变化对政治事件尤为敏感。国际政治事件，如 1991 年的海湾战争、2003 年 3 月 21 日美英联军发动的伊拉克战争、2001 年 9 月 11 日恐怖分子对纽约世贸中心发动的突然袭击，均对美元汇率产生了重大影响。

2016 年 6 月，英国举行全民公投，决定英国将限期脱离欧盟。该决定于 2017 年 3 月 16 日正式由英国女王伊丽莎白二世批准，拟定英国于 2019 年 3 月 29 日正式脱欧。经过多次磋商及延期，2020 年 1 月 30 日，欧盟正式批准了英国的脱欧申请。英国于 2020 年 12 月 31 日正式结束脱欧过渡期，也结束了其 48 年的欧盟成员国身份。受脱欧带来的不确定性等一系列因素影响，英镑兑美元汇率于 2016 年 6 月直线暴跌，由当月最高 GDP1＝USD1.501 9 跌至最低 GDP1＝USD1.311 9，月内振幅达到惊人的 13％。

尽管英镑兑美元汇率于 2016 年进入了升值区间并开始震荡，但直到 2020 年底，英镑兑美元汇率仍未能回到脱欧前的水平。

此外，一国首脑人物的政治丑闻、错误言论以及主管金融外汇官员的调离任免，都会对短期汇率走势产生影响。

第三节 汇率变动对经济的影响

在当今的浮动汇率制下，汇率变动频繁且剧烈。汇率变动对一国的国内经济、国际收支以及整个世界经济都有重大影响。货币升值或贬值的影响就结果而言正好相反。

一、汇率变动对一国国际收支的影响

汇率变动会对一国国际收支产生直接影响，其影响表现在以下几个方面。

（1）汇率变动对贸易收支的影响。一国货币汇率变动会使该国进出口商品价格相应涨跌，抑制或刺激国内外居民对进出口商品的需求，从而影响进出口规模和贸易收支。例如，若一国货币汇率下跌（即对外贬值），则以本币表示的外币价格高涨，出口收汇兑换成本币后的数额较以前增多。出口商为扩大销售，增加出口，有可能降低出口商品的外币售价，而获得本币的数额较以前不会减少。与此同时，一国货币汇率下跌后，以本币表示的进口商品的价格上涨，从而抑制本国居民对进口商品的需求。在一般情况下，出口扩大、进口减少有利于汇率下跌国家贸易收支的改善。如果一国货币汇率上涨，则结果相反。

（2）汇率变动对非贸易收支的影响。

第一，汇率变动对无形贸易收支的影响。若一国货币汇率下跌，则一定数量外币兑换成本币的数量增加，外币的购买力相对提高，本国商品和劳务相对低廉。与此同时，本币兑换外币的数量减少意味着本币购买力相对降低，国外商品和劳务的价格也变贵了，这有利于该国旅游与其他劳务收支状况的改善。汇率上升的作用则与此相反。当然，汇率变动的这一作用须以货币贬值国国内物价不变或上涨相对缓慢为前提。

第二，汇率变动对单方面转移收支的影响。如果一国货币汇率下跌，而国内价格不变或上涨相对缓慢，那么一般会对该国的单方面转移收支产生不利影响。以侨汇为例：侨汇多系赡家汇款，货币贬值后，旅居国外的侨民只需汇回国内少于贬值前的货币，就可以维持国内亲属的生活需要，于是该国侨汇收入会减少。如果一国货币对外升值，则结果相反。

（3）汇率变动对资本流动的影响。汇率频繁变动会使国际资本流动的风险增大，从而影响国际资本流动的正常进行；同时，汇率波动还会刺激投机活动，引起短期资本在国际市场上的频繁流动，从而不但冲击各国正常的经济秩序，阻碍一国经济的平稳发展，而且影响国际资本的正常流动。

（4）汇率变动对国际储备的影响。一方面，汇率变动主要通过对进出口及资本流动的影响引起外汇储备的增减变化，即汇率变动通过影响国际收支引起外汇储备变动；另一方面，汇率变动还会使外汇储备的实际价值发生变化。例如，关键货币的汇率下跌会使该储备货币持有国受到无形损失。

二、汇率变动对国内经济的影响

（1）汇率变动对国内物价的影响。一国货币汇率下跌，一方面有利于出口，在短期国内总体产能不增加的条件下，使国内商品供应相对减少，货币供给增加，物价上涨；另一方面会使进口商品的本币成本上升，从而带动国内同类商品价格上涨。若货币汇率上升，则结果一般相反。

（2）汇率变动对国民收入与就业的影响。一国货币汇率下跌有利于出口而不利于进口，将会使闲置资源向出口商品生产部门转移，并促进进口替代品生产部门的发展，这将使生产扩大，国民收入和就业增加。这一影响是以该国有闲置资源为前提的。一国货币汇率上升将不利于生产、国民收入和就业。

（3）汇率变动对国内利率的影响。对于外国投资者而言，跨境投资的总收益既取决于在投资国的净收益（通常可以用外国与投资国的利率水平之差作为代表或基准），也取决于外国与本国两国货币的汇率变化，因为一般情况下，投资者最终是要将收益换成母国货币的。因此，当本国汇率水平下跌时，本币贬值，外国投资者在本国获得相同水平投资收益的同时，将收益换回外币时将受到损失，即外国投资者在本国投资的期望收益率将显著降低，于是流入本国的外国资金数量会减少，外国直接投资（FDI）水平会下降。为弥补这一影响，本国需要通过提高利率水平的方式弥补汇率变动给外国投资者收益造成的不利影响，于是国内利率水平会出现上升的趋势。

（4）汇率变动对普通居民生活的影响。对于最广大的居民来说，汇率变动最直接的影响是出国留学和旅游的成本的变动。当本币处于升值区间时，有跨境需求的个人往往不必提前在国内兑换外币，因为在实际出行时再兑换往往可以节省成本。

汇率变动也会影响国际账单结算方式。在极端情况下，外币处于恶性通货膨胀阶段时，会急速贬值，同样一笔账单在月初付款和在月末付款折算得到的本币金额可能会天差地别。

三、汇率变动对国际经济的影响

（1）汇率剧烈变动会加剧国际市场竞争，恶化国际市场营商环境，影响国际贸易的正常开展。当国家汇率不稳定时，常会利用使汇率下跌的方式，扩大出口，争夺市场，而这很可能导致其他国家采取报复性措施，如实行货币对外贬值，或采取保护性贸易措施，从而引发贸易战和货币战，破坏国际贸易的正常开展，对世界经济产生不利影响。

（2）汇率剧烈变动会影响某些储备货币的地位和作用，促进国际储备货币多元化的形成。某些储备货币（如英镑、美元）国家的国际收支恶化后，其通货不断贬值，货币汇率不断下跌，直接影响该储备货币的地位和作用；而有些经济体的情况则相反，其货币（如欧元和人民币）在国际结算领域中的地位日益提高，作用日益增大，因而能够促进国际储备货币多元化的形成。

（3）汇率剧烈变动会加剧投机行为和国际金融市场的动荡，同时促进国际金融业务的不断创新。汇率不稳会促进外汇投机的发展，造成国际金融市场的动荡与混乱。例如，1993年夏季爆发的欧洲汇率机制危机就是由外汇投机造成的。与此同时，汇率不稳定加大了国际贸易与金融领域面临的汇率风险，从而促进了期权、货币互换和欧洲债券等业务的出现，使国际金融的业务形式与市场机制不断得以创新。

综上所述，汇率变动对各国经济的影响可概括为以下几种效应。

（1）价格水平效应。

当一国货币贬值时，单位货币能够购买的外国商品数量减少，这意味着进口商品的国内价格上升，而出口商品的国际价格下降。其结果是：一段时间之后，该国的出口扩大，进口缩小，贸易收支出现顺差。出口扩大会导致对该国商品和劳务的需求增加，提高该国的国内物价及产量，同时，进口商品价格的上升也会直接或间接带动该国价格水平的上升，从而加大通货膨胀的压力。当一国货币升值时，则会产生相反的影响。

（2）收入再分配效应。

汇率变动对社会不同阶层会产生不同的影响。由于一国货币贬值会刺激出口，减少进口，对该国国内的进口商、与国外进口商存在竞争的生产商以及相关行业的工人有利，但对其他行业却不一定有利。货币贬值会导致该国的消费者为购买进口商品甚至国内商品支付更多的货币，因而会直接降低他们的生活水平。货币升值的影响正好相反，它会使该国厂商在与外国同行竞争时遭受损失，但也会使该国的消费者能够购买到廉价的进口商品和国内商品。

(3) 贸易条件效应。

一国的贸易条件是指以本国货币计值的出口价格与进口价格的比率。当一国货币由于受相对价格水平以外的因素影响而升值时，以本币计值的进口商品价格下降而出口商品价格不变，因此贸易条件会得到改善。其含义是：该国用同样多的出口商品可以换回更多的进口商品，从而使社会整体福利净增加。这可以通过消费者获得更廉价的进口商品体现出来。相反，一国货币贬值会恶化贸易条件，导致整体社会福利的净损失。

第四节 汇率制度

汇率制度是指一国对本币与外币的比价所作出的安排与规定。安排与规定不同，就有不同的汇率制度。第二次世界大战以后，主要发达国家的汇率制度的发展经历了两个阶段：1945—1973 年春，它们实施的是固定汇率制（fixed rate system）；1973 年春以后，它们又建立起浮动汇率制（floating rate system）。但广大的发展中国家仍实行不同形式的固定汇率制。

一、固定汇率制

（一）固定汇率制的概念

固定汇率制，就是两国货币比价基本固定，其波动幅度被控制在一定的范围之内的汇率制度。

（二）固定汇率制的类型

固定汇率制的发展可以分为两个阶段。

1. 金本位体系下的固定汇率制

在金本位体系下，两国之间货币的汇率由各自的含金量之比——金平价——来决定，汇率波动的上限是铸币平价加运金费用，即黄金输出点；汇率波动的下限是铸币平价减运金费用，即黄金输入点。黄金输送点和物价的作用把汇率波动限制在有限的范围内，对汇率起到自动调节的作用，从而保持汇率的相对稳定。在第一次世界大战前的35年间，美国、英国、法国、德国等国家的汇率几乎从未发生过升值或贬值的波动。

实行金本位体系的35年是自由资本主义繁荣昌盛的“黄金时代”。固定汇率制保障了这一时期国际贸易和信贷的安全，方便了生产成本的核算，避免了国际投资的汇率风险，推动了国际贸易和国际投资的发展。但是，1914年，第一次世界大战爆发，各国停止黄金输出输入后，金本位体系即告解体。第一次世界大战到第二次世界大战之间，各国货币基本上没有遵守统一的汇率规则。

2. 布雷顿森林体系下的固定汇率制

布雷顿森林体系下的固定汇率制也称为以美元为中心的固定汇率制。1944年7月，在第二次世界大战结束前夕，44个同盟国在美国新罕布什尔州的布雷顿森林召开了“联合国与联盟国家国际货币金融会议”，通过了美国财长助理怀特提出的以“怀特计划”为基础的《IMF协定》和《国际复兴开发银行协定》（总称《布雷顿森林协定》），从此建立了布雷顿森林体系。

（1）“双挂钩”的含义。

布雷顿森林体系下的汇率制度，简单地说就是美元与黄金挂钩、其他货币与美元挂钩的“双挂钩”制度。其具体内容为：美国公布美元的含金量，1美元的含金量为0.888 671克，美元与黄金的兑换比例为1盎司黄金＝35美元；其他货币按各自的含金量与美元挂钩，确定其与美元的汇率。这就意味着其他国家的货币都钉住美元，美元成为各国货币围绕的中心。各国货币兑美元的汇率只能在平价上下各1％的限度内波动，1971年12月后调整为平价上下2.25％波动，超过这个限度，各国中央银行有义务对外汇市场进行干预，以保持汇率的稳定。只有在一国的国际收支发生“根本性不平衡”时，才允许其货币贬值或升值。各成员方如需变更平价，必须事先通知IMF，如果变更的幅度在旧平价的10％以下，IMF应无异议；如果变更的幅度超过10％，则须取得IMF同意后才能变更。如果在IMF反对的情况下，成员方擅自变更货币平价，则IMF有权中止该成员方向IMF借款的权利。

布雷顿森林体系下的固定汇率制度实质上是一种可调整的钉住汇率制，它兼有固定汇率制与浮动汇率制的特点，即它要求汇率在短期内要保持稳定，这类似于金本位体系下的固定汇率制；但它又允许一国在国际收支发生“根本性不平衡”时随时调整，这一点类似于浮动汇率制。

（2）布雷顿森林体系的瓦解。

1971年8月15日，美国总统尼克松宣布美元贬值和美元停止兑换黄金，布雷顿森林体系开始崩溃。尽管在 1971 年 12 月，10 国集团达成了《史密森协议》（Smithsonian Agreement），宣布美元贬值，由 1 盎司黄金等于 35 美元调整到 38 美元，汇兑平价的波动幅度由 1%扩大到 2.25%，但到 1973 年 2 月，美元第二次贬值，欧洲国家及其他主要资本主义国家纷纷退出固定汇率制，布雷顿森林体系彻底瓦解。

（三）固定汇率制的作用

1. 固定汇率制对国际贸易和投资的作用

与浮动汇率制相比较，固定汇率制为国际贸易与投资提供了较为稳定的环境，降低了汇率波动的风险，便于进出口成本核算，以及国际投资项目的利润评估，从而有利于对外贸易的发展，对某些西方国家的对外经济扩张与资本输出有一定的促进作用。

但是，在外汇市场动荡时期，固定汇率制也易招致国际游资的冲击，引起国际外汇市场的动荡与混乱。当一国国际收支恶化，国际游资突然从该国转移，换取外国货币时，为了维持汇率稳定，该国不得不拿出黄金外汇储备向市场供应，从而引起黄金的大量流失和外汇储备的急剧缩减。如果黄金外汇储备急剧流失后仍不能平抑汇价，该国最后有可能采取法定贬值的措施。而一国的法定贬值又会引起与其经济关系密切的国家同时采取贬值措施，从而导致整个汇率制度与货币体系的混乱与动荡，影响国际贸易和投资活动的正常进行。

2. 固定汇率制对国内经济和国内经济政策的影响

（1）在固定汇率制下，一国很难执行独立的国内经济政策。如果一国需要紧缩投资，治理通货膨胀，该国就要提高利率，但这样做会吸引外资流入；相反，为刺激投资而降低利率又会引起资金外流。

（2）固定汇率制使一国国内经济暴露在国际经济动荡之中。由于一国有维持固定汇率的义务，因此，当其他国家的经济出现各种问题导致汇率波动时，该国就必须进行干预，因而也会受到相应的影响。例如，外国因通货膨胀而出现汇率下降时，本国为维持固定汇率，抛出本币购买该贬值外币，这会增加本国货币供给，诱发本国的通货膨胀。

（四）固定汇率制的优缺点

固定汇率制的主要优点是有利于国际经济交易的开展和世界经济的发展。其缺点主要有以下几方面：

第一，汇率基本不能发挥调节国际收支的经济杠杆作用；

第二，有牺牲内部平衡之虞；

第三，削弱了国内货币政策的自主性；

第四，易引起国际汇率市场的动荡与混乱；

第五，易造成实际资源的浪费。

二、浮动汇率制

(一) 浮动汇率制的概念

所谓浮动汇率制，即对本国货币与外国货币的比价不加以固定，也不规定汇率波动的界限，而听任外汇市场根据供求状况的变化自发决定本币兑外币的汇率。外币供过于求，外币汇率就下跌；外币供不应求，外币汇率就上涨。

(二) 浮动汇率制的类型

在浮动汇率制下，各国不再规定汇率上下波动的幅度，各国中央银行也不再承担维持汇率波动上下限的义务，各国汇率根据外汇市场的外汇供求状况自行浮动和调整。同时，一国国际收支状况所引起的外汇供求变化成为影响汇率变化的主要因素：国际收支顺差的国家，外汇供给增加，外国货币价格下跌，汇率下浮；国际收支逆差的国家，外汇需求增加，外国货币价格上涨，汇率上浮。汇率上下波动是外汇市场的正常现象，一国货币汇率上浮意味着该国货币升值，下浮意味着贬值。

随着全球国际货币制度的不断改革，IMF 修订了《IMF 协定》，新协定于 1978 年 4 月 1 日正式生效。由于新协定在汇率制度的选择上赋予了各国很大的自由度，因此，现在各国实行的汇率制度多种多样，有自由浮动汇率制、钉住浮动汇率制、弹性浮动汇率制、联合浮动汇率制等。

1. 自由浮动汇率制

自由浮动汇率制又称“清洁浮动汇率制”，指汇率完全由外汇市场的供求关系决定的汇率制度。在自由浮动汇率制下，一国货币汇率不与其他任何货币固定，实行自由浮动，货币当局对外汇市场不实行干预，放任汇率变动。在这种汇率制度下，汇率对外汇供求状况的反应极其灵敏，因而可以调节外汇供求。无论是短期还是长期的国际收支失衡，都由汇率变动进行调节，货币当局也不必持有巨额的国际储备资产。但是，鉴于汇率变动对一国国际收支各个项目都有很大影响，自由浮动只在理论上存在，任何一个国家都没有完全放弃对外汇市场的干预和管理。

2. 有管理的浮动汇率制

有管理的浮动汇率制也称“肮脏浮动汇率制”，是指一国政府为了维持其汇率的相对稳定，在外汇市场进行有目的的干预，以使市场汇率朝着有利于其既定经济目标的方向浮动的汇率制度。

3. 钉住浮动汇率制

钉住浮动汇率制指一国货币与另一种货币保持固定汇率，随后者的浮动而浮动的汇率制度。一般货币不稳定的国家可以通过钉住一种稳定的货币来约束本国的通货膨胀，从而提高货币信誉。当然，采用钉住浮动汇率制，也会使本国的经济发展受制于被钉住国的经济状况，从而蒙受损失。目前，全世界有 100 多个国家或地区采用钉住浮动汇率制。

4. 弹性浮动汇率制

弹性浮动汇率制是指一国根据自身发展需要，对钉住汇率在一定范围内自由浮动，或按一整套经济指标对汇率进行调整，从而避免钉住浮动汇率的缺陷，获得外汇管理、货币政策等方面更多的自主权的汇率制度。目前，巴西、智利、阿根廷、阿富汗等十几个国家采用弹性浮动方式。我国自 1994 年汇率并轨以来，实行的也是以市场供求为基础的、单一的、有管理的浮动汇率制。

5. 联合浮动汇率制

联合浮动汇率制指国家集团对成员方内部货币实行固定汇率制，对集团外货币实行联合的浮动汇率制的汇率制度。欧盟（欧共体）八个成员国于 1979 年成立了欧洲货币体系，设立了欧洲货币单位，各国货币与之挂钩，建立汇兑平价，并构成平价网，各国货币的波动必须保持在规定的幅度之内，一旦超过汇率波动预警线，有关各国应共同干预外汇市场。1991 年，欧盟签订了《马斯特里赫特条约》，制定了欧洲货币一体化的进程表。1999 年 1 月 1 日，欧元正式启动，欧洲货币一体化得以实现。

6. 爬行钉住汇率制

爬行钉住汇率制也称“滑动钉住汇率制”，是一种介于可调节的钉住汇率制与有管理的浮动汇率制之间的混合汇率制度。在这种汇率制度下，本国货币与某一种外币或一组外币在一段时间内保持固定的比价，但每隔一段时间进行小幅调整。换言之，这种汇率在“钉住”某一种或一组外币的基础上实行爬行式或滑动式的调整。

7. 货币局制

货币局制指某个国家或地区首先确定本币与某种外汇的法定汇率，然后按照这个法定汇率以 100%的外汇储备作为保证来发行本币，并且保持本币与该外汇的法定汇率不变。货币局规定本币对某一外币的固定汇率。货币局不是中央银行，它不能持有任何国内资产，没有自己独立的货币政策。就其作用而言，由于货币局发行的货币只能与其外汇储备挂钩，这就限制了该国（地区）政府滥用货币政策，使得政府不能通过增发货币为财政赤字融资，有利于防止通货膨胀，维持其货币的稳定性。我国香港地区实行的联系汇率制就是一种典型的货币局制。

（三）浮动汇率制的作用

1. 浮动汇率制对金融和外贸的影响

一般来讲，实行浮动汇率制可防止国际游资对某些主要国家货币的冲击和外汇储备的流失，从而避免货币公开贬值或升值的危机。从这个角度看，它在一定程度上可保持西方国家货币制度的相对稳定。即使一国货币在国际市场上被大量抛售，因该国没有维持固定比价的义务，一般也无须立即动用外汇储备大量购进本国货币，这样本国的外汇储备就不至于急剧流失，外汇市场也不至于发生大规模动荡。但是，汇率频繁与剧烈的波动也会增加国际贸易的风险，使进出口贸易的成本加大或不易核算，影响对外贸易的开展。

2. 浮动汇率制对国内经济和国内经济政策的影响

与固定汇率制相比，在浮动汇率制下，一国无义务维持本国货币的固定比价，因而一国政府得以根据本国国情，独立自主地采取各项经济政策。同时，由于在浮动汇率制下，追求高利率的投机资本往往会受到汇率波动的打击，因而减轻了国际游资对一国经济的冲击，使其货币政策能产生一定的预期效果。

由于各国没有维持固定汇率波动界限的义务，因此，在浮动汇率制下，一国国内经济受到他国经济动荡的影响一般相对较小。

（四）浮动汇率制的优缺点

浮动汇率制的主要优点是：①汇率能发挥调节国际收支的经济杠杆作用；②有利于各国自主决定货币政策；③只要国际收支失衡不是特别严重，就没有必要调整财政政策和货币政策，因而不会通过牺牲内部平衡来换取外部平衡的实现；④减少了对外汇储备的需求和资源的浪费，使逆差国避免了外汇储备的流失。

浮动汇率制的主要缺点是：①汇率的频繁与剧烈波动使进行国际贸易、国际信贷与国际投资等国际经济交易的经济主体难以核算成本和利润，并面临由汇率波动所造成的损失，从而对世界经济发展产生了不利影响；②为外汇投机提供了土壤和条件，助长了外汇投机活动，而这必然会加剧国际金融市场的动荡和混乱。

三、联系汇率制

联系汇率制是一种介于固定汇率制与浮动汇率制之间的混合制度。我国香港特别行政区政府于 1983 年 10 月 15 日宣布了两项措施，其中一项措施是重新安排发钞的程序：发行银行在发钞前必须以 1 美元兑 7.8 港元的汇率向外汇基金交纳等值美元，以换取“负债证明书”作为法定的发行准备；同时，发行银行可以“负债证明书”同样基准价（7.8）向外汇基金赎回美元。这项措施于同年 10 月 17 日起生效。

1. 积极作用

联系汇率制对香港特别行政区的经济稳定与发展起到过积极的作用。联系汇率制曾在 1983 年的危急关头挽救了香港特别行政区的经济，稳定了港元汇率。金融体系稳定后，香港特别行政区的经济开始迅速复苏。联系汇率制具有极大的承受突发事件冲击的能力。例如，在 1987 年的股灾、1990—1991 年的海湾战争、1997 年的东南亚货币危机等诸多事件的冲击下，港元兑美元的汇率均能保持在 7.8 左右，没有出现持久或大幅度的偏离，这都体现了联系汇率制对突发事件冲击的承受力。在几十年的运作中，联系汇率制基本实现了最初的目标——稳定港元汇价，进而稳定整个金融体系，这也是联系汇率制最本质、最主要的作用。

2. 不足之处

香港特别行政区的联系汇率制实际上是港元兑美元的固定汇率制，联系汇率制的最大代价在于它失去了利率和货币供应量两大货币政策工具，不能通过控制利率和货币供应量增长率来达到调节经济的目的：面对高通货膨胀率，政府缺乏有效的金融工具来对其加以控制；要维持联系汇率的稳定，港元价值必须随美元升降，不能国际化。表面看来，港元与美元的兑换率有如铁钩一样，牢不可破，但联系汇率其实也有弱点，若处理不好，港元汇价也有发生危机的可能。

香港特别行政区的流通货币在 800 亿港元以上，联系汇率制规定每发行 7.8 港元必须存 1 美元在外汇基金，外汇基金拥有的资产超过 4 500 亿港元，绝大部分是以外币为单位的资产，其中包括香港特别行政区政府存放在外汇基金中的历年积蓄下来的财政盈余。有这样庞大的储备，即 5 倍于流通领域的外汇资产作为后盾，外国炒家很难攻破香港的联系汇率。不过，香港特别行政区的总存款额已有 2.4 万亿港元，其中大约 1 万亿港元被转为外币存款，剩下的港元存款大约有 1.4 万亿港元。如何防止港元被大量兑换成外币是维持联系汇率制的重点所在。首先，香港特别行政区须保持一定的外汇储备；其次，政府的收支不仅要平衡，而且应稍有盈余，使其存放在外汇基金的财政储备逐渐丰厚，政府的财政储备越丰厚，对港元产生信心危机的概率便会越低；最后，应进一步加强香港金融管理局的作用。

尽管香港特别行政区现行的联系汇率制不是完美无缺的制度，但迄今为止，这种制度经受住了金融危机的冲击，发挥了稳定港元汇价的作用，对香港特别行政区经济的稳定繁荣作出了贡献，特别是在面临金融危机时所发挥的积极作用大大超出了实行该制度所付出的代价。

阅读专栏

三元悖论与人民币汇率制度选择

三元悖论是由著名经济学家克鲁格曼首次提出的，而蒙代尔-弗莱明模型是其理论基础。克鲁格曼（Krugman）在其著作《萧条经济学的回归》（*The Return of Depression Economics*）中对三元悖论进行了详细阐述。

1. 三元悖论的观点

三元悖论认为，要同时实现本国货币政策独立性、汇率稳定性以及资本流动性，在理论上是不能的，最多只能实现其中两个，而必须放弃另外一个，即存在“不可能三角”（见图 3-3）。

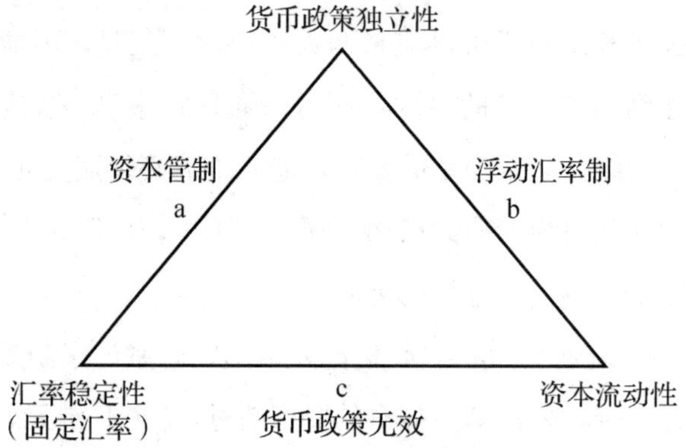

图 3-3　三元悖论图解

2. 基于三元悖论的政策组合

图 3-3 中的“不可能三角”形象地说明了三元悖论。图中“不可能三角”的三个顶点就是三个政策目标，即货币政策独立性、汇率稳定性和资本流动性，三条边分别表示三种政策组合。

第一种组合（边 a）表示货币当局追求货币政策独立性和汇率稳定性，因此必须进行严格的资本管制。我国在 2005 年汇率改革以前基本属于这种情况。但这种管制也是有代价的：它在保证经济不受投机资金冲击的同时也将本国的资本市场与国际资本市场隔绝开来，使本国不能充分地利用国内国际两个市场、两种资源。

第二种组合（边 b）表示货币当局追求货币政策独立性并允许资本自由流动。在这种情况下，货币当局必须放弃固定汇率制，转而实行浮动汇率制。该政策意味着国家要承担汇率浮动带来的风险，如各种交易的不确定性提高，从而给贸易和投资都带来较高的交易成本。需要指出的是，目前，美国等许多发达国家都倾向于这种政策组合。

第三种组合（边 c）表示货币当局允许资本自由流动，实行固定汇率制。在这种组合下，货币政策将趋于无效，国内利率水平的高低不由本国市场上的货币供给和需求决定，因为资本可以自由流动，所以任何利率上的微小差异都会引起国内外资金的套利行为，迫使国内利率与国际市场利率保持一致。

3. 三元悖论对我国汇率制度选择的启示

从 1994—2006 年我国宏观经济政策搭配实践来看，政府采用财政政策和货币政策的搭配来实现经济增长、物价稳定、促进就业的内部经济目标；同时，通过买卖外汇储备来稳定因国际收支失衡而引发的人民币汇率波动。我国现行的汇率制度主要存在以下问题：

（1）存在较多的资本管制。由于我国外汇供求的市场机制不包括用于资本账户的外汇，这使得外汇供求的市场机制的作用受到很大程度的削弱。不仅如此，而且在我国鼓励外资、吸引外资的政策引导下，事实上，我国只对资本流出实施了管制，对外国资本主要采取行政性指引措施，缺乏市场化操作，不利于外国资本流入结构的优化，无法利用外资的进入促进国内经济结构的转变和优化。

（2）产生升值预期。由于汇率涉及的问题很复杂，在与市场预期存在较大差异的情况下，小幅度升值必然会导致进一步升值的市场预期，造成人民币升值，这意味着外汇储备缩水，政府将要为这一损失买单。特别是 2018 年后美国金融危机恶化，为拯救美国经济，美国政府启动了近万亿美元的救市计划，而这些计划的支出最终要通过增发美元来实现，因此美元未来贬值预期强烈，我国外汇储备的贬值风险无疑也是巨大的。

（3）影响货币政策的独立性。在当前的汇率制度下，当外汇储备规模的变动影响到国内经济目标的实现时，政府往往通过冲销操作来缓解这一矛盾。从冲销干预的效果来看，其并没能协调政策目标之间的冲突。经济发展带来的国际收支失衡必然通过外汇储备的变动对基础货币投放产生影响，从而削弱货币政策的独立性，影响国内物价稳定目标的实现。

延伸阅读：中国视角

3 210 吨黄金先后运抵中国，中国或将继续抛售美债

2023 年 2 月 4 日，美国公布的 1 月非农就业新增人口数据远超预期，让美联储有更多空间将紧缩持续得更久，预计美联储会更坚定地将利率提高至 5%以上并保持该水平直至全年结束。

而就在两天前，美联储主席鲍威尔表示，预计还要进行两三次加息才会停止加息行动，但对于市场预期的后续加息只有一次及年底前将降息的预测，他当时在记者会上并没有大力驳斥，只是在离开时说了一句“让我们再看看”。随着非农就业新增人口数据公布，看来美联储再一次教育了市场。

不过，市场仍继续与美联储对抗，增加对美联储在2023年会更快转向降息的押注。这表明，一旦美联储在接下来暗示鸽派转向信号或表明经济将衰退的新数据出现，作为美元对手盘的黄金就会不断得到提振，重新显露王者本色。很明显，现在的黄金正在重新恢复其金融货币的属性，黄金是过去5 000年来唯一保持其购买力的货币。

在2022年11月至2023年1月这三个月里，黄金价格跃升了近五分之一，在2月2日更是一度涨至每盎司1 928美元（2月4日回落至每盎司1 852美元），创下九个月以来的最高纪录。正在这个关键时刻，有一个最新数据出乎市场的预料。

世界黄金协会（WGC）在1月31日发布的《全球黄金需求趋势报告》表明，2022年，全球黄金需求飙升至11年以来的最高水平，达到4 741吨，同比增长18%。这凸显了黄金作为避风港资产的吸引力，而黄金需求激增的关键是全球央行在2022年净购买了1 136吨黄金，比2021年的两倍还要多，创下了1967年以来的最高纪录，大大超出市场预料。

世界黄金协会高级分析师克里山·戈帕尔（Krishan Gopaul）表示，全球央行希望将美元储备多样化，并将黄金定义为宝贵的战略性资产，自2019年以来，全球央行在一直保持黄金净买家身份的同时，也迅速完成了从美债的最大买家到最大卖家的转身。全球央行在2022年进一步将黄金储备的购买速度加快到55年以来的最高水平，超过美国脱离金本位体系那年的购买记录，抛美债置换黄金的趋势十分明显，并为黄金市场提供了教科书般的示范。

美国财政部在2023年1月最新发布的《国际资本流动报告》也印证了上述现象，报告显示（美债数据会有两个月的滞后），全球官方机构已经连续第十个月净抛售美债，仅在2022年1月至11月，它们就已经净抛售了5 125亿美元的美债。

在此期间，作为美国最大债主的日本也净抛售了高达2 400亿美元的美债，在全球央行中抛售力度最大。截至2022年11月，日本所持美债仓位已经大幅降至三年以来的最低水平，为1.078万亿美元。分析显示，日本所持的美债仓位离跌破万亿美元越来越接近。

日本财务省2月1日公布的数据显示，日本在1月购买了创纪录的23.69万亿日元（约1 820亿美元）的日本国债，以彰显其捍卫日债收益率上限的决心。

而从以往的数据来看，日本购买日本国债所需的款项需要通过抛售美债来置换，这样的结果就是日本这只最大的美债“黑天鹅”正在为历史性的美债崩盘和美国即将出现的首次债务违约作出贡献。

紧接着，美国财经博客门户网站零对冲（Zerohedge）在2月3日的跟进分析中称，在美国财长耶伦（Yellen）多次警告美国可能会拖欠债务利息和本金的环境下，作为美国最大债主的日本接下来完全有可能先后持续抛售规模高达7 000亿美元的美债。

日本央行可能会将美债仓位降至2021年高点时的20%，在高通胀环境下，如果日本央行一直未能扭转其对日本金融系统失去控制和国债持续亏损的局面，甚至可能会清零美债，以减少外汇储备敞口风险。

对此，日本黄金市场协会在2月3日发布的报告中说，日本也在考虑购买黄金储备，以实现国际资产多元化，并且已经在2022年11月重启了停滞了半个世纪之久的国内黄金开采业，以增加黄金获取渠道。

与此同时，中国相关机构也已经在2022年12月和2023年1月两次打破缄默，发出购买黄金储备的新信号，连续两个月宣布增加黄金储备，共购金62吨，这是中国央行自2019年9月以来首次正式宣布增加黄金储备，出乎全球市场预料。

鉴于中国持有的美债在截至去年11月的一年中下降了约20%，所以其实际购买黄金的量可能会更大。

据世界黄金协会发布的最新数据，鉴于中国作为大型黄金买家的历史地位，自2019年中国没有报告黄金储备增加以来至2022年11月的四年内，至少已经有3 210吨黄金从美国、英国、瑞士等欧美主要黄金市场分批运抵中国（2022年前11个月为1 186吨，2019年、2020年、2021年分别为986吨、217吨和821吨），远高于近五年以来的平均水平。

对此，零对冲在其关于全球央行黄金购买量激增的报告中指出："上一次看到这种购买水平是在1967年，它标志着全球货币体系出现历史性转折。当时，欧洲央行从美国购买了大量黄金，导致黄金价格飙升和伦敦黄金储备池的崩溃，这加速了布雷顿森林体系的最终消亡。"

该报告还表明，如果全球央行开始发行数字储备货币以绕开美元，那么到时可能需要购买更多的黄金以充当锚定物，这可能标志着一种平行于美元的新世界经济秩序，即后布雷顿森林体系的诞生。在该体系中，黄金将必不可少，正如美国银行家，被称为"世界债主"的约翰·皮尔庞特·摩根（John Pierpont Morgan）于1912年到美国国会做证时所说："只有黄金是金钱，其他一切都是信用。"很明显，他不是在表达意见，而是在陈述事实。

资料来源：中国发出黄金信号，3 210吨黄金先后运抵中国，或将抛售7 000亿美债．百家号，2023-02-04.

本章思考题

1. 汇率有哪些种类？汇率的标价方法有哪些？
2. 如何理解实际汇率和有效汇率？
3. 影响汇率变动的主要因素有哪些？
4. 固定汇率制和浮动汇率制分别有什么优缺点？
5. 汇率变动对一国国际收支各个项目会产生哪些影响？

第四章 主要汇率理论

引导案例

欧洲央行副行长称加息“远未结束”

欧洲央行副行长路易斯·德金多斯于2022年12月19日在西班牙首都马德里表示，欧洲央行将继续加息以稳定通胀。

德金多斯当天在新经济论坛组织的早餐会上说，加息“远未结束”，欧洲央行将继续保持与上周加息50个基点“类似”的加息速度。他说，欧洲央行只有在认为能实现稳定通胀的目标后才会停止加息，“在增长放缓和通胀预期恶化的环境下，我们的货币政策是合理的”。

欧洲央行于12月15日宣布将欧元区三大关键利率均上调50个基点，承诺继续大幅加息，同时公布量化紧缩计划。2022年7月至2022年12月，欧洲央行已连续四次大幅加息以遏制通胀，共加息250个基点。

资料来源：谢宇智．欧洲央行副行长称加息“远未结束”．新华网，2022-12-20.

教学目的

通过学习本章，应能熟练掌握和运用国际收支理论、购买力平价理论、利率平价理论、资产市场理论中汇率的货币论和汇率的超调模式及汇率的资产组合平衡模式解释汇率的形成路径，了解各种汇率理论的贡献、假设和局限性。

中国视角

通过学习汇率理论等相关知识，加深对人民币汇率采取渐进化改革方式的认识，紧跟时代脉搏，跟踪前沿问题，全面把握我国金融体制改革进程。

汇率理论专门研究汇率是由哪些因素决定的，这些因素之间又是如何相互影响的。对汇率决定的研究尽管已有相当长的历史，但目前仍是国际金融理论研究中较新的领域。因为在20世纪的绝大部分时间里，汇率不是由市场行情决定的，而是由政府决定的。在第一次世界大战前的金本位体系下，世界上主要货币的价值均与黄金形成固定比值；在第二次世界大战后形成的布雷顿森林体系下，大部分货币的价值与美元形成固定比值；1973年布雷顿森林体系崩溃后，浮动汇率制开始推行，汇率波动异常剧烈，对汇率决定的研究才再次兴起。

第一节 国际收支理论

国际收支理论考虑了国际收支对汇率的影响，认为国际收支状况决定了外汇供求，进而决定了汇率。国际收支理论分为传统国际收支理论和现代国际收支理论两个流派。

一、传统国际收支理论

传统国际收支理论也称为国际借贷理论（theory of international indebtedness），是由英国经济学家乔治·戈逊（George J. Goschen）于1861年在《外汇理论》一书中提出的，在第一次世界大战前颇为流行。

（一）国际借贷的含义

所谓国际借贷，是指国际收支账户的广义概念，即由商品的进出口、劳务、服务及资本交易等引起的国际收支或国际借贷活动。正是由于国际借贷实际上就是国际收支的主要内容，所以国际借贷理论又被称为国际收支理论。

国际借贷可分为国际流动借贷和国际固定借贷两部分。国际流动借贷是指已经进入实际收支阶段的债权和债务，即进入支付阶段的交易，是国际收支中已发生外汇收支的部分，属于国际收支账户的狭义概念的内容；国际固定借贷，是指借贷或交易关系虽已发生，但尚未进入实际支付阶段的那部分交易。

（二）国际借贷理论的主要观点

一国货币汇率的变动由外汇供求决定，而外汇供求取决于该国对外流动借贷的状况。国际流动借贷活动会产生国际流动债权和流动债务，进而影响外汇供求，导致汇率变动。

当一国对外流动债权或外汇收入大于对外流动债务或外汇支出时，其外汇供给大于需求，因此外汇汇率下降。

当一国对外流动债务或外汇支出大于对外流动债权或外汇收入时，其外汇需求大于供给，因此外汇汇率上升。

当一国对外流动借贷平衡时，外汇收支相等，于是汇率处于均衡状态。

简单地说，国际借贷理论的基本观点是：一国汇率的变动取决于外汇市场的供给和需求对比。

二、现代国际收支理论

国际借贷理论的缺陷是没有解释清楚哪些具体因素影响外汇供求，这限制了该理论的应用价值。这一缺陷在现代国际收支理论中得到了弥补。第二次世界大战后，许多学者运用凯恩斯宏观经济模型来说明影响国际收支的主要因素，进而分析了这些因素如何通过国际收支影响汇率，从而形成了国际收支理论的现代形式。

现代国际收支理论认为，外汇汇率取决于外汇供求。由于国际收支决定着外汇供求，因而汇率实际取决于国际收支。经常账户收支是影响外汇供求的决定性因素，而一国经常账户收支取决于该国国民收入状况：国民收入下降，进口需求缩减，贸易收支改善，本币汇率上升；国民收入上升，进口需求扩大，贸易收支恶化，本币汇率下降。资本账户和金融账户收支也会影响汇率：由于本国资产与外国资产之间具有相互替代性，本国利率相对高于外国利率会导致资本内流，外汇供给增加，对本币的需求增大，从而本币汇率上升；反之，本国利率相对低于外国利率则会导致资本外流，市场上本币供给增加，对外币的需求增大，从而本币汇率下跌。现代国际收支理论的特点在于，特别强调经常账户的作用，而且还强调国民收入与外汇供求及汇率之间的密切联系。对发展中国家来说，经济增长和国民收入的增加会导致其国际收支出现逆差，本币汇率下跌。

1981 年，美国经济学家维克多·阿尔吉（Victor Argy）在其出版的著作中对凯恩斯主义汇率理论作了改进和深化，从而形成了新凯恩斯主义汇率理论。后者对前者的改进之处主要包括：①不仅分析了本国国民收入变化对经常账户收支的影响，而且还分析了外国国民收入的变化、本国与外国价格水平对经常账户收支的影响；②进一步分析了汇率预期，以及本国货币政策、财政政策与工资水平对汇率的影响。

三、对国际收支理论的评价

国际收支理论不能被视为完整的汇率理论，只是进行更深入的分析时可利用的一种重要工具。其主要特点是具有浓厚的凯恩斯主义色彩，是从宏观经济角度，而不是从货币数量角度研究汇率，是现代汇率理论的一个重要分支。两种国际收支理论都说明了短期内汇率波动与外汇供求、国际收支的关系，并且现代国际收支理论还分析了汇率波动与国民收入的关系，有重要的理论意义和现实意义。但是，它是一种局部静态分析，只解释了一种因素的作用；同时，其中的假设不符合实际，对汇率波动与外汇供求之间关系的描述只适用于市场机制发达的国家。有发达的外汇市场，才会有真正的外汇供求关系。另外，凯恩斯主义则过分强调经常账户收支的作用，而且对经济增长与汇率之间关系的分析也不一定符合实际。

第二节 购买力平价理论

购买力平价理论是关于汇率决定的一种理论，最初由英国经济学家亨利·桑顿（Henry Thornton）在1802年提出，其后成为李嘉图古典经济理论的一个组成部分，最后由瑞典经济学家古斯塔夫·卡塞尔（Gustav Cassel）加以发展和充实，并在其1922年出版的《1914年以后的货币与外汇》（*Money and Foreign Exchange after* 1914）一书中作了详细论述。它已成为当今汇率理论中最具影响力的理论之一。

一、主要内容

人们需要外国货币是由于可以用它购买外国的商品和劳务，外国人需要本国货币也是因为可以用它购买本国的商品和劳务。因此，本国货币与外国货币的交换就等于本国购买力与外国购买力的交换。所以，用本国货币表示的外国货币的价格，也就是汇率，取决于两种货币的购买力的比率。由于购买力实际上是一般物价水平的倒数，因此两国之间的货币汇率可由两国物价水平之比表示。这就是购买力平价理论（theory of purchasing power parity，PPP）。从表现形式上来看，购买力平价理论有两种，即绝对购买力平价理论（absolute PPP）和相对购买力平价理论（relative PPP）。

二、核心观点

（一）一价定律

1. 假设

一价定律的假设包括：位于不同地区的同一商品同质；该商品的价格能够灵活调整，不存在价格黏性；不存在贸易管制和交易成本。

2. 结论

一国内部的商品可分成两类：一类商品的区域间价格差异可以通过套利活动消除，为可贸易商品；另一类商品由于不可移动或套利活动的交易成本太高，区域间价格差异不能通过套利活动消除，为不可贸易商品。

如果不考虑交易成本等因素，则同种可贸易商品在各地的价格是一致的。可贸易商品在不同地区的价格之间存在的这种关系称为一价定律。

3. 开放经济条件下的一价定律

在开放经济条件下，对可贸易商品在不同国家的价格进行比较时，必须折算成统一的货币。进行套利活动时，除商品买卖外，还同时产生了外汇市场上相应的交易活动。跨国套利活动存在许多特殊障碍，如关税和非关税壁垒。

如果不考虑交易成本因素，开放经济条件下的一价定律是指：以同一种货币衡量的不同国家的某种可贸易商品的价格应该是一致的：

$$P_i = eP_i^* \tag{4-1}$$

式中，P_i 为某种可贸易商品的本币价格，P_i^* 为该商品的外币价格，e 为直接标价法下的汇率。

（二）绝对购买力平价理论

1. 假设

绝对购买力平价理论的假设包括：对于任何一种可贸易商品，一价定律成立；在两国物价指数的编制中，各种可贸易商品所占的权重相等。

2. 基本形式

两国由可贸易商品构成的物价指数之间的关系为：

$$P_A = E \cdot P_B \tag{4-2}$$

变形后得：

$$E = P_A / P_B \tag{4-3}$$

式中，P_A 为A国物价指数（一般价格水平），P_B 为B国物价指数，E 为两国物价指数之比，即汇率。

3. 结论

绝对购买力平价理论认为，汇率取决于以不同货币衡量的可贸易商品的价格水平之比，即取决于不同货币对可贸易商品的购买力之比。在现代相关分析中，有学者认为一国的不可贸易商品与可贸易商品之间存在种种联系，从而一价定律对不可贸易商品也成立。

（三）相对购买力平价理论

1. 假设

相对购买力平价理论的假设包括：（1）存在交易成本；（2）由于各国在计算一般价格水平时所涵盖的商品及其相应的权重存在差异，因此，各国一般价格水平以同一种货币计算时并不完全相等，而是存在一定的较为稳定的偏差。

2. 基本形式

相对购买力平价理论可表示为如下数学关系式：

$$E_1 = E_0 \cdot \frac{P_{A1}/P_{B1}}{P_{A0}/P_{B0}} \tag{4-4}$$

式中，E_0 为基期汇率，E_1 为某一时期的汇率；P_{A0}、P_{B0} 和 P_{A1}、P_{B1} 分别为A、B两国在基期和某一时期的物价指数。在这里，汇率 E_1 反映了两国相对物价指数变化之比。

3. 结论

相对购买力平价理论认为，不同国家的货币购买力之间的相对变化是汇率变动的决定因素。如果同汇率处于均衡时相比，两国购买力比率发生了变化，则两国货币之间的汇率就必须调整。

相对购买力平价表示一段时间内汇率的变动，并考虑了通货膨胀因素。各国在一战期间滥发不兑现银行券，导致了一战结束后通货膨胀及物价上涨，这促使经济学家对绝对购买力平价理论进行修正。其认为，汇率应该反映两国物价水平的相对变化，原因在于通货膨胀会在不同程度上降低各国货币的购买力。因此，当两种货币都发生通货膨胀时，它们的名义汇率等于其过去的汇率乘以两国通货膨胀率之商。也就是说，相对购买力平价说明的是某一时期汇率的变动，即两个时点的汇率之比等于两国一般价格水平之比。

（四）绝对购买力平价理论与相对购买力平价理论的关系

如果绝对购买力平价理论成立，那么相对购买力平价理论一定成立，因为物价指数就是两个时点的物价绝对水平之比。反过来，如果相对购买力平价理论成立，那么绝对购买力平价理论不一定成立。例如，当基期和报告期的汇率都等于绝对购买力平价的二分之一时，相对购买力平价理论成立，但是绝对购买力平价理论不成立。

三、对购买力平价理论的评价

1. 贡献

购买力平价理论是最有影响力的汇率理论。这是因为：第一，它是从货币的基本功能（具有购买力）角度分析货币的交换问题，符合逻辑，易于理解，表达形式最为简单，对汇率决定这样一个复杂问题给出了最简洁的描述；第二，购买力平价所涉及的一系列问题都是汇率决定中非常基本的问题，在汇率理论中处于核心地位；第三，购买力平价理论被普遍作为汇率的长期均衡标准应用于其他汇率理论的分析中。

2. 缺陷

所有国家的商品价格相等这一假设是难以成立的，因为不同国家的人对于同一种商品的估价是不同的。例如，一种商品在甲国是奢侈品，但在另一个国家可能只是一般日用品。而购买力平价理论无视这种情况的存在。虽然汇率表示该国货币在另一个国家的购买力，但购买力平价汇率与能在另一国购买多少东西无关。

第一，购买力平价理论的基础是货币数量论。卡塞尔认为，两国货币的交换取决于货币的购买力，因为人们是根据货币的购买力来评价货币的价值的。这实际上是本末倒置。事实上，货币代表的价值不取决于货币的购买力，相反，货币的购买力取决于货币代表的价值。

第二，购买力平价理论假设所有商品都是可贸易商品，忽视了不可贸易商品的存在。

第三，购买力平价理论还忽视了贸易成本和贸易壁垒的存在。

第四，购买力平价理论过分强调物价对汇率的影响，而忽略了汇率变动也可以影响物价。

第五，购买力平价理论忽视了国际资本流动对汇率所产生的冲击。

第六，购买力平价理论只是一种静态或比较静态分析，没有对物价影响汇率的机制进行具体分析。

第三节 利率平价理论

利率平价理论（theory of interest rate parity）的理论渊源可以追溯到 19 世纪下半叶。1923 年，凯恩斯在其著作《货币改革论》中较为系统地阐述了利率平价理论，其后的经济学家们逐渐完善了这一理论。

利率平价理论主张，只要同一时期两国间利率存在差异，投资者就可利用套利等方式赚取价差，两国货币间的汇率将因为此种套利行为而波动，直到套利空间消失为止。依据利率平价理论，两国间利率的差异会影响两国币值水平及资金的移动，进而影响远期汇率与即期汇率的差异。当二者维持均衡时，远期汇率的贴水或升水应与两国利率的差异相等，否则将会存在无风险套利空间，套利行为会使其恢复到均衡状态。

根据对投资者行为的假设的不同，利率平价理论可以分为无抛补利率平价（uncovered interest rate parity）理论和抛补利率平价（covered interest rate parity）理论。

一、无抛补利率平价理论

无抛补利率平价理论的假设包括：①金融市场是有效率的。②金融资产交易的成本为 0。③套利资金的弹性无穷大。④同质金融资产可完全替代。⑤金融资产的投资期限为一年，投资所获利息在到期时一次性支付，到期前不支付任何利息。⑥国际资金流动没有限制，允许金融资产跨国投资。⑦投资者是风险中性的。

无抛补利率平价理论的基本推导过程如下：

①假设 i，i^* 分别为本国和外国的利率，e 为直接标价法下的即期汇率，E_e 为一年后的预期汇率。

②如果投资于本国金融市场，则 1 单位本国货币在一年后到期时可增值为：

$$R=1+(1\times i)=1+i \tag{4-5}$$

③如果投资于外国金融市场，则这一投资行为将分为三个步骤。

步骤一，将 1 单位本国货币在外汇市场上兑换成 $\frac{1}{e}$ 单位外国货币 $\left(1\times\frac{1}{e}=\frac{1}{e}\right)$。

步骤二，用所得外国货币在外国金融市场上进行为期一年的投资，收益为 $R^*=\frac{1}{e}\times(1+i^*)=\frac{1+i^*}{e}$。

步骤三，为便于决策，将以外币表示的一年后收益换算为本币，即

$$R^*=\frac{1+i^*}{e}\times E_e=\frac{(1+i^*)E_e}{e} \tag{4-6}$$

④由于金融市场有效，这种无风险套利机会不会长期存在，最终市场将达到 $R=R^*$ 的均衡状态，即有 $1+i=\frac{(1+i^*)\ E_e}{e}$。

由此可推导出：

$$\frac{E_e-e}{e}=\frac{i-i^*}{1+i^*}\approx i-i^* \tag{4-7}$$

该式说明，预期的汇率变动率等于两国货币利率之差。在无抛补利率平价理论成立时，如果本国利率高于外国利率，则意味着市场预期本币将贬值；反之，则意味着市场预期本币将升值。

二、抛补利率平价理论

抛补利率平价理论的假设包括：①金融市场是有效率的。②金融资产的交易成本为 0。③套利资金的弹性无穷大。④同质金融资产可完全替代。⑤金融资产投资期限为一年，投资所获利息在到期时一次性支付，到期前不支付任何利息。⑥国际资金流动没有限制，允许金融资产跨国投资。⑦投资者是风险厌恶的。⑧不考虑投机者、贸易商等其他外汇市场参与者对远期汇率的影响，即假定远期汇率只由套利行为决定。

抛补利率平价理论的基本推导过程如下：

①假设 i，i^* 分别为本国和外国的利率，e 为直接标价法下的即期汇率，e_f 为一年后的远期汇率。

②如果投资于本国金融市场，则 1 单位本国货币一年后到期时可增值为：

$$R=1+(1\times i)=1+i \tag{4-8}$$

③如果投资于外国金融市场，则这一投资行为将分为三个步骤。

步骤一，将 1 单位本国货币在外汇市场上兑换成 $\frac{1}{e}$ 单位外国货币 $\left(1\times\frac{1}{e}=\frac{1}{e}\right)$。

步骤二，用所得外国货币在外国金融市场上进行为期一年的投资，收益为 $R^* = \frac{1}{e} \times (1+i^*) = \frac{1+i^*}{e}$。

步骤三，由于一年后即期汇率不确定，即国外投资有风险，为弥补这一风险，投资者可在即期购买一年后交割的远期合约，从而一年后收益锁定为

$$R^* = \frac{(1+i^*)e_f}{e} \tag{4-9}$$

④由于金融市场有效，这种无风险套利机会不会长期存在，最终市场将达到 $R = R^*$ 的均衡状态，即有

$$1+i = \frac{(1+i^*)e_f}{e} \tag{4-10}$$

由上式可推导出：

$$\frac{e_f - e}{e} = \frac{i - i^*}{1+i^*} \approx i - i^* \tag{4-11}$$

该式说明，汇率的远期升贴水率等于两国利率之差。如果本国利率高于外国利率，则本币远期贴水；反之，则本币远期升水。也就是说，汇率变动会抵消两国利率的差异，从而使金融市场处于均衡状态。

利率平价理论是西方汇率理论的重要组成部分，其产生是汇率理论的大发展与重要创新。其主要贡献与缺陷可以概括为以下几个方面：

①以往的汇率理论主要是研究即期汇率的决定问题，而利率平价理论的重点放在远期汇率如何决定上，研究了远期汇率波动的一般规律，使远期汇率问题日益受到重视。

②利率平价理论将汇率决定同利率变化有机联系起来，是理论和实践上的重大创新，有较大的应用价值。

③利率平价理论为各国对汇率的调节和干预提供了重要依据，各国货币当局往往通过适当调节国内利率水平来稳定外汇市场汇率。

④利率平价理论只能作为解释短期汇率波动的一种工具，事实上，汇率波动还受到其他多种因素的影响。

⑤利率平价理论要求国际资本自由流动，但现实中许多国家对资本流动进行了较为严格的管制，一些国家的货币在金融账户下是不可自由兑换的。

第四节　资产市场理论

一、弹性价格的汇率货币分析法

弹性价格的汇率货币分析法是由美国经济学家约翰逊（H. G. Johnson）、蒙代尔等于 20 世纪 70 年代初创立的一种汇率理论。该理论实际上是购买力平价理论的现代翻版。

（一）假设

弹性价格的汇率货币分析法有如下假设：

（1）具备高度发达的资本市场，即资本可充分流动，本国资产和外国资产之间可充分替代。

（2）具备高效率的商品市场，即商品的自由套购能保证购买力平价理论在国际市场有效发挥作用。

（3）货币需求稳定。

（4）价格具有完全弹性，因而总供给曲线是垂直的。

（二）基本模型

本国货币市场的平衡条件为：

$$M_d^s = P_d Y_d^{\alpha} \mathrm{e}_d^{-\beta i_d} \tag{4-12}$$

式中，M 为名义货币供应量；P 为价格；Y 为总产出；i 为利率；e 为自然对数的底；α 和 β 为系数；d 代表本国。将式（4-12）两边取对数为：

$$p_d = m_d^s - \alpha y_d + \beta i_d \tag{4-13}$$

式中，p、m、y 分别为 P、M、Y 的对数形式，其他变量含义不变。同理可得，外国货币市场的平衡条件为：

$$p_f = m_f^s - \alpha y_f + \beta i_f \tag{4-14}$$

式中各变量含义同前，f 代表外国。

根据购买力平价条件，有：

$$e=p_d-p_f \tag{4—15}$$

式中，e 为汇率，其他变量含义同前。将式（4-13）与式（4-14）代入式（4-15）中可得：

$$e=(m_d^s-m_f^s)-\alpha(y_d-y_f)+\beta(i_d-i_f) \tag{4-16}$$

以上即为弹性价格的汇率货币分析法的基本模型。可以看到，汇率由本国与外国名义货币供应量、总产出的差额以及利率的差额共同决定。

（三）主要结论

根据如上模型，我们可以看到，汇率是由货币市场的存量均衡决定的，并主要受名义货币供应量、总产出、实际利率和预期通货膨胀等因素的互动影响所制约，因此它得出的主要结论是：

（1）由于总供给曲线是垂直的，所以本国货币供应量增加会导致国内物价水平同货币供给量等比例上涨，而总产出与利率水平不发生变化。从式（4-16）来看，m_d^s 上升，则 e 上升，本币贬值。同理，如果外国货币供应量增加，则本币升值。

（2）一国实际总产出增加会导致货币需求上升，在名义货币供应量不变的情况下，会引起国内物价下降，通过购买力平价作用，将会导致本币升值。从式（4-16）来看，y_d 会上升，e 会下降，本币升值；相反，当外国总产出增加时，本币贬值。

（3）一国名义利率上升，导致该国实际货币需求下降，从而引起物价上涨，导致本币贬值。从式（4-16）来看，i_d 上升，e 会上升，本币贬值；相反，当外国名义利率上升时，本币升值。

（四）对弹性价格的汇率货币分析法的评价

弹性价格的汇率货币分析法强调货币市场及货币供求关系对汇率的影响，有重要的理论意义与实际价值。它正确指出了货币因素在汇率决定和变动过程中的作用，并指出一国货币供应量增多，会引起本币贬值，这是符合实际的，从而纠正了第二次世界大战后汇率研究忽视货币因素的缺陷。同时，该理论把汇率问题的研究同货币政策的运作协调起来，从而对浮动汇率制下汇率成为国家宏观调控政策的重要工具发挥了重要作用。

需要指出的是，汇率的货币论可以看作长期的汇率理论：由于假定总供给曲线是垂直的，所以货币供应量的变化不会导致总产出的变化；同样，长期利率也不取决于货币供应量。从式（4-15）与式（4-16）可以看出，货币供应量的变化会导致价格的同比例变化（注意它们都是对数形式），即弹性价格的假设，从而导致了汇率变化。

除上述各因素外，弹性价格的汇率货币分析法还关注了预期对汇率的影响，认为预期的通货膨胀率对本币汇率升降有重要影响，特别是在短期内对汇率的影响更大。为方便理解，我们将在汇率的超调模式中予以介绍。

但是，弹性价格的汇率货币分析法只考虑了货币数量对汇率的影响，而未考虑其他诸多因素，因而也是一种局部静态分析，加之该理论以购买力平价为基础，因此它具有与购买力平价理论同样的缺陷。

二、汇率超调货币模型

汇率超调货币模型又称黏性价格的汇率货币分析法，是由美国麻省理工学院著名学者多恩布什（Dornbusch）教授于 1976 年提出的。该分析法的提出是基于这样一个事实：金融市场的调整速度比商品市场快。该分析法假定商品市场的价格是黏性的，尽管商品市场在长期能够达到均衡，但在短期却不一定，因而购买力平价只在长期内成立。当商品价格在短期内存在黏性，汇率和利率作为资产价格可以自由调整时，为维持经济平衡，汇率在短期内的调整幅度超过长期水平，这一现象被称作“汇率超调”。

假设外国变量保持不变，长期均衡收入（$\overline{Y}$）保持不变，则汇率超调货币模型的主要思想可以用以下三个方程所构成的模型来表示：

$$E_\rho = i - i^* \tag{4-17}$$

$$M = P + k\overline{Y} - \theta i \tag{4-18}$$

$$\overline{P} = \gamma[a + u(s - P) - \varphi i - \overline{Y}] \tag{4-19}$$

式中，式（4－17）表示在连续时间下，非抛补利率平价成立，E_ρ 表示汇率的预期贬值率，i 和 i^* 分别表示本国利率和外国利率；式（4－18）表示国内货币市场的均衡条件，本国货币需求 M 是本国价格 P、本国长期均衡收入 $\overline{Y}$ 以及本国利率 i 的函数，k 和 θ 为系数；式（4－19）表示菲利普斯曲线（Philips curve）所包含的关系，它将国内物价水平与超额总需求联系了起来。我们发现，通货膨胀率取决于国际竞争力，即实际汇率。本国产品竞争力越强，通货膨胀率就越高。

下面以一次性增加货币供应量为例来说明汇率变动的动态调整过程。

（1）由于短期内价格黏性不变，所以实际货币供应量会增加（见图 4－1）。要使货币市场恢复均衡，实际货币需求就必须增加。实际货币需求是国民收入和利率的函数。在国民收入短期内难以增加而保持不变的情形下，利率就会下降（见图 4－2），使人们愿意持有所增加的实际货币供应量。

（2）在各国资本具有完全流动性和替代性的情况下，本国利率下降会引起资金外流，由此导致直接标价法下外币汇率下浮，本币汇率上浮。然而，本币汇率不会永远处于短期均衡水平上，而是会逐渐回落，出现与最初方向相反的变化（见图 4－3）。这时，商品市场并没有处于均衡状态，而是处于超额需求状态。在产量不变的情况下，由于商品市场存在超额需求，最终价格将同比例上升（如图 4－4）。

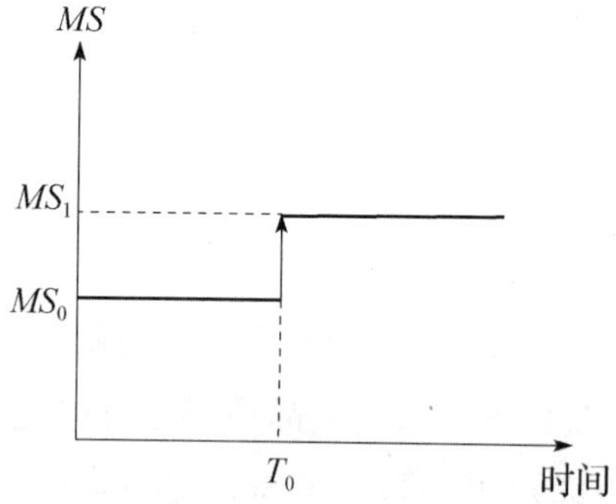

图 4－1　一次性增加货币供应量

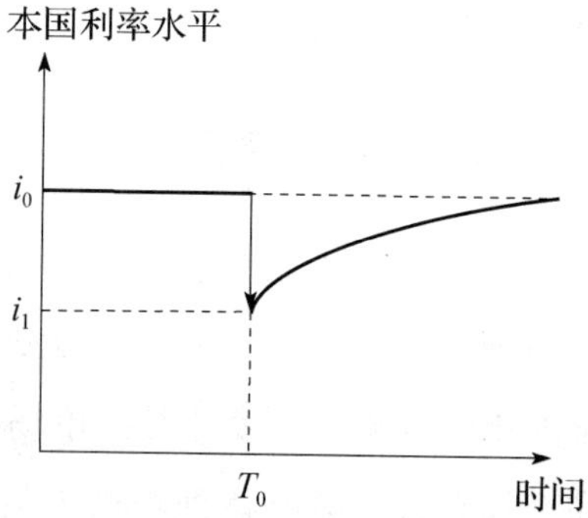

图 4－2　利率在短期的变化

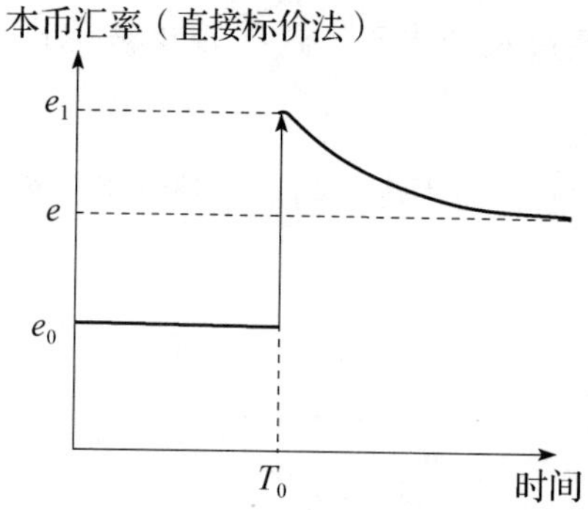

图 4－3　本币汇率的变动

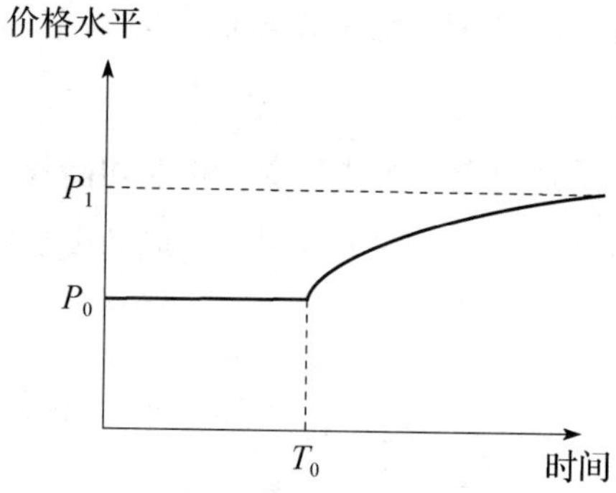

图 4－4　价格上升

（3）在价格上升的过程中，实际货币供应量相应地逐渐下降，引起利率回升，结果是资本内流和本币汇率下浮（见图 4－2 和图 4－3）。由此，价格、利率和汇率相互作用，直到汇率达到购买力平价所确定的长期均衡水平。

最终来看，货币扩张引起的仅仅是价格、汇率等名义变量的同比例上升，而实际变量如实际汇率、实际货币供应量等将恢复到最初的水平。

汇率超调货币模型是对货币主义与凯恩斯主义的一种综合，它已成为开放经济下汇率分析的一般模型。在黏性价格假定下，它证明了汇率对扰动的过度反应，从而对人们观察到的浮动汇率的多变性，尤其是对币值无规律地从明显高估到低估，而后再一次被高估的被动方式，提供了一种强有力的解释。该理论首次涉及了汇率的动态调整问题，从而创立了汇率理论的一个重要分支——汇率动态学（exchange rate dynamics）。其缺点是没有考虑国际收支对汇率的影响。

三、汇率的资产组合平衡模式

汇率的资产组合分析法（portfolio approach）是在 20 世纪 70 年代前后形成的，最早的提出者是麦金农（Mckinnon）等。1975 年，美国普林斯顿大学教授布朗森（Branson）在托宾（Tobin）货币模型的基础上，建立了资产组合分析模型。与货币分析法相比，这一理论的特点有两个：一是假定本币资产与外币资产是不完全的替代物，风险等因素的存在使得非抛补利率平价不成立，从而需要在两个独立的市场上对本币资产与外币资产的供求平衡进行考察。二是将该国资产总量直接引入了模型。该国资产总量直接制约着其对各种资产的持有量，而经常账户的变动会对这一资产总量造成影响。这一模型将流量因素与存量因素结合了起来。

假定该国居民持有三种资产，即该国货币 M、该国政府发行的以本币为面值的债券 B、外国发行的以外币为面值的债券 F，那么一国资产总量为 $W=M+B+e'F$，其中 e'为汇率。一国资产总量是由该国货币、该国债券、外国债券构成的。从货币市场来看，货币供给是由政府控制的，货币需求是该国利率、外国利率的减函数，是资产总量的增函数。从该国债券市场来看，该国债券供给同样是由政府控制的，该国债券的需求是该国利率的增函数，是外国利率的减函数，是资产总量的增函数。从外国债券市场来看，外国债券供给是通过经常账户的盈余获得的，在短期内也是固定的，对外国债券的需求是该国利率的减函数，是外国利率的增函数，是资产总量的增函数。

在以上三个市场中，不同资产供求的不平衡都会引起相应变量（主要是该国利率与汇率）的调整。只有当三个市场都处于平衡状态时，该国的资产市场整体上才处于平衡状态。这样，在短期内，由于各种资产的供给是既定的，所以资产市场达到平衡时，该国的利率与汇率水平也是确定的。在长期内，对于既定的货币供给与该国债券供给，经常账户的失衡会引起该国持有的外国债券总量变动，这一变动又会引起资产市场的调整。因此，在长期内，该国资产市场的平衡还要求经常账户处于平衡状态。

阅读专栏

通胀回落，美联储加息周期仍未结束

2022 年 12 月，美国联邦储备委员会（简称美联储）宣布上调联邦基金利率目标区间 50 个基点到 4.25%～4.50%。至此，2022 年美联储的激进加息进程落下帷幕——年内共加息 7 次，总计加息 425 个基点。2022 年成为美国自冷战结束以来总体加息幅

度最大的年份。

美联储的激进货币政策源于 2020 年新冠疫情暴发后采取的超常规刺激性政策措施，特别是大规模货币超发和财政补贴导致的流动性过剩；叠加乌克兰危机直接或间接带来的粮食、能源价格上涨；流动性超发与大宗商品输入性通胀内外夹攻，导致美国出现严重的通货膨胀，年内 CPI 一度达到 9.1%（2022 年 6 月），为 1981 年以来最高。去年 3 月以来，美联储分别在 3 月、5 月、6 月、7 月、9 月、11 月、12 月加息，共加息 7 次，其中 6 月、7 月、9 月、11 月连续四次加息 75 个基点，并且在 6 月开启缩表进程，2022 年实现缩表 334 亿美元。

美联储的激进货币政策在应对国内高通胀的同时，也给全球金融市场和世界经济带来了溢出效应。一是引发了以欧盟、日本等发达国家为代表的全球加息潮。为抑制自身通胀，同时抵御强势美元带来的汇率下跌、资本外流，主要发达国家纷纷提高利率。加息的负面溢出效应给全球经济以及金融市场带来了负面冲击。二是对新兴经济体和发展中国家造成了负面冲击：土耳其、埃及、黎巴嫩、斯里兰卡等新兴市场与发展中国家由于国内产业结构不完善，经济存在脆弱性，先于发达国家受到疫情、地缘冲突与发达国家加息潮的轮番冲击，如多米诺骨牌般地纷纷陷入债务危机，给全球经济复苏蒙上了阴影。三是在全球通胀和全球加息潮之下，世界经济陷入衰退阴影。IMF 预测全球经济增速将从 2021 年的 6.0%放缓至 2022 年的 3.2%和 2023 年的 2.7%，而美欧发达国家将成为拖累世界经济增长的主力：2023 年，美国 GDP 增速预测仅为 0.5%，欧元区 19 个国家的 GDP 平均增长率也将由 2022 年的 3.3%降至 0.5%。

既然美联储加息对全球经济产生了如此严重的负面影响，那么 2023 年美联储加息进程会结束吗?

实际上，美联储是否结束加息主要取决于经济数据的表现，特别是通货膨胀率、就业和经济增长数据。从目前公布的通胀数据来看，美国近期通货膨胀率已经逐月回落：11 月美国通胀率（CPI）同比涨幅达 7.1%，相比 6 月 9%的同比涨幅出现了明显下降；10 月个人消费支出（PCE）平减指数同比涨幅达 6.0%，相比 6 月 7.0%的同比涨幅下降了 1 个百分点。因此，美联储也在去年 12 月份的议息会议上放缓了加息步伐，将加息幅度由 11 月的 75 个基点降至 50 个基点。美元指数也从去年的最高点 114 回落到 103。然而，美联储认为，虽然 2022 年 10 月和 11 月通胀率数据有所回落，但通胀率仍然过高。

从就业和工资数据来看，最新公布的 11 月非农数据显示，美国劳动参与率仍然较低，时薪增速有所反弹，换工作的人的工资增速显著高于不换工作的人。而工资的上涨又助推了“工资-价格”螺旋上升型通胀。美联储预测，2023年美国失业率将达到4.6%，高于2022年的3.7%。因此，美联储认为美国劳动力市场仍然“偏紧”。

从经济增长数据来看，美联储预测2022—2023年美国经济增速仅为0.5%，2024年与2025年分别为1.6%和1.8%。也就是说，如果考虑通胀因素，美国经济实际是负增长，已经是“准衰退”。美国2022年12月Markit制造业采购经理人指数（PMI）的终值为46.2，创下2020年5月以来新低。

然而相比GDP，美联储更加看重物价和就业两大目标，并且强调需要有更多数据才能证明通胀率确定回落。这其中更为重要的是12月的非农数据和通胀数据。

从1月4日美联储公布的12月议息会议纪要来看，美联储官员仍将根据数据来决定未来的加息幅度，且议息会议的与会者中尚无人考虑在2023年降息。进一步地，美联储担心市场太乐观，甚至低估美联储2023年维持高利率的决心，从而导致金融环境不合预期地趋于松弛，进而削弱美联储控制通胀的有效性。

当前数据显示，2023年2月加息50个基点和25个基点的概率分别为29.8%和70.2%。按照美联储最近的预测，政策性长期利率为2.5%，这意味着中性利率即使在2025年也没有收敛于长期利率2.5%所隐含的0.5%的中性水平。从美联储预测的利率峰值来看，还有3次左右的加息。这就是鲍威尔所说的“未来利率将更高、持续时间将更久”的含义。当前，预测2023年美联储加息结束时间为时尚早，美联储加息节奏可能正进入逐步放缓阶段，此后可能会维持一段时间的高利率，而不是立即由加息转为降息。

资料来源：蔡彤娟．通胀回落，美联储加息周期仍未结束．中国网，2023-01-09.

延伸阅读：中国视角

人民币SDR权重升至12.28%，排世界第3

2022年5月15日，据央行官网披露，国际货币基金组织（IMF）执行董事会于5月11日完成了五年一次的特别提款权（SDR）定值审查。经过重新审查后，人民币在SDR货币篮子中的权重（以下简称人民币SDR权重）从10.92%上调至12.28%！

人民币SDR权重提升至12.28%！

IMF发布的声明中提到，IMF执行董事会于5月11日完成对于构成SDR的一篮子货币的定值审查，审查内容包括货币篮子的组成和权重，以及用于确定SDR利率的相应利率工具。这是自2016年10月1日人民币正式加入特别提款权货币篮子之后完成的首次审查，此次审查由于疫情原因推迟了一年。

根据最新完成的审查，IMF执行董事会决定维持现有SDR篮子货币构成不变，即仍由美元、欧元、人民币、日元和英镑构成，但是对各类货币的权重进行了调整，人民币权重由10.92%上调至12.28%。声明中也表示，执行董事们普遍认可中国金融市场改革取得的进展。

除此之外，美元的权重由41.73%上升到43.38%，欧元、日元、英镑的权重均有所下降，欧元的权重由30.93%下降至29.31%，日元的权重由8.33%下降至7.59%，英镑的权重由8.09%下降至7.44%。调整后人民币的权重仍然保持第三位。新的SDR货币篮子在2022年8月1日正式生效，下一次SDR定值审查将于2027年开展。

SDR是什么?

SDR的全称为Special Drawing Right，即特别提款权，最早于1969年发行，是IMF根据会员国认缴的份额分配的一种可以用于偿还IMF债务，或弥补会员国之间的国际收支逆差的账面资产。由于它是对IMF原有普通提款权的一种补充，所以被称为特别提款权。除了弥补会员国之间的国际收支逆差或偿还IMF债务外，SDR还可与黄金、自由兑换货币一样充当外汇储备。

2015年12月1日，IMF正式宣布人民币于2016年10月1日加入SDR，至此人民币成为美元、欧元、英镑和日元以外的第五大国际货币。最初人民币在SDR货币篮子中的权重为10.92%，排在美元（41.73%）和欧元（30.93%）之后。

加入SDR有什么意义?

如果说中国加入世界贸易组织标志着中国真正融入了全球经济体系，那么人民币加入SDR就意味着中国真正融入了全球金融体系。人民币加入“一篮子货币”，成为首个被SDR接纳的新兴经济体货币，这也反映了全球经济格局的变化，体现了中国在国际货币体系中话语权的上升。

随着中国经济贸易实力的快速增强，在国际交易中人民币所占份额日渐上升，不少发展中国家央行都将人民币纳入了外汇储备，所以人民币加入SDR也是国际市场需求发展的必然结果。

人民币SDR权重调升有什么影响?

从宏观角度看，首先，人民币SDR权重调升反映了中国在国际贸易中的重要性有所提升；其次，人民币在国际结算中的地位进一步提升，也意味着人民币国际化稳步向前。

人民币SDR权重调升有助于进一步增强人民币的国际认可和接受程度，从而增强人民币资产的国际吸引力。国际机构持有人民币和人民币资产的意愿会得到提升，同时，国际市场对人民币的信心也会进一步增强，这也体现出国际组织对中国经济表现的认可。

从宏观角度折射到微观视角，人民币 SDR 权重调升对老百姓日常消费、投资都产生了积极影响。人民币在国际支付中的地位上升，自然会带动中国国际贸易的发展，从而在一定程度上提升人们的消费和投资需求。但是，我们也要客观看待人民币 SDR 权重调升对国内金融市场的影响。人民币 SDR 权重调升对国内资本市场的利好较为有限，国内主要资产价格依然取决于宏观基本面。

对于人民币 SDR 权重调升，中国人民银行表示，中国改革开放的信心和意志不会动摇，将始终坚持扩大高水平对外开放，下一阶段将致力于不断提升投资中国市场的便利性，为境外投资者和国际机构投资中国市场创造更有利的环境。

资料来源：喜讯！人民币 SDR 权重升至 12.28%，排世界第 3，将带来哪些好处．网易新闻，2022-05-17.

本章思考题

1. 什么是一价定律？它有哪些假设？

2. 购买力平价理论的主要贡献有哪些？为什么相对购买力平价更受经济学家的肯定？

3. 利率平价理论的基本观点是什么？

4. 抛补利率平价和非抛补利率平价的区别是什么？

5. 汇率的超调模式如何解释汇率变动的原因？

6. 汇率的资产组合平衡模式的假设有哪些？

第五章 国际金融市场

引导案例

紧跟美联储！英国、欧洲央行也出手加息

北京时间2023年2月2日晚，欧洲央行召开议息会议，紧随美联储和英国央行的脚步，宣布将三大主要利率均上调50个基点，符合市场预期。周四早些时候，英国央行加息50个基点，周三美联储加息25个基点。

自2022年7月以来，为遏制通胀，欧央行共加息300个基点，主要再融资利率达2008年11月以来最高水平。

英国利率创2008年以来新高

2月2日，英国央行最新利率决议加息50个基点，将基准利率从3.5%提高至4%。这是该国连续第十次加息，其利率水平再次刷新2008年10月以来的高点。

英国市场普遍认为，英国央行将在3月放缓加息脚步，加息25个基点。

英国央行表示，通胀风险“显著偏向上行”，通胀持续高企，需要进一步收紧政策。

2022年4—7月，英国通胀水平接连刷新40年来最高纪录。尽管近两个月英国通胀水平出现小幅回落，但是仍然处于历史高位。2月1日，多达50万名英国教师、公务员和火车司机因工资问题举行了10多年来最大规模的协调罢工行动。

英国普通民众实际收入因通胀显著缩水。英国预算责任办公室预测，在考虑通胀因素后，2023年英国家庭收入将回落至2013年的水平，降幅为7%，为1956年有记录以来的最大降幅。

IMF此前预测，由于高利率和紧缩的财政政策，英国将在2023年陷入经济衰退，是七国集团（G7）中唯一会出现经济萎缩的国家。

英国央行预计，英国经济2023年萎缩0.5%，2024年萎缩0.25%。同时英国央行下调了未来经济产出预测，将未来三年的潜在产出预估下调至0.7%，低于11月0.9%的预期。英国央行认为，英国退出欧盟对贸易造成了压力，许多工人已经退出劳动力市场。

欧洲央行3月还要加息

除了本次加息50个基点外，欧洲央行计划3月至6月底，每月将资产购买计划规模减小150亿欧元，二季度后规模将随时间的推移而变化。

欧洲央行表示，鉴于潜在的通胀压力，利率仍需大幅上调。欧洲央行将在3月的下一次货币政策会议上再加息50个基点，然后评估其货币政策的后续路径。

欧盟统计局2月1日公布的初步统计数据显示，受能源价格下降影响，欧元区1月通胀率按年率计算为8.5%，低于2022年12月的9.2%，连续3个月下降，但距离2%的目标尚有较大差距。

欧洲央行行长拉加德（Lagarde）在会后的新闻发布会上表示，通胀率下降主要是由于能源价格下降，所以需要根据能源价格的变化缩减对能源的财政支持计划，以避免财政支持加剧通胀压力。援助措施必须是暂时的、有针对性的。

美国财经博客门户网站零对冲表示，欧洲央行的鹰派表述减弱。在2022年12月的新闻发布会上，拉加德指出，我们可能会看到多达三次50个基点的加息（即2月、3月和5月的会议）。然而，在2月的声明中，语气已经改变，只说了在3月加息50个基点，此后欧洲央行将“评估其货币政策的后续路径”。

2022年，欧洲经济的韧性超出了市场预期。而今年1月，欧元区商业活动出现了6个月以来的首次扩张。追踪制造业和服务业活动的欧元区采购经理人指数（PMI）的初读数据从2022年12月的49.3上升至2023年1月的50.2，出现6个月以来的首次上升。该指数高于50代表增长。

不过拉加德预计，近期欧元区经济仍将疲软。

权威人士表示，目前预计2023年全年欧元区的GDP将收缩0.5%～1%，相比之前的预期有所下调，但此次衰退将相对温和。“最近的数据表明，2022年第四季度欧元区或已避免经济收缩，主要指标显示，市场对欧元区经济的短期乐观情绪有所增强。然而，考虑到货币政策实施的滞后效应，以及在2023—2024年冬季之前能源采购或将面临更多挑战，在2023年底至2024年期间，二次经济衰退的风险将进一步上升。”

资料来源：紧跟美联储！英国、欧洲央行也出手了．国际金融报，2023-02-03.

教学目的

通过学习本章，应熟悉国际金融市场的概念和构成，重点掌握国际货币市场、国际资本市场的具体业务，以及欧洲货币市场的概念、特点和作用，把握国际金融市场发展的趋势，特别是国际金融市场创新的内涵和方向、金融创新工具的特点及具体应用。

中国视角

通过学习国际金融市场的相关知识，熟悉国际金融市场的运行特点和基本规律，感受中国自改革开放以来在国际金融市场上不断增强的影响力和话语权，体会中国奇迹、中国道路的深刻内涵。

在经济全球化背景下，国际金融市场在全球市场中的重要性日益显著。尤其是自20世纪80年代以来，随着生产和投资的国际化，国际金融市场在世界经济的发展中发挥着越来越显著的作用，不仅推动了货币信用的国际化，而且促进了资本、贸易乃至整个世界经济的国际化。

第一节 国际金融市场概述

国际金融市场的概念通常涵盖了世界上所有国际金融中心。这些国际金融中心伴随着资本主义世界市场的发展，常以其所在地名称命名，如伦敦国际金融中心、纽约国际金融中心等，并构成了整个国际金融市场。在国际金融市场上经营的业务主要包括货币的国际借贷及证券交易等，据此可以将国际金融市场划分为各种不同类型。

一、国际金融市场的概念

（一）国际金融市场的广义和狭义概念

国际金融市场（international financial market）是指在国家间进行资金融通或金融

产品买卖的场所，也就是在居民与非居民之间，或者非居民与非居民之间进行国际性金融业务活动的场所。国际金融市场相比国内金融市场的显著不同在于：资金借贷关系涉及非居民；业务活动范围跨越国境；交易中使用的货币为多国货币；业务活动比较自由开放，较少受某一国政策、法令的限制。

国际金融市场有广义和狭义之分。

广义的国际金融市场，是指进行各种国际金融业务活动的场所，这些业务活动包括资金的借贷、外汇与黄金的买卖等。因而，传统上的国际金融市场包括货币市场（期限在一年以内的短期资金的借贷市场）、资本市场（期限在一年以上的中长期资金的借贷市场）、外汇市场、黄金市场。另外，20 世纪 70 年代以来形成和发展起来的国际金融期货和期权市场也是国际金融市场的组成部分。上述几类国际金融市场是紧密联系的。

狭义的国际金融市场仅指从事国际资金借贷活动的市场，又称国际资金市场，包括国际货币市场和国际资本市场。

（二）国际金融市场与国内金融市场的区别和联系

为了进一步理解国际金融市场的概念，有必要分析一下国际金融市场与国内金融市场的区别和联系。

1. 国际金融市场与国内金融市场的区别

（1）市场运作范围不一。国内金融市场的业务活动领域局限于一国领土内，市场的参与者局限于本国居民；国际金融市场的业务活动领域则超越国界，其参与者涉及境外居民或多国居民。

（2）市场业务活动不一。国内金融市场的业务活动一般不使用外汇，也不必通过外汇市场进行；国际金融市场的业务活动必然涉及外汇交易，而且要通过外汇市场进行，外汇市场是国际金融市场的中心市场之一。

（3）市场管制程度不一。国内金融市场受到货币当局的直接干预（含背后干预），市场运行在很大程度上受到行政力量的左右；发达的国际金融市场则基本不受其所在国金融当局的管制，市场运行一般很少受到干预，甚至完全不受干预。

2. 国际金融市场与国内金融市场的联系

（1）国内金融市场是国际金融市场得以发展的基础。世界上主要的国际金融市场都是在原先国内金融市场的基础上发展而成的，这些国际金融市场中的金融机构、银行制度以及涉外业务等与国内金融市场都有着密切的联系。

（2）国内金融市场的货币资金运动与国际金融市场的货币资金运动相互影响。国内金融市场的利率发生变动，会通过各种方式影响国际金融市场上的利率，即国内金融市场上货币流通发生变化造成的币值变动，同样会影响国际金融市场上汇率的变动。

（3）国内金融市场上的某些大型金融机构同样也是国际金融市场的主要参与者。

二、国际金融市场的形成和发展

国际金融市场是随着国际贸易的发展与扩大而产生和发展的。从最早的国际清算中心，到国际金融市场，直至今天的欧洲货币市场，这个过程持续了几个世纪。

（一）国际金融市场的形成

在资本主义全球市场体系逐步形成的过程中，英国成为世界经济的主要力量。为满足资本主义经济增长对资金的需求，以及为迅速发展的对外贸易提供国际汇兑和国际清算，英国于1694年正式成立了英格兰银行。伦敦在成为世界经济中心、国际贸易中心的同时，也成为国际汇兑、国际结算和国际信贷中心，这标志着现代国际金融市场开始形成。伦敦国际金融中心建立以后，随着世界各国对外贸易和投资的快速增长，英国以外的主要资本主义国家的国内金融市场也相继发展成为国际金融中心，如瑞士的苏黎世、法国的巴黎、意大利的米兰、德国的法兰克福、美国的纽约等。

国际金融市场在现代经济中的作用是非常重要的，国际贸易、国际资本借贷、外汇买卖及证券交易和保险业务都离不开国际金融市场。虽然各国都有一些大城市从事国际金融活动，但并非所有开展国际金融业务的大城市都能称为国际金融市场。它们要成为能够全面开展国际金融业务的国际金融市场，需要具备一定的条件：

（1）政局稳定。这是最基本的条件。如果一国政局动荡，经常发生政变或大的变革，就无法保证国内经济和金融的稳定，更谈不上建立一个国际金融市场了。

（2）有自由开放的经济体制。这主要包括自由开放的经济政策与宽松的外汇管制。自由开放的经济政策促进了本国与世界各国的经济金融往来以及各种形式的经济金融合作；宽松的外汇管制充分保证了国际资金的自由出入，容易发展成国际资金的集散地，进而成为国际金融市场。

（3）有健全的金融制度和发达的金融机构。一国金融制度和法规不健全，就无法保障金融活动高效地进行，而量少质弱的金融机构更没有能力担负从事国际金融业务的重任。因此，这个条件也是国际金融市场形成的必要条件。

（4）有现代化的通信设施、便利的交通与优越的地理位置。一国或地区要成为国际金融中心，必须有现代化的通信设施，并且具有不断吸收高新科技的能力，这样才能保证国际信息的通畅。便利的交通与优越的地理位置容易吸引各种市场参与者，方便其交易，进而扩大各种国际金融业务。中国香港成为一个新兴的国际金融中心，就与它优越的地理位置有关。

(5) 训练有素的国际金融人才。这是指一国或地区要拥有既具备现代国际金融专业知识，又具备丰富的实践经验的国际金融专门人才。只有拥有这样的人才，才能为国际金融市场提供各种高质量、高效率的服务。

一个大城市只有具备了这些条件，才有可能成为国际借贷、国际结算和外汇买卖及黄金交易的中心，从而发展成国际金融市场。

(二) 国际金融市场的发展

伦敦作为世界最主要的国际金融中心的时间长达200多年。第一次世界大战后，伦敦作为国际金融中心的地位开始衰落，第二次世界大战的爆发又加速了这种衰落。第二次世界大战后，全球国际金融市场发生重大演变，基本经历了三个阶段。

1. 纽约、苏黎世和伦敦的“三足鼎立”

第二次世界大战后，在伦敦作为国际金融中心的地位不断下降的同时，美国经济实力迅速增强，以压倒性优势成为世界经济的“领头羊”，其经济实力主要表现在以下方面：其工业生产占资本主义世界工业生产的1/2，出口贸易额占1/3，黄金储备占2/3，发达国家资本输出额占1/3。美元因此成为最主要的国际结算货币，纽约则成为世界最大的国际金融中心。因得益于“永久中立国”的特殊地位，瑞士避免了第二次世界大战战火的摧残，瑞士法郎成为西欧国家中唯一保持自由兑换的货币，这一优势加速了苏黎世国际金融中心的发展。

2. 欧洲货币市场的形成和发展

欧洲货币市场是对离岸金融市场的概括和总称。离岸金融市场是从事境外货币存贷的市场，代表了国际金融市场新的发展阶段。20世纪60年代，西欧经济迅速崛起，美国经济地位相对下降，其国际收支出现持续的巨额逆差，美元大量外流。流出的美元主要集中在伦敦，成为“欧洲美元”，伦敦也因此成为最大的欧洲美元市场。同时，随着西欧国家货币自由兑换和资本自由流动的恢复，境外货币的种类不断增加，出现了欧洲英镑、欧洲德国马克、欧洲法国法郎，于是欧洲美元市场演变成欧洲货币市场，后逐步演变成国际金融市场的核心。

3. 发展中国家和地区国际金融市场的建立

第二次世界大战后，不少发展中国家取得了政治独立，走上了发展本国经济的道路，建立和发展金融市场成为发展国民经济的重要条件。经过较长时期的发展，部分国家和地区的金融市场已具备了相当规模，并逐步成长为新兴的国际金融中心，如新加坡、巴林、科威特、中国香港等。发展中国家和地区国际金融市场的建立促进了国际金融市场的全球化进程。

三、国际金融市场的类型

（一）按市场功能分类

（1）国际货币市场。国际货币市场是指以短期金融工具为媒介进行的期限在一年以内的融资活动的交易市场，是短期资金市场或短期金融市场，主要交易对象是商业票据、国库券、银行承兑票据、短期可转让存单等准货币。因其流动性好、变现能力强、偿还期短、风险小，与货币有差不多的性质，所以将这些金融工具的交易市场称为货币市场。国际货币市场一般可分为银行短期信贷市场、短期证券市场和贴现市场。

（2）国际资本市场。国际资本市场是指借贷期限在一年以上的中长期资金市场，主要的交易对象有股票、债券、国债、中长期票据等。其作用主要是为各国政府、机构、企业提供经济建设所需要的资金，为已经发行的证券提供具有充分流动性的交易市场。国际资本市场一般分为国际中长期信贷市场和国际证券市场。

（3）国际外汇市场。国际外汇市场是以外汇银行为中心，由各类外汇供给者和需求者以及中间机构组成的，专门从事外汇买卖、外汇资金调拨、外汇资金结算等活动的场所或网络。国际外汇市场是高度一体化的，在时空上是连续不停运转的。世界各地的外汇市场上交易的货币具有同一性，即没有差异或同质性很高且价格趋于一致。国际外汇市场由有形市场和无形市场共同组成。（外汇市场的有关内容将在第六章专门讨论。）

（4）国际黄金市场。国际黄金市场是指专门进行黄金买卖的市场。虽然 IMF 在 1976 年已开始了黄金非货币化的过程，但由于黄金同货币的传统联系以及人们的传统观念，黄金市场还是被广泛地看作金融市场的一个组成部分。伦敦、苏黎世、纽约、芝加哥和中国香港的黄金市场是世界上最重要的黄金市场。黄金市场可以分为实物黄金市场和期货期权市场两部分。实物黄金主要以金条和金块形式进行买卖，官方或民间铸造的金币、金质奖章、珠宝首饰也可以在市场上买卖。实物黄金市场基本上是即期市场，为套期保值而进行的远期交易是它的补充。市场参与者由三部分组成：黄金交易商在市场上买入和卖出黄金；经纪人从中牵线搭桥，赚取佣金和价差；银行为这些活动融通资金。黄金期货交易是指在合同规定的某个时间内，承诺交割或者接受和购买特定数额的黄金；黄金期权交易是指期权购买者以协议价格（或执行价格）买卖实物黄金或黄金期货合同的权利。

（二）按融资渠道分类

（1）国际信贷市场。国际信贷市场是指在国际金融市场上以金融机构为媒介融通资金的市场，是各国资金需求者通过银行进行资金融通的场所，它是早期融资的主要渠道。目前，国际信贷市场以银行同业拆借市场为主体，形成了多个国际信贷中心。

（2）国际证券市场。国际证券市场是指发行和交易各种有价证券的市场，包括国际债券市场和国际股票市场。20 世纪 80 年代之后，国际金融市场的证券化趋势形成，国际证券市场的融资规模超过了信贷市场，成为国际筹资的主要渠道。

（三）按交易对象所在区域和交易币种分类

（1）在岸国际金融市场。在岸（on-shore）国际金融市场，是指居民与非居民之间进行资金融通及相关金融业务的场所，其中，居民主要是国内投资者，非居民主要是外国筹资者，经营的货币是市场所在国货币，市场的资金来源一般由市场所在国提供，市场所在国是资本净提供国，它受市场所在国政府政策与法令的管辖。在岸国际金融市场一般是由地方性和区域性市场逐步发展成为全球性市场的，是国内金融市场的延伸，也是传统的国际金融市场。

（2）离岸国际金融市场。离岸（off-shore）国际金融市场，又称为“境外市场”（external market），其经营对象（交易货币）包括除市场所在国货币以外的西方主要货币；涉及非居民与非居民之间的借贷关系；业务活动不受任何国家政府政策和法令管辖。所有离岸市场结合成整体，就是通常所说的欧洲货币市场，它是第二次世界大战后形成并发展起来的新兴国际金融市场。20 世纪 60 年代以来，原来的一些传统国际金融中心出现了脱离当地法规管辖的倾向，而一些以前并没有国际金融服务设施基础的地区，由于政府为繁荣本地经济实行了非常宽松的金融管制政策，或者根本不加以管制，征税较少或者免税，加上地理位置适中，往往能吸引大批金融实业家的大量资金流入，迅速发展成为新兴国际金融市场。离岸国际金融市场是目前最主要的国际金融市场，是既不受货币发行国政府法令管制，又不受市场所在国政府法令管制的金融市场。

四、国际金融市场的作用

（一）国际金融市场促进了世界经济的发展

国际金融市场是世界各国资金的集散中心。国际金融市场上的各种贸易融资方式为国际贸易提供了充足的融通资金，也为资金短缺国家利用外资扩大本国生产提供了便利。

（二）国际金融市场推动经济全球化的发展

第二次世界大战以后，世界经济一体化程度不断提高，在这个过程中，跨国公司扮演了重要的角色。跨国公司的典型特征就是在世界范围内实现资源的有效配置，包括生产组织形式、经营活动方式和市场营销手段的国际化。跨国公司的所有这些活动都或多或少地依赖于国际金融市场的存在。因此，国际金融市场是跨国公司在全球范围内获取外部资金的最重要来源，并由此推动了世界经济全球化的巨大发展。

（三）国际金融市场有利于调节各国国际收支

国际收支既是一国经济对外开放程度的客观反映，又会反作用于一国的经济发展与稳定。各国的国际收支总是处于一种不均衡状态。国际金融市场的产生与发展为国际收支逆差国家提供了一条调节国际收支的渠道，即逆差国可以到国际金融市场上举债或筹资，从而在很大程度上减轻国际收支失衡造成的压力，更灵活地规划经济的发展。

（四）国际金融市场提供了规避风险的场所

随着国际金融市场自由化趋势的发展，利率、汇率和股票价格的波动越来越剧烈，由此导致各种金融资产的价格也不断波动。国际金融市场以及实体经济市场的参与者为了管理各种金融风险，必然寻求规避风险的新途径。国际金融市场中的期货、期权等衍生产品为投资者提供了有效的风险管理手段。

（五）国际金融市场促进了全球资源的合理配置

国际金融市场是一个高度竞争的市场，资金总是流向收益最高的国家或地区，这就使国际金融市场上的资金利用效率大大提高了。国际金融市场上各种金融资产的价格，如利率、汇率等，是基于众多的交易者对未来市场走势的预期形成的，这些价格不仅充分反映了金融资产的供求关系，而且也对全球真实资源的最优配置发挥着重要的调节作用。

当然，国际金融市场同样不可避免地存在一些消极影响：国际金融市场在缓和国际收支严重失衡的同时，向广大逆差国家提供了大量贷款，由此埋下了国际债务危机的隐患；巨额短期国际游资的投机性流动也会对有关国家独立执行货币政策产生较大的制约作用，常常会造成一国乃至世界外汇市场的剧烈波动；日益增强的国际金融市场的一体化趋势使国际不稳定因素的传播变得更加迅速，增大了世界经济动荡的可能性。这些问题均需要我们在积极利用国际金融市场的同时加强防范。

（六）金融全球化是贸易一体化和生产一体化的必然结果

（1）金融全球化是贸易一体化的必然结果。近半个多世纪以来，贸易一体化推动着国际贸易范围和规模的不断扩大，而国际贸易的发展必然产生金融全球化的需求。这具体表现在以下两方面：一方面，国际贸易发展所产生的对国际支付和国际结算的需要，促进了货币的国际交换和银行结算业务的发展；另一方面，国际贸易发展过程中商品交换市场的发展又促进了为国际商品交换服务的各种国际金融市场的形成。正是由于贸易一体化发展到了一定程度，对资金和资本的跨国流动才有了迫切的需求，加之各国减少对资金和资本跨国流动的限制，才直接导致了金融全球化的发展。因此，贸易一体化是金融全球化发展的重要动力。

（2）金融全球化是生产一体化的必然结果。生产一体化，尤其是跨国公司的发展，要求在全球配置资源，这在客观上要求全球资本能自由流动，以便为跨国公司的全球化战略服务。跨国公司的全球化经营布局要求为之服务的金融业跨越国界，提供全方位、综合化的金融服务，从而推动跨国银行和其他国际金融机构的产生与发展。此外，许多国家政府纷纷放松金融管制，采取优惠措施大力吸引外资，促进了资本在世界各地的自由流动，也逐渐形成了大量新兴的国际金融市场。

第二节　新型国际金融市场——欧洲货币市场

欧洲货币市场（European currency market）不同于传统的国际金融市场，它是不受市场所在国法令管辖的真正国际化的金融市场。其借贷货币包括市场所在地国家境外的所有可兑换货币。这些货币统称为“欧洲货币”或“境外货币”。借款人可以在这个市场上任意选择借贷货币的种类。借贷关系为外国借款人与外国放款人之间的关系。欧洲货币市场是非居民可以自由参加交易的市场，因而常被称为“离岸金融市场”或“境外金融市场”。欧洲货币市场的主要业务是中长期货币借贷业务和欧洲债券业务。

一、欧洲货币市场概述

欧洲货币并非欧洲国家的货币，“欧洲”不是一个地理概念，而是指“境外”“离岸”。由于境外存放和借贷业务开始于欧洲，故习惯上称在货币发行国境外流通的货币为欧洲货币（Eurocurrency）。

欧洲货币市场也称作离岸金融市场，是指在一国境外进行该国货币的流通、投资、借贷、证券发行等业务的市场。但需要注意的是，在岸金融市场和离岸金融市场的主要区别不是境内和境外的区别，而是市场管理体制的区别，即欧洲货币市场的经营活动可以不受任何国家金融法规条例的制约。

例如，为了适应欧洲货币市场发展的趋势，美国于 1981 年在境内设立了“国际银行业设施”（international banking facilities，IBF），开办欧洲货币业务。虽然在国际银行设施里存贷的美元位于美国境内，但是它按欧洲货币市场的规则运行，因而也被叫作“欧洲美元”。IBF 不是一个具有实体的独立的银行体系，而是在美国境内的美国或外国银行开立的经营欧洲货币和欧洲美元的账户，此体系的资产独立，与总行的账户分开。IBF 准许上述银行吸收非居民存款，同时准许其贷款给非居民，因此，IBF 也属于离岸金融市场。设立 IBF 的意义在于吸引巨额资本流入美国，改善美国的国际收支状况。

欧洲货币市场是当今国际金融的核心和主体，是一个真正意义上的国际金融市场，向全世界各国的政府、企业、居民开放。欧洲货币市场内可以经营各种自由兑换货币，开展各种类型的金融业务，不受任何政府、法令的限制。欧洲货币市场的特点及其具体表现如表 5－1 所示。

表 5－1　欧洲货币市场的特点及其具体表现

特　点	具体表现
独特的利率体系	在发挥作用 50 余年之后，2022 年底伦敦商业银行同业拆借利率（LIBOR）退出历史舞台。欧元区保留欧元银行同业拆借利率（EURIBOR），英国采用英镑隔夜利率平均指数（SONIA）替代英镑 LIBOR
资金调度灵活，手续方便	资金不受管制，周转极快，调度十分灵活、方便
交易额大，是批发交易市场	以银行间交易为主，银行同业拆借占很大比重；市场上的存款人和借款人是大客户；整存整取
不受任何国家金融法规的管制	是一个超国家或无国籍的资金市场：一方面，货币在发行国境外借贷，货币发行国无权管制；另一方面，市场所在国无权也无法对其进行管制，而且还会采取优惠措施吸引资金
不以所在国经济实力为基础	只要市场所在国或地区政治稳定、通信发达、政策优惠、管制宽松，即使本身没有巨额的资金积累，也可能发展成一个离岸国际金融中心，如卢森堡、开曼群岛、巴哈马等
借贷关系发生在非居民之间	借贷关系属于外国投资者和外国筹资者之间的关系

需要指出的是，欧洲货币已不限于市场所在国货币，而是包括所有可自由兑换的货币。

（1）欧洲货币市场分布于全世界，是通过现代化的通信手段，由经营境外货币的国际银行网络将各个国际金融中心的经营活动结成统一不可分割的整体而构成的。经营欧洲货币的银行称为“欧洲银行”，通常是大型的跨国银行。这些银行除了经营欧洲货币借贷业务外，也经营国内银行业务。欧洲货币市场的最大特点是其经营活动不受任何国家金融法规条例的制约。

（2）通常意义上的货币市场是短期资金借贷市场，而欧洲货币市场不仅经营短期资金借贷业务，也经营中长期资金借贷业务，具有强大的信贷创造机制。进入该市场的存款，经过银行之间的辗转放贷使信用得到扩大。据美国学者估计，欧洲美元的扩张倍数为1.05～1.09。

（3）具有独特的利率结构。一般说来，国际金融市场利率是以该货币国内金融市场利率为基础的。但是，欧洲货币市场的存款利率略高，贷款利率略低，存贷款利率差额较小。这是因为欧洲货币不受法定准备金率的限制，银行可以减轻准备金负担，税费低可以降低融资者的成本。

（4）具有调拨方便和选择自由的特点。欧洲货币市场上存在大量的跨国银行，且境外货币的调拨不受市场所在国外汇管制政策的约束，因而这里容易出现各种各样的金融工具创新，人们可以根据自己的需要灵活地选择借贷方式。

二、欧洲货币市场的形成和发展

欧洲货币市场的经营活动最早是在1957年出现的，20世纪六七十年代迅速发展起来。它最初发源于欧洲，但随着欧洲货币市场的形成和发展，其业务不断增加，范围不断扩大，分布地区也早已不仅仅限于欧洲，还包括亚洲、北美洲、拉丁美洲及中东等地区，目前已扩展到全球。

（一）欧洲货币市场形成的原因

（1）生产和资本的国际化发展是欧洲货币市场形成并发展的最深刻的经济根源。第二次世界大战后，由第三次科技革命所引起的生产和资本的国际化，以及技术、市场和经济的全面国际化，以跨国公司的海外投资和全球扩张及国际贸易的空前发展为主要表现。尤其是跨国公司的经营活动不仅要求公司内部资金调拨有较大弹性，而且要求有更加国际化的国际融资支持和全面的金融服务，这就必然导致国际金融市场的进一步国际化和全球化。因此，欧洲货币市场是适应跨国公司全球扩张的经营活动及国际贸易空前发展的要求而产生的。

（2）大量游离于境外的美元资金的存在，为欧洲货币市场的形成提供了前提条件。第二次世界大战结束后，美国实施“欧洲复兴计划”，对西欧施以大量援助，从而导致了美元外流。到20世纪60年代以后，美国出现了大量国际收支逆差，导致美元外流，这也是欧洲美元形成的原因之一。此外，20世纪70年代的两次石油涨价形成的巨额石油美元回流到欧洲市场，也为欧洲美元借贷提供了大量的资金来源。

（3）西方各国货币政策的实施是欧洲货币市场形成和发展的导火索。1957年，英国发生英镑危机，英国政府加强了外汇管制。为限制英镑外流，英国货币当局一方面提高英镑利率，另一方面禁止其银行向非英镑区的居民提供英镑贷款。因此，英国商业银行纷纷转而经营美元存贷款业务。这样，一个在美国境外专门经营美元存贷款业务的资金市场就在伦敦出现了，此为欧洲货币市场的雏形。

20 世纪 60 年代以后，美元危机频频发生。美国政府为限制美元外流，也实施了金融管制。1963 年，美国政府采取了征收利息平衡税的政策，规定美国居民购买外国债券所获得的高于本国债券的利息收益，必须作为税款无偿交给美国政府。这等于关上了美国的大门，迫使外国筹资者转向欧洲货币市场。1965 年，美国又实行“自动限制贷款计划”，限制其银行和金融机构向非居民贷款的数额。1968 年，美国进一步加强对外国直接投资的限制，颁布《外国直接投资规则》，限制资金外流。这些措施不但没能阻止美元大量外流，反而促使美国企业和金融机构将资金调往海外，增强其海外分行的经营活动，推动了欧洲货币市场的发展。同时，美国坚持执行《1933 年银行法案》中的“Q 条例”对活期存款不付息、定期存款规定利率上限的政策，这限制了银行吸收存款的能力，也导致国内资金外流到利率较高的国际金融市场，从而加速了欧洲货币市场的发展。

此外，自 20 世纪 60 年代后，西方各国放松或取消了外汇管制，一些发展中国家也对离岸金融中心的业务实施了各种优惠政策。例如，跨国银行可以享受各种税收优惠，可以自由汇出利润，可以自由兑换货币，其外币借贷业务可以不受国内金融法令法规的管制，允许资本自由流动等政策的实施，都为欧洲货币市场的形成提供了必要条件，为其发展铺平了道路。

（二）欧洲货币市场与离岸金融中心

欧洲货币市场形成后，其范围不断扩大，分布地区已不限于欧洲，而是很快扩展到亚洲、北美洲和拉丁美洲等。欧洲货币市场最大的金融中心是伦敦，加勒比海地区的巴哈马、欧洲地区的卢森堡的业务量略逊于伦敦，其他各大金融中心也分散地经营其境外货币业务。

欧洲货币市场与离岸金融中心同为经营境外货币业务的市场，前者是境外货币市场的总称或概括，后者则是具体经营境外货币业务的一定地理区域，吸收并接受境外货币的存储，然后再向有需求者贷放。

根据业务对象、营运特点、境外货币的来源和贷放重点的不同，离岸金融中心可分为四种类型：

（1）功能中心。它是指集中诸多的外资银行和金融机构，从事具体的存储、贷放、投资和融资业务的金融中心。

（2）名义中心。它是指纯粹记载金融交易的场所，这些中心不经营具体的金融业务，只从事借贷、投资业务的转账或注册等事务，因此也称为“记账中心”，其设立目的是逃避税收和金融管制。

（3）基金中心。它主要是指用来吸收境外资金并贷放给本地区借款人的金融中心。

（4）收放中心。它主要是指用来筹集本地区多余的境外货币并贷放给世界各地的借款人的金融中心。

三、欧洲货币市场的构成

欧洲货币市场按借贷方式、借贷期限和业务性质，可分为欧洲货币信贷市场与欧洲债券市场。

（一）欧洲货币信贷市场

1. 欧洲货币短期信贷市场

该市场主要进行期限在 1 年以内的短期资金拆借业务，其中期限最短的为日拆。但随着国际金融业务的不断拓展，有的业务的期限也延长至 1～5 年。该市场的借贷业务主要靠信用，无须担保，一般通过电话或电传即可成交，成交额以百万或千万美元为单位。这个市场的存款大多数是企业、银行、机关团体和个人在短期内的闲置资金，这些资金又通过银行被提供给另一些国家的企业、银行、私人和官方机构用于短期周转。例如，英国政府多年来就是从该市场借入欧洲货币，换成英镑，用于正常开支。

欧洲货币短期信贷市场的业务有以下四个特点：

（1）期限短，种类丰富。从期限为 1 天甚至 1 夜到期限为 7 天、1 个月、3 个月、6 个月、12 个月的业务都可以提供，但期限为 3 个月以内的业务最为常见。

（2）具有批发性质，一般借贷额都比较大，有的年份有 1 亿美元甚至数额更大的交易。

（3）灵活方便，即在借款期限、借款货币种类和借款地点等方面都有较大的选择余地，甚至不需要实质签订有形的商业合同，只要有交易电话录音即可。这也是欧洲货币市场对借款人最有吸引力的地方。

（4）预付利息。除了利息外，借款人在欧洲货币短期信贷市场上不用再支付任何费用，但利息是预付的。利率水平由双方具体商定，一般低于各国专业银行对国内大客户的优惠放款利率。利率一般以 EURIBOR 或 SONIA 为准。

2. 欧洲货币中长期信贷市场

欧洲货币中长期信贷市场与欧洲债券市场合称为欧洲资本市场。该市场的信贷期限都在1年以上。由于中长期信贷金额大、期限长，因此借贷双方须签订合同，有的合同还须由借款方的官方机构或政府担保。

欧洲货币中长期信贷市场的业务也有四个特点：

①期限长，数额大。期限一般为1～3年，有的甚至为5年或更长，最长的可达10年。

②以银团贷款（辛迪加贷款）为主，分散提供中长期贷款的风险。

③对贷款人和借款人来说都非常方便，因而极具吸引力。

④必须签订贷款协定，有的还须由政府担保，协定内容主要包括币种、期限、数量、利率、货币选择权条款、违约和保证条款等。

欧洲货币中长期信贷市场的筹资者主要是世界各地企业、社会团体、政府以及国际性机构。该市场贷款额很大，多在1亿美元以上，往往由几家或十几家不同国家的银行组成银团，通过一家或几家信誉卓著的大银行牵头向借款人提供贷款，即银团贷款。

在银团贷款形式下，借款人所得到的好处就是能够借到一笔任何一家银行都不愿单独提供的大额贷款，而且其成本要比从多种渠道筹措同等数目资金的成本低，也更加方便。此外，获得过银团贷款的借款人日后也更容易获得其他融资。参加重要银团贷款的许多银行都很看重借款人的“透明度”，这可能会使其日后的融资变得更容易。同时，银团贷款也能交易，对于最终的借款人和投资者来说，这能促进资金流动，并享受到最优惠的借款利率。

全球银团贷款的中心一直是伦敦，另外还有纽约和中国香港。而银团贷款的实际发放则是通过众多海外银行分支机构完成的。

银团贷款的当事人有借款人、（有时还有）担保人以及贷款银行。国际银团贷款的贷款人由各国银行组成，它们在一笔贷款中扮演的角色各不相同。

银团贷款的当事人主要有以下五个：

（1）借款人。现在银团贷款的借款人绝大多数是政府、国有企业等，国际机构有时也作为借款人出现在市场上。对私营企业来说，如果不是信誉良好、在国际上有名的一流企业，就难以获得银团贷款。因此，银团贷款的借款人必须具备以下条件：①资金实力雄厚；②知名度高。虽然该条件没有债券市场那样高，但还是需要达到一听借款人的名字，就知道其地理位置、资金实力等的程度。

（2）牵头行。牵头行可以由一家以上的银行共同担任，它们接受借款人的委托并在市场上物色贷款银行组成银团。牵头行中有一家银行担任代理行，负责管理合同签订后的债权事务。按理说，代理行以外的牵头行在合同签订后，和代理行一样要积极参与债权管理，但事实上，只要未发生不履行债务等异常情况或风险较小，其作用就与一般参加行无区别。

（3）经理行。经理行的地位次于牵头行。经理行有时也包销部分贷款，但大多在推销阶段参加贷款。

（4）一般参加行。一般参加行是指除牵头行外参与银团贷款的银行。这些参加行在银团中的地位很低，其贷款额是贷款银行中最小的，贷款手续费收入也最少，但是它们得到的好处极多：①这些银行的规模较小，通常不可能单独与外国政府或超一流的跨国公司发生业务往来，参加银团贷款可以扩大它们的业务范围；②参加行可以根据自己的资金实力贷款，形成自己最佳的资产结构，并且能根据市场形势的变化灵活采取行动，或积极贷款，或等待机会；③参加行本身不必管理事务，有代理行代办。

（5）担保人。在有担保的情况下，不仅借款人要有相当的资金实力，而且担保人也要有资金实力。在一国的借款人中，信誉最好的是政府本身，其次是中央银行、政府机关、跨国公司等。

获取银团贷款的借款人需支付的费用包括管理费、参与费、承担费、代理费和杂费。

（1）管理费。借款人可能会向牵头行支付低于借款额2%的管理费。管理费可以在签约时一次付清，或在宽限期过后一次付清，或在宽限期过后分次按照提取贷款的比例等比例付清。常见的管理费支付方式是第三种。

（2）参与费。牵头行还会提取管理费用中的一部分作为参与费支付给银团的参与行，参与费的多少可以依据参与行贷款的多少而定。在任何情形下，费用的计算都要保证牵头行能得到与其组织银团和管理贷款交易相适宜的报酬。

（3）承担费。承担费是指由于借款人没有在合约生效日提取或动用全部款项，而对未动用款项支付的略低于贷款利率的加息率。此项费用是为了加速资金在全球市场的周转、提高资金的使用效率而设立的。

（4）代理费。代理费是付给代理行的特别款项，是在协议生效后，为了维持协议的正常履行，双方进行沟通的费用。在一些银团贷款中，牵头行和代理行常常是同一家银行。代理费通常按照一定的百分比每年支付一次。

（5）杂费。杂费是双方为达成协议进行磋商谈判而发生的费用，其主要构成为律师费。

考虑到借款人的需要，贷款期限一般会尽量按照市场条件和借款人信用情况设定。银团贷款一般会依据贷款签订日期制订一个提款计划，借款人按照计划提款。

本金的偿还期为5～10年。在贷款发放后可能会有几年的宽限期，在此期间内不必偿还本金，但需支付利息。本金可以在剩下的贷款期内分期偿付，也可以在到期日一次性偿还，或是采取经借贷双方协商同意的其他还款方式。对借款人来说，如果加息率不变，经理行手续费相同，则贷款期限越长越好。除了资金是用于特定项目、债务偿还等事先确定的用途这种情况之外，宽限期越长越好。贷款的平均使用时期＝宽限期＋剩余年限/2，剩余年限＝最终偿还期限－宽限期。例如，有两笔银团贷款（X和Y），二者的最终偿还期限与宽限期分别是：

X. 最终偿还期限10年（宽限期2年）

Y. 最终偿还期限8年（宽限期5年）

在此情况下，两笔银团贷款的平均使用时期分别是：

X. 宽限期2年＋剩余年限8年/2＝平均6年

Y. 宽限期5年＋剩余年限3年/2＝平均6.5年

因此，Y的平均使用时期比X长半年，对借款人有利。平均使用时期又被称作平均贷款期限。在此要注意，与Y相比，X虽然较早开始偿还，但最终偿还期限是10年，这点还是能吸引人的，因此也有借款人会选择X。对贷款银行而言，考虑到第9年和第10年的风险，选择偿还期限8年的贷款为妥。

与借款人和贷款人之间的普通贷款不同的是，银团贷款的条款通常在市场上是公开的。当贷款的相关信息必须披露给20家、50家甚至更多的参加行时，价格、费用、贷款期限、法律条款和借款人资料就很难保密了。

（二）欧洲债券市场

1. 欧洲债券市场的概念

欧洲债券市场是指发行人发行欧洲债券进行筹资而形成的一种长期资金市场。它是国际中长期资金市场的重要组成部分，也是欧洲货币市场的重要组成部分。

目前，欧洲债券市场上的债券种类主要有五种：

（1）普通固定利率债券，其特点是债券发行时，发行人对利率和到期日已作明确规定。

（2）浮动利率债券，其特点是利率可以调整，多为半年调整一次，调整基础一般以半年期的LIBOR或美国商业银行优惠利率为准，加上一定的附加利息。

（3）可转换债券，其特点是购买者可按发行时规定的兑换价格，把它换成相应数量的股票。

（4）授权证债券，其特点是购买者可获得一种权利（而非责任），并据此按协定条件购买某些其他资产，类似于对有关资产的买入期权。

（5）合成债券，它具有固定利率债券和利率互换合同的特点。

2. 欧洲债券市场的特点

欧洲债券是一种新型的国际债券，它是一种境外债券，像欧洲货币不在该种货币发行国交易一样，也不在面值货币国家债券市场上发行。

欧洲债券市场有以下几个特点：

（1）债券的发行者、债券面值和债券发行地点分属于不同的国家。例如，A 国的机构在 B 国或 C 国的债券市场上以 D 国货币为面值发行的债券，即欧洲债券。这种债券的主要发行人是各国政府、大型跨国公司或大商人银行。

（2）债券发行方式以辛迪加为主。欧洲债券一般由一家大型专业银行、大商人银行或投资银行牵头，联合十几家或数十家不同国家的大银行代为发行，这些银行买进大部分债券，然后到销售证券的二级市场或本国市场卖出。

（3）高度自由。欧洲债券的发行一般无须经过有关国家政府的批准，不受各国金融法规的约束，所以比较自由灵活。

（4）不影响发行地国家的货币流通。发行债券所筹措的是欧洲货币资金，而非发行地国家的货币资金，故欧洲债券的发行对债券发行地国家的货币资金流动影响不太大。

（5）货币选择性强。欧洲债券既可用于在世界范围内筹资，同时也可在许多国家出售，而且还可以任意选择发行市场和债券面值货币，筹资潜力很大。例如，借款人可以根据各种货币的汇率、利率和其他需要，选择发行欧洲美元、英镑、欧元、日元等货币中的任何一种或几种的债券，投资者则可以选择购买任何一种债券。

（6）债券的发行条件比较优惠。欧洲债券的利息通常免缴所得税或者不预先扣除借款国家的税款。此外，由于它采用不记名发行方式，所以其投资者可以逃避国内所得税。因此，欧洲债券对投资者极具吸引力，也使筹资者能以较低的利息成本筹到资金。

（7）安全性高，流动性强。欧洲债券市场的主要借款人是跨国公司、各国政府和国际组织，这些借款机构资信较好，故对投资者来说比较安全。同时，该市场是一个有效的和极富有活力的二级市场，持券人可通过转让债券取得现金。

（8）市场反应灵敏，交易成本低。欧洲债券市场拥有两个大型清算系统，能够准确、迅速、及时地提供有关国际资本市场现时的资金供求、利率和汇率的信息，从而缩短了债券交割时间，简化了交割手续，有利于世界各地的交易者快速进行交易，降低交易成本。

（9）金融创新持续不断。欧洲债券市场是最具有活力的市场之一，它可以根据供求情况，不断推出新的或组合的产品，并以此把国际股票市场、票据市场、外汇市场和黄金市场紧密地联系在一起，有力地推动了国际金融一体化与世界经济一体化。

3. 欧洲债券与外国债券的区别

作为国际债券的一种类型，欧洲债券与外国债券有着明显区别：

（1）外国债券一般是指外国筹资人在一国金融市场上发行的以市场所在地货币为票面货币的债券，比如德国筹资人在美国发行的以美元为票面货币的债券（也称为扬基债券），法国筹资人在英国发行的以英镑为票面货币的债券（也称为猛犬债券），马来西亚筹资人在中国发行的以人民币为票面货币的债券（也称为熊猫债券），南非筹资人在日本发行的以日元为票面货币的债券（也称为武士债券），阿根廷筹资人在加拿大发行的以加拿大元为票面货币的债券（也称为枫叶债券）等。

（2）欧洲债券则是A国筹资人在B国金融市场上发行的以C国货币为票面货币的债券。即欧洲货币的筹资人、票面货币、发行市场均不属于同一个国家。

4. 全球债券与欧洲债券、外国债券的区别

全球债券是国际债券市场上出现的一种新型的国际债券，它由国际复兴开发银行于1989年5月首次发行。全球债券被定义为在全世界各主要资本市场同时大量发行，并且可以在这些市场内部和市场之间自由交易的一种国际债券。它有以下主要特点：

（1）全球发行。外国债券仅在一个国家发行，欧洲债券的发行范围实际上也相对有限，而全球债券则强调在全球范围内发行，一般是在一个以上的主要资本市场发行，其发行范围往往能覆盖全球主要资本市场。

（2）全球交易和高度流动性。这一点外国债券和全球债券完全不在一个量级上，即使欧洲债券也无法和全球债券媲美。

（3）借款人信用级别高而且多为政府机构。

全球债券自诞生以来发展极为迅猛，截至2023年1月，其发行规模已是诞生之年的十几倍。中国于1994年首次发行了10亿美元的全球债券。

第三节 国际金融市场的金融创新

随着经济一体化和金融一体化程度的不断加深，自20世纪70年代以来，世界各主要金融市场上的业务创新层出不穷。

一、金融创新的概念及发展

（一）金融创新的概念

在广义上，金融创新包括：

（1）新的金融工具，如浮动利率债券和票据、大额可转让存单的发行；

（2）新的市场，如金融期货和期权交易市场的形成及不断扩展；

（3）新的交易技术，如票据发行便利（NIF）、货币互换（currency swap）与利率互换（interest rate swap）、远期利率协议（FRA）的出现等。

金融创新通常是在市场竞争与经营实践中实现的。总的来说，金融工具在收益、风险、流动性、数额和期限等方面具有不同的特性，任何金融工具都可以说是其中若干特性的结合。创新不过是把金融工具原有的特性予以分解，然后再重新组合，使之能够应对新形势下汇率和利率波动的风险，满足套期保值的需要。

（二）金融创新的类型

1986 年 4 月，国际清算银行将名目繁多的金融创新归纳为以下四种类型：

（1）风险转移型创新。此类创新包括能在各经济机构之间相互转移金融工具内在风险的所有新工具和新技术，比如期权交易、期货交易、货币互换与利率互换交易、远期利率协议等。

（2）增加流动性型创新。此类创新包括所有能使原有的金融工具提高变现能力或可转让性的金融工具和交易技术，比如长期贷款的证券化。另外，增加流动性型创新还包括创造出本身流动性就很强的新金融工具，如大额可转让存单（CD）。

（3）信用创造型创新。此类创新能使借款人的信贷资金来源更为广泛，或者使借款人的信贷资金来源从传统的信用资金转向新的资金来源。比如，NIF 实际是利用短期信用来实现中期信用，并且还分散了投资者承担的贷款风险，从而使资金需求者的信用资金来源更为广泛、稳定。此外，信用创造型创新还包括零息债券、垃圾债券（junk bond）等。

（4）股权创造型创新。此类创新包括使各类经纪机构的股权资金来源更为广泛的金融创新。比如，可转换债券或附股权认购书的债券等能使金融工具由债权变为股权。

（三）金融创新迅速发展的原因

促成国际金融市场金融创新浪潮的原因是多方面的。具体来说，20 世纪 70 年代以来，国际金融市场上汇率、利率的波动和主要西方国家国内通货膨胀率的起伏使金融资产的市价一直处于振荡状态。现代化的信息处理和通信技术的迅速发展与广泛应用，以及各主要西方国家放松金融管制形成的金融机构之间的业务相互交叉和激烈竞争等，都是促进金融创新的原因。

在国际金融市场日趋一体化和金融管制放松的形势下，一方面，投资者和借款人要分散或回避风险，需要提高金融资产的流动性，还需要不断拓宽信贷资金和股权资金的来源或提供方式。另一方面，国内外商业银行以及不同类型的金融机构之间的业务相互交叉、激烈竞争，加之融资证券化趋势的影响，商业银行及一些非银行金融机构的某些传统业务的利润率大幅下降，迫使跨国银行和一些积极参与国际金融市场的非银行金融机构面对新的形势，积极开拓新的业务领域，应用新的技术，发展新的交易方式，最大限度地创造新的利润来源。

对于多数金融机构来说，在传统的业务领域中，利润主要产生于资金来源和资金运用的过程。然而，在融资证券化和金融创新的浪潮中，许多新产生的业务领域和交易方式几乎不涉及资产负债表的记录，而是以提供服务和收取佣金或服务费用的形式获得利润，从而又形成了银行业务“表外化”的趋势，进一步加剧了金融机构之间的竞争。因此，金融创新是风险和竞争的产物，同时创新又使竞争和风险进一步升级。

（四）金融创新的作用

1. 从微观角度看

（1）控制金融风险。金融创新可以规避运用金融工具时产生的价格风险，如汇率风险和利率风险等。

（2）降低融资成本。金融机构和企业可以利用金融创新工具将各种不同市场的有利条件有机联系起来，形成最佳的融资组合，从而降低融资成本。

（3）提高财务杠杆率。借助金融创新工具，金融机构和企业可以以较少的资金防范风险或者扩大投资规模，从而最大限度地提高资金使用效率。

2. 从宏观角度看

（1）提高经济运行的效率。金融创新工具反映了金融市场的时间价值和波动性价值，这些价值从本质上讲就是市场效率的体现。

（2）促进资源的合理配置。金融创新工具可以使市场参与者充分发挥各自的资源优势，减少资源的闲置和浪费，从而带动经济的均衡发展。

（3）促进经济一体化的进程。通过使用金融创新工具，市场参与者可以在国际市场上进行套利活动，构建金融产品投资组合，从而促进世界经济一体化的进程。

（4）提高市场的敏感度和不确定性。金融创新具有融资性和杠杆作用，其对变化的反应往往会超出理性反应的范围，这会提高市场参与者准确把握市场长期走势的难度和政府对宏观经济的调控难度。

（五）金融创新的风险

（1）价格风险，即金融创新工具的价格发生剧烈波动而产生的风险。金融创新工具价格的变动受到多种因素的影响，其非预期变动会给高财务杠杆的金融交易带来巨大风险。

（2）操作风险，即在运用金融创新工具进行具体金融交易时所产生的风险，如因计算机运行故障、经纪商操作失误等而遭受损失的风险。

（3）信用风险，即在金融交易中，交易对方违约的风险。

（4）流动性风险，即金融创新工具在交割期间由于流动性降低无法平仓，只能等待最终交割产生的风险。

（5）法律风险，即因某些金融衍生交易工具的推出未得到政府的许可或与其合同相关的法律尚不完备而给投资者带来的风险。

二、金融创新工具

（一）票据发行便利

1. 概念

票据发行便利又称票据发行融资安排，是借款人通过循环发行短期票据达到中期融资效果的一种融资方式。它是银行与借款人之间签订的在未来一段时间内由银行以承购连续性短期票据的形式向借款人提供信贷资金的具有法律效力的协议。如果承购的短期票据不能以协议中约定的最高利率成本在二级市场全部出售，则承购银行必须自己购买这些未能售出的票据，或者向借款人提供等额银行贷款，银行为此每年收取一定的费用。

2. 期限

票据发行便利的约定期限一般为 5～7 年。在期限内，短期票据以循环周转的方式连续发行，票据的期限从 7 天到 1 年不等，但最常见的是 3 个月或 6 个月，所以票据发行便利实际上是用短期票据借取了中期信贷。例如，某跨国公司准备以票据发行便利方式从欧洲货币市场筹集总额为 1 亿美元的资金，并与欧洲某银行签订了合约，合约期限为 5 年，短期票据金额为 50 万美元，期限是 6 个月。根据合约，由承购包销银行每半年为该公司安排发行面额为 50 万美元的欧洲票据 20 张。

3. 面值

大多数欧洲票据以美元计值，面额一般为 10 万～50 万美元，其发行主要面向机构投资者而非个人投资者。欧洲票据的持票人将票据视作一种资产并在资产负债表中记录，而对于安排票据发行的机构或承购银行来说，这种承购属于表外业务的一种，并不在资产负债表中反映。

4. 优点

票据发行便利的优越性在于转变了传统的欧洲银行信贷的风险承担方式：由一家机构承担转变为由多家机构分担。其中，安排票据发行便利的机构或承购银行在正常情况下并不贷出货币，而是在借款人需要资金时提供机制把发行的短期票据转售给其他投资人，并且保证借款人在约定的时期能以同样的方式连续获得短期循环资金。这样就分散了风险，投资人或票据持有人只承担短期风险，即短期票据到期无力偿还的风险；而承购银行则承担中长期风险，即投资者不愿意购买继续发行的短期票据时，银行必须履行提供贷款的义务。票据发行便利对借款人和承购银行双方都有好处，借款人据此可以稳定地获得连续的资金来源，而承购包销的银行则无须增加投资就增加了佣金收入。

票据发行便利自1981年问世以来发展迅速，特别是在1982年国际债务危机爆发之后，因具有分散风险的特点，它受到了贷款人的青睐。经过几十年的发展后，当下，票据发行便利已成为欧洲货币市场中期信贷的主要形式。

（二）互换交易

1. 概念

互换交易（swap transaction）是指交易双方同意在预先约定的时间内，直接或通过一个中间机构来交换一连串付款义务的金融交易。

2. 形式

（1）货币互换。它是交易双方互相交换不同币种、相同期限、等值资金债务的货币及利率的一种预约业务。交易双方在期初交换两种不同货币的本金，然后按照预先规定的日期进行利息和本金的分期互换。通常两种货币都使用固定利率。在某些情况下，期初可以不交换本金，等到期日再交换；在其他情况下，到期日也不交换本金。

（2）利率互换。它是交易双方在债务币种相同的情况下，互相交换不同形式利率的一种预约业务。由于双方交换的利率币种是相同的，故利率互换一般采取净额支付的方法来结算。利率互换有两种形式：固定利率与浮动利率的互换和不同种类的基础利率的互换，如美国商业银行优惠利率与EURIBOR的互换。

3. 实例

例如，X公司希望以固定利率借入美元，Y公司希望以固定利率借入日元，本金的价值一致，因两家公司的信誉不同，故市场向二者的报价如下：

	日元	美元
X公司	5.0%	9.6%
Y公司	6.5%	10.0%

应如何设计一个货币互换？（银行中介的报酬是50个基点，互换收益平均共享，所有汇率风险由银行承担。）

解： X公司在日元市场有相对比较优势但想借入美元，Y公司在美元市场有相对比较优势但想借入日元，这为双方进行互换交易提供了基础。

两家公司在日元贷款上的利差为1.5%，在美元贷款上的利差为0.4%，因此双方在互换合作中的年总收益为1.5%－0.4%＝1.1%。因为银行要求收取0.5%的中介费，这样X公司和Y公司将分别获得0.3%的互换收益。

互换后，X公司实际上以9.6%－0.3%＝9.3%的利率借入美元，而Y公司实际上以6.5%－0.3%＝6.2%的利率借入日元，合适的协议安排如下图所示：

$$X \underset{\text{美元 }9.3\%}{\overset{\text{日元 }5\%}{\rightleftarrows}} \text{金融中介} \underset{\text{美元 }10\%}{\overset{\text{日元 }6.2\%}{\rightleftarrows}} Y$$

互换交易曾被西方金融界誉为20世纪80年代最重要的金融创新，许多大型跨国银行或投资银行机构都提供互换交易服务。在1985年，仅货币互换交易额就达到了7 770亿美元。互换交易之所以如此受到欢迎，是因为通过互换，交易双方可以利用各自的筹资优势，降低筹资成本。通过互换，筹资者可以比较容易地筹措到任何期限、币种和利率的资金。借款人可以根据各种货币的汇率、利率变化情况，不断调整资产和负债的货币结构，使其更加合理，避免汇率和利率变化带来的风险。而且，互换交易额不增加举债总额，不计入资产负债表，被称为最受欢迎的表外业务。此外，就互换交易对国际金融市场的影响而言，互换交易的发展使得浮动利率与固定利率，以及不同币种的金融工具之间的差别趋于缩小，同时还对国内和国际金融市场的一体化起着加速器的作用。

（三）远期利率协定

1. 概念

远期利率协定是一种远期合约，是买卖双方同意从约定的未来某一时刻开始，在某一特定时期内按协议利率借贷一笔数额确定、以具体货币表示的名义本金的协定。远期利率协定的买方是名义借款人，卖方则是名义贷款人。

为规范远期利率协定，英国银行家协会（British Banker's Association，BBA）在1985年颁布了远期利率标准化文件（简称FRABBA），作为市场实务的指导原则。目前世界上大多数远期利率协定都是根据FRABBA签订的。该标准化文件的出台使得每一笔远期利率交易都仅需一个电传确认就可以成交，大大提高了交易速度和质量。

2. 实例

例如，两家银行就未来的 3 个月期欧洲美元存款利率达成协定，从目前算 6 个月后开始，9 个月后结束。这种协定在行业内被称为“6 对 9”（6 against 9）。远期利率协定开始时，合同以现金清算，如果市场利率高于协定利率，那么合同的卖方将向买方支付其间的差额；如果市场利率低于协定利率，那么合同的买方将向卖方支付其间的差额。

3. 作用

远期利率协定主要用于银行机构之间防范利率风险，可以保证合同买方在未来的一定时期内以固定利率借取资金或者发放贷款。

远期利率协定最重要的功能在于通过固定将来实际交付的利率来避免利率变动风险，这与利率期货合同的作用十分相似，但其优越之处在于客户能够根据自己需要的期限和利率种类来签订合同，而利率期货合同都是标准化的。

另外，由于远期利率协定交易的本金不用实际交付，是按照差额结算的，所以资金流动量较小，从而给银行提供了一种既能管理利率风险，又无须改变其资产负债结构的有效工具。

与金融期货、金融期权等场内交易衍生工具相比，远期利率协定具有简单、灵活、不需要支付保证金等优点。同时，由于远期利率协定是场外交易，故存在信用风险和流动性风险，但这种风险又是有限的，因为它最后实际支付的只是利差而不是本金。

目前，远期利率协定合同主要以美元标值（超过 90%），但也有用其他货币如英镑、欧元、瑞士法郎、日元等标值的。合同期限多采用欧洲货币存款的标准期限，如 3 个月、6 个月、12 个月等，但也有非标准期限的合同。伦敦和纽约国际金融市场是远期利率协定的主要交易中心。

阅读专栏

多头卷土重来，国际金价刷新近七个月新高

国际金价开年上涨。

2023 年第一个交易周，COMEX 黄金期货上涨 2.2%，一度接近 1 875.2 美元/盎司，刷新近七个月价格新高。截至 2023 年 1 月 8 日，报 1 870.5 美元/盎司，周线连续第三周上涨，累计涨幅约 3.7%。

消息面上，美国12月非农就业人数超出预期，失业率降至3.5%，平均时薪同比增长4.6%。通胀降温明显。投资者普遍认为，美联储可能继续提高利率，以减轻通胀。

具体来看，美国劳工局公布的数据显示，美国12月新增非农就业人口22.3万，高于预期值20万但低于前值26.3万，前值修正后，新增非农就业人口自2022年7月以来连续5个月下降；失业率下降至3.5%，低于预期和前值3.7%；平均时薪同比增长4.6%，跌至2021年8月以来最低，工资增速低于预期。

国盛证券首席经济学家熊园认为，美国新增非农就业人口连续5个月下降，但失业率重回3.5%的历史低位，说明美国劳动力市场韧性仍强。鉴于12月美国制造业和服务业PMI均低于荣枯线，后续美国劳动力市场可能逐步降温，失业率也可能转头向上，预计美联储加息接近尾声，降息在路上，2月、3月可能各加息25个基点，之后最早于2023年年中开始降息。

根据西部利得基金的观点，美联储于当地时间1月4日发布的会议纪要显示，美联储致力于抗击通货膨胀，并有意使通胀率接近2%，预计利率可能会在一段时间内保持高位，直至有明确的证据表明消费者价格指数正在下降，此外，预计美联储将在2月1日结束的会议上批准加息25个基点。

回顾近期金价走势可见，次轮黄金上涨行情约始于2022年11月。通联数据显示，COMEX黄金期货从1 618美元/盎司的低位开始反弹，较目前高位1 875美元/盎司，反弹幅度约16%。

多头卷土重来。美国商品期货委员会（CFTC）最新公布的持仓数据显示，截至1月3日当周，投机者所持COMEX黄金净多头头寸增加5 473手至72 805手，创近七个月新高。

工商银行贵金属业务部交易业务部策略分析主管徐铨翰认为，2023年的黄金市场整体趋势是先抑后扬。他于近日在北京黄金经济发展研究中心与世界铂金投资协会联合主办的贵金属市场年度展望上分析称，从2022年11月起国际金价反弹明显，其原因是：美国通胀数据出现较明显的回落，投资者对美联储加息预期愈发缓和，金价得以支撑。2023年美联储将持续关注通胀且降息意愿低，令上半年金价承压。

东证衍生品研究院宏观策略首席分析师徐颖认为，从2023年的整个经济周期来看，目前处于从滞胀到衰退的过程中。虽然黄金很难开启一轮全面的上涨行情，但整体会进入盘整阶段，直到下半年进入降息周期之后，金价将开启更强的上涨趋势。

华安基金指数与量化投资部分析称，通胀数据已连续两月超预期回落，且高频数据显示租金、工资等黏性较强的分项已回落，后续随着通胀进一步超预期回调，美联储和市场或继续修正货币政策预期，黄金或迎来配置机遇。从中长期来看，随着通胀高位回落和经济衰退概率加大，黄金驱动逻辑逐渐由滞胀向衰退转变，机构资金或加大黄金配置，黄金配置价值逐步提升。

徐铨翰提示，金价单边反弹趋势下，大量配置黄金存在很多不确定性。约在2023年一季度末，美国货币政策更加明确，会是比较好的投资节点。

资料来源：齐琦．多头卷土重来，国际金价刷新近七个月新高．第一财经，2023-01-08.

延伸阅读：中国视角

外汇储备站稳3万亿美元，2023年有基础继续保持稳定

2023年1月7日，国家外汇管理局统计数据显示，截至2022年12月末，我国外汇储备规模为31 277亿美元，较11月末增加102亿美元，增幅为0.33%。

中银国际证券全球首席经济学家管涛表示，12月我国外汇储备余额增加，主要反映了汇率变化和资产价格变动的综合影响。货币方面，洲际交易所美元汇率指数下跌2.3%至103.5，非美元货币兑美元汇率总体上涨，其中，欧元上涨2.8%、日元上涨5.3%、英镑上涨0.3%。资产方面，以美元标价的已对冲全球债券指数下跌1.2%，标普500股票指数下跌5.9%。

纵观2022年全年，我国外汇储备规模一直保持在3万亿美元以上。管涛表示，外汇储备余额波动主要受估值效应的影响。

2022年，美欧等经济体出现40年未有的高通胀和史无前例的快速加息，引发国际金融市场股债汇"三杀"。全球债券指数、股票指数全年分别下跌16.2%和18.0%，分别创1990年和2008年以来最差表现。美元指数一度攀升至20年新高，全年升值8.2%，欧元下跌5.9%，日元下跌12.2%，英镑下跌10.6%。"这导致各国外汇储备中的非美元储备资产折合美元减少，以及外汇储备配置的股票和债券资产按市值重估下降，形成所谓的负估值效应。"管涛称。

管涛分析，分解来看，前三季度，受全球股债汇"三杀"导致的负估值效应影响，除5月、7月外，其他月份我国外汇储备规模均环比减少，到9月底降至30 290亿美元，创2017年4月底以来新低。前三季度，我国外汇储备余额累计减少2 212亿美元，其中，交易引起的外汇储备资产增加610亿美元，负估值效应导致外汇储备资产减少2 822亿美元。

进入第四季度，随着美元汇率指数和美债收益率冲高回落，以美股为代表的全球风险资产价格反弹，我国外汇储备规模连续3个月环比上升，当季累计增加987亿美元，其中包含了11月商业银行将2007—2008年间以外汇交存的人民币存款准备金重

新置换成人民币向央行交存的约合90亿美元。鉴于当期境内外汇供求基本平衡（10月、11月银行即期和远期含期权结售汇累计顺差25亿美元），外汇储备增加应该主要是因为非美元货币汇率和股债价格反弹所引发的正估值效应。

管涛表示，国际货币基金组织发布的最新数据显示，2022年前三季度全球外汇储备规模下降1.3万亿美元至11.6万亿美元，降幅为10.22%。我国外汇储备规模全年基本稳定，并且是“名减实增”，反映了贸易大顺差、直接投资净流入的现实，基础国际收支顺差大，起到了对冲资本外流特别是短期资本流动冲击的“防火墙”作用，彰显了我国对外经济部门的韧性。这有利于增强外界对我国经济的信心，充分发挥外汇储备对于国家经济金融的“稳定器”和“压舱石”作用。

对于外汇储备规模的未来趋势，管涛表示，往前看，以美联储为代表的主要央行货币紧缩的影响进一步显现，外部环境更趋复杂严峻，世界经济增长动能减弱，国际金融市场波动性较大，但我国经济韧性强、潜力大、活力足，长期向好的基本面没有改变，加之我国回归汇率政策中性，央行基本退出外汇市场常态干预，有利于外汇储备规模保持总体稳定。

英大证券研究所所长郑后成认为，展望2023年，我国外汇储备规模大概率逐季上行，亦即四季度外汇储备的均值高于三季度，三季度的均值高于二季度，二季度的均值高于一季度。作出这一判断的宏观逻辑是：12月美国ISM制造业PMI录得48.40，连续两个月在荣枯线下持续下探，此外，美国库存总额同比位于高位，掉头向下且高于销售总额同比，表明美国已经进入主动去库存阶段，叠加考虑长短端利差在10月中旬出现倒挂，我们认为美联储大概率在2023年下半年降息，且三季度降息概率大于四季度。在美国宏观经济衰退，叠加美联储降息预期上升的背景下，预计美元指数与10年期美债到期收益率大概率承压，逐季利多我国外汇储备。

资料来源：外汇储备站稳3万亿美元，2023年有基础继续保持稳定．第一财经，2023-01-07.

本章思考题

1. 欧洲货币市场有什么内涵和特点？它形成的原因有哪些？

2. 离岸金融中心与欧洲货币市场之间的关系是怎样的？最具有代表性的离岸金融中心有哪些？

3. 欧洲货币市场上商业银行短期贷款和中长期贷款有哪些不同的特点？

4. 欧洲债券和外国债券的主要区别是什么？

5. 票据发行便利、互换交易、远期利率协议为何会迅速发展？

第六章 外汇市场与外汇交易

引导案例

汇率下跌约15%！专家：不要严重低估日元

摩根大通分析师指出，投资者应该警惕日元被严重低估的说法。

在全球利率拉升的趋势中，日元意外成了“牺牲品”。今年日元兑美元汇率已下跌约15%，相较于其他一揽子货币，日元汇率正处于20世纪70年代以来的最低水平。

交易员认为，日元下跌的直接原因是央行的货币政策分化，美联储开启了自20世纪90年代以来速度最快的货币紧缩步伐，而日本央行则坚决维持宽松的货币政策，使得美国国债收益率上升，日本国债收益率下降。

日本央行行长黑田东彦（Haruhiko Kuroda）坚称，目前日本通胀水平仍处于低位，暂时没有必要将国内利率上调至接近美联储利率的水平。由于拥有政府债券市场一半份额的央行抑制了收益率的上调，日元成为因美国和日本利差扩大而主要抛售的对象。

随着日元加速下跌，抄底日元的声音也越来越大，争论一触即发。抄底的人认为，要对冲不确定的全球前景，还有什么选择能比买入便宜的避险货币更好呢？日元确实疲软，但它真的便宜吗？

摩根大通日本外汇策略主管本杰明·沙蒂尔（Benjamin Shatil）指出，投资者应该警惕日元被严重低估的说法。这些说法没有考虑到日本经济结构的变化，而恰恰是这些变化从根本上改变了日元的交易逻辑。迄今为止，日本多年来最重要的变化是进出口的平衡。

2022年5月，日本录得有记录以来第二大月度贸易逆差，部分原因在于能源和大宗商品进口的激增。但经济从长期贸易顺差转向贸易逆差，反映了宏观力量在起作用。

过去的十年，日本企业将工厂业务外包出去，已经“扼杀”了出口的发展。

不久前，日本还为“亚洲四小龙”提供了以高科技出口为导向的增长模式。但现在，日本从亚洲其他地区进口的电子产品数量已经超过了其出口的电子产品数量。换言之，日本公司需要更多的外汇来支付进口，而不是通过出口赚取收入，这对日元来说是一个根本性的负面因素。

沙蒂尔还指出，关于日元可对冲市场波动这一说法，投资者也应该提出怀疑。美国主要股指已经处于熊市区域，然而日元的汇率却大幅走软。

迄今为止，日元未能体现出避险属性，其中一部分原因是日元“套利交易”——使用日元为购买其他地方的高收益资产提供资金——的受欢迎程度下降。在过去的十年中，面对大量收益率低至负数的货币，交易员不再像金融危机前那样，大规模借入日元。

日本央行的数据显示，外国银行从其东京子公司借入的日元——衡量外国对日元融资需求的指标——仅为金融危机前峰值的40%。金融危机期间，投资者争相抛售风险资产，促使以日元融资的交易迅速出清，并推动日元兑美元汇率在2008年初大幅上涨19%。但现在，在市场承压时期，也不再有资金急于回购日元来补仓。

沙蒂尔认为，货币干预肯定不是解决问题的办法，因为日元疲软反映的是基本面因素，而不是投机活动。如果日本央行作出让步，允许国内政府债券收益率上升，缩小美国和日本之间的息差，那么这将为日元提供短期利好。此外，向游客重新开放日本边境也会有所帮助。但这些因素并没有预示日元将出现长期拐点，反而表明日元的波动性将保持在高位。日元重返可持续升值时期，最终将要求日本贸易流动发生根本性转变。

重启闲置核电站以减少能源进口需求可能是一个驱动因素，从长期来看，如果工厂重新回到日本本土，无疑会为日元描绘出一幅更加美好的图景，但这些也需要日本作出超越纯粹经济考虑的重大政策转变。

资料来源：汇率下跌约15%！日元成牺牲品？专家：警惕日元被严重低估的说法．金十数据，2022-07-07.

教学目的

通过学习本章，应熟悉外汇市场的组成和不同类型，熟练掌握不同外汇交易的操作原理和在实践中的具体应用。

/ 中国视角 /

通过学习外汇市场运行与外汇交易的基本原理，帮助学生掌握在金融市场上进行实际操作的本领，培养他们造福社会、为民奉献的远大志向和家国情怀。

外汇交易是外汇的买卖或兑换活动。国际经济交易的需求，产生了不同的货币兑换，形成了不同类型的外汇交易。虽然外汇交易是伴随着国际贸易的产生而产生的，但今天的外汇交易已不仅仅是国际贸易的工具，而且90%以上的外汇交易是为了回避利率和汇率风险而进行的保值和投机活动。基础性的外汇交易以即期外汇交易和远期外汇交易为主，在此基础上衍生的外汇业务有外汇择期交易、外汇掉期交易、外汇期货交易、外汇期权交易等。

第一节 外汇市场概述

一、外汇市场的特点

外汇市场（foreign exchange market）是指从事外汇交换、外汇买卖和外汇投机活动的场所，是国际金融市场的重要组成部分。

随着经济金融全球化和自由化的不断深入，金融产品的创新层出不穷并不断更新，促进了国际资金的全球化流动，使得外汇市场的格局发生了巨大变化，形成了统一的全球性国际外汇市场。外汇市场的特点如下：

（一）统一的全球性外汇市场具有时间上的连续性和空间上的统一性

当今世界，各国基本上都取消或放松了外汇管制，加上发达的通信网络，各国外汇市场连成一体。同时，全球各国所处地理位置的差异所造成的时差使得世界主要外汇市场的交易活动相互承接，形成了一个全天候的外汇交易市场，投资者在任何时间都可以进行外汇买卖活动。

以北京时间为参照，每天早晨8点，日本东京外汇市场开市；9点，中国香港和新加坡外汇市场开市；接着，德国法兰克福外汇市场和英国伦敦外汇市场相继开市；然后是美国纽约外汇市场开市，直到第二天凌晨收市，这时新西兰的惠灵顿外汇市场开市；随后澳大利亚悉尼外汇市场开市；8点日本东京外汇市场又开市了。

这种24小时连续不断的全球外汇市场为投资者提供了没有时间与空间限制的投资机会，使其可以在外汇市场寻找最佳的交易时间，从而实现利润最大化。

（二）各个外汇市场之间的汇率差价日益缩小

由于现代通信网络高度发达，各国外汇市场上汇率的细微变化都会招致大量游资攻击，从而促使各个外汇市场及时对汇率进行调整。同时，各国外汇市场开市与收市相互连接，使得一个外汇市场的收市汇价往往成为另一个外汇市场的开市参考汇价。例如，中国香港市场的收市汇价就是伦敦市场的开市参考汇价，旧金山市场的收市汇价就是东京市场的开市参考汇价。这也是各个外汇市场汇率差价缩小的原因之一。

（三）外汇交易规模加速扩大，交易币种日益集中

根据国际清算银行2022年的外汇交易报告，全球所有外汇市场外汇日交易总规模达7.5万亿美元。这主要是由于现代科学技术的日益发展和交易手段的不断更新加速了国际资金流动，使其频繁地在各个外汇市场上进行套利活动。

尽管外汇交易规模巨大，但交易币种却不多。当今外汇市场的交易币种主要是美元、英镑、欧元、瑞士法郎和日元等几种国际性货币。其中，美元占有80%以上的交易量，这与美元在各个外汇市场上被作为基础货币有关。

（四）外汇掉期交易成为市场主流的交易类型

目前银行间的掉期交易约占外汇交易量的80%。因为掉期交易是银行规避汇率风险和进行流动性管理的主要手段，所以银行在外汇市场上利用掉期交易频繁地对外汇头寸和现金流量进行调整。

（五）外汇市场金融产品的创新层出不穷

随着外汇市场的全球化以及汇率风险的加大，银行为了防范风险，不断地推出新的金融产品以替代传统的金融产品，以便更好地实现套期保值和分散金融风险的目标，如货币互换、远期利率协定和综合远期汇率协定等。

（六）外汇市场的汇率波动频繁且幅度加大

世界各国经济发展不平衡以及外汇市场运行机制存在差异给国际外汇投机者进行外汇投机创造了条件。他们的投机行为加剧了外汇市场动荡，增大了外汇市场风险，对外汇市场所在国家或地区造成了巨大冲击，有时甚至是破坏。例如，1997年7月，国际投机者针对东南亚有些国家的经济情况，在其外汇市场进行大肆炒作，导致这些国家的货币大幅贬值，引发了东南亚有史以来最严重的金融危机，给这些国家的经济造成了巨大的破坏。因此，当今外汇市场的全球化促使各国货币当局联合起来对外汇市场进行干预。

二、外汇市场的类型

（一）有形外汇市场和无形外汇市场

外汇市场按照有无固定交易场所可以划分为有形外汇市场和无形外汇市场。

有形外汇市场，又称欧洲大陆式外汇市场，是指有固定的交易场所，参加外汇交易的双方按照规定的营业时间和交易程序在交易所内进行交易的外汇市场。欧洲大陆的德国、法国、荷兰、意大利等国的外汇市场就属于这一类，如德国的法兰克福外汇市场、法国的巴黎外汇市场、荷兰的阿姆斯特丹外汇市场等。目前这种外汇市场的交易十分有限，一般只进行部分当地现汇交易。

无形外汇市场，又称英美式外汇市场，是指没有具体的交易场所，也没有一定的开盘和收盘时间，而是由参加外汇交易的银行和经纪人通过电话、电报、电传或计算机终端等组成的通信网络达成交易的外汇市场。英国、美国、加拿大等国家的外汇市场就属于这一类。世界上规模较大的外汇市场都是无形市场，如伦敦外汇市场、纽约外汇市场、东京外汇市场、苏黎世外汇市场等。

当今世界的外汇市场是有形外汇市场和无形外汇市场相互渗透、相互依存的有机体，有形市场的集中交易形成了世界外汇市场的基准汇率，而无形市场扩大了交易的范围，降低了交易成本，同时又影响着有形市场基准汇率的形成。

（二）客户与银行间外汇市场、银行与银行间外汇市场、中央银行与银行间外汇市场

外汇市场按照交易对象可以分为三种类型，这也反映了外汇市场的三个层次。

（1）客户与银行间外汇市场，也称商业市场（commercial market）、客户市场（Customer Market）。客户可以是个人，也可以是厂商，包括进出口商、跨国公司以及出国旅游者等外汇供给者和需求者。客户出于各种动机向银行买卖外汇，在此过程中，银行实际是在外汇供给者和外汇需求者之间起中介作用，赚取外汇的买卖差价。这是外汇市场的第一层次。

（2）银行与银行间外汇市场，也称同业市场（interbank market）。其产生源于弥补客户与银行交易产生的买卖差额的需要，目的在于避免由此引起的汇率波动风险，调整银行自身外汇资金的余缺。同业市场的交易金额一般都比较大，每笔至少 100 万美元。银行同业间的外汇交易占外汇市场交易总额的 90%以上，因此，同业市场也被称为批发市场，它是外汇市场的第二层次。

（3）中央银行与银行间外汇市场，是外汇市场的第三层次。各国中央银行通过与银行的外汇交易来干预市场，稳定本国货币的汇率和调节国际收支。

（三）官方外汇市场和黑市

外汇市场按照政府的外汇管制程度可以划分为官方外汇市场和黑市。

官方外汇市场（official foreign exchange market）是指由政府批准设立的、按照政府的外汇管制法令来买卖外汇的市场，参与交易者要按照官方汇率进行外汇交易。由于一个国家的外汇数量以及汇率水平的波动会影响该国的经济，因此各国政府都会在一定程度上对外汇交易进行限制。

黑市是指政府限制或法律禁止的非法外汇市场。在有些情况下，官方汇率偏离实际外汇市场汇率水平，造成外汇供需不平衡，为满足外汇交易者的需要，就形成了黑市，它是一种场外外汇交易市场。虽然黑市是不合法的，但政府又很难取缔它。黑市属于政府外汇管制的产物。

三、外汇市场参与者

外汇市场参与者包括外汇供给者与需求者，这些参与者出于各自的交易目的进行外汇买卖。由于这些参与者的交易目的不同，所以它们对外汇市场产生的影响也不同，我们下面对其进行逐一分析。

（一）中央银行

中央银行（central bank）是外汇市场重要的参与者，其参与外汇买卖活动的目的是稳定外汇市场及保持本币汇率的稳定，使本币汇率朝着有利于本国经济发展的方向变动，而不是出于营利的目的。各国的中央银行密切关注着外汇市场的情形和本币汇率的变动情况，在分析各种影响因素后，作出是否进行市场干预的决定。由于汇率变化会影响国际市场上商品和劳务的价格，中央银行作为中央政府管理外汇市场的机构，一方面需要通过外汇的买卖来防止本国货币与外币价格暴涨暴跌给本国经济带来的不利影响；另一方面又要利用外汇市场来保证商品和劳务在国际市场上的转移有利于本国的利益。因此，中央银行的干预往往会使其本币价格在一定程度上偏离市场决定的水平。从近年的实际情况来看，不仅单独的某国中央银行可能会干预外汇市场，而且一些主要国家的中央银行可能会联合干预外汇市场。

中央银行通常通过外汇经纪人或指定的外汇银行，根据市场的情况作出冲销或非冲销操作以影响外汇市场。在一般情况下，中央银行参与外汇市场的程度比较浅，但其影响比较大，往往会引起汇率的变动。这是因为，外汇市场其他参与者都在密切关注中央银行在外汇市场上的动作，以便能及时获取可利用的宏观经济信息，从而作出有利于自己的外汇买卖决策。可以说，对于一个有效运行的外汇市场来讲，中央银行对外汇市场具有绝对影响力，市场参与者必须对中央银行的管理能力抱有信心。

（二）外汇银行

外汇银行（foreign exchange bank）是国际外汇市场最核心的主体，在一些国家被称为外汇指定银行或外汇授权银行，是指经过本国中央银行批准或授权经营外汇业务的银行。外汇银行可分为三种类型：专营或兼营外汇业务的本国银行、设在本国的外国银行分行和其他金融机构。

外汇银行在外汇市场中的经济功能主要包括：①向客户提供买卖外汇的金融服务，如外币存贷业务、汇兑业务以及外汇信用证业务等；②从事银行间的外汇调整交易，以便轧平因与客户进行外汇交易而产生的外汇多头头寸（long position）或空头头寸（short position），避免汇率和流动性风险；③充当做市商（market maker），形成对客户交易的汇率，以及在做市过程中进行套汇与套利投机，以便获得利润。做市商之间的外汇交易使得外汇市场具有流动性，可以防止外汇投机者造成汇率买卖差价扩大，以便向最终的外汇使用者提供基本服务。外汇银行“制造”的外汇买卖差价是对汇率所进行的日调整，也是下一次调整的变量；而通过买卖差价获得的投机利润只不过是其时间的机会成本和将外汇银行置于均衡汇率波动风险下的风险补偿。据统计，全球所有外汇交易的85%是在做市商之间完成的，而有关商业需要的外汇交易不到15%。

（三）外汇交易员和自营商

外汇银行中从事外汇操作的人员称为外汇交易员（trader）。外汇交易员在其交易室利用先进的技术手段与国内外银行及重要客户进行联系和交易，通过电脑或电传系统对其交易活动进行记录与管理。外汇交易员具有专业知识和判断力，能预测汇率的变动趋势，能独自处理每日外汇交易，以获取利润，只有在交易给银行造成损失时，才请示外汇交易经理人。

外汇自营商（dealer）一般是指从事外汇买卖业务的机构，多由银行、信托公司等构成。其经营方式主要是先买后卖、先抛后补和同时买卖外汇。外汇自营商并不是利用汇率在时间和空间上的差价赚取利润，而是为客户提供金融服务以获得汇率的买卖差价。其交易基本是间接交易，即通过外汇经纪人来完成。其原因是：①有关外汇交易制度规定，外汇交易必须由外汇经纪人完成；②通过外汇经纪人进行交易可以使买卖双方处于保密状态，有利于交易双方以理想的价格交易；③可以减少自营商询价的时间。但是，外汇自营商有时也可以直接交易，这种直接交易模式在国际性的外汇市场上比较少见，一般存在于地区性的外汇市场。

（四）外汇经纪人

近年来，在主要的外汇市场上出现了一些资金实力雄厚、专业从事某种货币买卖的经纪人，即外汇经纪人（foreign exchange broker）。外汇经纪人是指外汇管理当局指定的外汇经纪商，他们专门在外汇交易中充当中介，介绍交易双方成交，从中收取佣金，其本身并不介入外汇买卖，因而不需要拥有外汇头寸，也不承担外汇买卖中因汇率变动所带来的风险。外汇经纪人往往有广泛的信息网，能随时提供许多家银行的外汇价格，从而能帮助要进行外汇交易的银行选择最有利的成交条件。由于外汇经纪人之间竞争激烈，因此现在外汇经纪人也纷纷开始自营外汇买卖，他们一方面从事通常的经纪人业务，同时又自己购买或出售某种外汇，自负盈亏。

（五）外汇的最终需求者与供给者

外汇的最终需求者与供给者主要包括：进出口商、企事业单位、旅游者、对外投资者以及外汇市场上的投机者和套汇者，等等。这些外汇的最终需求者与供给者彼此之间都是通过外汇银行间接交易来完成外汇买卖的。根据他们的交易目的，可将他们分为三类：①交易性的外汇买卖者。例如，进出口商为买入支付的外汇和卖出收入的外汇而进行外汇交易；投资者为在国外投资而进行外汇交易；跨国公司为把海外投资所得的利润、股息、红利或利息收入汇回而进行外汇交易；等等。②保值性的外汇买卖者。例如，企业为规避汇率风险或国家风险而从事外汇交易。③投机性的外汇买卖者，即外汇投机者。他们参加国际外汇市场活动的目的是利用外汇市场汇率的变动，通过对汇率波动的预测，根据“贱买贵卖”的原则进行外汇交易，借以谋取利润。

四、世界主要外汇市场

世界外汇市场是由各个国际金融中心的外汇市场构成的，是一个庞大的金融体系。目前世界上有30多个外汇市场，其中最重要的有伦敦外汇市场、纽约外汇市场、法兰克福外汇市场、巴黎外汇市场、东京外汇市场、苏黎世外汇市场、新加坡外汇市场、中国香港外汇市场等，它们各具特色并相互联系，形成了全球统一的外汇市场。

（一）伦敦外汇市场

伦敦外汇市场是历史最悠久的外汇市场，迄今仍然是世界上规模最大的外汇市场。它是一个典型的无形市场，没有固定的交易场所，只是通过电话、电传、电报完成外汇交易。

在伦敦外汇市场上，参与外汇交易的外汇银行机构约有600家，包括本国的清算银行、商人银行、其他商业银行、贴现公司和外国银行。这些外汇银行组成了伦敦外汇银行公会，负责制定参加外汇市场交易的规则和收费标准。伦敦外汇市场上还有250多个指定经营商，作为外汇经纪人，他们与外币存款经纪人共同组成外汇经纪人与外币存款经纪人协会。

伦敦外汇市场上的外汇交易分为即期交易和远期交易，汇率报价采用间接标价法，交易货币种类众多，几乎包括所有可兑换货币，其中交易规模最大的为英镑兑美元的交易，其次是英镑兑欧元、瑞士法郎和日元的交易等。

（二）纽约外汇市场

纽约外汇市场是当今世界上重要的国际外汇市场之一，其日交易量仅次于伦敦外汇市场。目前，占全球90%以上的美元交易最后都是通过纽约的银行间清算系统进行结算的，因此，纽约外汇市场成为美元的国际结算中心。纽约外汇市场也是一个无形市场，其外汇交易通过现代化通信网络与电子计算机进行，其货币结算都可通过纽约地区银行同业清算系统和联邦储备银行支付系统进行。

纽约外汇市场的参加者以商业银行为主，包括50余家美国银行和200多家外国银行在纽约的分支机构、代理行及代表处。

纽约外汇市场有8家经纪商，虽然有些经纪商专门从事某种外汇的交易，但大部分还是同时从事多种货币的交易。外汇经纪人的业务不受任何监督，对其安排的交易不承担任何经济责任，只是在每笔交易完成后向卖方收取佣金。

纽约外汇市场交易活跃，但和进出口贸易相关的外汇交易量较小，相当部分外汇交易和金融期货市场关系密切。

（三）法兰克福外汇市场

法兰克福外汇市场是欧洲主要外汇市场之一，是由德国本地银行、外国银行、外汇交易所、个人客户、外汇经纪人和中央银行构成的。在为数众多的银行中，为首的是三家全能银行（德意志银行、德累斯顿银行和德国商业银行）和两家地区性大银行（巴伐利亚联合银行与巴伐利亚抵押和汇兑银行）。在法兰克福外汇市场上，银行一般都不能直接进入市场进行外汇买卖，必须通过外汇经纪人完成与其他银行的外汇买卖。目前法兰克福外汇市场正由固定交易场所向无形场所转变。

法兰克福外汇市场由定价市场和一般市场组成。在定价市场上，每天由官方指定一位外汇经纪人代表中央银行直接负责该市场的定价活动。这位外汇经纪人每天根据法兰克福、柏林、汉堡、慕尼黑和杜塞尔多夫五大外汇交易所的外汇经纪人向其口头或通过电话提出的外汇买卖交易委托来确定汇率。如果买卖不平衡，汇率将发生变动，直到买卖平衡，或者由中央银行进行干预后实现买卖平衡。此时所形成的汇率为官方汇率。

在一般市场上，市场参与者通过外汇经纪人的撮合，根据已确定的汇率进行外汇交易。

(四) 巴黎外汇市场

巴黎外汇市场由有形市场和无形市场两部分组成。其有形市场主要是指在巴黎交易所内进行的外汇交易，其交易方式和证券市场买卖一样，每天公布官方外汇牌价。但大量的外汇交易是在交易所外进行的。在交易所外进行的外汇交易，要么由交易双方通过电话直接进行，要么通过经纪人进行。原则上，所有银行都能以中间人身份为它自身或客户进行外汇买卖，实际上，巴黎仅有 100 家左右较大的银行积极参加外汇市场的活动。外汇经纪人约有 20 名，它们会参与大部分远期外汇交易和交易所外的即期交易。

(五) 东京外汇市场

东京外汇市场是仅次于伦敦和纽约的第三大国际外汇市场。由于分布在三个不同时区，东京同伦敦、纽约一同形成了“三足鼎立”的国际外汇市场格局，三个外汇市场的交易量之和约占全球外汇交易量的 80%。

东京外汇市场的主要参加者有商业银行、外汇专业银行、短期金融公司、外国银行在日本的分行、非银行客户。非银行客户主要包括贸易商社、工业企业和其他外汇供求者。日本最大的 6 家贸易商社控制了占贸易总额 50%左右的进出口业务，是外汇市场上重要的交易者。

东京外汇市场的特点主要有：①交易的币种比较少，主要是美元兑日元、欧元兑日元和欧元兑美元的交易，其中美元兑日元的交易占整个交易总额的 60%以上，因此常常会主导汇率的变动趋势；②市场交易种类较少，掉期交易较为活跃，占外汇市场交易量的 60%以上；③汇率波动幅度大，这种特点在进入 20 世纪 90 年代以后仍在持续，并呈进一步强化的态势。

(六) 苏黎世外汇市场

苏黎世外汇市场是一个历史悠久的外汇市场，在国际外汇交易中处于重要地位。其交易量在早期居世界第四位，但近年来被新加坡外汇市场反超。

在苏黎世外汇市场，外汇交易通过电话、电传、电报等直接在各银行间进行，是典型的无形市场。该外汇市场没有外汇经纪人，所有外汇交易都在银行同业之间直接进行，参与的外汇银行有瑞士银行、瑞士信贷银行、瑞士联合银行等，还有外国银行在瑞士的分行、国际清算银行和瑞士中央银行（即瑞士国家银行）。外汇交易主要是瑞士法郎兑美元的交易，其他货币通过美元进行交叉买卖，因此瑞士法郎兑美元的汇率是苏黎世外汇市场的主要汇率，瑞士法郎兑其他货币的汇率以美元进行套算。除现汇市场外，苏黎世远期外汇市场也比较发达，因此瑞士国家银行除采用即期外汇买卖干预外汇市场外，还采取远期外汇买卖来维持市场汇率的稳定。

（七）新加坡外汇市场

新加坡外汇市场是在20世纪70年代初亚洲美元市场成立后，才成为国际外汇市场的，它是全球第四大外汇市场，日平均交易量仅次于东京外汇市场。新加坡地处欧、亚、非三大洲的交通要道，时区优越，上午可与中国香港外汇市场、东京外汇市场、悉尼外汇市场进行交易，下午可与伦敦外汇市场、苏黎世外汇市场、法兰克福外汇市场等欧洲外汇市场进行交易，中午还可同中东的巴林外汇市场进行交易，晚上则可同纽约外汇市场进行交易。根据交易需要，一天24小时都可同世界各地区进行外汇买卖。新加坡外汇市场除了使用现代化通信网络外，还直接同纽约清算所银行同业支付（CHIPS）和欧洲的环球银行金融电信协会（SWIFT）系统连接，货币结算十分方便。

新加坡外汇市场的参加者由经营外汇业务的本国银行、经批准可经营外汇业务的外国银行和外汇经纪商组成，其中，外国银行的资产、存放款业务和净收益都远远超过本国银行。

新加坡外汇市场是一个无形市场，其大部分交易由外汇经纪人办理，并通过外汇经纪人和世界各金融中心联系起来。该市场的交易以美元为主，美元交易约占交易总额的85%。大部分交易都是即期交易，掉期交易及远期交易合计占交易总额的1/3。汇率均以美元报价，非美元货币间的汇率通过套算求得。

（八）中国香港外汇市场

香港外汇市场是20世纪70年代以后发展起来的国际性外汇市场。香港自1973年取消外汇管制后，吸引了大量国际资本，经营外汇业务的金融机构不断增加，外汇市场越来越活跃，逐渐发展成为国际性的外汇市场。

香港外汇市场是一个无形市场，没有固定的交易场所，交易者通过各种现代化的通信设施和电脑网络进行外汇交易。香港外汇市场的参与者主要是商业银行和财务公司。该市场的外汇经纪人有三类：当地经纪人，其业务仅限于香港本地；国际经纪人，即20世纪70年代后将其业务扩展到香港的其他外汇市场的经纪人；香港本地成长起来的国际经纪人，即业务已扩展到其他外汇市场的香港经纪人。

香港外汇市场由两个部分构成：一是港元兑外币的市场，其中外币包括美元、日元、欧元、英镑、加拿大元、澳大利亚元等主要货币和东南亚国家的货币，当然也包括人民币；二是美元兑其他外汇的市场，这一市场的交易目的在于完成跨国公司、跨国银行的资金国际调拨。

在香港外汇市场中，美元是所有货币兑换的交易媒介，港元与其他外币不能直接兑换，必须通过美元套购，将港元先兑换成美元，再将美元兑换成所需货币。

第二节　外汇交易概述

一、外汇交易的含义

外汇交易是指外汇买卖的主体为了满足某种经济活动或其他活动的需要，按一定的汇率，在特定交割日进行的不同货币之间的兑换行为。外汇的动态概念已揭示了外汇交易的含义，它可以指用本国货币兑换外国货币，也可以指用外国货币兑换本国货币，或以一种外国货币兑换另一种外国货币。外汇交易的要素包括交易日、交易对手、货币、汇率、数额、交割日、支付指令等。外汇交易所产生的货币收付一般并不发生实际的资产运送，而是由银行通过转账结算进行。因此，外汇买卖、外汇交易、买卖外汇讲的都是同一个概念，即可兑换货币间的买卖。

（一）零售性外汇交易——银行与客户间的外汇交易

在外汇交易中，商品和劳务进出口双方、对外投资双方等构成了外汇的买方和卖方。一般情况下，交易双方很难就外币种类、数额、交割条件等达成完全一致，也就是说，很难做到一方所拥有的货币正是另一方所需要的。同时，由于双方在信用、财力等方面的差异，交易和交割的风险也较大。因此，外汇交易通常是由承办外汇业务的银行（或其他金融机构）承担的。外汇供给方将外汇卖给外汇银行，外汇银行付出本币；外汇需求方将本币付给外汇银行，买入自己需要的外汇。其中，外汇银行对法人的外汇交易采用转账结算，而对居民个人的外汇交易通常在银行柜台上结算。由于银行与客户间的外汇交易通常金额较小、笔数较多，故称为零售性外汇交易。

例如，中国石化集团从伊朗进口石油，需要支付美元，在承付日，中国石化集团凭进口合同和全套进口单据，按中国银行公布的当日人民币兑美元的外汇牌价，用自己账户上的人民币存款向承办外汇业务的中国银行购买美元以对外支付。这一行为对中国石化集团而言，称为购汇；对中国银行而言，称为售汇。其实质是通过一买一卖，完成了人民币与美元的兑换。同样，中国海尔集团向欧盟市场出口冰箱后收进欧元，为了继续生产和经营，该集团通常要将收进的欧元兑换为本币。因此在结算日，该集团凭出口合同和出口单据，按当日人民币兑欧元的外汇牌价向承办外汇业务的中国工商银行卖出欧元，买进人民币。这一行为对中国海尔集团而言，称为结收本币；对中国工商银行而言，称为结汇。

对居民个人用汇，如公务出差、商务考察、文化体育交流，或留学、探亲、旅游等用汇，可在经营外汇业务的银行的柜台上直接购入外汇。外国人或华侨进入中国境内，可凭其护照或有效身份证件在银行柜台或饭店、机场等可兑换场所用其所持有的外汇兑换人民币，即卖出外币、买进人民币；出境时，还可以凭有关单据将人民币兑换成外币。以上是典型的银行外汇零售业务。

（二）批发性外汇交易——银行同业间外汇交易

外汇银行向客户买入或卖出外汇后，其自身所持有的外汇就会出现多余或短缺。具体来说，某种货币买入过多，就会形成多余的情况，称为多头头寸；某种货币卖出过多，就会形成短缺的情况，称为空头头寸。银行账户上的多头头寸或空头头寸会形成外汇敞口和风险，因此，外汇银行会根据其头寸的总差额和汇率走势，于银行当日零售业务结算后，在银行同业外汇市场上进行外汇即期或远期的抛补交易，以保持本行资产负债的合理配置，保持外汇头寸的平衡，将风险降到最低程度。这种银行与银行或其他金融机构之间的外汇交易就称为批发性外汇交易。

二、外汇交易规则

国际外汇市场是一个以无形市场为主的外汇市场，每天都有巨额的外汇交易达成。虽然交易双方经常进行业务往来，但很可能他们从未见过面。尽管如此，但由于交易各方都恪守各种交易规则（并无成文规定，只是一种约定俗成的规则），因此，在大多数情况下，国际外汇市场都能正常运转。国际外汇市场的主要交易规则有以下几点。

1. 使用统一的标价方法

为使交易迅速、顺利地进行，交易各方都使用统一的标价方法，即除了英镑、澳大利亚元和新西兰元等采用间接标价法以外，其他交易货币一律采用直接标价法，并同时报出买价和卖价。

2. 采取以美元为中心的报价方法

由于美元具有特殊地位，除非特别说明，否则在外汇市场上报出的货币汇率都是针对美元的。在银行间外汇交易中采取以美元为中心的报价方法，有利于简化信息处理的工作量，也便于计算交易损益。

3. 报价时力求精简

通常，银行在报出汇价时采用双向报价，即对每一种货币应同时报出买入价（bid price）与卖出价（offer price）。外汇交易员在报汇价时，一般省略大数汇价，只报出小数汇价。例如，USD/CHF＝1.543 0/50，其中 1.54 为大数汇价，30/50 为小数汇价。交易员未报大数汇价的原因是：交易员进行询价、报价以及成交的过程可能只有几秒钟的时间，在此期间大数汇价一般不太可能发生变动。在报价中，对即期外汇只报出最后两位数，即小数汇价；对远期外汇要同时报出即期汇价和远期点数；对掉期交易则只报出掉期率，不报出即期汇价。

4. 交易单位为 100 万美元

外汇通常以 100 万美元为单位进行交易，交易中的“one dollar”表示 100 万美元，主要适用于银行之间大批量的外汇买卖。假如一般的进出口商或投资者感兴趣的是适用于小规模外汇交易的汇率，则在询价时必须预先说明，并具体报出买卖金额。在这种情况下，银行会对其原先报价作出适当的调整。

5. 客户询价后，银行有义务报价

银行在接受客户询价时，有义务报出某种货币的买入价和卖出价。银行对客户报出某种货币的买入价和卖出价后，按照商业惯例，应承担按此汇价买进或卖出该货币的义务，但对此有一个交易时间和金额的限制。交易一方不能要求另一方按其在 10 分钟前给出的报价成交，交易金额一般为 100 万～500 万美元。

6. 交易术语规范化

为了在快速变化的市场环境中迅速、无误地成交，交易员常使用简洁的语言和“行话”来沟通，以节省交易的时间。例如，“five yours”即表示“我卖给你 500 万美元”。下面是外汇市场上常用的交易术语：

bid（buy，take，pay） 买入

mine 我方买入

offer（give，sell） 卖出

yours 我方卖出

buying rate/selling rate 买价/卖价

market maker 报价行

delivery date（value date，maturity date） 交割日（起息日，结算日）

ask price/ask rate 卖方开价/讨价

over bought，long 超买，多头

over sold，short 超卖，空头

position　头寸
square　平仓
premium/discount　升水/贴水
odd date，broken date　不规则起息日
roll over　展期
LIBOR　伦敦银行同业拆放利率
LIBID　伦敦银行同业存款利率
full　额度用尽
direct dealing　银行直接交易
normal　正常资金
bear market　熊市
bull market　牛市
go north　上升
go south　下降
open interest　空盘
which way are you　你想买还是想卖
MP（moment period）　稍候
dealing price　交易汇价
indication rate　参考汇价

7. 交易双方遵守“一言为定”的原则

外汇交易双方必须恪守信用，共同遵守“一言为定”的原则和“我的话就是合同”的惯例，一旦达成交易就不得反悔。以电话达成的交易有电话交易录音，以电传达成的交易有电传机打印的交易记录，以交易系统达成的交易有该系统打印的文字记录。总之，一旦成交就不能以种种借口抵赖、变更或要求注销。

第三节　即期外汇交易

一、即期外汇交易的概念

即期外汇交易（spot exchange transaction）又称为现汇交易，是指外汇买卖成交

后，交易双方于当天或两个交易日内办理交割手续的一种交易行为。即期外汇交易是外汇市场上最常见的一种交易方式，占外汇交易总额的大部分，这主要是因为即期外汇交易不但可以满足买方临时性的付款需要，也便于买卖双方调整外汇头寸的货币比例，以避免汇率风险。

交易双方进行资金交割的日期称为交割日（delivery date）或起息日（value date）。根据交割日的不同，即期外汇买卖可以分为以下三种类型：

（1）当日交割（value today）。它在交易达成的当日办理货币的收付，如港元兑美元的即期交易。

（2）次日交割（value tomorrow）。它是在成交的第一个营业日办理交割，如港元兑日元、新加坡元、马来西亚林吉特、澳大利亚元交易就是在次日交割。

（3）标准日交割（value spot）。它是在成交的第二个营业日办理交割。目前大部分即期外汇交易都是采用这种交割日。

即期外汇交易的交割日根据不同市场的习惯不同而不同。在欧美市场上，交割日是成交后的第二个营业日。即期外汇交易中的“日”是指营业日，即两个清算国的银行均开门营业的日子，以保证交易双方同时完成货币的收付。例如，2005 年 6 月 1 日成交的英镑兑美元的即期交易，一般应在 6 月 3 日交割，如果遇到其中一国的法定休息日（周末或者节假日），则交割日期应向后顺延，遇到周末则要顺延至下一周。

二、即期外汇交易的报价

即期外汇交易是外汇市场上最常见、最普遍的交易，而报价则是达成交易的基础。在即期外汇市场上，一般把提供交易价格（汇价）的机构称为报价者，通常由外汇银行充当这一角色；与此相对，把向报价者询价并在报价者所提供的即期汇价上与报价者成交的其他外汇银行、外汇经纪人、个人和中央银行等称为询价者。

表 6-1 为 2021 年 4 月某一天中国银行对个人或机构外汇持有者的外汇报价。

表 6-1　外汇报价

货币名称	货币代码	现汇买入价	现钞买入价	卖出价	中国银行折算价
英镑	GBP	9.050 9	8.769 7	9.157 9	9.082 1
港元	HKD	0.842 6	0.835 9	0.846 0	0.844 4
美元	USD	6.552 7	6.499 4	6.580 4	6.564 9
瑞士法郎	CHF	6.940 4	6.726 3	7.019 1	6.969 3
新加坡元	SGD	4.861 4	4.711 4	4.920 0	4.881 5
日元	JPY	0.059 131	0.057 294	0.059 658	0.059 352
加拿大元	CAD	5.203 2	5.038 9	5.264 7	5.232 8

续表

货币名称	货币代码	现汇买入价	现钞买入价	卖出价	中国银行折算价
澳大利亚元	AUD	4.980 2	4.825 5	5.039 1	5.001 8
欧元	EUR	7.696 5	7.457 3	7.778 2	7.730 8
新西兰元	NZD	4.602 9	4.460 9	4.699 0	4.611 0

资料来源：CSMAR 数据库，2021-04-04.

在即期外汇交易中，外汇银行在报价时都遵循一定的惯例。

（1）外汇银行的报价一般都采用双向报价方式，即银行同时报出买入价和卖出价。买入价和卖出价的差额称为差价。所报的汇率一般用 5 位有效数字表示，由大数和小数两个部分组成。大数是汇价的基本部分，交易员通常不会报出，只有在需证实交易的时候，或是在市场变化剧烈时才会报出。小数是汇价的最后两位数字。例如，某银行的即期外汇报价为：

EUR/USD=1.198 1/86

GBP/USD=1.744 6/52

USD/JPY=118.41/46

上式左边斜线前面的货币称基准货币（base currency）；斜线后面的货币称为标价货币（quoted currency）。在 EUR/USD=1.198 1/86 中，欧元是基准货币，美元是标价货币。1.19 是大数，81 和 86 是小数，81 和 86 之间的差额 5 称为差价。

一般外汇市场上汇率的小数变化非常快，而大数相对稳定。报价通常采用省略方式，力求简练，只要熟知行情的人能听懂就可以。因此，外汇银行之间报价通常只报最后两位数，即两位基本点。例如，上述报价可以简单报为：

EUR/USD：81/86

GBP/USD：46/52

USD/JPY：41/46

在即期外汇交易中，报价的最小单位称为基点，1 个基点即标价货币最小价格单位的 1%。例如，美元兑日元汇率从 120.53 上升到 120.63，则称外汇市场的汇率上升了 10 个基点。

（2）除特殊说明外，所有货币的汇价都是针对美元的，即采用以美元为中心的报价方法。在外汇市场上，外汇交易银行所报出的买卖价格，如果没有特殊说明，均是指所报货币与美元的比价。

（3）除英镑、爱尔兰镑、澳大利亚元和新西兰元单位的汇率报价是采用间接标价法以外，其他可兑换货币的汇率报价均采用直接标价法表示。

（4）在通过电信（如电话、电传等）报价时，报价银行一般只报汇价的最后两位数。

三、即期外汇交易的应用

即期外汇交易可以满足参与者临时性的支付需要。通过即期外汇交易业务，可以将一种货币兑换成另一种货币，用来完成进出口贸易、投标、海外工程承包等引起的外汇结算或归还外汇贷款。

即期外汇交易可以调整参与者所持有的不同货币的比例，规避汇率风险。例如，某国家外汇储备中美元比重较大，但为了减少美元下跌带来的损失，可以卖出一部分美元，买入日元、欧元等其他货币，调整外汇储备结构。同样，投资者也可以通过即期外汇交易调整手中所持有的外币的币种结构，优化投资组合。

通过即期外汇交易，参与者可进行外汇投机。外汇市场上汇率的频繁波动为投机行为创造了条件，但是投机行为有很大的风险，可能带来丰厚的利润，也可能造成巨额亏损。

四、即期套算汇率的计算

国际外汇市场习惯采取以美元为中心的汇率报价方法，如果要知道两种非美元之间的即期汇率，就要运用套算汇率。套算汇率的计算规则如下：

（1）如果报价方报出的两个即期汇率都是以美元为基准货币，则采用交叉相除的方法进行套算。

（2）如果报价方报出的两个即期汇率都是以美元为标价货币，也采用交叉相除的方法进行套算。

（3）如果报价方报出的两个即期汇率中，一个是以美元为基准货币，另一个是以美元为标价货币，则采用同边相乘的方法进行套算。

【例 6-1】 已知某日中国香港外汇市场上的报价为：USD/EUR＝1.011 4/24；USD/HKD＝7.792 0/30。求 EUR/HKD。

解：因为两个报价都是以美元为基准货币，所以采用交叉相除的方法，即

EUR/HKD＝USD/HKD÷USD/EUR

欧元买入价（港元卖出价）：7.792 0÷1.012 4≈7.696 6

欧元卖出价（港元买入价）：7.793 0÷1.011 4≈7.705 2

所以，EUR/HKD＝7.696 6/7.705 2。

【例 6-2】 已知 GBP/USD=1.582 0/30，AUD/USD=0.732 0/25。求 GBP/AUD。

解：因为两个报价都是以美元为标价货币，所以采用交叉相除的方法，即

GBP/AUD=GBP/USD÷AUD/USD

英镑买入价（澳大利亚元卖出价）=1.582 0÷0.732 5≈2.159 7

英镑卖出价（澳大利亚元买入价）=1.583 0÷0.732 0≈2.162 6

所以，GBP/AUD=2.159 7/2.162 6。

【例 6-3】 某外汇市场上的汇率报价为：USD/JPY=120.10/90，GBP/USD=1.481 9/30。某客户要将 1 000 万日元兑成英镑，按即期汇率能够得到多少英镑？

解：因为美元兑日元的即期汇率是以美元为基准货币，英镑兑美元的即期汇率是以美元为标价货币，所以采用同边相乘的方法进行套算。

英镑买入价（日元卖出价）=120.10×1.481 9=177.98

英镑卖出价（日元买入价）=120.90×1.483 0=179.29

则 GBP/JPY=177.98/179.29，所以该客户 1 000 万日元可以兑换成 5.58（=1 000÷179.29）万英镑。

在外汇买卖中，银行的收益来自卖出价和买入价的差价，差价越大，银行的收益越大。因此，银行要实现收益最大化，就会选择最大差价来报价，故在计算套汇汇率时，选择最低金额为买入价，最高金额为卖出价。

五、即期外汇交易的步骤

一般每笔即期外汇交易都需要经过询价、报价、成交（或放弃）和确认、结算这几个步骤来完成。下面举例说明交易步骤。

A：SP YEN 5 Mio.

B：76/80.

A：I Sell USD.

B：5 Mio agreed.

To confirm at 145.037 6. I buy 5 USD AG YEN value 10 July 2005 my USD to B bank NY for our account. Thanks and bye.

A：OK，agreed. My YEN to A bank TKY. Thanks and bye.

上述交易意为：

A：即期交易，美元兑换日元，金额 500 万美元。

B：报价 76/80。

A：我方卖出美元。

B：500 万美元成交。

确认我方以汇率 145.037 6 买入 500 万美元兑日元，起息日为 2005 年 7 月 10 日，美元付我行纽约分行账户。谢谢，再见。

A：同意，日元付我行东京分行账户。谢谢，再见。

询价（asking price）：询价方在询价时需要报出所询价格的交易类型、交易币种和交易金额，所询汇率使用美元标价法。例如，以缩写 SP 或 SPOT 来表示即期交易，USD 表示交易币种为美元，YEN 表示日元。交易金额通常以百万为单位，以 million 表示，可以缩写为 Mio 或 M，甚至可以省略。在国际外汇市场上，正常的交易金额为 500 万～1 000 万美元，1 000 万美元以上称为大金额，200 万美元以下是小金额，25 万美元以下是微小金额。

报价（quotation）：接到询价的外汇银行的交易员应迅速完整地报出被询问的有关货币的现汇买入价和卖出价。由于交易双方对汇价的大致水平都比较清楚，因此报价时通常只需要报出汇率的小数。特殊情况下，将汇率的大数也同时报出，以免造成误会。

成交（done）或放弃（noting）：当报价方报出询价方所询问的汇价后，询价方应迅速作出反应，或者成交，或者放弃。如果询价方略有迟疑，报价方通常会说“UR RISK”，表示刚才的报价已经取消，询价方若还想交易就必须再次询价。如果询价方对报价满意，可以用“BUY”“I BUY”等来表示买入的意愿，或者用“SELL”“I SELL”等来表示卖出的意愿。如果询价方对报价不满意，可以先用“MY RISK”表示原报价不再有效，并在数秒内再次请求报价，或是用“SORI NTH”表示不继续询价，放弃。一旦成交，汇率水平、交易金额、交易币种等细节就都已经确定，对交易双方均有约束力。

确认（confirmation）：成交后，交易双方就交易的内容进行一次完整的重复确认。在上例中可以看到，确认的内容包括汇率水平、交易金额、交易币种、起息日和收付账户。交易结束后，如果发现原来确认的内容有错误或遗漏，则交易员应尽快与交易对手重新确认。重新确认后的内容必须得到交易双方的同意才会生效。

结算（settlement）：交易后台根据交易要求将货币划入指定的银行账户。

第四节 远期外汇交易

一、远期外汇交易的定义

远期外汇交易（forward exchange transaction），又称期汇交易，是指外汇交易双方成交后签订合同，规定交易的币种、数额、汇率和交割日期，到规定的交割日期才办理实际交割的外汇交易。远期外汇交易的期限一般按月计算，通常为 1 个月、2 个月、3 个月、6 个月，也可以长达 1 年，通常为 3 个月。超过 1 年的远期外汇交易称为超远期外汇交易。远期外汇交易的交割日是指合同到期日后的第二个营业日。例如，对于 2023 年 2 月 22 日签订的 2 个月远期外汇交易合同，其合同到期日为 4 月 22 日，交割日则为 4 月 24 日。

远期外汇交易按照交割日期是否固定，可以分为两类：固定交割日的远期交易和选择交割日的远期交易。

固定交割日的远期交易（fixed forward transaction）是指外汇交易合同规定某一固定日期作为交割日，既不能提前也不能推迟的远期交易。例如，2023 年 3 月 2 日，美国公司 A 与日本一家银行签订了一份购买日元的期限为 3 个月的远期外汇合约。那么交割日期为 6 月 4 日，在这一天美国公司 A 交付美元，银行交付日元。

选择交割日的远期交易（optional forward transaction），又称择期交易，指交割日期不确定，交易的一方在合约有效期内任何一个营业日均有权要求另一方按双方约定的远期汇率进行交割的远期交易。如上例中，签约日为 3 月 2 日，则交割日可以是 3 月 4 日—6 月 4 日期间的任何一个营业日。由于在择期交易中，客户可以在约定的期限内选择交割日，因此银行会承受较大的汇率风险。

二、远期外汇交易的标价

（一）直接标出远期汇率

直接标价法是指银行按照期限的不同直接报出某种货币的远期外汇交易的买入价和卖出价。例如，表 6－2 中列出了中国银行某日的人民币远期外汇牌价。

表 6-2　中国银行人民币远期外汇牌价

日期：2021 年 4 月 9 日　　星期五　　单位：人民币/100 外币

	美元		欧元		日元		港元		英镑	
	买入	卖出	买入	卖出	买入	卖出	买入	卖出	买入	卖出
一周	654.66	657.78	776.01	784.46	5.96	6.02	83.939	84.712	894.45	903.34
1 个月	655.74	659.03	777.60	786.43	5.97	6.03	84.084	84.885	895.85	905.08
2 个月	657.27	660.56	779.94	788.71	5.98	6.05	84.280	85.085	897.86	907.13
3 个月	658.65	662.00	782.07	790.96	6.00	6.07	84.464	85.279	899.70	909.03
4 个月	659.80	663.14	784.00	792.88	6.01	6.08	84.622	85.434	901.30	910.64
5 个月	661.38	664.72	786.69	795.77	6.03	6.10	84.859	85.678	903.97	913.33
6 个月	662.94	666.28	788.70	797.68	6.04	6.11	85.015	85.834	905.51	915.02
7 个月	664.29	667.83	791.03	800.28	6.05	6.12	85.189	86.034	907.53	917.23
8 个月	665.47	669.01	793.06	802.31	6.07	6.14	85.342	86.187	909.27	918.94
9 个月	666.87	670.41	795.50	804.75	6.08	6.15	85.520	86.372	911.30	921.04
10 个月	668.30	671.94	797.56	807.38	6.10	6.17	85.703	86.568	912.96	922.85
11 个月	669.60	673.24	799.75	809.25	6.12	6.19	85.868	86.735	914.67	924.53
一年	670.99	674.63	802.08	811.45	6.13	6.21	86.040	86.909	916.54	926.40

资料来源：中国银行网站.

（二）差额报价法

差额报价法是指银行只报出货币远期汇率和即期汇率的差额，这个差额称为远期汇水（forward margin），通常表现为升水、贴水或平价。升水（premium）是指某种货币的远期汇率大于即期汇率。贴水（discount）是指某种货币的远期汇率小于即期汇率。平价（par）是指某种货币的远期汇率等于即期汇率。

升水和贴水是一个相对的概念，甲货币相对于乙货币的远期汇率是升水，则乙货币相对于甲货币的远期汇率是贴水。例如，某日某外汇市场远期汇率报价如表 6-3 所示，该报价是以差额报价法表示的。

表 6-3　外汇市场远期汇率报价

	EUR/USD
即期汇率	1.184 6/1.185 7
1 个月	18/20
2 个月	39/42
3 个月	63/63
6 个月	127/133
12 个月	253/257

在进行远期外汇交易时，银行通常只报远期汇率的升水或贴水“点数”（表示汇率的基本单位），并不标明是升水还是贴水。可以采用以下规则来判断远期汇率是升水还是贴水：

（1）在直接标价法下，所报点数的小数在前，大数在后，表示远期汇率升水；相反，如果所报点数的大数在前，小数在后，表示远期汇率贴水。

（2）在间接标价法下，所报点数的小数在前，大数在后，表示远期汇率贴水；相反，如果所报点数的大数在前，小数在后，表示远期汇率升水。

远期汇率是在即期汇率的基础上加减远期汇水得到的，但是由于汇率的标价方法不同，所以计算远期汇率的方法也不同。

在直接标价法下：

远期汇率＝即期汇率＋升水

远期汇率＝即期汇率－贴水

在间接标价法下：

远期汇率＝即期汇率－升水

远期汇率＝即期汇率＋贴水

【例 6－4】 某日中国香港外汇市场的外汇报价为：

即期汇率　　　USD/HKD＝7.781 0/20

3 个月远期　　　　　　　30/50

因为香港外汇市场采用直接标价法，且所报点数的小数在前，大数在后，所以美元远期升水，远期汇率＝即期汇率＋升水，故 3 个月远期汇率为：USD/HKD＝7.784 0/70。

【例 6－5】 某日纽约外汇市场的外汇报价为：

即期汇率　　　USD/GBP＝1.841 0/20

6 个月远期　　　　　20/8

因为纽约外汇市场采用间接标价法，且所报点数的大数在前，小数在后，所以英镑远期升水，远期汇率＝即期汇率－升水，故 6 个月远期汇率为：USD/GBP＝1.839 0/1.841 2。

（三）用年率表示升水率和贴水率

升水率或贴水率一般都用年率来表示，也就是升水年率或贴水年率。升水年率是指以年率的形式来表示的远期汇率的升水率；贴水年率就是指以年率的形式来表示的远期汇率的贴水率。

【例 6-6】 某日美元兑澳大利亚元的即期汇率为：USD/AUD=1.359 0。

(1) 如果 3 个月后美元升值，其升水年率为 2.3%，则 3 个月后美元的远期汇率为多少？

(2) 如果 3 个月后美元贬值，其贴水年率为 3.3%，则 3 个月后美元的远期汇率为多少？

解：(1) 若美元升值，则 3 个月后美元的远期汇率是

$$1.3590\times(1+2.3\%\times3/12)=1.3668$$

所以，3 个月后的 USD/AUD=1.366 8。

(2) 若美元贬值，则 3 个月后的远期汇率是

$$1.3590\times(1-3.3\%\times3/12)=1.3478$$

所以，3 个月后的 USD/AUD=1.347 8。

通过比较两种货币的升水（贴水）年率和利差，可以判断投资机会。如果远期汇率的升水年率小于两种货币的利差，那么投资者可以通过投资利率较大的货币来获利。

三、远期汇率的决定

一般情况下，远期汇率取决于两种货币利率的差异。利率高的货币远期汇率贴水，利率低的货币远期汇率升水。之所以有这样的规律，是因为银行经营外汇业务必须遵守买卖平衡原则，即银行卖出多少外汇，同时就要补进相同数额的外汇。当银行卖出远期外汇时，为避免风险敞口，将会在即期买入外汇。假设本币利率高于外币，那么如果远期汇率等于即期汇率，则银行会因为这笔远期交易损失一部分利息，所以银行要调整远期汇率以弥补由利率差异导致的利息损失。

假设港元利率为 6%，美元利率为 8%，外汇市场上美元兑港元的即期汇率为 USD/HKD=7.781 0。如果一个客户向银行购买 3 个月远期港元，外汇银行就会按照即期汇率用美元购买港元，然后将港元在银行存放 3 个月，以便 3 个月后进行交割。这种操作，即放弃高利率的美元而存放低利率的港元，会使银行遭受损失，但是银行不会自己承担这个损失，而是通过影响远期汇率将它转移到客户身上。因此，远期外汇汇率会下跌，即美元会贬值。

远期汇率的变动要求投资于美元和投资于港元在 3 个月内的获利状况是一样的。对于每 1 美元，银行若将其兑换成港元并投资 3 个月那么可以获得的港元本息和为：

1×7.781 0×(1+6%×3/12)=7.897 7(港元)

如果银行不做这笔业务，那么对于每 1 美元，银行 3 个月后会获得的本息和为(如果远期汇率等于即期汇率的话)：

1×(1+8%×3/12)×7.781 0=7.936 6(港元)

所以银行的损失为：

7.936 6−7.897 7=0.038 9(港元)

也就是说，银行进行这笔远期交易，实际上会遭受损失，为弥补银行因远期交易遭受的损失，该客户必须以 USD/HKD=7.742 1（=7.781 0−0.038 9）的汇率购买远期港元。

所以，市场均衡的 3 个月远期汇率为 USD/HKD=7.742 1。可见，利率高的美元的远期汇率是贴水的，利率低的港元的远期汇率是升水的。

根据利率平价理论方程式进行的推导和实际计算都表明，在其他因素不变的情况下，利率对远期汇率的影响是：利率高的货币远期汇率贴水，利率低的货币远期汇率升水；远期汇率的升贴水率大约等于两种货币的利率差。但这只是在一般情况下，因为在固定汇率制下，有时某些国家实行货币法定贬值、升值政策；在浮动汇率制下，远期外汇供求的状况会对远期汇率的波动产生影响。这些影响会使远期汇率的贴水、升水数值很大，与利率差异没有直接关系。

四、远期汇率的计算与套算

(一) 利率与远期汇率

在远期外汇交易中，外汇银行远期汇率的报价主要是遵循一价定律。所谓一价定律，是指在完全竞争的市场上，相同的交易产品或金融资产经过汇率调整后，其交易成本在世界范围内一定是相等的。远期汇率由两种货币的利率差决定，加之它是在即期汇率的基础上加减升贴水得到的，所以升贴水的计算公式为：

升水(贴水)数=即期汇率×两种货币的利率差×天数/360

判断是升水还是贴水的规则是：根据利率平价理论，利率高的货币远期贴水，利率低的货币远期升水。

【例 6-7】 英国某银行向客户卖出 3 个月远期美元，设即期汇率 GBP/USD=1.962 0，伦敦市场利率为 9.5%。纽约市场利率为 7%。问：英镑 3 个月远期汇率为多少?

解： 由于英镑利率高于美元利率，所以英镑远期汇率贴水。

贴水数＝即期汇率×两种货币的利率差×天数/360

＝1.962 0×(9.5%－7%)×(90/360)＝0.012

所以英镑 3 个月远期汇率为 GBP/USD＝1.962 0－0.012＝1.950 0。

（二）远期汇率的套算

远期套汇汇率（forward cross rate）的计算方法与即期套汇汇率基本一致，只是在计算远期套汇汇率时，首先要分别计算远期汇率，然后按照即期汇率套汇的方法（交叉相除或者同向相乘）计算远期套汇汇率。

【例 6－8】 已知：

即期汇率	USD/HKD＝7.781 0/20
3 个月远期	10/30
即期汇率	USD/JPY ＝120.25/35
3 个月远期	30/45

计算 HKD/JPY 的 3 个月远期汇率。

解： 第一步，计算美元兑港元和美元兑日元的 3 个月远期汇率：

USD/HKD＝7.782 0/50

USD/JPY＝120.55/80

第二步，计算港元兑日元的 3 个月远期汇率。因为两个汇率都是以美元作为基准货币，所以应该通过交叉相除计算套汇汇率。

港元兑日元的 3 个月远期买入价：120.55÷7.785 0＝15.48

港元兑日元的 3 个月远期卖出价：120.80÷7.782 0＝15.52

所以 HKD/JPY 的 3 个月远期汇率为 15.48/15.52。

五、远期外汇交易的作用

（一）套期保值，规避汇率风险

远期外汇交易是国际上最常用的避免汇率风险的方法。从事国际贸易的进出口商可以通过参与远期外汇业务锁定交易时的汇率或外汇数量，事先锁定贸易的外汇成本和收益，便于经济核算，规避汇率风险。下面分别从进口商和出口商角度来介绍远期外汇交易的作用。

出口商可以通过远期外汇交易锁定出口收汇成本。一国出口商与外国进口商签订以外币结算的贸易合同后，从签约日到收回货款往往需要几个星期，甚至几个月的时间。在这段时间内，如果结算货币汇率下跌，就会给出口商带来损失。所以，出口商可以通过与银行签订远期外汇协定进行套期保值。

【例 6-9】 美国出口商向英国出口 200 万英镑的货物，预计 3 个月后才收汇。假如 3 个月后英镑兑美元的汇率下跌至 GBP/USD=1.511 5/45。

假设当天外汇市场行情为：

即期汇率　　　GBP/USD=1.552 0/30

3 个月远期　　　　　　　20/10

问：(1) 如果美国出口商不进行套期保值，3 个月后英镑贬值将会给它带来多少损失？(2) 如果采取套期保值措施，该出口商应该如何操作？

解：(1) 如果美国出口商不采取措施，那么 3 个月后收到 200 万英镑，按 3 个月后 GBP/USD 的即期汇率兑换可以收到：

$$200\times1.5115=302.3(\text{万美元})$$

而即期收到 200 万英镑可以兑换的美元数为：

$$200\times1.5520=310.4(\text{万美元})$$

由于汇率变动，美国出口商的损失为：

$$302.3-310.4=-8.1(\text{万美元})$$

(2) 如果美国出口商通过远期外汇交易进行套期保值，在外汇市场上卖出 3 个月远期英镑，汇率是 GBP/USD=1.550 0，那么 3 个月后收到进口商的 200 万英镑可以兑换的美元数为：

$$200\times1.5500=310(\text{万美元})$$

这比不采取套期保值措施多获得的美元数为：

$$310-302.3=7.7(\text{万美元})$$

但是，汇率的波动是双向的，可能上升，也可能下降。如果 3 个月后英镑汇率上升，此时进行套期保值的美国出口商就不能够获得英镑汇率上升的好处。所以，在利用远期外汇交易进行套期保值时，也可能因为预期失误而错失因汇率变动而带来的好处。

同理，进口商也可以通过远期外汇交易锁定进口付汇成本。

(二) 调整外汇银行外汇持有额和资金结构

从事外汇业务的银行可以通过远期外汇交易调整外汇持有额和资金结构。进出口商同外汇银行进行远期外汇买卖后就将汇率风险转嫁给了外汇银行。外汇银行在买卖某种外汇时，或是买入大于卖出（多头），或是卖出大于买入（空头），这样外汇银行就处于汇率变动风险中。此时，外汇银行可以进行远期外汇交易来规避汇率风险。

【例 6-10】 伦敦某银行在某年 3 月 1 日卖出 6 个月远期瑞士法郎 200 万。

假设当天外汇市场行情为：

即期汇率　　　　GBP/CHF=13.750/70

6 个月远期　　　　　　　13.800/20

如果该银行听任外汇敞口存在，而 6 个月后瑞士法郎交割日的即期汇率为 GBP/CHF=13.725/50，那么其盈亏状况如何?

解：如果该银行按 6 个月后的即期汇率买进瑞士法郎，那么它需支付的英镑数为：

$$200 \div 13.750 \approx 14.545(\text{万英镑})$$

同时银行履行 6 个月的远期合约，获得的英镑数为：

$$200 \div 13.800 \approx 14.493(\text{万英镑})$$

所以，银行如果听任外汇敞口存在，将会亏损：

$$14.545 - 14.493 = 0.052(\text{万英镑})$$

所以，银行应该将超卖部分的远期外汇买入、超买部分的远期外汇卖出。

六、择期外汇交易

(一) 择期外汇交易的定义

择期外汇交易是指在进行远期外汇交易时，不规定具体的交割日期，只规定交割的期限范围。在规定的交割期限范围内，客户可以按预定的汇率和金额自由选择日期进行交割。交割期限范围可以从成交后的第二个工作日至到期日的整个期间，也可以规定为该期间内某两个具体日期之间，或具体的月中。交割期限范围越大，银行所承担的风险越大。

择期外汇交易使得客户可以选择合适的起息日进行资金的交割，资金安排具有较大的灵活性。进出口商在国际贸易中签订了买卖商品的合同，但往往不能确定付款日期或收款日期。如果签订了固定的远期合约，那么一旦到期不能付款或收款，就需承担违约责任，择期外汇交易不仅能够锁定贸易成本，而且可以避免汇率风险。

（二）择期外汇交易的定价

择期外汇交易的定价过程是：第一步，确定择期外汇交易交割期限内第一个和最后一个工作日；第二步，计算出第一个和最后一个工作日的远期汇率；第三步，比较这两个工作日的远期汇率，选择一个对银行最有利的报价。

【例 6-11】 已知：

即期汇率	USD/GBP=1.841 0/20
3 个月远期	120/140
6 个月远期	260/300

客户向银行要求进行一笔美元兑英镑的择期外汇交易，请计算外汇银行报出的 3～6 个月任选交割日的远期汇率。

解：首先，确定择期交割期限内第一个和最后一个工作日的远期汇率。第一个工作日的远期汇率，即 3 个月交割的远期汇率为

USD/GBP=1.853 0/1.856 0

最后一天的远期汇率，即 6 个月交割的远期汇率为

USD/GBP=1.867 0/1.872 0

最后选择对银行有利的报价。

根据以上分析，如果客户要求买入美元卖出英镑，那么当银行卖出美元时，可供银行选择的汇率有 1.856 0 和 1.872 0，此时选择 1.872 0 对银行更有利。如果客户要求卖出美元买入英镑，那么当银行买入美元时，可供选择的汇率有 1.853 0 和 1.867 0，此时选择 1.853 0 对银行更有利。所以，对于 3～6 个月美元兑英镑的择期外汇交易，最有利于银行的报价为 1.853 0/1.872 0。

从以上实例可以总结出银行在开展择期业务时报价所依据的原则：

（1）银行卖出择期远期外汇，且远期外汇升水时，银行按最接近择期期限结束时的远期汇率计算；远期外汇贴水时，银行按最接近择期期限开始时的远期汇率计算。

（2）银行买入择期远期外汇，且远期外汇升水时，银行按最接近择期期限开始时的远期汇率计算；远期外汇贴水时，银行按最接近择期期限结束时的远期汇率计算。

（三）择期外汇交易

【例 6-12】 2003 年 4 月 2 日，美国 A 公司与德国 B 公司签订了一份贸易合同，

进口一套设备，金额为 180 万欧元，预计在 1～3 个月内结算货款。A 公司预测欧元会升值，于是在 4 月 2 日与银行签订了一份 1～3 个月的择期外汇交易合同，用美元买入 180 万欧元，外汇银行的外汇报价如下：

即期汇率	EUR/USD=1.080 0/10
1 个月远期	15/20
3 个月远期	30/40

请计算 A 公司在 1～3 个月期间履行合同需要支付多少美元?

解：首先确定该外汇银行的择期外汇交易报价。根据外汇报价，1 个月远期汇率的欧元卖出价为：

$$1.081\,0+0.002\,0=1.083\,0$$

3 个月远期汇率的欧元卖出价为：

$$1.081\,0+0.004\,0=1.085\,0$$

所以 1～3 个月的择期外汇交易合同的汇率为：

EUR/USD=1.085 0

因而，A 公司在 1～3 个月期间执行合同需支付的美元金额为：

$$180\times1.085\,0=195.3(\text{万美元})$$

第五节　外汇掉期

一、外汇掉期的定义

外汇掉期（swap）是指买进或卖出某种货币的同时，卖出或买进金额相同、期限不同的同种货币的交易。这两笔外汇交易的币种相同、交易金额相等，但是交易方向相反、交易期限不同。外汇掉期的主要目的包括两个方面：一是轧平外汇头寸，避免汇率变动引起的风险；二是利用不同交割期限汇率的差异，通过贱买贵卖，谋取利润。

二、外汇掉期的分类

（一）根据起息日的不同进行分类

1. 即期对远期的外汇掉期

即期对远期的外汇掉期（spot-forward swap）是外汇掉期中最常见的形式，指买进或卖出一笔现汇的同时，卖出或买进一笔期汇的交易。在短期投资中，通常运用外汇掉期将一种货币转换成另一种货币，锁定换汇成本，规避风险。在实际操作中，常见的即期对远期的外汇掉期有以下三种：

（1）即期对次日掉期（spot/next，S/N）：第一个交割日在即期，后一个交割日安排在次日的外汇掉期。

（2）即期对一周掉期（spot/week，S/W）：第一个交割日在即期，后一个交割日安排在一周后的外汇掉期。

（3）即期对整数月（如 1 个月、2 个月、3 个月和 6 个月等）掉期：第一个交割日在即期，后一个交割日安排在 1 个月或 2 个月等整数月后的外汇掉期。

2. 即期对即期的外汇掉期

即期对即期的外汇掉期（spot against spot swap）是指买进或卖出一笔即期外汇的同时，卖出或买进一笔即期同种货币的交易。这两笔即期交易的交割日不同，可以用来调整短期头寸和资金缺口。常见的几种即期对即期的外汇掉期如下：

（1）今日对明日掉期（today-tomorrow swap）。它是指将第一个交割日安排在成交的当天（即“今天”），并将后一个交割日安排在成交后的第一个工作日（即“明天”）的掉期，又称为隔夜交易（over-night，O/N）。

（2）明日对后日掉期（tomorrow-next swap）。它是指将第一个交割日安排在成交后的第一个工作日（即“明日”），将后一个交割日安排在成交日后的第二个工作日（即“后日”）的掉期，又称为隔日交易（tom-next，T/N）。

今日对明日和明日对后日掉期的时间跨度都是一个交易日。

3. 远期对远期的外汇掉期

远期对远期的外汇掉期（forward against forward swap）是由两笔交易金额相等、交易方向相反、期限不同的远期外汇交易组成的。这种外汇掉期一般有两种方式：一是买进交割期限较短的远期外汇，卖出交割期限较长的远期外汇；二是买进交割期限较长的远期外汇，而卖出交割期限较短的远期外汇。

（二）根据交易的买卖对象不同进行分类

（1）纯粹掉期（pure swap）。它是指对某交易者而言，与同一个交易对手进行的两笔方向相反、期限不同、金额相同的外汇掉期。例如，甲向乙卖出100万30天远期美元的同时，又从乙处买进100万90天远期美元。

（2）制造掉期（engineered swap）。它是指对某交易者而言，与不同的交易对手进行的两笔方向相反、期限不同、金额相同的外汇掉期。例如，甲向乙卖出100万30天远期美元的同时，又从丙处购买了100万90天远期美元。

三、外汇掉期的报价

掉期率（swap rate）是外汇掉期的价格，在外汇市场上一般只报出掉期率。掉期率通常采用双向报价，即同时报出买入价和卖出价。掉期率一般用基点来表示买入价和卖出价。买入价表示即期卖出基准货币与远期买入基准货币的汇率差额；卖出价表示即期买入基准货币与远期卖出基准货币的汇率差额。

在外汇掉期中，判断升水或贴水的方法是：如果掉期率是按照左小右大的顺序排列，则表示升水，远期汇率等于即期汇率加上掉期率；如果掉期率是按照左大右小的顺序排列，则表示贴水，远期汇率等于即期汇率减去掉期率。

【例6-13】 已知某外汇市场上：

即期汇率	GBP/USD=1.563 5/50
3个月远期	20/45

因为掉期率是按照左小右大的顺序排列的，所以表示升水，远期汇率等于即期汇率加上掉期率，即3个月的远期汇率为：

GBP/USD=1.565 5/95

买入价20表示即期卖出基准货币与远期买入基准货币的汇率差额；卖出价45表示即期买入基准货币与远期卖出基准货币的汇率差额。

即期买入英镑	1.563 5
3个月远期卖出英镑	1.565 5（=1.563 5+0.002 0）
即期卖出英镑	1.565 0
3个月远期买入英镑	1.569 5（=1.565 0+0.004 5）

四、外汇掉期的应用

外汇掉期是由两笔币种相同、交易金额相等但是交易方向相反、交易期限不同的交易构成的。它可以用来套期保值，规避由于汇率波动带来的风险；转换货币，满足客户对不同货币资金的需求；轧平交易中的资金缺口；通过投机获得利润；等等。因此，在外汇市场上所有的外汇交易中，掉期业务的规模是最大的。

（一）套期保值

假如中国出口商与美国进口商签订合同，规定 3 个月后支付 100 万美元货款。中国出口商将在 3 个月后获得 100 万美元，如果在这期间美元汇率下跌，那么中国出口商将遭受损失。为了规避汇率风险，中国出口商卖出 3 个月远期美元给银行。银行如果不作相反的交易，那么 3 个月后会出现 100 万美元的多头风险。银行可以通过掉期交易来规避风险，具体做法是：即期卖出 100 万美元，从客户那儿买入 100 万美元远期，这样一买一卖就抵消了客户带给银行的汇率风险。

（二）转换货币

投资者可以通过外汇掉期将闲置的货币转换为所需要的货币，并加以运用，从中获取利益。现实中，有许多公司和银行及其他金融机构利用这一新的投资工具进行短期对外投资。在进行这种短期对外投资时，它们必须将本币兑换为另一国的货币，然后调往投资国或地区，但在回收资金时，有可能发生外币汇率下跌使投资者蒙受损失的情况。在这种情况下，就可以利用掉期规避这种风险。例如，某银行因为业务需要，以日元购入欧元存放 3 个月。为了防止 3 个月后欧元汇率下跌给自身造成损失，该银行利用外汇掉期，在买入欧元的同时，卖出 3 个月远期欧元，实现了货币转换，避免了风险。

（三）轧平交易中的资金缺口

例如，我国某出口企业收到国外进口商支付的货款 100 万美元，该企业需要将货款换成人民币，但同时该企业 3 个月后需要支付进口原材料的货款 100 万美元。此时，该企业就可以与银行办理一笔掉期业务，即期卖出 100 万美元，取得相应的人民币，然后以人民币买入 100 万 3 个月远期美元。通过掉期交易，该出口企业可以轧平交易中的资金缺口，达到规避风险的目的。

（四）通过投机获得利润

在外汇掉期中，远期汇率在交易进行时已经确定，考虑到未来的市场利率与汇率都可能发生变化，人们可以根据对利率变化的预期，作出对未来某个时刻市场汇率的预期，并根据这种预期进行投机性的掉期交易，从中获得利润。

五、外汇掉期的实际应用

【例 6-14】 某香港公司从欧洲进口设备，1 个月后将支付 100 万欧元。同时该公司也向欧洲出口产品，3 个月后将收到 100 万欧元货款。香港公司打算做一笔外汇掉期交易来规避汇率风险。假设外汇市场上的汇率报价为：

即期汇率	EUR/HKD=7.790 0/05
1 个月远期	10/15
3 个月远期	30/45

问：香港公司如何进行远期对远期的外汇掉期交易以实现保值？其收益状况如何？

解：香港公司可进行 1 个月对 3 个月的远期对远期的外汇掉期交易，具体做法是：买入 100 万 1 个月远期欧元，同时卖出 100 万 3 个月远期欧元。

1 个月后香港公司买入 100 万欧元，需支付的港元数为：

100×7.792 0=779.20(万港元)

3 个月后香港公司卖出 100 万欧元，可获得的港元数为：

100×7.793 0=779.30(万港元)

通过远期对远期的外汇掉期交易，该公司可以获得的港元收益为：

779.30−779.20=0.1(万港元)

如果香港公司打算通过做两笔即期对远期的外汇掉期交易来规避风险，则可进行如下操作：对于 1 个月后支付的货款，在远期市场上买入 100 万 1 个月远期欧元，同时在即期市场上卖出 100 万欧元；对于 3 个月后将收到的货款，在即期市场上买入 100 万欧元，同时卖出 100 万 3 个月远期欧元。收益状况为：

1 个月后支付的货款：

香港公司买入 100 万 1 个月远期欧元需要支付 100×7.791 5=779.15（万港元），在即期市场上卖出 100 万欧元，可获得 100×7.790 0=779.00（万港元），损失 1 500 港元。

3 个月后收到的货款：

香港公司在即期市场买入 100 万欧元需要支付 100×7.790 5=779.05（万港元），卖出 100 万 3 个月远期欧元可获得 100×7.793 0=779.30（万港元），其收益为 2 500 港元。

通过两笔即期对远期的外汇掉期交易，该香港公司可以获得 1 000 港元。

第六节 套汇、套利和进出口报价

一、套汇

从理论上来说，尤其是在当今电信业如此发达的情况下，世界范围内某种货币的汇率应该是趋同的。然而，在各个不同的外汇市场上，由于外汇供求或者其他因素的变动，以及信息交流不够充分等，不同的外汇市场在同一时刻的货币汇率可能会存在差异。这种短暂的汇率差异为套汇者提供了投机的机会。

套汇（arbitrage），是指套汇者利用两个或两个以上外汇市场在同一时刻的货币汇率差异进行外汇交易，在汇率较低的市场上买入一种货币，在汇率较高的市场上卖出该货币，从中赚取差价的活动。

套汇交易结束后，在原先汇率较低的外汇市场上，该种货币的需求大于供给，汇率上升；在原先汇率较高的外汇市场上，该种货币的供给大于需求，汇率下降，这样各个市场的汇率差异会缩小甚至消失。

套汇一般可以分为直接套汇和间接套汇。

（一）直接套汇

直接套汇（direct arbitrage），又称两角套汇或两点套汇、两地套汇，是套汇者利用两个外汇市场在同一时间的汇率差异，同时在两个市场上买卖该货币，从而赚取汇差利润的外汇交易。例如，在某一时刻，香港和纽约外汇市场上的汇率分别如下：

香港外汇市场：USD1＝HKD7.818/28

纽约外汇市场：USD1＝HKD7.801/11

显然美元在香港外汇市场上的汇率高于在纽约外汇市场上的汇率，套汇者根据直接套汇的原则，在纽约外汇市场上以USD1＝HKD7.811的汇率水平买入美元，在香港外汇市场上以USD1＝HKD7.818的汇率水平卖出美元。如果套汇资金为781.1万港元，那么获得的套汇收益为781.8－781.1＝0.7（万港元）。

但是，上面的交易中未考虑电话、电传、佣金等套汇费用，所以套汇利润必须大于套汇费用，否则套汇者便无利可图，套汇活动也就不会发生。

（二）间接套汇

间接套汇（indirect arbitrage），又称三地套汇，是利用三个或三个以上外汇市场同一时间的汇率差异，在多个市场间调拨资金，贱买贵卖，从中获取利润的外汇交易。由于间接套汇涉及多个外汇市场，情况复杂，因此必须判断是否存在套汇机会。判断的方法是：将三地的汇率换算成同一标价法（都换成直接标价法或间接标价法）下的汇率，然后将三个汇率连乘，若乘积等于1，则不存在汇率差异；若乘积不等于1，则存在汇率差异，可以进行套汇。

【例6-15】 同一时间，纽约、伦敦、香港外汇市场上的即期汇率分别如下：

纽约外汇市场：USD1＝HKD7.850 8/18

伦敦外汇市场：GBP1＝USD1.651 0/20

香港外汇市场：GBP1＝HKD12.490/500

问：三地是否存在套汇机会？如果存在套汇机会，那么一位有200万港元投资成本的港商该如何进行套汇？获利多少（不考虑其他费用）？

解：首先将三地的汇率换算成同一标价法下的汇率，由于纽约和伦敦外汇市场都采用间接标价法，所以须将香港外汇市场的汇率换算成间接标价法：HKD1＝GBP 0.080 0/01。将三个汇率同边相乘，得到：

$$(0.080\,0\times1.651\,0\times7.850\,8)/(0.080\,1\times1.652\,0\times7.851\,8)\approx1.036\,9/1.039\,0$$

由此可以看出存在套汇机会，图6-1演示了该套汇业务的操作过程。

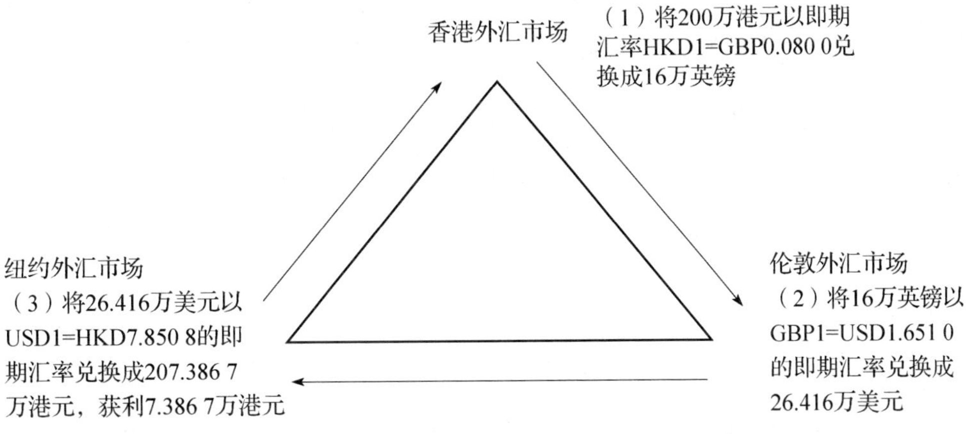

图6-1　间接套汇

套汇的方向为：先在香港外汇市场上卖出港元、买入英镑，然后在伦敦外汇市场上卖出英镑、买入美元，最后在纽约外汇市场上卖出美元、买入港元。

该港商获得的套汇收入为：

200×(0.080 0×1.651 0×7.850 8)＝207.386 7(万港元)

因此，该港商的获利为：

207.386 7－200＝7.386 7(万港元)

二、套利

套利（interest arbitrage）也叫利息套汇，是指投资者利用不同国家或地区短期利率的差异，将资金由利率较低的国家或地区转移到利率较高的国家或地区进行投资，从中获得利息差额收益的外汇交易。按照套利者在套利的同时是否做远期外汇交易进行保值，套利交易可分为无抛补套利和抛补套利。

（一）无抛补套利

无抛补套利（uncovered interest arbitrage），是指套利者把短期资金从利率较低的市场转移到利率较高的市场进行投资，以谋取利息差额收入。由于套利者在套利的同时没有通过远期外汇交易进行保值，因而要承担汇率波动的风险。

【例 6－16】 假设即期汇率 GBP/USD＝1.500 0，美元年利率为 8%，而同期英镑年利率为 6%，在预期 6 个月后市场汇率为 GBP/USD＝1.504 0 的基础上，英国某套利者以 100 万英镑进行为期 6 个月的套利。如果预期准确，套利者可获得多少套利净收益？

解： 如果预期准确，套利者先将 100 万英镑兑换为美元，6 个月后按照预期的汇率将获得的本利和兑换成英镑，可得：

100×1.500 0×(1＋8%÷2)÷1.504 0＝103.72(万英镑)

如果不进行套利，100 万英镑 6 个月可以获得的本利和为：

100×(1＋6%÷2)＝103(万英镑)

套利者可以获得的净收益为：

103.72－103＝0.72(万英镑)

如果套利者的预测不准确，也不通过远期外汇交易进行保值，那么他就要承担汇率风险。假设 6 个月后的汇率为 GBP/USD＝1.561 0，那么套利后该套利者将获得的本利和为：

100×1.500 0×(1＋8%÷2)÷1.561 0＝99.94(万英镑)

此时，套利者的套利失败，净收益为：

99.94－103＝－3.06(万英镑)

通过计算可知，当6个月后的汇率为GBP/USD＝1.514 6时，套利所得的收益与不进行套利获得的收益相同。如果实际汇率低于该汇率，则美元相对于英镑的高利差收入大于美元远期贴水所带来的损失，进行套汇是有利的。

(二) 抛补套利

抛补套利（covered interest arbitrage）是指套利者在套利的同时，通过远期外汇交易进行保值的套利交易。这种做法就是将套利交易和外汇掉期交易相结合，以规避汇率风险。抛补套利是比较常用的投资方法。

援引上例，假设英镑兑美元的6个月远期汇率为GBP/USD＝1.509 6，那么套利者在套利的同时进行掉期交易，卖出远期美元收入，可以避免汇率波动带来的风险。

100×1.500 0×(1＋8%÷2)÷1.509 6－103＝0.34(万英镑)

值得注意的是，套利活动存在的条件是，两个地区的利率差异大于两种货币的即期汇率和远期汇率的差异。在上题中，当远期汇率为GBP/USD＝1.504 0时，英镑的年升水率为

(1.504 0－1.500 0)÷1.500 0×12/6＝0.005

因为两国的年利差为8%－6%＝2%，大于英镑的年升水率，所以套利成功。

经计算可知，当远期汇率为GBP/USD＝1.561 0时，英镑的年升水率为8%，大于两国的年利差，所以不能进行套利。

利率差异的存在使得资金从一国流向另一国时会出现恢复利率平价的趋势。这是因为：根据利率平价理论，外汇的远期差价是由两国利率的差异决定的。套利者买入即期高利率货币，卖出即期低利率货币。同时，为了避免汇率风险，卖出远期高利率货币，买入远期低利率货币。这样必然使得高利率的货币远期贴水，低利率的货币远期升水，直至即期汇率和远期汇率的差异等于两地利率的差异，套利活动才会停止。

三、进出口报价

在国际贸易活动中，经常会发生需要改变进出口报价的情况：出口业务中，外国进口商要求我国出口商改用另一种货币报价；进口业务中，我国进口商需要比较同一种商品以两种不同货币报出的价格。这些问题涉及汇率的折算和套算，熟练掌握汇率

的计算以及进出口报价的原则，能提高企业效益，规避风险。

（一）汇率折算

外汇市场通常采取双向报价，即同时报出买入价和卖出价，但是汇率的买入价与卖出价之间一般相差10‰～50‰。进出口商在货价折算对外报价或者比较进口货物报价时，一定要选择恰当的汇率，否则会遭受损失。一般在运用汇率的买入价与卖出价时，应遵循以下原则：

（1）本币折算外币时，应该按买入价折算。

（2）外币折算本币时，应该按卖出价折算。

【例6-17】 我国某出口商品原以美元报价，每件80美元，现客户要求以英镑报价。当日纽约外汇市场的汇率报价为1英镑＝1.744 0/50美元。我国出口商品的英镑报价应该为多少？

解： 因为是在纽约外汇市场，所以将美元视为本币，将英镑视为外币。要求把美元报价改为英镑报价，就是将本币报价折算为外币报价，应使用买入价。纽约外汇市场上的英镑汇率采用的是直接标价法，所以汇率报价的前一个数是买入价，英镑报价应为80÷1.744 0＝45.87英镑。

如果以当日伦敦外汇市场的牌价为依据，则将美元视为外币，将英镑视为本币。把美元报价改为英镑报价，就是将外币报价折算为本币报价，应使用卖出价折算。如果当日牌价也为1英镑＝1.744 0/50美元，由于伦敦外汇市场采用间接标价法，汇率报价的前一个数是卖出价，因此英镑报价也为45.87英镑。

由此可知，将一种外币报价改为另一种外币报价时，无论以哪个外汇市场作为基准，只要不同外汇市场的汇率相同，折算出的以同一货币表示的进出口报价都应该是相同的。

进出口报价原则既适用于即期汇率，也适用于远期汇率。

（二）即期汇率与进口报价

在进口贸易中，外国出口商如果以两种货币对同一商品报价，进口商应尽力选择支付较低金额的。我国公司在确定接受哪种货币报价时所采用的方法有以下几种。

1. 将同一进口商品的两种货币报价均按人民币汇率折算成人民币进行比较

【例6-18】 我国某公司从德国进口商品，德国出口商给出了两个报价：以欧元报价的单价为500欧元，以美元报价的单价为600美元，该公司应接受欧元的报价，还是美元的报价？

当日外汇市场的即期汇率为：

USD/CNY＝8.038 0/700

EUR/CNY＝9.603 0/806

解：将德国出口商的两个报价折算成人民币报价进行比较：

美元报价折算为人民币报价：8.070 0×600＝4 842（元）

欧元报价折算为人民币报价：9.680 6×500＝4 840.3（元）

可见，欧元报价的人民币成本低于美元报价的人民币成本。因此，该公司应接受欧元报价。

2. 将同一进口商品的不同货币报价按国际外汇市场的即期汇率统一折算后进行比较

在上述例题中，如果将德国商品以当天纽约外汇市场上美元与欧元汇率进行折算，也可得出应该接受何种货币报价较为合理。

假设同日纽约外汇市场的汇率报价为：

EUR/USD＝1.185 3/1.186 4

按照此汇率，欧元报价折算成美元报价为：500×1.185 3＝592.65（美元），但是以美元报价的单价为 600 美元。所以，在不考虑其他因素的情况下，该公司应接受欧元报价。

（三）远期汇率与进出口报价

1. 汇率表中远期贴水（点）数可作为延期收款的报价标准

在出口贸易中，如果国外进口商在延期付款条件下要求我方以两种外币报价，假如甲币为升水，乙币为贴水，如以甲币报价，则按原价报出；如以乙币报价，则应按汇率表中乙币对甲币贴水后的实际汇率报出，以减少乙币贴水后的损失。

【例 6－19】 某日纽约外汇市场的汇率报价为：

	即期汇率	远期汇率
USD/CHF	1.603 0/40	贴水 135/140

我国某公司向美国出口机床，如即期付款，则每台报价 2 000 美元，现美国进口商要求该公司以瑞士法郎报价，并于货物发运后 3 个月付款，那么该公司应报价多少瑞士法郎？

解：(1) 计算瑞士法郎兑美元的 3 个月远期汇率，由于贴水 135/140，故其远期实际汇率为：

1.603 0＋0.013 5＝1.616 5(卖出价)

1.604 0＋0.014 0＝1.618 0(买入价)

(2) 考虑到3个月后方能收款，故将3个月瑞士法郎贴水的损失加在货价上，应报瑞士法郎价=原美元报价×美元/瑞士法郎3个月远期汇率。

(3) 考虑到根据纽约外汇市场汇率表来套算时，美元被视为本币，瑞士法郎被视为外币，根据本币折算外币按买入价进行折算的原则，应报的瑞士法郎价=原美元报价×美元/瑞士法郎3个月远期汇率买入价，即2 000×1.618 0=3 236（瑞士法郎）。

2. 汇率表中的贴水年率，也可作为延期收款的报价标准

远期汇率表中贴水货币的贴水年率即贴水货币（相对升水货币）的贬值年率。例如，某商品原以较硬（升水）货币报价，但国外进口商要求改为以贴水货币报价，那么出口商在根据即期汇率将升水货币金额换算为贴水货币金额的同时，为弥补贴水损失，应再将一定时期内的贴水率加在折算后的货价上。

出口商品原为即期收款，以贴水货币报价，应国外进口商要求，改为延期收款，以升水货币报价。在这种情况下，出口商应该以即期收款的升水货币来报价。

【例6-20】 我方对欧洲某出口商品原为即期付款，报价485美元/箱，应国外进口商要求，改用英镑报价，并延期3个月付款。已知伦敦市场汇率报价为：

即期汇率　GBP/USD=1.579 0/1.580 6

3个月远期　200/240

问：该出口商品应报价每箱多少英镑？

解： 如果外商即期付款，由于是外币折算为本币，所以应按卖出价折算，故我方报价应为：

$$485\div1.579\,0=307.16(\text{英镑})$$

如果外商延期3个月付款，由于远期差价前小后大，在间接标价法下，远期汇率为贴水，远期汇率=即期汇率+贴水；外币折算为本币，又是延期付款，就应按远期汇率的卖出价折算，这样我方报价应为：

$$485\div(1.579\,0+0.02)=303.31(\text{英镑})$$

同即期收款相比，延期收款不利于我方资金周转，加之报价又低了3.85（=303.31−307.16）英镑/箱，所以我方应按即期收款的升水货币报价，即报价307.16英镑/箱。

第七节　外汇期货交易

一、外汇期货交易概述

外汇期货（foreign exchange futures）交易，是一种交易双方在有关交易所内通过公开叫价的拍卖方式，买卖在未来某一日期以既定汇率交割标准数量外汇的期货合同的外汇交易。

现代期货交易始于 1972 年美国芝加哥商品交易所（Chicago Mercantile Exchange，CME）的国际货币市场（international monetary market，IMM）。20 世纪 70 年代以前，期货交易仅限于农矿产品；20 世纪 70 年代以后，由于世界经济不稳定，利率、汇率经常大幅度波动，人们开始尝试将商品期货交易的机制移植到外汇交易和金融凭证交易上。1972 年，芝加哥商品交易所正式成立国际货币市场分部，推出了 7 种外汇期货合约，将商品期货交易的经验运用于外汇交易，使得从事与外汇交易有关的国际经济交易的经济主体能够规避汇率风险，由此拉开了期货市场创新发展的序幕。

外汇期货是金融期货中最早出现的品种，它不仅为广大投资者和金融机构等经济主体提供了有效的套期保值工具，而且为套利者和投机者提供了新的获利手段。

二、外汇期货交易的特征

（一）交易合约标准化

1. 合约规模标准化

外汇期货交易对合约的交易单位有严格的要求。特定货币的每份期货合约的数量相等、金额固定，这一特定数量由各交易所根据各标的货币与结算货币的正常平均汇率确定。如表 6－4 所示，根据芝加哥商品交易所的规则，国际货币市场上英镑期货合约的交易单位为 62 500 英镑，欧元期货合约的交易单位为 125 000 欧元。

表 6-4 芝加哥国际货币市场外汇期货合约概况

合约种类 通用代码	交易单位	基本点	最小变动 价位（美元）	一张合约的最小 变动价位（美元）	合约时间（月）
欧元 EUR	125 000	0.000 1	0.000 1	12.5	3、6、9、12
英镑 GBP	62 500	0.000 2	0.000 2	12.5	3、6、9、12
瑞士法郎 CHF	125 000	0.000 1	0.000 1	12.5	3、6、9、12
加拿大元 CAD	100 000	0.000 1	0.000 1	10	3、6、9、12
澳大利亚元 AUD	100 000	0.000 1	0.000 1	10	3、6、9、12
日元 JPY	12 500 000	0.000 001	0.000 001	12.5	3、6、9、12

2. 交割日期标准化

合约交易时间是以每 3 个月为一个周期，即交易届满月为每年的 3、6、9、12 月，合约到期的月称为即期月（spot month）。

IMM 外汇期货合约的交割日为即期月的第三个星期三。若当天不是营业日，则顺延至下一个营业日。合约交易的截止日期为交割日之前的第二个营业日，最后一个交易日的汇率为结算价。

3. 价格波动限制

外汇期货交易合约的最小变动价位（minimum fluctuation tick），是指标的货币汇率变动一次的最小幅度，用基本点的倍数表示。例如，英镑期货合约的基本点是 0.000 2，最小变动价位是 0.000 2 美元；欧元和加拿大元期货的基本点都是 0.000 1，最小变动价位是 0.000 1 美元；日元期货合约的基本点为 0.000 001，最小变动价位为 0.000 001 美元。

由于外汇期货交易市场单笔交易数额大，为防范汇率风险，主要外汇期货交易所都采取了一定程度的涨跌停板制度，即实行每日价格最大波动幅度限制（daily limit moves）。一旦价格波动超过该幅度，交易就自动停止，这样交易者便不至于因价格的暴跌暴涨而蒙受巨大损失。IMM 规定，每日仅在开市的 15 分钟内对价格最大波动幅度进行限制，之后没有任何限制。例如，在开市时，日元期货的每日价格最大波动幅度为 200 点，每点的价位是 12.50 美元，所以每份日元期货合约的每日价格最大波动幅度为 2 500 美元。

（二）交易与结算集中化

外汇期货交易是一种标准化的场内交易，必须在集中性的交易场所通过公开叫价的方式成交，对任何一种外汇期货合约公开叫价所形成的价格对所有投资者有效。这种交易规则称为外汇期货的公开叫价制度（open outcry）。

外汇期货结算，是指外汇期货清算机构根据交易所公布的结算价格，对客户持有的外汇期货合约头寸的盈亏状况进行资金清算的过程。交易所在银行开设统一的结算资金账户。会员在交易所结算机构开设结算账户，会员在交易所的交易由交易所结算机构统一结算。

（三）履约有保障

外汇期货交易采用保证金（margin）制度和逐日清算（mark to market daily）制度，起到防止交易各方违约的作用，为合约的履行提供了保障。

1. 保证金制度

为了防止投资者因为外汇期货市场汇率变动而违约，参与外汇期货交易的各方必须交纳保证金。保证金是用来确保期货买卖双方履约并承担价格变动风险的一种财力担保。

初始保证金（initial margin），有时也被称作原始保证金，是当交易者新开仓时必须依照各类合约的有关规定向清算所交纳的资金，通常为交易总额的一定比例。在向交易所交纳初始保证金后，交易所的清算机构根据外汇期货价格变化逐日清算未交割期货合约的盈亏，浮动盈利将增加保证金账户余额，浮动亏损将减少保证金账户余额。保证金账户在经过逐日清算（即逐日盯市）后必须维持一个最低余额，称为维持保证金（maintenance margin）。当保证金账面余额低于维持保证金时，交易者必须在规定时间内补充保证金，否则在下一个交易日，交易所有权强行平仓。这部分需要重新补充的保证金被称为追加保证金（variation margin）。

2. 逐日清算制度

所谓逐日清算制度，又称逐日盯市制度，是指结算部门在每日闭市后对会员经纪商的保证金账户进行结算、检查，根据每日的收益与损失进行调整，并通过适时发出保证金追加单（margin call），使保证金余额维持在一定水平（即维持保证金）之上，从而防止负债发生的一种结算制度，其目的是控制期货市场的违约风险。

保证金制度是期货交易的灵魂，而其顺利实施又有赖于逐日盯市制度。这两项制度加上交易所和清算所作为交易保障，提高了外汇期货交易的效率和安全性，为活跃的外汇期货交易创造了公开、公正、公平的市场环境。

（四）市场流动性高

由于期货合约的规模和交割日期都是标准化的，因此各种交易者在期货市场较易匹配，这就增强了外汇期货市场的流动性。此外，由于买卖期货合约后，可在交割日之前的任何一天进行交易（卖或买），因此期货合约的交易方式更加灵活，交易量也更大。

三、外汇期货交易与远期外汇交易的比较

外汇期货交易与远期外汇交易的共同之处在于：两者都是外汇买卖双方通过签订合同的方式，约定在未来某一日期按既定的汇率交割合同所规定的货币；两者都可以用来进行套期保值或外汇投机；两者的价格计算公式也基本一致。但是，外汇期货市场和远期外汇市场也有着一系列不同的规则和要求，为了更好地把握外汇期货交易的特点，有必要对外汇期货交易与远期外汇交易的区别进行分析。

（一）市场参与者不同

从事远期外汇交易虽然没有资格限制，但实际上，远期外汇市场的参与者大多为专业化的证券交易商或与银行有良好往来关系的大厂商，而广大个人投资者与中小企业由于缺乏足够的信用，极难有参与交易的机会。但在外汇期货市场上，任何投资者只要按规定交纳保证金，均可通过具有期货交易所清算会员资格的外汇经纪商来进行外汇期货交易，不受所谓资格的限制。

（二）交易场所与交易方式不同

传统的银行间远期外汇交易一般都是在场外进行，没有具体的交易场所。外汇期货交易只能在受政府管理的期货交易所内进行，交易的竞争性很强，而且有严格的交易规则和程序。

在交易方式方面，远期外汇交易是交易各方之间通过电话、电传、电报、电脑终端等通信网络进行的，远期汇率通常是由买卖双方通过询价报价确定的，价格的波动不受任何限制。外汇期货交易则是由场内经纪人、场内交易商在指定的交易栏旁通过公开喊价、竞争拍卖的方式进行的，价格的波动一般有上下限。此外，期货交易所还对各种外汇期货规定了特定的交易时间。

（三）报价方式不同

进行远期外汇交易时，价格一般由银行报出，而银行的报价是双向的远期汇率，即既报买入价，又报卖出价。在期货市场上，买方或卖方都只报一种价格，买方只报出价，卖方只报开价或发价。因此，在外汇期货市场上，在任何一个时点上只存在单一价格，它是场内经纪人、场内交易商在交易所内相互竞争、讨价还价的结果。竞争的结果确保了期货合约能以目前报出的最高价格（最高的出价）出售，或确保期货合约能以目前开出的最低价格（最低的开价）购入。价格一旦形成，在该时点就对交易所内全部交易者有效。

（四）合约的标准化程度不同

远期外汇交易合约是非标准化合约，它的交易金额不受限制，交易数量可由客户与银行商定。外汇期货交易则是按合约的标准化数额（即合约面额）进行，要在期货市场上进行套期保值或外汇投机，就只能按合约的标准化数额或其倍数进行交易。

远期外汇交易在交易期限方面具有很大的选择余地，通常可以面议，不少银行还做远期择期交易。外汇期货合约则有标准的交割期限，一般 1 年中只有 4 个固定的交割日期可供选择（在 IMM，交割日期已扩大到 8 个）。

（五）对保证金的要求不同

远期外汇交易一般不收取保证金。而在外汇期货市场上，为确保每一份期货合约生效后，当事人都能对因期货价格发生变化造成的亏损及时进行支付，期货交易所要求买卖双方都存入保证金，而且在期货合约有效期内的每一天都进行结算，并调整保证金。

（六）结算业务不同

远期外汇交易的结算业务一般由经办这一远期交易的银行同经纪人直接进行，因而没有专门的结算单位。银行间远期外汇交易的盈亏只能由交易双方在协议的结算日自行结算，一般要到交割时才会有现金流动。在外汇期货交易中，结算业务由专门的结算机构统一办理，结算机构负责处理涉及未结算合约的现金支付。在每个交易日结束时，结算机构根据当日结算价格计算盈亏并进行划账，所以外汇期货合约在其生效后的每一个营业日都可能发生现金流动。

四、外汇期货交易的操作

（一）外汇期货的套期保值交易

外汇期货的套期保值交易，是指按照期货市场中套期保值的决策程序和方法，利用外汇期货交易，确保外币资产或外币负债的价值不受或少受汇率变动带来的损失。套期保值的基本原理是：现货市场价格与期货市场价格受相同因素影响，二者价格变动呈同一趋势，即现货市场价格上涨或下跌，期货市场价格也升高或降低。套期保值的具体做法是：在已经发生的一笔即期或远期外汇交易的基础上，为防止损失，同时做一笔相反方向的期货交易。这样的话，如果原有交易受损，就可通过所做的方向相反的期货交易的获利来弥补或者抵消。对套期保值者来说，参与外汇期货市场不是为了赚取利润，而是通过套期保值来转移汇率风险。

1. 空头套期保值

空头套期保值（short hedge），又称卖出套期保值。空头套期保值的具体做法是：将有现货头寸的交易者在期货市场上做一笔相应的空头交易，防止因现货头寸价格下跌而遭受损失。例如，出口商为避免汇率波动造成应收外汇货款贬值，可以事先在外汇期货市场上卖出该种货币的期货合约，从而锁定其价值。

【例 6-21】 中国一家跨国公司在英国的子公司急需母公司提供 250 万英镑资金，5 个月后即可将该笔资金调回母公司。于是，母公司在外汇现货市场上用人民币购买了 250 万英镑汇给该子公司，即期汇率为 GBP/CNY=13.7。为了避免由此产生的外汇交易风险，母公司要在外汇期货市场上进行空头套期保值，若此时的期货价格 GBP/CNY=13.8，应如何操作？假设 5 个月后的汇率价格变为 GBP/CNY=13.3，期货价格为 GBP/CNY=13.35，母公司的损益如何？

解： 母公司需在外汇现货市场上买入 250 万英镑，共支付：

$$250\times13.7=3\ 425(\text{万元})$$

母公司可利用期货进行空头套期保值，具体做法是：卖出 40 份 5 个月后到期的英镑期货合同，每份 62 500 英镑，共计 250 万英镑，可收入：

$$62\ 500\times40\times13.8=3\ 450(\text{万元})$$

5 个月后，母公司收到 250 万英镑，在外汇现货市场上卖出 250 万英镑，收入为：

$$250\times13.3=3\ 325(\text{万元})$$

亏损：3 325－3 425=－100（万元）

在期货市场上买入 40 份英镑期货合同平仓，支付：

$$62\ 500\times40\times13.35=3\ 337.5(\text{万元})$$

盈利：3 450－3 337.5=112.5（万元）

由于英镑相对人民币贬值，母公司在外汇现货市场上的交易亏损 100 万元，在外汇期货市场上的交易盈利 112.5 万元，即通过套期保值最终盈利 12.5 万元。如果母公司没有进行套期保值，当月在外汇现货市场上买入 250 万英镑，5 个月后收回英镑时将其在外汇现货市场上出售，则母公司会因英镑贬值损失 100 万元。当然，如果英镑升值，母公司不进行套期保值将比进行套期保值盈利更多。但是，在买入外汇现货时，母公司并不知道 5 个月后英镑到底是升值还是贬值。升值固然有利，但万一英镑贬值，母公司在外汇现货市场上的交易必然蒙受损失。如果进行了套期保值，那么当英镑在外汇现货市场上贬值时，它在期货市场上也会贬值，母公司在外汇期货交易中将获利，从而可以抵消外汇现货市场交易中的一部分损失。

2. 多头套期保值

多头套期保值（long hedge），又称买入套期保值，是指为避免计价货币汇率上升造成损失，对于国外负有债务的债务人或将来在某一时间内支付外汇货款的进口商将要以外汇支付的款项，先在外汇期货市场上购进同等数量的外汇期货合约，等到将来在外汇现货市场上购进所需外汇时，卖出购进的期货合约的交易。

【例 6-22】 美国某进口商 6 月从德国进口一批设备，预计 3 个月后必须在外汇现货市场买进 500 万欧元，以支付这批设备的货款。为避免 3 个月后因欧元升值而花费更多的美元，锁定设备的购入成本，该进口商可先行在期货市场上买进欧元期货合约。假设该进口商在外汇市场上购进了 40 份 3 个月交割的欧元期货合约，并按 EUR/USD＝1.010 0 的汇率成交，总额 500 万欧元。此时，外汇现货市场上美元兑欧元的汇率为 EUR/USD＝1.000 0。假设 3 个月后，欧元在现汇市场的汇率升至 EUR/USD＝1.060 0，期货市场的汇率为 EUR/USD＝1.070 0，该进口商的损益如何?

解： 进口商购买的 40 份欧元期货合约的成交额为 1.010 0×12.5×40＝505（万美元）。

假设 3 个月后，欧元兑美元汇率上升至 EUR/USD＝1.060 0，该进口商在外汇现货市场上以升值后的欧元汇率购进 500 万欧元，需要 1.06×500＝530（万美元），亏损 30 万美元。

与此同时，该进口商又在期货市场上把 3 个月前购进的 40 份欧元期货合约卖出，可得到 1.07×500＝535（万美元），盈利 30 万美元。由此可见，该进口商在现货市场上亏损的 30 万美元，又从期货市场上得到了补偿，其实际支付的金额被锁定为 500 万美元。

（二）外汇期货的投机交易

外汇汇率的不稳定性，一方面迫使商业交易者纷纷利用期货市场进行套期保值，以避免汇率波动的风险；另一方面，这种不稳定性也为投机者提供了获取利润的可能性。投机交易是没有现货市场做后盾的，外汇期货是利用期货市场价格的频繁变动，在期货市场上买进卖出，以赚取期货市场的差价，这提供了一种相对低成本的货币投机（speculation）途径。因为只要交纳少额的保证金便可以进行大额的外汇期货合约的买卖，这样投机者只需用少量的资金就有可能获得高额的投机利润。

1. 买空交易

买空交易，又称多头投机，是投机者预测某种外汇期货合约的价格将要上涨，因而购买某一交付月份的外汇期货合约，一旦预测准确，便立即将事先购买的合约卖出，以从中赚取差额的交易。

【例 6-23】 假设 20××年 9 月 2 日的市场行情如下：

即期汇率：USD/JPY＝120

日元期货价格：JPY/USD＝0.008 33

某投机者预测12月交割的日元期货价格呈上升趋势，所以买入100份12月交割的日元期货合约，每份期货合约的面额为1 250万日元。假设20××年11月2日，日元期货价格上升为JPY/USD＝0.009 33。问：该投机者可以获得多少利润？

解：若该投机者立即平仓其日元期货合约，则其获利为（0.009 33－0.008 33）×12 500 000×100＝1 250 000（美元），即在不计交易成本的前提下，该投机者从事日元期货的多头投机交易可获得125万美元。

2. 卖空交易

卖空交易，又称空头投机，是指投机者预测某种外汇期货合约的价格将下跌，因而事先出售外汇期货合约，待该合约的价格真正降低后再买进，从中赚取差额的交易。

【例6-24】 假设2022年2月1日的市场行情如下：

即期汇率：GBP/USD＝1.599 5

英镑期货价格：GBP/USD＝1.560 0

某投机者预测3月交割的英镑期货价格将会下跌，所以卖空20份3月交割的英镑期货合约，每份期货合约为62 500英镑。假设2022年3月1日，英镑期货价格下跌至GBP/USD＝1.515 7。问：该投机者可以获得多少利润？

解：若该投机者立即平仓其英镑期货合约，则其获利为：（1.560 0－1.515 7）×62 500×20＝55 375（美元），即在不计交易成本的前提下，该投机者从事英镑期货的多头投机交易可获得55 375美元。

要说明的是，买空、卖空交易成功的关键是投机者能正确地预测未来汇率变动的方向。如果预测准确的话，投机者会因为期货交易的杠杆效应获得巨大的收益，但如果预测不准的话，投机者将会遭受难以估量的巨额损失，这正是外汇期货投机交易的巨大风险所在。

第八节 外汇期权交易

一、外汇期权的含义

外汇期权（foreign exchange option），又称货币期权（currency option），是一种选

择权契约，其持有人即期权买方（buyer or holder）享有在契约期满或之前以协定价格（strike price，又称执行价格）购买或销售一定数额的某种外汇资产的权利。期权卖方（seller/writer）收取期权费，有义务在买方要求执行时卖出（或买进）合约规定的特定数量的某种外汇资产。

当行市有利时，期权的买方有权买进或卖出该种外汇资产，如果行市不利，他也可以不行使期权，放弃买卖该种外汇资产的权利，使其到期作废，损失的只是预付的期权费［premium，又称权利金或期权价格（option price）］。在期权交易中，期权费是唯一的变量，其他要素都与期货交易相似，是标准化的。期权费是期权的买方为获取期权合约所赋予的权利而必须支付给卖方的费用。由于外汇期权提供的是一种选择的权利而非强制的担保，所以购买者在购买外汇期权时必须支付期权费。无论期权持有者是否行使期权，期权费都不得收回。

二、外汇期权合约

（一）外汇期权的特征

外汇期权合约标准化的主要内容包括以下几个方面：

（1）执行价格。执行价格即合约中规定交易双方未来行使期权买卖外汇的交割汇价。日元期权价格以 0.000 1 美元为最小单位，其他外汇期权则以 0.01 美元为最小单位。

（2）到期月固定。到期月通常为每年的 3 月、6 月、9 月和 12 月。

（3）到期日固定。到期日指期权买方有权执行期权的最后一天，通常定于到期月第三周的最后一个交易日，超过这一天未被执行的合约即自动作废。

（4）保证金。在买方要求执行期权权利时，卖方有根据执行价格进行交割的义务。为了确保合约义务的履行，卖方须在订约时交纳保证金。卖方所交纳的保证金通过清算所会员存放于清算所的保证金账户内，随市价的涨跌而涨跌，并于必要时追加保证金。

（5）期权费。期权费即订立期权合约时由买方支付给卖方以取得执行选择权的费用。由于买方除了支付期权费外，不承担任何义务，所以买方在订立期权合约时不必交纳保证金。

（6）期权交割通常通过清算所会员进行。目前全球最大的外汇期权市场——芝加哥证券交易所——设有期权清算公司以保证交易的顺利进行，使买卖双方不必做对方的信用调查工作，期权清算公司同时负责期权合约的清算事宜。

（二）外汇期权合约与外汇期货合约的比较

外汇期权交易作为规避汇率风险的有效保值工具，从某种意义上可以说是远期外汇抛补与期货交易保值的延伸，但它与后两者存在明显的差别。外汇期权交易与外汇期货交易在合约标准化和交易规则等方面有许多相似之处，但仍存在一些区别，表 6-5 将外汇期权、外汇期货与远期外汇三种交易进行了比较。

表 6-5 外汇期权、外汇期货、远期外汇三种交易的比较

	外汇期权	外汇期货	远期外汇
交易币种	少数几种国际货币	少数几种国际货币	无限制
交易方式	在交易所集中交易为主，还有银行间交易	在注册的交易所内以公开竞价的方式进行交易	买卖双方通过电话、电传等方式直接联系并交易
交易者	被批准进行期权交易的证券交易所的参与者及其一般客户	注册的交易所会员及其一般客户	主要是银行和避险主体
合约单位	标准化	标准化	无限制，由交易双方商定
合约定价方式	公开竞价	公开竞价	无限制，由交易双方商定
价格波动限制	无限制	有每日最大波动幅度限制	无限制
履约义务	买方无履约义务，卖方有履约义务	双方都有履约义务	双方都有履约义务
保证人	期权清算公司	清算所	无
保证金	期权买方只支付期权费，期权卖方依据每日行情交纳保证金	买卖双方皆交纳保证金，且每日计算盈亏	无保证金，但银行通常对客户限定承做交易金额
交割时间	固定的到期月	3 月、6 月、9 月、12 月	无限制，由交易双方商定
交割与清算	买方无交割义务	实际很少交割，多通过对冲了结合约	多数进行实际交割，客户也可以与银行签订冲销合约来冲销
交易成本	较大。对于买方：佣金＋期权费。对于卖方：佣金＋保证金－期权费	较大，对于买卖双方来说均包括保证金与佣金	很小，佣金隐含在买卖差价中

三、外汇期权交易的类型

外汇期权交易根据其交易场所、被赋予的权利、行使期权的时限以及执行价格与即期汇率的差距的不同，主要有以下几种分类。

（一）场内交易期权和场外交易期权

外汇期权根据其交易场所不同，可分为场内交易期权和场外交易期权。

（1）场内交易期权。它又称交易所期权，是指在被认可的交易所买入或卖出的期权合约。场内期权可以是一定数量的即期货币交易，也可以是一个相似的货币期货合约交易，但它是标准化的：到期日、名义本金、交割地点、保证金、交易时间等都是交易所事先确定的，外汇期权交易者需要做的只是确定合约的价格和数量。在交易所交易的标准化期权可以进入二级市场买卖，具有很大的流动性。

（2）场外交易期权。它也称为柜台交易期权，占期权交易总量的90%以上，是由银行出售给客户，可以满足客户在日期、数量和币种等方面的特定需求的外汇期权交易。场外交易期权的特点是：可以直接在交易者之间交易，也可以通过期权经纪商交易；不需要支付保证金；交易规模可以协商；等等。场外交易期权可以满足各种客户的需要，不像场内交易期权那样标准化，可以根据客户的需要对期权进行特制。

这两个市场是相互连通的，场内交易市场在一定程度上扮演了批发市场和调剂市场的角色，而场外交易市场则相当于零售市场。但是，两个市场的交易规则又不相同。场内交易的标准外汇期权合约在合约规格方面有严格的规定，而场外交易市场所提供的合约规格具有很大弹性，可以完全按客户要求制定，同时也可以避免保证金的负担。

（二）看涨期权和看跌期权

外汇期权根据其所赋予的权利的不同，可分为看涨期权（call option）和看跌期权（put option）。

（1）看涨期权。看涨期权又称买权，是指期权的买方享有在规定的有效期内按某一具体的执行价格（协定汇率）买进特定数量的某种外汇资产的权利，但不同时负有必须买进的义务。

（2）看跌期权。看跌期权又称卖权，是指在到期日或在到期日为止的期间内，按照事先约定的执行价格，卖出特定数量的某种外汇资产的权利，但不同时负有必须卖出的义务。

（三）美式期权和欧式期权

外汇期权根据其行使期权的时限的不同，可分为欧式期权（European option）和美式期权（American option）。

（1）欧式期权。它是指期权合约的买方只能在合约到期的最后一刻，即期权到期日前的第二个工作日决定其是否要求卖方执行合约的期权。

（2）美式期权。它是指期权合约的买方可以在合约到期日前任何一天要求卖方执行合约的期权。由于买方的选择更加灵活，因而美式期权的价格也相对贵一些。

请注意，美式期权与欧式期权的划分并非地域上的概念。近年来，美式期权逐渐成为主流，并且交易量已经超过欧式期权。

（四）价内期权、平价期权与价外期权

按照外汇期权合约的执行价格与即期汇率的差距，可将外汇期权分为价内期权、平价期权和价外期权。

（1）价内期权（in-the-money option）。它也称实值期权，指外汇期权买方要求卖方履约时可以获利的期权。对于看涨期权，当外汇期权合约的协定汇率低于标的外汇的即期或远期汇率时，由于此时履约可使买方获利，所以该看涨期权就是价内期权。对于看跌期权，当外汇期权合约的协定汇率高于标的外汇的即期或远期汇率时，由于此时履约可使买方获利，所以该看跌期权就是价内期权。

（2）平价期权（at-the-money option）。它是指外汇期权买方要求履约时标的外汇资产的市场价格等于期权合约协定价格的期权。

（3）价外期权（out-of-the-money option）。它也称虚值期权，其定义与价内期权相反。对于看涨期权，当外汇期权合约的协定汇率高于标的外汇的即期或远期汇率时，该看涨期权就是价外期权。对于看跌期权，当外汇期权合约的协定汇率低于标的外汇的即期或远期汇率时，该看跌期权就是价外期权。

在期权市场上，价内期权的价格要高于平价期权和价外期权，因为价内期权的持有人盈利的机会更大或卖方承担的风险更大，故要求更高的转让价格。市场汇率并非静止不动的，而是瞬息万变的，某种价内期权可能随时变为价外期权。

阅读专栏

终于敲定接盘侠！第一公民银行买下硅谷银行

在“苦苦寻找”两周后，美国政府终于迎来了硅谷银行的接盘侠。

当地时间2023年3月26日，美国联邦存款保险公司（FDIC）发布的公告显示，第一公民银行股份公司（First Citizens BancShares）与FDIC完成硅谷银行收购谈判，将承接硅谷银行的所有存款和贷款，存款保险基金在硅谷银行破产后的支出约为200亿美元。

公告显示，硅谷过桥银行总资产约为1 670亿美元，存款总额为1 190亿美元。第一公民银行将以165亿美元的折扣价格购买硅谷过桥银行720亿美元的资产，剩余的约 900 亿美元的证券和其他资产将留在 FDIC 手中。

此外，FDIC 还获得了第一公民银行股份公司普通股的潜在价值为 5 亿美元的股权增值权。

第一公民银行的首席执行官 Frank Holding Jr. 在一份声明中表示："与 FDIC 合作达成了一项伟大的交易，此举可能会增强人们对银行系统的信心。"

第一公民银行股份公司总资产管理规模约为 1 090 亿美元，是美国排名前 20 的金融机构，旗下有包括第一公民银行（First Citizens Bank）在内的多家金融机构。根据美联储的数据，截至 2022 年底，第一公民银行为美国资产管理规模第三十大的商业银行。

媒体援引知情人士消息称，第一公民银行在硅谷银行倒闭后立即提交了对其的出价。

有媒体分析认为，第一公民银行可能没有足够的资金来应对美国历史上第二大银行倒闭案，但第一公民银行收购破产银行的经验丰富，自 2009 年以来，第一公民银行已经收购了 20 多家破产银行，去年完成了对美国金融服务公司 CIT Group Inc. 的收购。

自 2023 年初至 2023 年 3 月 24 日，第一公民银行的股价下跌了约 23%。

FDIC 已为出售硅谷银行努力了超两周的时间。FDIC 一开始尝试将硅谷银行全部资产一次性打包出售，但截至投标最初的截止日期，也没人愿意接手。据报道，摩根大通和美国银行等潜在买家们都不愿出价，高盛也拒绝了收购要约。

自 3 月 10 日硅谷银行被 FDIC 接管后，其资产和运营都转移至新成立的硅谷过桥银行中，并一直在 FDIC 的管辖下运营。

在未能为整个公司寻找到合适的买家后，美国监管当局正在为倒闭的硅谷银行制定分拆解决方案。首先是"硅谷私人银行"，设置的竞标截止日期为上周三；另一部分拟出售资产是 FDIC 接管后新成立的硅谷过桥银行，竞标截止日期为上周五。

资料来源：葛佳明．第一公民银行买下硅谷银行．华尔街见闻网，2023-03-27.

延伸阅读：中国视角

印俄煤贸易采用人民币结算

印俄大宗商品贸易采用人民币结算——印度政府人士表示，这种情况以往很罕见，但由于西方对俄罗斯的制裁，以后会越来越频繁。

据路透社 2022 年 6 月 29 日独家报道，印度最大的水泥生产商超科水泥（Ultra

Tech Cement）正在进口一批俄罗斯煤炭，并且使用人民币付款。

路透社是在调查印度海关文件时发现这一情况的。文件显示，印度超科水泥正从俄罗斯最大的独立煤炭企业——西伯利亚煤炭能源公司（SUEK）——进口15.7万吨煤炭，这批货从俄罗斯远东港口瓦尼诺港装载到货轮MV Mangas号上。

根据Refinitiv Eikon的船舶跟踪数据，该货轮目前停泊在印度坎德拉港附近。一张日期为2022年6月5日的发票显示，货物估价为172 652 900元人民币。

两名熟悉此事的贸易人士称，这批货物的销售是由西伯利亚煤炭能源公司位于迪拜的部门安排的。他们还称，其他公司也使用人民币支付了俄罗斯煤炭的订单。

路透社分析称，越来越多的涉俄交易使用人民币结算。一方面，这可以帮助莫斯科免受西方制裁的影响。另一方面，这种趋势可以进一步推动人民币国际化，并削弱美元在全球贸易中的主导地位。

这笔交易的买卖双方均没有回应路透社的置评请求。目前尚不清楚哪家银行为超科水泥开立了信用证（俗称L/C，国际结算中的一种支付方式）。

一位新加坡资深外汇交易员表示："这一举动（人民币结算）意义重大。在我职业生涯的最近25年里，我从未听说任何印度实体在任何国际贸易中用人民币支付。他们（现在这么做）基本上是在规避美元。"

路透社称，这笔交易还凸显了印度如何在俄罗斯受到西方制裁的情况下，与其保持石油和煤炭等大宗商品的贸易联系。印度与俄罗斯有着长期的政治和安全关系，莫迪政府也并没有直接谴责俄罗斯发起的特别军事行动。

据介绍，印度此前探索过建立卢比支付机制，但尚未落地。但多年来，中国企业有丰富的与俄企进行人民币结算的经验。

两名印度资深银行业从业者分析称，目前如果印度企业要使用人民币结算，他们就应该先把美元存入中国，或者与中国有关联的银行，然后再换取人民币进行结算。

印度财政部前经济事务部长苏巴什·钱德拉·加格（Subash Chandra Garg）说："如果卢比—人民币—卢布方式比较有利的话，那么企业有充足的理由这么做，这样的情况会越来越常见。"

一位熟悉此事的印度政府官员表示，政府知道企业在以人民币付款。这位官员说："迄今为止，使用人民币结算来自中国以外国家的进口货款的情况很少见，但是由于对俄罗斯的制裁，这种情况可能会增加。"

据路透社此前报道，由于俄方提供了大幅折扣，印度从俄罗斯进口的能源在最近几周飙升。位于俄罗斯、新加坡、印度和迪拜的多位煤炭贸易商表示，由于新加坡对涉俄贸易越来越谨慎，俄罗斯煤炭贸易商在迪拜的业务部门在最近几周成为促进与印度交易的活跃枢纽。

一位驻迪拜的俄罗斯煤炭贸易商表示，最大的挑战是把卢布汇到俄罗斯。“你可以在迪拜以人民币支付，或者以美元或阿联酋迪拉姆收款，然后再将其兑换成卢布”，他说，以人民币兑换卢布更容易，并且比其他货币更受欢迎。

资料来源：鞠峰．罕见：印最大水泥商买俄煤，用人民币结算．观察者网，2022－06－29.

本章思考题

1. 即期外汇交易的内涵是什么？
2. 远期外汇交易的交割日和远期汇率是如何确定的？
3. 外汇银行确定择期汇率的原则是什么？
4. 为什么掉期交易规模在全球外汇交易中比重最大？
5. 外汇期货交易与远期外汇交易的主要区别有哪些？
6. 如何利用外汇交易规避进出口业务的汇率风险？
7. 如何运用外汇期货业务进行套期保值？
8. 外汇期权交易有哪些主要类型？

第七章 国际融资业务

引导案例

日本抛售数千亿美债？美债危机恶化！

最近几个月，美国国债最大的持有国日本疯狂抛售美债，对美国金融造成了巨大的压力，很多人都猜测，这甚至会导致美联储政策转向，并被迫“投降”。

日本央行抛售美债，事情还得从日本这个国家说起。

美联储收割世界，殃及自身

在美国国内通胀持续攀升的大背景下，美联储宣布，从2022年3月开始进入加息周期，通过提高国内利率的方式，回笼市场上的美元，从而抑制通货膨胀危机。

然而，美联储向全球回收美元给日本经济和外汇市场带来了巨大的威胁。比如，美元指数就从3月的94.6暴涨到10月的114.7。强势的美元导致日元不断贬值。

美元指数不断升值

根据汇率数据，日元今年的贬值幅度已经高达27.39%，贬值压力可见一斑。日本国土面积狭小，大部分生产物资依赖于进口，所以日元的贬值严重削弱了日元的购买力，并且导致日本国内物价飙升。

按理来说，日本这个时候也应该像欧洲国家一样，通过加息来应对，防止资金从日本回流到美国。但是日本这个国家和欧美不同，它之前的经济情况就“一塌糊涂”。

最近几年来，日本央行一直奉行“安倍经济学”，用大规模的量化宽松政策压低市场利率，也就是说，日本的贷款利率基本上比0就高一点点。日本央行希望通过极低的贷款利率刺激经济发展，从而走出一条高速增长的道路。

日本央行一直奉行“安倍经济学”

3月以后，美联储疯狂加息，一次能加息0.75%，而欧洲也跟着美联储一起加息，美国加多少，欧洲就加多少。

日本作为典型的资本主义国家，反而一直不加息，保持0利率。而中国呢？欧美加息，中国反而降息，一心一意发展经济，就是不跟美联储“玩”。

货币政策的不同导致日本面临巨大的外汇压力，所以日本央行就想办法减少损失，稳定日元汇率。再加上美联储加息对于美债是一个大利空，作为美国最大债主之一的日本就开始疯狂抛售美债。2022年1—3月，中国和日本就已经开始抛售美债了，当时我们其实已经预判到美联储要加息，所以中日央行开始联手卖出美债。这个时候美联储是怎么做的呢？美联储自己直接买了2 347亿美元的美债，导致全球这3个月的美债是净买入的。

但是中国和日本一路持续卖出，特别是日本，每个月都在卖美债，其持有的美债数量从1.32万亿美元直接降低到1.19万亿美元，净卖出了1 000多亿美元的美债。当然，中国也卖了1 000多亿美元的美债。

中国抛售美债后，对美债的持有量跌破万亿美元

在日本、中国以及全球国家抛售美债的狂潮之下，美联储也扛不住了。美联储一开始还买美债托市，后面因为加息、缩表等因素，也开始卖出美债。特别是8月，美联储净卖出了1 030亿美元的美债。这就导致美债抛售压力不断增大，美国金融体系面临危机。

美债危机背后的本质

美债承压的背后，是美债收益率不断上升，而美债收益率又和资本市场的涨跌密切相关，并影响到实体经济。所以，虽然看上去美债抛售对我国没有什么影响，但是美债崩了，全球股市会下跌，经济会衰退，甚至会出现金融危机和经济危机。

当然，我国抛售美债主要还是对美联储加息的一个基本应对。所以可以简单地理解为，美联储加息收割世界，但最终还是割了自己一刀。就像七伤拳一样，要想伤人，先要伤己。

美联储收割世界，伤人又伤己

我们再来通过最新的消息分析一下美联储和美债危机。

从2022年11月开始，美联储很多官员就接连表示，美国的通胀形势依然严峻，美联储依然会以解决通胀为目的，采取必要的加息政策。

美国通胀形势依然严峻

这意味着美联储明年很可能也会继续加息，激进的加息和鹰派政策会得到延续。因此，我们明年很可能会看到一个利率水平高达5.1%，甚至超过6%的美国。

但是要知道，美国经济的基本面已经非常差。比如，美国经济面临的四大危机，即31万亿美元债务危机、超高通胀率、超高利率和经济衰退，都是短期难以解决的。

美国银行认为：美债市场其实很脆弱，突发抛售事件很可能令其崩溃

一句话，如果美国继续加息，那么这四大危机可能随时爆发，成为酿成下一次金融危机的“导火索”。到那个时候，全球所有国家就会一起陷入灾难之中，这简直是四颗金融核弹一起爆炸。

当然，这只是推测的极端情况，美联储肯定会想办法避免危机发生。从实际情况来看，美债危机每次要爆发时都被按回去了。但是我们要记住，这只是饮鸩止渴，危机如果不解决，那么总有一天会爆发的。中国要密切注意。

美联储会投降吗？

别看鲍威尔现在嘴硬，表示最首要的任务是解决通胀危机，但是当美国经济不断衰退，硬着陆风险增大等迹象显露之后，美联储的政策必然会动摇，毕竟选民不是“吃干饭”的。而美联储加息是收割全球，所以必然会招致全球央行的反击，就算一个国家的反击力度很小，多个国家联手也会对美国造成压力。

比如，日本现在已经表示会出手稳定日元汇率，这必然要动用外汇储备，甚至通过抛售美债来获取更多的“弹药”。中国也在抛售美债。光日本和中国两个国家就抛售了2 000多亿美元，导致美债市场大幅承压。

日本投资者连续抛售美债

加上其他国家也跟着抛售美债，所以承压的美债市场必然会对美国经济产生更大的压力和冲击。到那个时候，美联储还能够保持现在的政策定力吗？所以对于现在的耶伦和鲍威尔来说，继续加息将会导致经济衰退，美债承压，四大危机也将一个个走到爆发的边缘。

如果继续加息，美国经济恐怕会回到20世纪的大滞胀时代！但是，如果不继续加息，由于美国现在的通胀形势依然非常严峻，夸张的通胀率和越来越低的经济增速也很可能让美国陷入“滞胀”危机，到那个时候，美国经济可能会重新经历20世纪70年代的十年滞胀，导致综合国力的大幅衰退！

所以，美联储不论是“投降”还是“不投降”都会面临问题，即哪一条路其实都不太好走。

资料来源：小狼论金．危机升级！日本抛售数千亿美债？美债危机恶化！美联储会投降吗．百度百家号网，2022－11－12.

教学目的

通过学习本章，应掌握国际融资业务的主要类型，国际商业银行贷款的种类和使用方法；熟悉国际贸易短期信贷、出口信贷业务等国际贸易融资方式的特点和使用原则，区分不同融资业务的特点和适用条件。

中国视角

通过学习国际融资的相关知识，熟悉各种融资方式及其特点，掌握为中国经济发展行稳致远获得更多国际融资的本领，培养为实现中华民族伟大复兴而努力奋斗的爱国情、报国志、强国心。

国际融资是指经济主体在国际金融市场上的资金融通活动，其中既包括投融资主体通过金融中介居间接洽的间接融资行为，也包括投融资主体间通过直接接触进行的直接融资行为。国际融资的经济主体即国际金融市场上的筹资人和投资人，包括从事跨国投融资的各国政府与中央银行、商业银行与经纪人、跨国公司与进出口商、各类国际金融机构，以及各国居民与投机商等。国际融资形式包括传统的国际信贷融资、国际贸易融资、国际项目融资、国际证券融资以及新型的国际租赁融资等。

第一节 国际信贷融资

利用国际信贷融资发展本国经济，是许多发达国家和新兴市场国家的共同历史经验。中世纪荷兰经济的发展、18 世纪英国工业的崛起、19 世纪美国经济的长足进步以及 20 世纪不少国家和地区的经济发展，无一不与国际信贷融资有着密切的关系。

一、国际信贷短期融资业务

（一）国际银行短期贷款业务

国际银行短期贷款，是指一国银行向另一国筹资者提供的贷款期限为 1 年及 1 年以下的贷款安排。根据筹资者是否为金融机构，又可将其分为两种：银行间的借贷

（银行同业拆借）业务和银行向非银行类客户（企业或政府）的贷款。

1. 银行同业拆借业务

银行同业拆借业务指商业银行（不包括中央银行）之间相互借贷短期资金的业务。它主要表现为银行同业之间买卖在中央银行存款账户上的准备金余额，以调剂准备金头寸的余缺。

中央银行为了控制货币流通量，并控制银行的信用扩张，规定所有接受存款的金融机构，都必须按存款的一定百分比在央行存入准备金（无利息），即法定准备金。法定准备金加上商业银行库存现金就构成了银行准备金。因此，银行吸收的存款按法定准备金率存入中央银行的法定准备金账户，剩余部分全部贷放出去，如果不贷出去，则会形成超额准备金，导致资金闲置和利息损失；相反，如果法定准备金不足，则必须用"立即可用的资金"补足。"立即可用的资金"既可来自向中央银行借款，即以贴现的票据向央行再贴现，也可来自向同业拆借超额准备金。通过贴现窗口向中央银行借款，容易被误认为财务状况有问题，因此银行更多地采用同业拆借的形式。

2. 银行向非银行类客户的贷款

商业银行一方面吸收工商企业、跨国公司等客户的闲散资金；另一方面向这些客户发放短期贷款。各国政府主要利用短期信贷弥补收支赤字，工商企业则通常是利用短期信贷满足短期流动资金的需要。此类借贷使用的利率一般为 LIBOR 加附加利率。

能够成为国际银行短期信贷借款人的非银行类客户主要是大型跨国公司和政府机构。银行在向非银行类客户提供贷款时一般也不限定用途，借款人可以自由安排。跨国公司借入短期国际资金的主要目的是满足其跨国经营对流动资金的需要，特别是在进口支付时的需要；公司中的一类特殊公司——基金公司——常常以投机者的角色借入国际短期资金，通过进行套汇、套利及期货、期权等投机活动获取利润；而各国政府机构借入国际短期资金的主要目的是弥补本国国际收支的短期逆差。

（二）短期证券业务

1. 国库券

国库券指各国政府为满足季节性财政资金需要而发行的，以短期内的预算收入作为偿还保证的短期政府债券，是国家公债的一种。国库券的发行一般不记名、不附息票、不载明利率，以折扣方式发行，到期按票面金额偿还，差额即为利息。其特点是：①风险低，期限短，且有国家信用担保（政府具有税收能力）；②流动性强，由于风险低，所以可销性强，二级市场发达；③投资收益免交所得税。

基于国库券的以上特点，投资者在进行短期资产配置时，往往将本国的国库券作为最安全的资产纳入投资组合，以实现投资组合的整体风险水平与投资者风险偏好相适应的目的。相应地，在进行国际资产组合的配置时，投资者也可以通过配置信用评级高的国家的国库券实现对整体风险水平的要求。国际上较为著名的国库券有美国政府的国库券、英国政府的“金边”债券等。

2. 商业票据

商业票据（commercial bill）指具有较高信用评级的大企业和非银行金融机构凭自身信用发行的短期借款票据，属于本票。本票是指由债务人向债权人发出的承诺在约定的期限内支付一定数额的货币给债权人的支付承诺书。商业票据往往用于补充银行短期贷款的不足，其期限不超过270天，以30～90天为多，面值一般为10万美元。商业票据的利率一般稍高于国库券，低于银行优惠利率，取决于市场供求、发行人信誉、银行利率、期限及面额等，交易一般按票面金融贴现的方式进行。

3. 银行承兑汇票和商业承兑汇票

汇票是债权人向债务人发出的付款命令，汇票须经债务人银行承兑后才有效。“承兑”指债务人在汇票上签上承兑字样，表明愿意到期支付。如果对汇票进行承兑的是银行，就称为银行承兑票据。即使汇票的付款人到期无力支付，承兑银行也有责任对它进行付款，因此银行承兑汇票（bank acceptance bill）是以银行信用为担保的。通常由出口商签发，进口商银行为受票人。这种汇票的发行促进了国际贸易的发展，方便了信誉评级低的中小企业进入货币市场。汇票在到期之前，还可在二级市场交易转售，期限一般为30～180天，90天为多，面额一般没有限制。商业承兑汇票（commercial acceptance bill）由银行以外的付款人承兑。无论是银行承兑汇票还是商业承兑汇票，承兑后都可以“背书”转让，到期可持票向付款人取款。由于银行信用较好，因此银行承兑汇票的流动性比商业承兑汇票强，既可以在承兑银行贴现，又可以在二级市场流通；承兑汇票多以贴现方式交易，差额即为持票人的利息。

4. 银行定期存单

银行定期存单（Certificate of Deposit，CD），是商业银行和金融公司为了吸收大额定期存款而发给存款者的存款单。它的期限不超过1年，通常为3～6个月；存单的利率与LIBOR大致相同，到期后方可向银行提取本息。这种存款单不记名，并且可以在市场上自由出售，因此也称为“可转让大额存单”，可转让是它与一般存款的不同之处，解决了定期存款缺乏流动性的问题。通过发行这种存单，银行可以获得稳定的短期资金；对于投资者而言，这种存单既可以获利，又可以转让，是短期投资的理想方式。

（三）贴现业务

贴现（discount）是银行对合格票据先扣除自贴现日至到期日的利息，付给持票人现款，待票据到期时，再持票向最初发票人或背书人等债务人兑回现款。它是国际货币市场上资金融通的一种重要方式。贴现的对象除了国库券、短期债券外，主要是商业票据和银行承兑汇票。贴现利率一般高于银行贷款利率。贴现市场无固定交易场所，是由贴现银行或贴现公司组成的。以票据贴现来融通资金是贴现市场业务活动的基本内容。作为贴现业务经营者的贴现银行或贴现公司，一方面向其他银行和工商企业借入短期资金；另一方面把这些借入的资金用于购买贴现利息较高的政府国库券、商业票据和短期公债等信用证券，并从中获利。贴现银行和贴现公司还可以把这些证券向中央银行办理再贴现。通过再贴现，中央银行可以达到调节信用和控制市场货币资金的目标，贴现公司则可以换取可用的资金。

二、国际信贷中长期融资业务——国际商业银行贷款

（一）国际商业银行贷款的概念

国际商业银行贷款是指借款人为了本国经济建设的需要，支持某一个建设项目或其他一般用途而在国际金融市场上向外国银行筹借的贷款。国际商业银行贷款的方式大致可分为三种：第一种是双边的，即两国银行（或信托投资公司）之间签订协议；第二种称为联合贷款，即由3～5家银行联合向一个借款人提供贷款；第三种是由许多家银行组成的银团贷款。

（二）国际商业银行贷款的特点

（1）贷款用途比较自由。国际商业银行贷款的用途由借款人自己决定，贷款银行一般不加以限制。这是国际商业银行贷款区别于其他国际信贷形式，如国际金融机构贷款、政府贷款、出口信贷和项目贷款等的一个最为显著的特征。

（2）借款人较易进行大额融资。国际商业银行贷款的资金供应，特别是欧洲货币市场银行信贷资金供应较为充足，所以对借款人筹集大额长期资金较为有利。例如，独家银行贷款中每笔中长期贷款的额度可达数千万美元，银团贷款中每笔贷款的数额可达5亿～10亿美元。

（3）贷款条件较为苛刻。在具有以上两点优势的同时，国际商业银行贷款的贷款条件由市场决定，借款人的筹资负担较重。这是因为，贷款的利率水平、偿还方式、实际期限和汇率风险等是决定借款人筹资成本的较为重要的因素，而与其他国际信贷形式相比，国际商业银行贷款在这些方面均没有优势。

（三）银团贷款

在银团贷款形式下，借款人所得到的好处就是能够借到一笔任何一家银行都不愿单独提供的大额贷款，而且比从多种渠道筹措同等数额资金的成本更低，也更加方便。

此外，获得过银团贷款的借款人日后也更容易得到其他融资。参加重要银团贷款的许多银行都很看重借款人的“透明度”，这可能会使其日后的融资变得更容易。银团贷款同时也能交易，对于最终的借款人和投资者来说，这样不仅能使资金流动起来，而且能在借款利率方面享受到最大的优惠。

全球银团贷款的中心一直是伦敦，另外还有纽约和中国香港。而银团贷款的实际发放则是通过众多海外银行分支机构完成的。

第二节　国际贸易融资

在国际贸易中运用相应的融资方式，是现代国际贸易的发展方向之一。这些融资方式有：短期进出口贸易融资、远期信用证贸易融资、出口信贷等。

一、短期进出口贸易融资

(一) 进口押汇

进口押汇是短期进出口贸易融资的主要方式，它是由开立信用证的银行向开证申请人（即进口商）提供的一种短期资金融通。开证行和进口商之间需要通过协商签订有关的进口押汇协议。在这一基础上，开证行在收到出口商通过议付行寄来的信用证项下单据后，向议付行先行付款，然后再根据进口押汇协议及进口商签发的信托收据，将单据交给进口商，进口商凭单提货并将货物在市场上销售后，将贷款连同这一期间的利息归还给开证行。这一过程如图 7－1 所示。

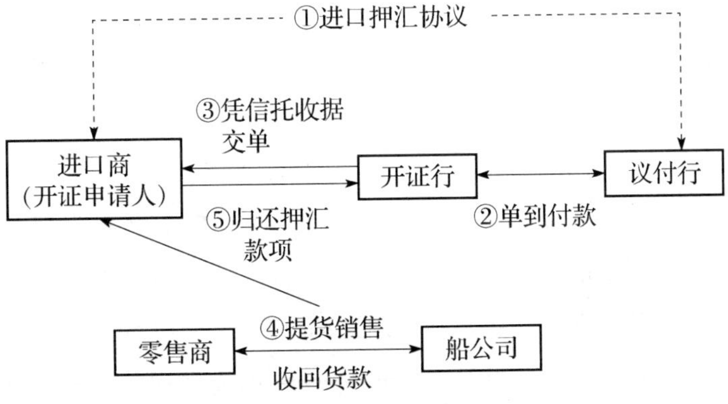

图 7－1　进口押汇过程示意图

在进口押汇业务中，进口押汇协议和信托收据是它的两个主要文件。信托收据是进口商在向开证行付款前必须向该行出具的凭证，用以提取货物。该凭证说明进口商所提货物的所有权仍属于银行，只是由进口商代为保管和销售。

进口押汇的时间较短，一般为1～3个月，比较适用于市场好、销售快的商品的进口融资；开证行和进口商签订的进口押汇协议通常会根据进口商的资信、经营业绩、财务状况等情况来确定押汇的金额。对经常进行进出口贸易的进口商来说，这个金额可以是一个总的额度，也可以是按单笔信用证业务确定的单项金额。

【例7-1】 现在假设有一美国进口商与一英国出口商签订了某项进口合同，并指定用英镑进行结算，贷款金额为100万英镑，单到付款，单据于成交后45天内到达开证行。该进口商与其开证行（一家美国银行）还签订了一份单项进口押汇协议。该协议规定，押汇金额的比例为70%，押汇期限为60天，利率为10%。

签订进口押汇协议前，进口商面临的汇率风险是从成交日至结算日这45天内汇率变动的风险，敞口的金额为100万英镑。签订协议后，货款由开证行先垫付，但60天后，进口商一定要把这笔货款连同利息还给开证行，这就相当于进口商推迟了60天付款。这样，进口商的整个受险期就变为成交日后的105天。从金额上看，押汇金额为70万英镑，这就导致整个受险期内外汇敞口的金额不为定值，前45天为100万英镑，后60天为$70\times(1+0.10\times60/360)=71.17$万英镑。

面对这一复杂的敞口头寸，进口商可以采取如下套期保值措施：在成交日买入45天的远期英镑30万及105天的远期英镑71.17万。

需要指出的是，在进口押汇业务中，提供融资的银行要收取贷款利息和一定的费用。对进口商来说，如果不能在进口货物的销售过程中获得超过这一成本和费用的收入，这笔融资就显得毫无意义。从这个角度看，进口商实际上是在银行贷款利率和销售利润率之间做“套利交易”，“套利交易”存在的前提是利率平价关系不成立。

（二）信用证打包放款

信用证打包放款也被称为打包放款，是指在出口商出口之前，银行以出口商提供的由进口商开立的信用证为抵押，向出口商提供贷款。出口商获得的这项贷款的用途仅限于该信用证项下出口商品的备货和出运，不得挪作他用。

打包放款的期限自信用证抵押之日起，至出口商提供货运单据并向开证行寄单收回货款之日止。借款期限的长短由银行与出口商根据收回货款的时间来商定，通常不超过3个月。打包放款的金额一般不是信用证的全额，而是信用证金额的70%～80%。银行在向开证行收回货款后，将从货款中扣除贷款本金和利息。在出口商不按期归还本息的情况下，银行还可从出口商在任何银行开立的账户中扣收，并加收罚息。

(三) 出口押汇

出口押汇是银行在信用证、托收和出口保理项下的议付。出口商在货物发运后，将货运单据交给银行，银行在审核单证相符后，向出口商买单付款（即向单据或汇票付给对价)。之后，银行再向开证行寄单收款，冲回垫付的资金。

与打包放款一样，出口押汇也是银行向出口商提供的短期资金融通，且融通的金额均为信用证或单据金额的一定比例，而非百分之百。与打包放款不同的是，出口押汇不是在货物发运之前，而是在货物发出并备齐单证后；出口押汇的时间通常也较长，为 3～6 个月；此外，贷款利息在出口押汇中以贴现方式从贷款中扣除，而在打包放款中则从收回的贷款里直接扣除。

出口押汇对出口商汇率风险的抛补与打包放款类似，受险期从原来的“成交日—结算日”变为“成交日—议付日—结算日”，汇率风险敞口缩小。

【例 7－2】 美国出口商向法国出口价值 100 万法郎的机械产品，180 天后结算，结算货币为法国法郎。假设成交后 90 天内由银行议付，议付的金额为 80 万法郎，贴现率为 8%，实际付给出口商的金额为 78.4 万法郎，则该出口商应采用的套期保值措施是：在成交日卖出 180 天的远期法郎 20 万（=100 万－80 万）及 90 天的远期法郎 78.4 万。

(四) 保理业务

国际保理业务（international factoring）最早出现在工业革命成功后的英国纺织业，20 世纪初在美国得到了迅速发展，近二三十年已成为国际贸易短期融资方式的主力军。

1. 保理业务的概念

保理业务是指国际贸易中在承兑交单、赊销方式下，由保理公司对出口商应收账款进行核准或购买，从而使出口商收款得到保证的一种结算方式。保理业务由专门的保理公司承办，保理公司负责对进口商的资信进行调查、核准进口商的信用额度、催收账款、向出口商融通资金和提供财务管理等。目前，国际保理联合会（Factors Chain International，FCI）公布了国际保理业务惯例规则。出口保理公司通过与进口保理公司签订代理合约，共同完成一项保理业务。由于许多商业银行也从事保理业务，因此这种结算方式也具有银行信用的性质。

2. 保理业务的流程

（1）签订有关的保理合同，如保理商代理合同和保理合同。

（2）出口商按收款金额申请保理额度，并由保理商对进口商的资信和财务状况进行调查评估后核准这一额度。

(3) 进出口商之间签订销售合同。

(4) 出口商装运货物，并将货运单据和应收账款转移通知书等分别寄送给进口商和出口保理商，取得资金融通。

(5) 进口保理商凭受让应收账款的单据向进口商催收货款。

(6) 出口保理商收得账款后，扣除保理费用，向出口商支付账款余额，并处理有关账表。整个过程详见图 7-2。

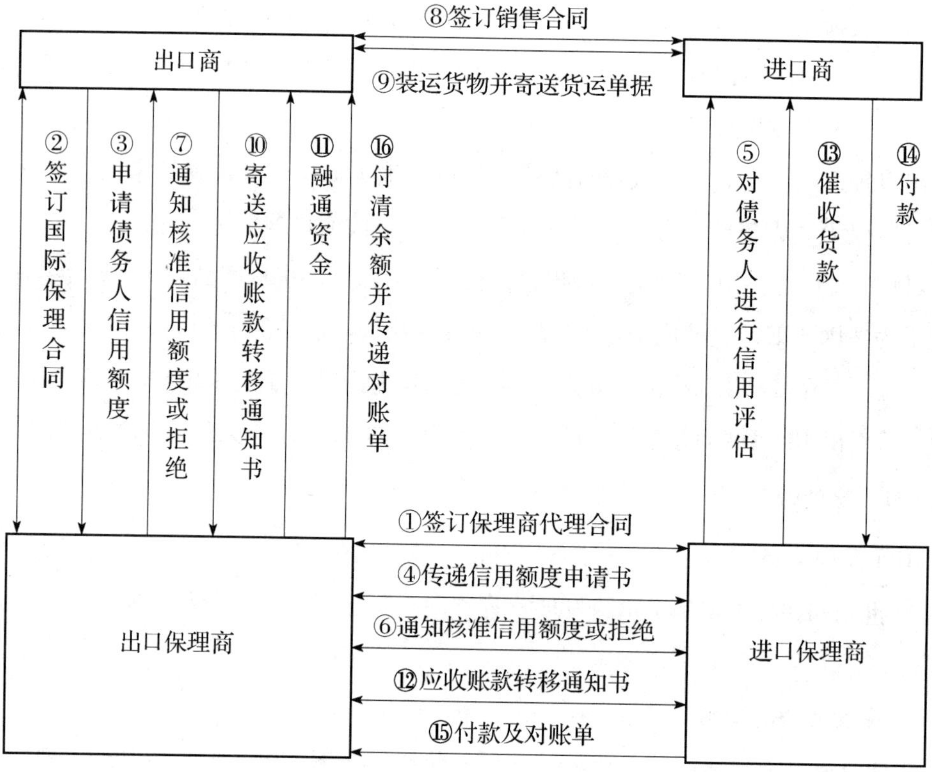

图 7-2 国际保理业务流程

3. 保理业务的主要费用

(1) 利息。保理业务中可能采用浮动利率计息，通常在基础借款利率基础上还要加约 3%。

(2) 融资费用。这取决于出口商所融通资金的数量及期限。对信用自我控制的出口商，收费标准一般为 0.25%～0.75%；对提供全部销售账户管理的，收费标准通常为 0.75%～2.75%。

(3) 信用保险费。在保理商承担进口商全部信用风险的情况下，需附加 0.2%～1%的费用，这一费用在与信用较差的国家开展的出口保理业务中有可能更高。

出口商将应收账款售予保理商后，可获得的资金通常为发票金额的 80%～90%，而不是全部，期限多为 90～180 天，不超过 360 天。在出口保理商看来，保理业务的内部运作与出口押汇一样，即在购买应收账款时，以贴现方式，将有关的利息和管理费用从付给出口商的款额中扣除。

4. 保理业务的特点

(1) 保理商承担信贷风险。出口商将单据卖断给保理商后，如果到时进口商拒付货款或不按期付款等，那么保理商不能向出口商行使追索权，即全部风险均由保理商承担。

(2) 保理商通常还提供资信调查、托收、催收账款，甚至代办会计处理手续等业务。因此，保理业务是一项综合性业务，既不同于议付业务，也不同于贴现业务。

(3) 预支货款。典型的保理业务是出口商在卖出单据后立即收到货款，得到资金融通。但是，出口商如果资金雄厚，那么也可与保理商达成协议，在票据到期后再向保理商索要货款。

5. 保理业务的作用

(1) 对出口商的好处。

第一，保理商代出口商对进口商的资信进行调查，为出口商决定是否向进口商提供商业信用以扩大商品销售提供信息和数据。保理商经常向出口商提出建议，帮助其获得更多贸易机会，促进了出口商竞争能力的提高。

第二，出口商将货物装运完毕后，通常可立即获得现金，这加速了出口商的资金周转，增加了其利润。

第三，只要出口商的商品品质和交货条件符合合同规定，在保理商无追索权地购买其票据后，出口商就可以将信贷风险和汇率风险转嫁给保理商。

第四，出口商如果以银行贷款形式取得资金融通，那么会增加负债数额，提高负债与资产比率，恶化资产负债状况，使自己的形象受到负面影响，从而不利于自己的有价证券的上市。

(2) 对进口商的好处。

第一，进口商从事保理业务无须向银行申请开立信用证（letter of credit，L/C），无须交付押金，因而减少了资金占用，降低了进口成本。

第二，借助保理业务，进口商可减少交易的中间环节，简化进口手续，适应多变的国际市场要求，提高市场竞争力。

二、远期信用证贸易融资

国际贸易中一些大宗进出口交易往往需要进行中长期融资。远期付款贸易融资是比较常见的一种，它实质上是由出口商所在地银行所提供的对进口商的融资，远期信用证贸易融资就是其中的一种。

在远期信用证结算方式下，进口商通过进口地银行开立此类信用证，出口商收到信用证后，装船发货，并通过议付行向开证行提交远期外币汇票及全套货运单据。开证行审核无误后，即承兑信用证项下的远期汇票。经承兑的远期汇票将退回议付行，由议付行于汇票到期日向承兑行（即开证行）提示，取得票款。

远期信用证项下的远期汇票可以有多张，每张汇票的付款期限均可不同。例如，进出口合同规定相关款项于 2 年内分 4 次付清，则汇票到期日可分别为提单日期后 180 天、360 天、540 天和 720 天。议付行的汇票提示及收款依此日期进行。

出口商在远期信用证方式下可以和银行作出多种融资安排，图 7－3 所示的融资安排就是其中的一种。这些融资安排包括：①出口商在取得进口商开立的信用证之后可以抵押，向银行申请打包放款；②远期汇票经开证行承兑并退还议付行后，议付行可向出口商进行议付或办理贴现，出口商则用取得的资金来偿还打包放款的融资款项。

在上述融资安排下，出口商收取外汇，其风险情况如下：受险期为“成交日至议付日或贴现日”，考虑到打包放款，一部分（与贷款金额相等）外汇可视作在信用证抵押日收回，即提前收汇，对这部分外汇而言，受险期则为“成交日至信用证抵押日”（见图 7－3）。需要指出的是，我们这里所说的汇率风险，是站在出口商的角度来考察的，银行在融资安排中承担的风险未考虑在内。为说明这一点，图 7－3 中还特地指出了银行的汇率风险。从该图中可以看到，出口商融资后，将部分汇率风险转移给了银行。

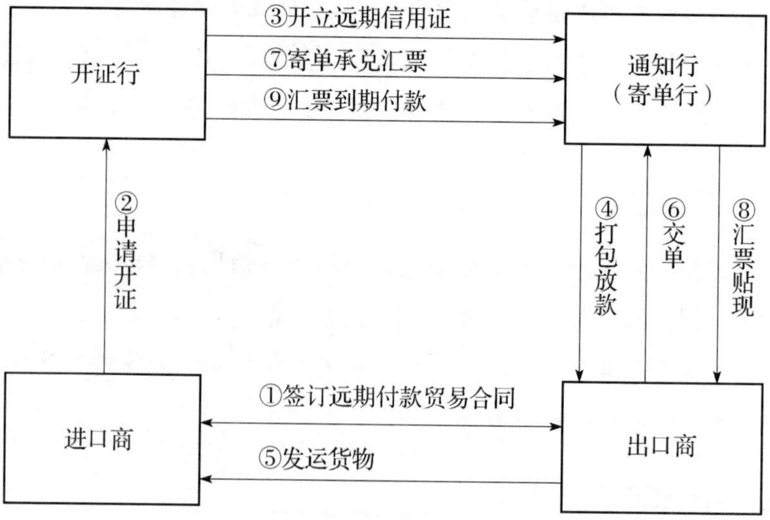

图 7－3　远期信用证结算过程与融资安排

【例 7－3】 假设银行同意按信用证金额的 80%抵押放款，并按 100%贴现，于是我们可以得到关于出口商和银行在这一交易中所承担的风险情况。考虑到打包放款利息支出是从贴现收入中扣除的，出口商在抵押日敞口的风险金额就要少于20%，而银行则因为有利息收入，在抵押日敞口的风险金额就要多于80%。由于按全额贴现，所以出口商在该日即将所有外币资金都收回，而银行则出现了一笔只有在结算日才会收到的外币应收账款，故而有100%的风险敞口。

在上述几种以信用证收付为基础的融资方式中，为保证融资过程的顺利进行，还应注意以下几个问题：

（1）信用风险问题。信用风险在贸易融资中是一个十分重要的问题，进出口商可能会面临对方违约或有意刁难、欺诈等情况，因此，交易者有时对信用风险的考虑甚于对汇率风险的考虑。

（2）出口商为便于在货物出口之前筹措资金，只能接受不可撤销信用证。

（3）准备通过贴现方式融资的交易者，应使用可转让的远期汇票。可转让汇票必须能随时或在指定日期内由开票人或承兑人向持票人或指定人无条件付款。

（4）抬头是特定收货人的提单（即直交提单）不能作为借款抵押品，因为它只能由指定提货人提货，银行不接受转让。

三、出口信贷

（一）出口信贷的概念

出口信贷是一种国际信贷方式，是指一国政府为了支持和鼓励该国大型机械设备、工程项目的出口，加强国际竞争力，以向该国出口商或国外进口商提供利息补贴和信贷担保的优惠贷款方式，鼓励该国的银行对该国出口商或国外进口商提供利率较低的贷款，以解决该国出口商资金周转困难问题，或满足国外进口商向该国出口商支付货款的需要的一种融资方式。

通常将1～5年期的出口信贷列为中期，将5年以上者列为长期。中、长期出口信贷大多用于金额大、生产周期长的资本货物，主要包括机器、船舶、飞机、成套设备等。出口国官方机构、商业银行为支持该国出口向该国出口商提供的信贷不属于国际出口信贷的范围。

在国际贸易中，出口信贷是垄断资本争夺市场、扩大出口的一种手段。

（二）出口信贷的特点

1. 利率低

对外贸易中长期信贷的利率一般低于相同条件资金贷放的市场利率，由国家补贴利差。大型机械设备制造业在西方国家的经济中占有重要地位，其产品价值和交易金额都十分巨大。为了增强该国设备的竞争力，削弱对手的竞争力，许多国家的银行竞相以低于市场水平的利率向外国进口商或本国出口商提供中长期贷款，即给予信贷支持，以扩大该国资本货物的国外销路，银行提供的低利率贷款与市场利率的差额由国家补贴。

2. 信贷与保险结合

由于中长期对外贸易信贷的偿还期限长、金额大，发放贷款的银行存在较大的风险，为了减轻出口国家银行的后顾之忧，保证其贷款资金的安全发放，国家一般设有信贷保险机构，由它们为银行发放的中长期贷款提供担保。

3. 专门机构管理

发达国家提供的对外贸易中长期信贷一般直接由商业银行发放，若金额巨大，而商业银行资金不足时，则由国家专设的出口信贷机构给予支持。不少国家还规定，对一定类型的对外贸易中长期贷款，由出口信贷机构直接承担发放信贷的责任。利用国家资金支持对外贸易中长期信贷，可弥补商业银行资金的不足，改善该国的出口信贷条件，加强该国出口商夺取国外销售市场的力量。

（三）出口信贷的主要形式

1. 卖方信贷

（1）卖方信贷的概念。

所谓卖方信贷（supplier's credit），是指由出口商所在地银行向出口商提供的几个月到数年不等的信贷。出口商在收到进口商承兑的远期汇票或本票后，通常会将票据进行贴现，以融通资金。卖方信贷同样也可以融通资金，但是在贷款合同下进行资金融通。

（2）卖方信贷的基本流程。

1）出口商以延期付款或赊销的方式向进口商出卖设备。

2）进口商与出口商达成协议，签订贸易合同，并确定进口商交付现汇定金的比例。

3）出口商向当地银行申请贷款，签订卖方信贷协议，并将其投保的保单转让给贷款银行。

4）出口商签订三个法律文件，即与进口商的贸易合同、与保险机构的保险合同、与银行签订的卖方信贷协议。

5）在贸易合同中，一般要求进口商出具不同付款期限的本票，或由出口商开立的不同付款期限的汇票，并由进口商有关银行加保或承兑，贷款银行以此作为抵押担保。

6）进口商随同利息分期向出口商支付以本票或汇票形式存在的货款后，出口商再用它来偿还从银行取得的贷款。

图 7－4 画出了卖方信贷的基本结构。从图中可以看出，卖方信贷有一种“背对背”的资金运作方式：出口商将信用风险及贸易所需资金转移给了贷款银行，进口商将承兑加保的票据交予出口商，再由出口商交予贷款银行，但这些票据项下的款额却由进口商直接向贷款银行支付，尽管有时要经由出口商转交，但直接交付是最常见的做法。

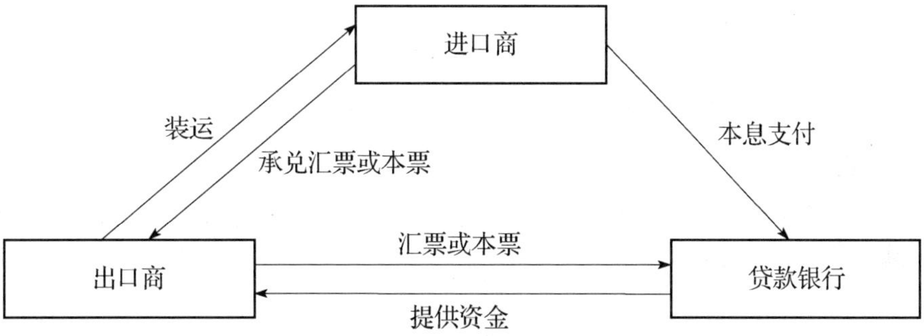

图 7－4　卖方信贷的基本结构

卖方信贷中作为将来付款的凭证，通常是由进口商所在国银行出具的保函或由银行加保的汇票或本票。自 20 世纪上半叶以来，为了推动本国大型成套设备、装备的出口，多数情况下，出口国政府会配合出口商所在地银行，在提供出口信贷（无论是福费廷、买方信贷还是卖方信贷）时，均同时提供利息贴补和信贷担保。

（3）卖方信贷对进出口商的作用。

出口商向银行借取卖方信贷，除按出口信贷利率支付利息外，还要支付信贷保险费、承担费、管理费等。这些费用都要附加在出口设备的货价之中，但进口商并不清楚每项费用的具体金额。对于进口商而言，卖方信贷条件下的货价一般高于以现汇方式支付的货价，有时甚至高出 8%～10%。对于出口商而言，卖方信贷手续虽然简便，也便于出口商集中精力洽谈贸易合同和保证供货，但因进口商采用了延期付款的方式购买设备，故而提高了出口商的负债与资产比率，不利于出口商有价证券的上市。

2. 买方信贷

（1）买方信贷的概念。

所谓买方信贷（buyer’s credit），是指一般由出口国的政府出口信贷机构（export credit agency，ECA）提供担保，由出口商银行向进口商或进口商银行提供的用于大宗货物进口的优惠利率贷款。这里的进口商可以是企业、部门、政府等实体，它们用买方信贷来购买商品、设备或劳务等。这种贷款的期限少至 18 个月，多至 20 年，5 年最为常见。

（2）买方信贷的类型。

1）直接贷款给进口商的买方信贷。

2）直接贷款给进口商银行的买方信贷（绝大多数买方信贷下的贷款发放都采用此种方式）。

（3）买方信贷的作用。

20 世纪 70 年代以后，买方信贷因有着卖方信贷无法比拟的优越性而受到普遍欢迎并得以迅速发展。

1）买方信贷对进口商的有利之处。

第一，由于在买方信贷条件下，进口商以现汇方式支付货款，因而货价清晰明确，不会掺杂其他因素。

第二，由于进口商能够集中精力谈判技术条款和商务条件，且对于产品的各项技术指标更加熟悉，因而在谈判中居于有利地位。

第三，办理信贷的手续费是由进口商银行直接付给出口商银行，相比卖方信贷条件下的手续费（因出口商要计入货价）要低廉许多。

2）买方信贷对出口商的有利之处。

第一，使用卖方信贷时，出口商既要组织生产，又要筹集资金，而且要考虑在原始货价之上以何种幅度附加利息及手续费等问题，工作量较大。而在买方信贷条件下，由于进口商是现汇付款，所以出口商可集中精力按贸易合同的规定组织生产和保证交货。

第二，因进口商现汇付款，所以在买方信贷下，出口商收到货款后会立刻将企业的应收账款入账，这有利于出口商资产负债状况的改善和有价证券的上市。

第三，出口商收到进口商的现汇付款后，能够加速资金的周转，增加利润，提高竞争力。

3）买方信贷对银行的有利之处。相较其他信贷方式，由出口商银行直接贷款给进口商银行的买方信贷的发展最为迅速。一般而言，贷款给国外的进口商银行的风险要比贷款给国内企业的风险小得多，因为一般银行的信用评级要高于企业。因此，出口商银行更愿意承接直接贷款给进口商银行的买方信贷业务。

（4）买方信贷的基本流程。

买方信贷有如图 7－5 所示的基本结构。与一般贷款支付方式不同，在买方信贷方式下，贷款银行并不直接把款额付给出口商，而是将它视同进口商支付的货款付给出口商，同时，作为进口商的一项负债记录到银行账户中。为了确保款额的正确支付，贷款合同一般会对此作出明确规定，即在贷款银行收到货运单据后再付款。

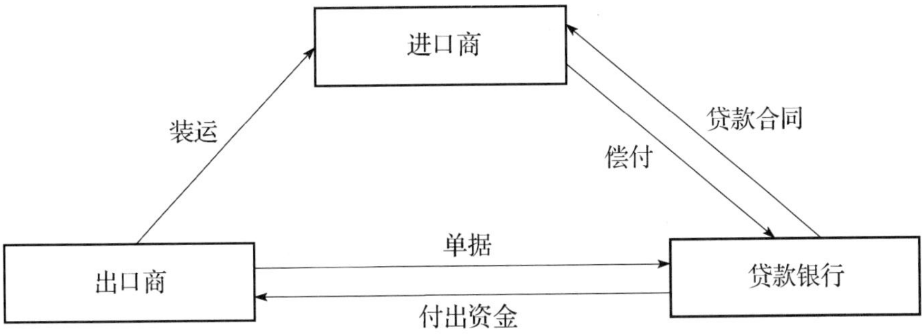

图 7-5 买方信贷的基本结构

（5）买方信贷的贷款原则。

1）贷款的使用范围。接受买方信贷的进口商只能以其所得的贷款向发放买方信贷的国家的出口商或在该国注册的外国公司进行支付，不能用于第三国。

2）使用贷款购买的商品。进口商利用买方信贷限于进口资本货物，如单机、设备和有关技术等，一般不能进口原材料、消费品等。

3）资本货物的构成。提供买方信贷的国家出口的资本货物大多数限于该国制造的产品，如该资本货物的部件是由多国产品组装而成的，则本国部件应占 50%以上。各国规定不一。

4）合同金额中必须付现汇的比例。贷款只能支付合同金额的 85%，船舶为 80%，其余要付现汇。

5）信贷起始日。信贷起始日指偿还贷款的起始日，正式还款日期在信贷起始日后的 6 个月开始。信贷起始日的确定视出口信贷标的物的不同而不同。

6）最长还款期。最长还款期根据进口国的富裕程度确定。

7）本金偿还。本金偿还按等期还款方式，每隔 6 个月或少于 6 个月等额偿还一次。

8）利息偿还。利息支付的间隔时间不得超过 6 个月，首次利息支付不得迟于信贷起始日后 6 个月。

9）最低利率。一般按商业参考利率计算，商业参考利率均按各国 5 年期政府债券收益率计收。

10）当地费用。当地费用是指进口商为完成机械设备进口而必须在本国或第三国购买的商品或劳务支出；或出口商为完成机械设备的出口而必须购买的商品或劳务支出。申请当地费用的最高金额，不得超过设备贸易合同价款的 15%；富裕国家当地费用限于支付保险费和担保费。

（6）买方信贷的贷款条件。

1）买方信贷使用的货币。买方信贷使用的货币可以分为以下三种情况：第一，使用提供买方信贷的国家的货币；第二，共同使用提供卖方信贷的国家的货币与美元；第三，使用美元。

2）申请买方信贷的起点。进口商利用买方信贷购买资本货物都有关于起点的规定，如果购买的资本货物的金额未达到规定的起点，则不能使用买方信贷。这一规定的目的在于促进大额交易的达成，扩大资本货物的出口，但各国对使用买方信贷的起点的规定不尽相同。

3）买方信贷利息的计算方法。有的国家一年按 365 天计算，有的则按 360 天计算。国际通用的计息时间为“算头不算尾”，即当天借款当天计息，还款当天不计息。

4）买方信贷的费用。使用买方信贷要支付的费用通常包括利息和管理费，有的国家还要收取承担费和信贷保险费。

5）买方信贷的用款手续。出口商与进口商银行签订贷款总协议，规定贷款总额，进口商在与出口商达成交易，签订贸易合同需动用贷款时，根据贸易合同向进口商银行申请，经批准后即可使用贷款。但有的国家规定在签订买方信贷总协议之外，还要根据贸易合同签订具体协议。

3. 福费廷

（1）福费廷的概念。

福费廷（forfaiting）是一种中长期国际贸易融资（也称包买票据或票据买断）方式。在这一方式下，包买商从出口商那里以无追索权的方式购买远期票据，使出口商立即获得款项。这些远期票据是经进口商承兑，并通常由进口商所在地著名银行保兑的远期汇票或本票，在票据到期日由包买商借以向进口商索偿。包买就是包买商对出口商持有的债权凭证进行无追索权的贴现。

包买商通常由银行或专门的包买公司来担任，故又称“包买行”。伦敦作为国际金融中心，有 500 多家银行，是主要的福费廷市场。福费廷与保理业务不同，保理业务主要适用于消费性商品的进出口，而福费廷则比较适合一些大中型设备的进出口，因为它们涉及金额大，付款时间长，一般的贸易融资很难满足这种需要。

在福费廷中，涉及的金额少至几十万美元，多达数千万美元，有些规模较大的业务还需要通过银团来承办。福费廷中的远期票据，期限多为 3～7 年，其中 5 年的居多，最长可达 10 年。

（2）福费廷的基本流程。

福费廷的基本流程如图 7－6 所示。

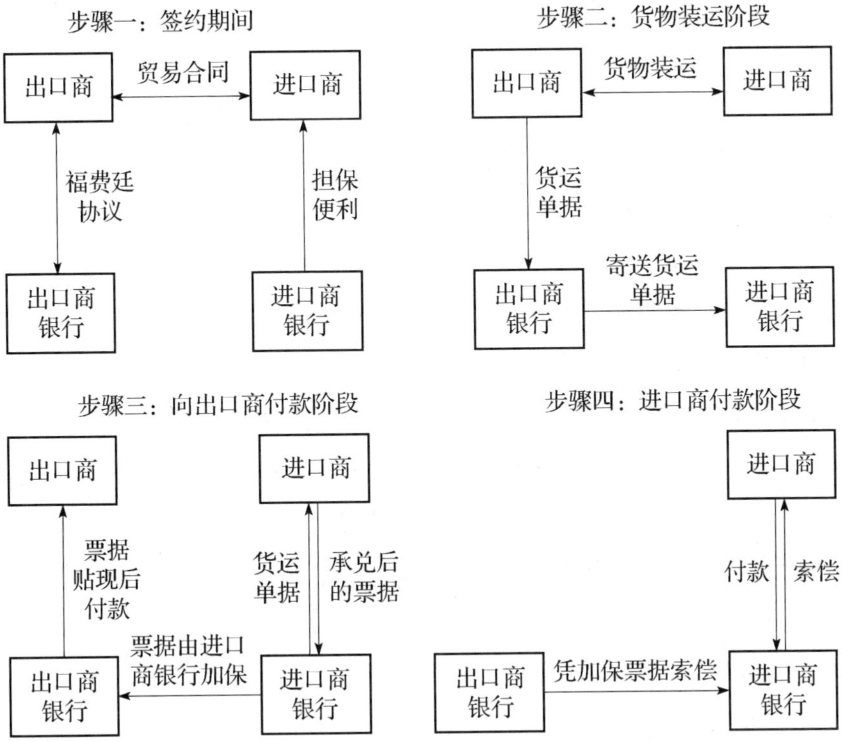

图7-6　福费廷的基本流程

1）出口商与包买行（图中以出口商银行为例）接洽包买事宜，签订福费廷协议；进口商从当地银行（图中为进口商银行）获得信用支持，包括担保便利。之后，由进口商和出口商签订远期付款贸易合同。

2）出口商装运货物，并将货运单据通过出口商银行交给进口商银行。

3）出口商出具远期汇票由进口商承兑，并由进口商银行加保，或者由进口商出具远期本票，再由进口商银行加保。加保后的票据转交出口商。转交前，一般由出口商银行代为加盖出票日期。

4）货运单据交给进口商，由其凭以提货。

5）出口商收到票据后，经背书，向包买行贴现。

6）包买行贴入票据后，按不同到期日依次向进口商银行索偿。

在福费廷中，远期票据是由一系列等额但期限不同的汇票或本票构成。每张票据的金额按融资期限均分，通常每半年付款一次。因此，一项为期4年的福费廷需要8张远期票据，远期票据上均注明面值和利率。

票据的面值为本金与利息之和。出口商以贴现方式将这些票据售给包买行时，包买行要从中扣除票据贴息费用及其他包买费用，出口商收到的实际款额即为出口货物的实际售价。福费廷的主要成本是贴息，还包括选期费、承诺费和宽限期利息等费用。

这些费用有的是一次性支付的，有的是按月支付的。它们与贴现利息一样，均由进口商承担，都包含在出口商报给进口商的利率中。

票据贴现后，出口商就不再承担汇率风险了，因为其外币货款业已收回。而且，出口商还无须承担进口方拒付的风险，因为包买行没有追索权。采用福费廷后，即使出现进口方拒付的情况，包买行也不能向出口商追索。此时，出口商汇率风险的受险期仅为“成交日至贴现日”，其敞口为合同中货物的售价。需要指出的是，由于福费廷中使用的多是美元一类的自由兑换货币，因此，出口商并非完全没有风险。如果该出口商的本币为意大利里拉，而贴现后的货币是美元，那么他的汇率风险就仍未消除。

票据贴现的时间与出票日有关，因为出口商拿到票据后可立即贴现。票据的出票日即票据起息日，通常是装船日（不一定非如此）。票据一般由出口商银行代填。票据常在装船后一段合理的时间，比如两个星期内贴现，因为在这一段时间里，所有单据都可备齐。例如，成交日是 2021 年 10 月 9 日，装船日是 2022 年 7 月 1 日，而贴现日是 2022 年 7 月 23 日，出口商的受险期即为 2021 年 10 月 9 日到 2022 年 7 月 23 日。

（3）福费廷对出口商和进口商的作用。

1）对出口商的作用。

第一，可以减少出口商的资产负债表中国外的负债金额，提高企业的信用评级，有利于其有价证券的发行。

第二，能够立即获得现金，改善流动资金状况，有利于促进资金融通和出口的发展。

第三，信贷管理、票据托收的费用与风险均转嫁给银行。

第四，不受汇率变化与债务人情况变化的影响。

2）对进口商的作用。

对进口商而言，利息与所有的费用负担均计算在货价之内，即采用福费廷方式时货价通常较高，但福费廷的手续比其他出口信贷方式简便得多，不需要进口商多方联系、洽谈，因而能够有足够的精力进行贸易谈判。这一优势与费用成本需要进口商仔细权衡。

4. 混合信贷

（1）混合信贷的概念。

混合信贷是在卖方信贷和买方信贷基础上发展出来的信贷方式。如上所述，在卖方信贷和买方信贷方式下，进口商都要向出口商支付一定比例的现汇定金。而近些年来，经济合作与发展组织（OECD）国家共同议定的出口信贷利率不断提高，甚至与国际金融市场利率形成倒挂，不利于某些国家设备的出口。在此情况下，一些发达国家为了增强本国设备出口的竞争力，在银行发放卖方信贷或买方信贷的同时，政府还从自己的预算中提出一笔资金作为政府贷款，连同卖方信贷和买方信贷一起发放。根据OECD的规定，这部分政府贷款要含有35%的赠予成分，因此收取的利率一般比出口信贷更低，更加有利于促进本国设备的出口，并可加强与借款国的经济技术与财政合作关系。政府贷款占整个贷款金额的比例视当时的政治经济情况及出口商或进口商的资信状况而有所不同。这种为满足同一设备项目融通资金的需要，将卖方信贷或买方信贷与政府贷款或赠款混合贷放的方式即混合信贷。

（2）混合信贷的类型。

混合信贷的类型主要有两种：

1）同时提供一定比例的政府贷款（或赠款）和一定比例的买方信贷（或卖方信贷），两种信贷分别签订贷款协议，各自规定不同的利率、费率和贷款期限等融资条件的融资方式；

2）将一定比例的政府贷款（或赠款）和一定比例的买方信贷（或卖方信贷）混合在一起，然后根据混合的比例计算出利率、费率、贷款期限等融资条件的融资方式。

第三节 国际项目融资

所谓项目融资，是指金融机构根据项目本身有预期价值的未来现金流或者资源提供贷款的业务方式。国际项目融资是20世纪70年代以后，国际金融市场推出的一种新型融资方式，它对促进具有较大国际影响力的大型项目的建成发挥了重要作用，如英国北海油田、中国香港九龙海底隧道等国际知名项目都是采用国际项目融资方式建成的。

一、国际项目融资的四种模式

到20世纪90年代，国际项目融资已经形成了以下四种模式。

（一）BOT模式

BOT的英文全称为“build-operate-transfer”，意思是“建设—经营—转让”，这种国际项目融资模式的基本思路是：由项目东道国政府或其所属机构将基础设施项目建设及经营的特许权授予项目公司，然后由项目公司负责项目融资、设计、建造和经营，项目公司在项目经营特许期内，利用项目收益偿还投资及经营支出，并获得利润。特许期满后，项目公司将项目无偿转让给政府。

BOT 模式的特点有：

(1) 债务是无追索的或有限追索的，不计入国家外债，其偿还只能靠项目的现金流量。

(2) 项目公司在特许期内拥有项目所有权和经营权。

(3) 项目的收入一般是当地货币，若项目公司来自国外，对东道国来说，项目建成后将会有大量外汇流出。

(4) 项目不计入承包商的资产负债表，承包商不必暴露自身财务状况。

(5) 名义上，项目公司承担了项目全部风险，因此融资成本较高。

(6) 与传统方式相比，项目设计、建设和经营效率一般较高，因此用户可以得到较高质量的服务。

（二）TOT 模式

TOT 的英文全称为 transfer-operate-transfer，即转让—经营—转让，是通过出售现有投产项目在一定期限内的现金流量，从而获得资金来建设新项目的一种融资方式。具体来说，是东道国把已经投产运行的项目在一定期限内转让（T）给外商经营（O），以项目在该期限内的现金流量为标的，一次性地从外商那里融得一笔资金，用于建设新的项目；外商经营期满后，再把原来的项目转让（T）给东道国。

（三）产品支付融资模式

产品支付（production payment）融资模式广泛而成功地用于英、美等国石油、天然气和矿产品等项目的开发融资中。这一模式需要由项目发起人预先创立一家特定目的公司或特设信托机构（SPV），并由该 SPV 从有关项目公司购买未分割的石油、天然气、矿产品或其他产品的收益。其特点是：项目的产品是还本付息的唯一来源，贷款偿还期比项目预期经济寿命短，贷款人不为经营成本提供资金。

（四）预先购买协议融资模式

预先购买协议（pre-take agreement）融资模式类似于产品支付模式，但比其更灵活。贷款同样也需要设立 SPV 来购买规定数量的未来产品或现金收益，并且项目公司支付产品或收益的进度被设计成与规定的分期还款、偿债计划相配合。同时，这里的购销合同通常也要求项目公司从这两种方式中选择一种：第一，项目公司买回产品；第二，项目公司作为贷款人的代理人，在公开市场上销售该产品，或者根据与发起人之间的事先合同将产品卖给第三方。

二、国际项目融资的操作过程

国际项目融资的操作过程可分为融资结构分析、融资谈判和融资执行三个阶段。

在融资结构分析阶段，通过对项目进行深入而广泛的研究，项目融资顾问协助投资者制定融资方案，签订相关谅解备忘录、保密协议等，并成立项目公司。

在融资谈判阶段，项目融资顾问将代表投资者同银行等金融机构接洽，提供项目资料及融资可行性研究报告。贷款银行经过现场考察、尽职调查及多轮谈判后，与投资者共同起草融资的有关文件。同时，投资者还需要按照银行的要求签署有关销售协议、担保协议等文件。整个过程需要经过多次的反复谈判和协商，既要最大限度地保护投资者的利益，又要能被贷款银行接受。

在融资执行阶段，由于融资银行承担了项目的风险，因此它会加大对项目执行过程的监管力度。通常情况下，贷款银行会监督项目的进展，并根据融资文件的规定，参与部分项目的决策程序，管理并控制项目的贷款资金投入和现金流量。通过银行的参与，在某种程度上也会帮助项目投资者加强对项目风险的控制和管理，从而使参与各方实现风险共担、利益共享。

第四节 国际证券融资

国际证券融资是指在国际金融市场上通过股票、债券等有价证券交易形式进行的融资活动。这种绕开金融中介直接进入国际资本市场，融资交易在不同经济主体之间直接发生的融资形式，不仅可以帮助筹资人节约筹资成本，而且可以在一定程度上降低投资者的投资风险。

一、国际证券市场

（一）国际债券市场

国际债券融资是指通过发行国际债券来融通资金的一种行为。国际债券（international bond）是借款人（包括国际性组织，一国的政府机构、金融机构以及其他工商业企业等）为筹集外币资本而在国际资本市场上发行的以外币为面值的债券。国际债券具备如下基本特征：国际债券的发行人与投资者分属于不同的国家或地区，其发行、交易与债务清偿受不同国家法律的支配；国际债券本质上是一种债权凭证，它体现了债券发行人与债券持有人之间的债权债务关系。

1963年以前，国际债券融资是通过发行“外国债券”（foreign bond）实现的，这类债券由发行人在外国以非居民的身份发行，以该国货币标价并按当地债券市场标准程序发行，通常以较高溢价来反映借款人的外来性质，且存在无法收到到期款项的可能性。

20世纪60年代以后，另一种形式的国际债券——“欧洲债券”得到发展，它使国际投资者能够选择更合适的货币、到期期限和信用评级更高的发行人，从而最大限度地减少不利因素。由于欧洲债券的发行手续简便、费用低廉，所以许多借款人都乐于选择欧洲债券作为筹集外币资金的主要方式。目前，欧洲债券市场的规模已经远远超过外国债券市场。

（二）国际股票市场

国际股票是指外国公司在某个国家的股票市场上发行的以本币或外币交易的股票，它是外国发行人在国际资本市场上筹措长期资金的工具。国际股票市场就是这些股票发行和交易的场所与网络。

20世纪80年代中期以来，国际股票市场取得了巨大发展。金融自由化、资本管制放松和信息通信技术的进步为国际股票市场的发展创造了条件。由于国际性的多元化投资组合能更有效地分散风险或增加投资收益，所以投资者对外国证券投资的需求增加了。同时，为了应对日趋激烈的市场竞争，公司也需要寻求新的融资渠道。这些因素相互作用推动了国际股票市场的发展。

同国际债券市场一样，作为国际资本市场一部分的国际股票市场也是由各主要国家的股票市场向国际范围延伸而形成的，并无完整的单一市场存在形态。当今世界上一些发达国家和新兴工业化国家及地区都有规模不等的国际股票市场。这些股票市场不仅为市场所在地的国内企业提供了筹集资金的重要手段，而且已逐渐成为跨国公司和外国企业扩大资金来源的重要渠道。

（三）国际资产证券化产品市场

20世纪80年代以前，资产证券化（asset securitization）一词主要用来描述通过发行证券置换银行存量贷款，从而为银行融资的过程。这一融资过程也被称为“金融脱媒”。资产证券化是结构化金融的一种，是将可以产生未来现金流的资产或通过合成创造的资产汇集成一个资产池，根据这个资产池整体的现金流情况进行结构化分级，根据不同的等级发行信用风险不同的证券，等级高的收益率低但风险较小，等级低的收益率高但面临极高的本金损失概率。根据弗兰克·J. 法博齐（Frank J. Fabozzi）的定义，资产证券化是指这样一个过程："同质但缺乏流动性的资产被汇集成资产池，其收益由池中资产的未来现金流和其他收益流入提供担保，得益于较高的收益可靠性，资产池可被重新打包成证券，向第三方投资者发行"。

从宏观上看，资产证券化就是通过结构化金融理念在金融市场的普及和结构化金融技术的广泛应用，使原本不存在流动性的资产支持证券变得具有流动性。证券反过来以资产为依托，形成证券信用，与银行信用展开竞争，进而形成金融市场上另一种区别于商业银行体系的投资银行体系。由此，企业也通过向国际投资者出售证券化产品的方式，增加了一条全新的融资渠道。

2008 年金融危机后，时任美联储主席伯南克（Bernanke）开启量化宽松政策，通过美联储购买抵押支持证券（mortgage backed security，MBS）、次级贷款、垃圾债券等手段，强行以证券化的方式维持货币稳定。此举虽然使得美国未出现 20 世纪 20—30 年代那样的大萧条，但过于庞大的美联储资产负债表仍然在较长时间内产生了副作用。

可见，资产证券化虽然通过技术手段实现了流动性较差的资产的快速变现，进而为企业融资提供了极大便利，但随着证券化技术带来的风险叠加和杠杆效应，全球经济也因此受到了一定的影响。

二、国际证券的发行

（一）国际债券的发行

国际债券的顺利发行需要满足一些条件，包括：发行额、票面利率、偿还期限、发行价格、偿还方式以及付息方式。它们对于发行人的筹集成本、债券能否发行成功有重要影响。

满足上述发行条件后，国际债券的发行还离不开一些主要文件，这些主要文件包括：销售说明书、有价证券申请书、承销协议和其他一些信托或财务代理协议。具备了以上条件和文件以后，国际债券就可以按照相关的发行程序发行了。欧洲债券的发行程序与国际债券有所区别：欧洲债券是一种无国籍债券，发行欧洲债券通常不需要申请注册，也没有发行资格限制，因此没有公募与私募的区别，发行程序也相对简单。

（二）国际股票的发行

在不同层次、不同地域的市场发行国际股票的程序不尽相同，但从企业的角度出发，企业发行国际股票的步骤基本一致，一般而言，主要包括：国际股票发行决策、选择国际股票发行市场、选择投资银行、拟定发行文件、进行资产评估、进行资产重组、提出发行股票申请、进行股票发行准备、发行股票。

依据国际惯例，股票发行上市必须具备一定的条件，遵照一定的程序取得发行资格，办理必要手续。股票发行的条件可以分为一般条件和特殊条件。一般条件是指发行人必须依照特定程序，向相关机构报送有关的文件。这些文件包括：发行章程、发行申请书、发行说明书、承销协议、注册会计师报告、律师意见书、公证人报告以及发行人的财务报告等。特殊条件通常适用于初次发行股票的企业，是指法律规定发行人应具备的必要条件。与发行条件类似的上市条件，又称上市标准，是指各国证券交易所对申请股票上市的公司依据当地的情况所作的规定，只有符合这些规定和要求，公司股票才能获准在交易所挂牌上市。上市条件通常包括公司的资本额、资本结构、盈利能力、股权分散程度、公司规模等几个方面的内容。

从世界范围来看，股票首次公开发行的方式有以下几种：累计订单发行（booking-building）、固定价格发行（fixed price）、累计订单和固定价格相结合发行以及招标竞价发行等。

（三）国际资产证券化产品的发行

当前面向国际投资者发行的资产证券化产品主要包括资产支持证券（asset backed securities，ABS）、MBS、担保债务凭证（collateral debt obligations，CDO）、信用违约互换（credit default swap，CDS）、房地产信托投资基金（real estate investment trust，REIT）五种。其中：

（1）ABS是一种信托产品，由信贷资产的受托机构向投资者发行，通过该标的财产产生的收益支付信托产品的收益。

（2）MBS则是ABS的一种特殊形式，也是最早的资产证券化产品。MBS用以产生收益的资产是银行的住房抵押贷款。由于使用按揭贷款购买住房的消费者需要在较长的期限内按照一定的时间间隔向银行支付房屋贷款及利息，因此形成了较长时间内的稳定的定期现金流，由此可以支撑MBS产品的利息支付。

（3）在CDO中，可以用来作为资金池的被打包产品的种类十分丰富，既可以是债权、债务、保费，也可以是其他证券化产品。CDO通过对相关资产进行结构重组，重新分割收益回报和风险，以满足不同投资者的需要。在必要的时候，CDO的标的产品可以是另一个CDO，即产生“CDO的平方”甚至 N 次方。

（4）CDS类似于对信用风险事件所购买的保险。CDS的购买者定期向产品的发售者支付一定的费用，并约定信用风险事件，一旦该事件发生，该产品的购买者就有权将CDS以面值出售给CDS发售方，因而规避了信用风险。

（5）REIT是一种通过发行收益凭证的方式汇集特定多数投资者的资金的基金，基金募集完毕后由专业的投资机构进行房地产投资经营管理，并将经营收益按照投资者持有资金的比例进行分红。REIT 的产生一方面通过“众人拾柴火焰高”的方式满足了广大中小投资者投资于房地产市场，特别是投资于商业物业的需求，另一方面满足了广大房地产开发商的融资需求，使其可以通过将房地产作为 REIT 标的的方式快速实现资金回笼。

三、国际证券融资的特点

证券交易是一种传统的市场投融资活动或行为。不考虑投机动机，购买或持有证券主要是一种投资行为，而出售或发行证券则主要是一种融资行为。证券主要包括股票和债券。发行股票和债券是股份制企业筹集长期资本的重要方式，同时也是各国政府和国际金融机构筹集国际长期资本的一种主要方式。目前，国际上规模最大的国际证券交易市场是美国纽约和英国伦敦的证券交易中心。

国际证券融资有着与国内证券融资不同的特点。

（1）国际证券融资对融资人的要求高于国内市场，如要求企业资产规模、股东人数，以及税前年收益等都必须达到证券上市的国际标准，门槛较高。

同时，为了便于投资者对上市证券做出选择，世界各地的大型证券交易市场还会组织专业的评级机构对上市证券进行评级，以供投资者参考。例如，美国的标准普尔公司（Standard & Poors）和穆迪公司（Moody's）就是国际上著名的评级机构。

（2）在国际市场上进行证券融资的成本一般低于国际商业银行贷款。其原因主要是：筹资方都是通过高标准筛选出来的，有较高信誉；证券不记名，其持有人可以合法避税；在国际市场上融资的规模一般都比较大，所以平均成本较低。此外，还有其他特殊原因，如欧洲债券由于管制宽松，因此融资成本更低。

（3）国际证券融资的工具除了股票、公司债券、政府债券等外，还包括外国债券和欧洲债券等。

阅读专栏

英吉利海峡隧道项目融资

早在 1753 年，英国和法国就曾经谋划建立一条穿越英吉利海峡的隧道，以避免恶劣天气等因素对英国和欧洲大陆之间的人员和商贸往来产生负面影响。受限于资金、技术等多种原因，隧道长时间内一直停留在可行性研究阶段。20 世纪 80 年代后，人们开始正式认真研究依靠私人投资修建英吉利海峡隧道或桥梁的可能性。

1984年5月，由法国东方汇理银行（Banque Indosuez）、法国巴黎国民银行（Banqu Nationale de Paris）、法国里昂信贷银行（Credit Lyonnais）和英国的米兰银行（Midland Bank）、国民西敏寺银行（National Westminster Bank）五家银行组成的银团向英法两国政府提交了一份关于可以完全通过私人投资建立双洞海底铁路隧道的报告。随后，牵头银团与英法两国的大建筑公司联合，分别在两国成立了海峡隧道工程集团（Channel Tunnel Group Limited，CTG）和法兰西-曼彻公司（France Manche S. A，FM），两家公司以合伙形式组成了欧洲隧道公司（CTG-FM）。

1985年4月，英法两国政府发出了无政府出资和担保情况下英吉利海峡连接项目的融资、建设及经营的联合招标。1986年1月，欧洲隧道公司的26亿英镑双洞铁路隧道提案（即欧洲隧道系统）中标。同年2月，两国政府签署协议授权建立欧洲隧道系统，并授予中标者欧洲隧道公司自协议通过之日起的55年（即截至2042年）内经营隧道系统的权利。中标者有权对隧道内通行的人员征税，并自主制定经营政策。为保障中标者的收益，英法两国政府承诺在未得到欧洲隧道公司的同意时，不会在2020年前建设竞争性的海峡连接项目。2042年协议期满后，欧洲隧道系统将会转让给两国政府。

根据欧洲隧道公司的预计，建设这一隧道系统大概需要花费48亿元英镑（按1986年汇率计算，约合当年72亿美元或252亿元人民币）。公司计划融资60亿英镑以覆盖成本和可能的超支，其中10亿英镑为股权，50亿英镑为债权。英国资本市场较为发达，因此项目采取就地融资方式，英法两国政府不提供任何汇率风险担保。

欧洲隧道公司计划分阶段筹集相关资金：

（1）中标前，牵头银行已经收到了33家银行共计约43亿英镑的债务承销意向书。

（2）中标后，发起人股东向欧洲隧道公司投入了约5 000万英镑。

（3）牵头银行在建设合同签订后，计划进行一次50亿英镑的银团贷款。

（4）欧洲隧道公司计划在1986年6月进行第二次股票发行，计划融资1.5亿～2亿英镑。

（5）牵头银行进行50亿英镑的银团贷款，并签订包销协议。

（6）1987年上半年计划进行第三次股权融资，计划融资10亿英镑。

欧洲隧道公司的债务融资主要由银团提供。1986年2月，牵头银行组织了一个由40个二级银行组成的、价值50亿英镑的联合贷款的承销团。在承销协议签订前，银行要求借款人必须保证达到下列条件：

（1）英法政府给予欧洲隧道公司自主经营权。

（2）英法两国议会必须通过有关协议，保障项目合同的合法性。

（3）完成 1.5 亿英镑的二期股权融资。

按照贷款协议，欧洲隧道公司的责任是：

（1）欧洲隧道公司通过未来现金流偿还贷款，预计签订合同后的 18 年内付清。

（2）费用条款。欧洲隧道公司给予牵头银行总贷款额的 12.5%作为牵头费用。

（3）安全条款。欧洲隧道公司的所有资产被用来作为还款抵押。

（4）欧洲隧道公司保证未经贷款银行的允许，不进行欧洲隧道系统之外的其他工程。

（5）违约事件。如果以下任一事件发生，则视为欧洲隧道公司违约：一是欧洲隧道系统投入运营的时间推迟一年以上；二是欧洲隧道公司违反责任造成无法弥补的后果；三是欧洲隧道公司未按合同按时还款。

（6）币种选择权。贷款货币包括英镑、法国法郎、美元，贷款银团应同意欧洲隧道公司有权选择其他币种。

（7）必须签订建设合同。

欧洲隧道系统最初计划于 1993 年 5 月投入运营，但由于各种原因直到 1994 年 5 月 6 日才开始经营货运，于 1994 年 11 月 4 日才开始经营客运。因为最初计划的成本是 48 亿英镑，而最后实际花费的金额为 105 亿英镑，所以严重超支引发了纠纷，同时也打乱了欧洲隧道公司先前的融资计划。

资料来源：FINNERTY D J. *Project Financing: Asset-Based Financial Engineering*, 2nd ed. New Jersey: John Wiley & Sons, Inc., 2007.

延伸阅读：中国视角

香港回归 25 周年，港股成交暴涨超 20 倍

香港回归 25 周年在即，港股在这些年飞速发展，无论是上市公司数量，还是目前的总市值和成交额，均获得了大幅提升。香港已是中国最大离岸市场，也是全球最为重要的金融市场之一。

借助陆港通机制，源源不断的国内资金正流入香港市场，成为港股的一股“活水”，南下资金在港股市场的话语权也在逐年增加。目前，南下资金规模累计已达 2.4 万亿港元。有机构预测，未来一段时间内地资金平均每年流入规模有望达到 3 000 亿港元。

我们首先来看一组数据对比：从上市公司数量来看，港股市场上市公司数量从 1997 年的 597 家逐步攀升至 5 月末时的 2 565 家，增幅超过 3 倍。

从总市值变化来看，港股总市值从 1996 年末的 3.48 万亿港元上升至 2022 年 5 月

末的 37.9 万亿港元，增幅近 10 倍。

从年总成交额来看，港股市场年总成交额从此前的 1.91 万亿港元上升至 2021 年的 41.1 万亿港元，增幅超 20 倍。

港股市场在香港回归后 25 年里，在市场规模、总市值等方面均大踏步前进。这一增长与数个里程碑事件息息相关，最近几年就是港股通的推出、上市规则的变革引发了科技、生化股密集上市。

内地企业已占港股总市值七成以上

从港股上市企业的结构来看，截至 2022 年 4 月，内地企业在港上市数量达 1 370 家，占港交所上市企业总数的 53.3%；合计市值 37.9 万亿港元，占港股总市值的 77.7%。

自青岛啤酒 1993 年成为首家赴港上市的内地企业后，包括中国移动、华电国际、首都机场、中石油、中石化、中海油等在内的大型国企相继在香港完成上市，之后又有大量民营企业赴港上市。

港股通成为源源不断的"活水"

目前来看，港股通成为内地投资者投资港股的主要渠道。该通道自 2014 年开通以来，交易规模逐年攀升。

根据香港交易所（以下简称港交所）数据，2021 年沪港通和深港通下的港股通的平均每日成交金额分别为 200.79 亿港元和 216.3 亿港元，分别较 2020 年增长了 54% 和 91%。两者合计约 417 亿港元，前一年则为 244 亿港元。而去年香港证券市场的平均每日成交金额约为 1 667 亿港元，这意味着港股通交易额占了整体大盘的四分之一，南下资金对港股市场的影响力正日益扩大。

港交所行政总裁欧冠升曾指出，香港作为国际金融中心的地位更加巩固，可以在促进内地经济发展、提升互联互通、推动跨境资本加速流动和创新等方面发挥巨大作用。

广发基金认为，预计未来南向资金季度流入速度的中枢将为 800 亿港元，年流入规模为 3 000 亿港元，5 年流入规模为 1.5 万亿港元（约为港股通当前累计流入规模的 63%）。

广发基金预计，五年后，南下资金对港股的持仓市值占比将达到 10%左右，较当前的持仓占比提升 4 个百分点。

互联网成为港股主力军

除了市场规模及交易额扩大之外，以腾讯（00700.HK）、阿里巴巴（09988.HK）为代表的互联网公司及更多中概股回归，并已成为港股主要的成分股。

根据港股个股市值排名，腾讯以 3.5 万亿港元市值位居榜首，排名靠前的美团-W（03690.HK）和快手-W（01024.HK）的市值分别为 1.16 万亿港元和 3 266.99 亿港元。

中概股相继回港上市

港交所在 2018 年和 2021 年先后对上市规则作了变更，允许同股不同权的公司上市，同时对寻求二次上市的公司开了方便之门，引发了中概股回归上市潮。

新规对双重主要上市和二次上市的公司制定了更加宽松的审核标准，为在国外交易所上市的公司来港上市提供了更大的便利。截至目前，已有 27 家中概股回港上市，其中包括知乎-W（02390.HK）、贝壳-W（02423.HK）、蔚来-SW（09866.HK）、微博-SW（09898.HK）等多家知名公司。

此外，新经济公司的融资在香港市场新股融资总额中的占比逐年攀升，从 2019 年的 49%上升至 2020 年的 64%和 2021 年的 87%。

香港已经成为亚洲最大、全球第二大的生物科技融资中心。2021 年共有 34 家生物科技及医疗公司在香港上市，上市宗数全球排名第一，融资总额全球排名第二。

资料来源：胡家荣．香港回归 25 周年：港股成交暴涨超 20 倍　2 万亿资金浩浩荡荡南下．财联社网站，2022-06-30.

本章思考题

1. 与其他国际贸易短期融资方式相比，保理业务最突出的特点是什么？
2. 买方信贷迅速崛起并超过卖方信贷的主要原因有哪些？
3. 混合信贷是买方信贷和卖方信贷的混合形式吗？
4. 项目融资协议能够达成的前提条件是什么？
5. 国际证券融资的内涵是什么？它具有哪些优越性？

第八章 国际储备与国际债务危机

引导案例

中国外汇储备连续17年全球第一

过去十年中，我国金融事业取得了重大成就。2022年10月20日晚，中国人民银行党委委员、副行长潘功胜在中国共产党第二十次全国代表大会的第五场集体采访中介绍称，目前，我国银行业资产总规模位居全球第一，股票、债券、保险规模位居全球第二，外汇储备连续17年位居全球第一。

谈及中国金融事业取得的成就，潘功胜表示：第一，金融在支持实体经济的质效方面大幅度提升。从推动高质量发展的角度看，金融结构明显优化，有力支持脱贫攻坚、绿色发展、乡村振兴等国家重大战略、国民经济社会发展重点领域和薄弱环节。第二，防范化解金融风险取得重大成果。按照中央关于打好防范化解重大金融风险攻坚战的战略部署，我国金融领域的一批突出的风险点得到有效处理。第三，我国金融业改革开放持续深化。通过十年来的改革开放，我国金融治理体系和治理能力的现代化水平大幅提升。第四，我国金融业国际竞争力和影响力大幅提升。人民币国际地位大幅提升，在国际货币基金组织特别提款权货币篮子中的权重已位居第三，全世界80多个国家和经济体将人民币纳入储备货币。

资料来源：赵觉理．中国外汇储备连续17年全球第一．环球时报，2022-10-21.

教学目的

学习本章后，应掌握国际储备的概念和作用、国际储备与国际清偿力的区别、国际储备的构成、国际储备的主要来源，了解国际储备管理的主要手段和效果；掌握因国际储备不足而引发的国际债务危机的影响和应对措施。

/ 中国视角 /

通过学习国际储备管理手段和国际债务危机的防控措施等有关知识，充分认识我国国际储备规模自改革开放以来的跃升奇迹，深刻体会中国经济规模从小到大，综合国力从弱到强的巨大变化，从而加强制度自信和道路自信。

一国国际储备资产的拥有量反映了该国对外经济实力，同时也是综合国力的表现。一般说来，国际收支顺差会使本国国际储备资产增加，国际收支逆差则会使本国国际储备资产减少。在全球化背景和开放经济条件下，一国或地区调控内外失衡的成本越来越高，调整政策的局限性日益凸显，各国货币当局更加重视运用融资政策作为政策调节的主要手段，而国际储备的数量和管理效率是影响融资政策有效性的基础因素。

第一节　国际储备概述

国际储备是国际收支平衡表中的一个主要项目，它在一国国民经济中起着重要作用，特别是在调节国际收支平衡、保持内部与外部平衡方面意义重大。

一、国际储备的概念和特征

国际储备体现了一国的国际清偿能力，是衡量一国对外金融和经济实力的一个重要标志。国际储备对调节国际收支、保证国家对外支付能力和资信、维持本币汇率稳定起着重要作用。

（一）国际储备的概念

国际储备（international reserve）一般是指一国货币当局为平衡国际收支、维持本国货币汇率稳定，以及应付紧急需要而持有的在国际上可以被普遍接受的可自由兑换资产。对国际储备的定义，有狭义与广义之分。

20 世纪 60 年代中期后，学术界对国际储备的定义逐渐趋于统一，并且主要是从狭义的角度给出的。例如，1965 年十国集团对国际储备作出了如下定义："国际储备是指该国货币当局占有的那些在国际收支出现逆差时可以直接或通过与其他资产有保障的兑换性来支持该国汇率的所有资产。" IMF 在《国际收支和国际投资头寸手册》当中也指出，国际储备是“中央当局实际直接有效控制的那些资产”，“储备资产是由黄金、特别提款权、在 IMF 的储备头寸、使用该组织的信贷和非居民现有的债权组成”。可见，IMF 不仅规定了国际储备的性质，也明确了它的主要构成。目前，从狭义的角度给出的国际储备概念，已被各国普遍接受。

（二）国际储备的特征

国际储备具有如下典型特征：

（1）官方持有性。即作为国际储备的资产必须是中央货币当局直接掌握并使用的，这种直接“掌握”与“使用”可以看成一国中央货币当局的一种“特权”。根据这一特点，非官方金融机构、企业和私人持有的黄金、外汇等资产不能算作国际储备。因此，国际储备也被称为官方储备，与国际清偿力存在区别。

（2）自由兑换性。即作为国际储备的资产必须可以自由地与其他金融资产交换，充分体现储备资产的国际性。缺乏自由兑换性的储备资产在国际上就不能被普遍接受，也就无法用于弥补国际收支逆差及发挥其他作用，无法实现国际储备的价值。

（3）充分流动性。即作为国际储备的资产必须是随时都能够动用的资产，如存放在银行里的活期外汇存款、有价证券等。当一国国际收支失衡或汇率波动过大时，就可以动用这些资产来平衡国际收支或干预外汇市场，以维持本国货币汇率的稳定。

（4）普遍接受性。即作为国际储备的资产必须能够为世界各国所普遍认同、接受和使用。如果一种储备资产仅在小范围或区域内被接受和使用，那么尽管它也具备自由兑换性和充分流动性，但仍不能称为国际储备。

（三）国际储备与国际清偿力的区别

国际清偿力（international liquidity），又称国际流动性，简言之，是指一国的对外支付能力；具体来说，是指一国直接掌握或在必要时可以用于调节国际收支、清偿国际债务及维持本币汇率稳定的一切国际流动资金和资产。它实际上是一国的自有储备（也称第一线储备）与借入储备（也称第二线储备）的总和。

因此，国际清偿力、国际储备与外汇储备的关系可表述如下：

第一，国际清偿力是自有国际储备、借入储备及诱导储备资产的总和。其中，自有国际储备是国际清偿力的主体，因此，国内学术界也把国际储备看成狭义的国际清偿力。

第二，外汇储备是自有国际储备的主体，因而也是国际清偿力的主体。

第三，可自由兑换资产可作为国际清偿力的一部分，或者说包含在广义的国际清偿力的范畴内，但不一定能成为国际储备货币。只有那些币值相对稳定，在经贸往来及市场干预方面被广泛使用，并在世界经济与货币体系中地位特殊的可兑换货币才能成为储备货币。

正确认识国际清偿力及其与国际储备的关系，对一国货币当局充分利用国际信贷或筹款协议迅速获得短期外汇资产来满足其对外支付需求，具有重大意义；对理解国际金融领域的一些重大发展，如欧洲货币市场对各国国际清偿力的影响，一些发达国家国际储备占进口额的比例逐渐下降的趋势，以及研究国际货币体系存在的问题与改革方案等，都是十分有帮助的。

二、国际储备的构成与来源

国际储备的构成是随着历史的发展而变化的。目前，IMF 是从国际储备构成的角度对国际储备进行定义的，即一国政府和中央银行所持有的黄金、外汇、该国在 IMF 的储备头寸以及特别提款权的总额构成一国的国际储备。

(一) 国际储备的构成

国际储备的构成内容随着国际经济交易和金融关系的发展而不断丰富。目前，根据 IMF 的规定，一国的国际储备资产包括四种。

1. 政府持有的黄金储备

政府持有的黄金储备（gold reserve）是一国政府为保证国际支付和维持货币信用而储存的金块和金币的总额，同时还是在金本位制下各国发行纸币的准备金。

在金本位制下，黄金是最重要的国际储备形式，因为各国的货币均锚定黄金。金本位制崩溃以后，纸币不再兑换黄金，黄金也不再作为纸币发行的准备金，但仍然是主要的国际储备资产和国际结算中的支付手段。与其他储备资产相比，黄金具有保值、可靠的优点，因此许多国家仍持有大量的黄金储备。1978 年 4 月 1 日生效的《国际货币基金协定第二次修正案》规定了黄金“非货币化”，于是黄金作为货币的作用趋于淡化。但是，黄金作为一般财富的社会化身，可以较容易地转化为任何所需要的支付手段，所以它仍是国际储备的重要形式。

黄金储备除自身具有储备资产的重要意义外，还是一国货币国际化的基础。尽管国际货币本身已经不再与黄金存在名义上的挂钩关系，但由于黄金仍具有货币属性的特点，人们更愿意相信持有大量黄金储备的央行的国际支付能力和偿债能力，认为这些国家的货币退出机制可以得到有效保障，所以黄金储备能对一国货币产生加持作用。此外，由于部分发展中国家的主权评级不高，其国债的发行利率和融资成本较高，而有充裕的黄金储备的国家的主权债务违约概率低，中央银行的资产质量高，其国债的发行成本较低。

为了在用于价值衡量和国际清偿时更加方便，作为储备资产使用的黄金均被铸造成具有统一的重量和形状的金锭。由于金锭的存储和物流均耗费极高的成本，花费大量的时间且存在较大的安全风险，因此各国的黄金储备并不是全部储存在本国境内，而是集中储存在部分信誉好的国家的金库中。其中，纽约联邦储备银行是世界上最大的金库，不仅储存了美国的黄金储备，而且储存了其他主权国家的黄金储备。

当然，将大量本国资产储存于外国也具有一定风险。2018 年，委内瑞拉国内出现严重的经济萎缩，该国实际 GDP 增速萎缩超过 10 个百分点。由于该国外汇储备减少，马杜罗政府想运回储存在美国纽约联邦储备银行和英国苏格兰银行的黄金储备，以稳定国内物价并换取外汇，但美、英两国以“意图不明”为由拒绝了委内瑞拉运回本国黄金的申请。因此，考虑到国际储备无法充分自由支配的潜在风险，部分国家已经开始积极想办法将黄金储备存放于本国境内，或者配置更多非黄金储备资产。

2. 政府持有的外汇储备

政府持有的外汇储备（foreign exchange reserve），即一国政府持有的国际储备资产中，由可自由兑换货币所构成的那部分。其具体形态表现为：政府在国外的短期存款及其他可以在国外兑现的支付凭证和有价证券，如商业汇票、银行支票、外国政府国库券和长短期债券等。

第二次世界大战前，英镑曾长期是世界各国主要的储备货币；而第二次世界大战后，美元取代英镑成为主要的储备货币。20 世纪 70 年代以来，联邦德国马克、瑞士法郎、法国法郎和日元也成为重要的储备货币。进入 21 世纪后，欧元也成为重要的储备货币。由此可见，国际主要储备货币的种类与主权国家的经济实力和国际地位相辅相成。

2008 年的国际金融危机使全球经济遭受了重大挫折，美国在国内经济萎缩时通过量化宽松等政策人为造成美元贬值的做法受到了广泛诟病，也使得各国外汇储备中的美元大幅贬值。同时，国际金融危机给欧洲国家带来了沉痛打击，以希腊为首的“欧洲五猪”国家（葡萄牙、意大利、爱尔兰、希腊和西班牙）的债务水平急剧升高，欧元区统一的货币政策与成员国不同的国内财政状况产生了持久的、难以调和的矛盾，为欧元币值稳定和发展前景蒙上了阴影。在此背景下，世界各国一方面希望国际外汇储备的币种更加多元，另一方面希望建立一种超主权储备货币或国际货币组合，以最大限度降低被某一主权国家货币政策干预的可能性。特别提款权在一定程度上满足了这一需求。

3. 特别提款权

特别提款权（special drawing right，SDR）是 IMF 创设的一种记账单位和储备资产，它被分配给成员方，用以补充国际储备，弥补国际收支逆差。SDR 从 1970 年开始作为原有普通提款权以外的一种使用资金的特别权利，第一次被分配给成员方，可用于成员方政府或中央银行 IMF 特别提款权账户之间的结算，以及成员方对 IMF 的某些支付；也可用来作为政府对外承担金融债务和缔结互惠协定的保证金，或向其他成员方换取外汇；但不能直接用于国际贸易和非贸易支付，即私人企业与商业银行不能持有和使用 SDR。

4. 成员方在 IMF 的储备头寸

成员方在 IMF 的储备头寸是指 IMF 成员方普通提款权（general drawing right，GDR）中储备部分贷款额度，即普通提款权的一部分。其资金来源主要是成员方缴存给 IMF 的相当于份额 25%的黄金与外汇。此外，成员方借款给 IMF 时也相应增加该储备头寸。

普通提款权是 IMF 向成员方发放的一种最基本的贷款。最高额度为成员方向基金组织缴纳份额的 125%，期限为 3～5 年。

（二）国际储备的来源

1. 收购黄金

收购黄金包括两方面：①一国从国内收购黄金并集中至中央银行手中；②一国中央银行在国际金融市场上购买黄金。不过，因黄金在各国日常经济交易中的使用价值不大，加上黄金产量也有限，因此黄金在国际储备中的比重一般不会增加。

2. 国际收支顺差

国际收支顺差也包括两方面：①国际收支中经常项目的顺差。它是国际储备的主要来源。该顺差中最重要的是贸易顺差，其次是劳务收支（服务）顺差。目前，劳务收支在各国经济交往中的地位不断提高，许多国家的贸易收支逆差甚至整个国际收支逆差，都利用劳务收支顺差来弥补。在不存在资本净流出时，如果一国经常项目为顺差，则必然形成国际储备；在不存在资本净流入时，如果一国经常项目为逆差，则必然使国际储备减少。②国际收支中资本项目的顺差。它是国际储备的重要补充来源。目前国际资本流动频繁且规模巨大，当借贷资本流入大于借贷资本流出时，就形成了资本项目顺差。如果这时不存在经常项目逆差，这些顺差就形成了国际储备。这种储备的特点就是由负债所构成，到期必须偿还，但在偿还之前，可作为储备资产使用。当一国的借贷资本流出大于借贷资本流入时，资本项目必然发生逆差，如果这时存在经常项目逆差，则国际储备将会大幅减少。

3. 中央银行干预外汇市场取得的外汇

中央银行干预外汇市场也可取得一定的外汇，从而增加国际储备。当一国的货币汇率受供求的影响而有上升趋势或已上升时，该国的中央银行往往就会在外汇市场上进行公开市场业务，抛售本币，购进外汇，从而增加本国的国际储备。当一国的货币汇率有下降趋势或已下降时，该国就会购进本币，抛售其他硬货币，从而减少本国的国际储备。一般来说，一个货币汇率上升的国家，往往是国际收支顺差较多的国家，因此没有必要通过购进外汇来增加已过多的外汇储备，但由于共同干预的需要，会自觉或不自觉地增加本国的外汇储备。

三、国际储备的作用

拥有适量国际储备对一国对外经济关系的顺利发展有特别重要的作用，具体表现在以下几个方面。

（一）弥补国际收支逆差

理论与经验证明，当一个国家因国际交易中出口减少或特大自然灾害以及战争等突发情况而造成临时性国际收支逆差，而这部分逆差又无法依靠举借外债来弥补时，该国首要的选择就是动用国际储备来弥补此逆差。这样既可维护本国国际信誉，又可避免事后被迫采取诸如限制进口等“削足适履”的措施来弥补逆差，进而影响本国经济的正常发展。此时，运用部分国际储备来弥补逆差，会减轻逆差国政府为平衡国际收支而采取的一些剧烈的经济紧缩政策对国内经济所产生的负面影响。但是，如果一国国际收支出现了根本性的不平衡，那么动用国际储备并不能彻底解决问题，反而会导致国际储备的枯竭。因此，当一国因经济政策失误或经济结构不合理而造成国际收支持续性逆差时，对包括外汇储备在内的储备资产的动用必须谨慎。

（二）干预外汇市场，维持汇率稳定

在固定汇率制下，西方各国大都建立外汇平准基金，用以干预外汇市场，使本币汇率稳定在政府所希望的水平上。即使在浮动汇率制下，也可利用国际储备或明或暗地操纵外汇行市，实行“管理浮动”，使汇率水平与本国的经济政策相适应。

（三）提高本币地位

一般来说，一国包括外汇储备在内的国际储备充足，表明该国弥补国际收支逆差、维持汇率稳定的能力强，国际社会对该国货币的币值与购买力也充满信心，因此愿意持有该国货币，于是该国货币会成为硬货币，该国货币的地位和信誉也会因此而提高。

（四）提高国际清偿力，增强向外借款的信用保证

作为通用的国际支付手段，必要时国际储备可用于支付进口和偿还到期债务。国际储备是衡量一国偿债能力大小的重要指标。一国的信用水平，除了由一国经济发展状况所决定外，还受到国际收支状况、偿债能力的影响，所以国际储备的多寡是衡量一国信用水平高低的重要指标。如果一国国际储备实力雄厚，那么其信用水平就高，

在国际金融市场上借债就较为容易，借款条件也较优惠，否则就不容易在国际金融市场上筹措到资金，借款条件也较苛刻。

（五）获得国际竞争优势

国际储备是国家财产，是国际清偿力的象征，因此，一国持有比较充裕的国际储备，就意味着有能力左右其货币的对外价值，即有力量使其货币汇率升高或下降，由此获得国际竞争优势。对于中心储备货币国家来说，拥有较充分的国际储备对支持其货币的国际地位至关重要。

第二节 国际储备管理

国际储备管理指一国货币当局根据一定时期内本国的国际收支状况和经济发展的要求，对国际储备的规模、结构及储备资产的运用等进行计划、调整、控制，以实现储备资产规模适度化、结构最优化、使用高效化的整个过程。一国的国际储备管理包括两个方面：国际储备水平的管理和国际储备结构的管理。

一、进行国际储备管理的原因

随着布雷顿森林体系的崩溃和浮动汇率制的实行，国际储备管理问题变得更为突出和重要，这主要有以下几个方面的原因。

（一）国际储备资产的汇率风险增大

在固定汇率制下，除了货币的法定升值和贬值外，汇率大幅度剧烈波动的情况并不多见。布雷顿森林体系规定，各国货币间汇率的波动幅度原则上不超过法定平价1%。某种货币可能出现法定贬值时，一般都有某种迹象，可以事先防范，例如，某种货币出现长期的市场汇率下跌或币值高估等。在浮动汇率制下，西方国家的关键货币之间的汇率波动频繁，而且波动幅度较大，从而使国际储备资产的汇率风险增大。因此，必须加强对国际储备的管理。汇率风险具体表现在两个方面：

（1）在世界各国普遍实行浮动汇率制的条件下，各国中央银行持有的外汇储备货币面临汇率频繁波动的风险。如果一国中央银行持有的外汇储备币种不当，就可能受到损失。因此，需要密切注意西方主要外汇市场的汇率变化趋势，根据情况不断变换储备资产的形式，加强国际储备管理。

（2）在储备货币币种不断增加的情况下，各国对外贸易中用于计价结算的货币的汇率风险大大增加。过去的储备资产主要是美元和英镑，国际支付结算主要采用这两种货币尤其是美元。因此，只要准确预测这两种货币，尤其是美元的汇率走势，就可以确保外汇不受或少受损失。而在浮动汇率制下，各种可自由兑换的西方国家货币都已成为储备货币，使国际储备资产的汇率风险变得复杂化。因此，必须根据各种货币不断变化的汇价和国际贸易支付结算的需要，来调整储备货币的结构。

（二）国际储备资产的利率风险增大

由于西方各国本身的经济目标不同，经济政策的理论依据不同，因此利率水平各不相同，但各国利率水平会互相影响，从而导致利率经常波动。因此，还必须比较各种货币的利率差距，同时充分考虑各种货币的名义利率及剔除通货膨胀后的实际利率之间的关系，调整储备货币的币种，以确保国际储备资产的安全性和盈利性。

（三）国际储备资产的投资选择和选择风险同时增加

国际储备资产的多元化为各国的储备资产投资提供了更多的选择，但同时也带来了更大的选择风险。随着以欧洲货币市场为主的国际金融市场的迅速发展，信用方式日趋多样化，借贷凭证种类繁多，而且可以灵活、方便地转让和调拨。另外，各种有价证券的币种、面额、期限、利率、费用、收益等也各不相同，这就使得储备资产的投资选择变得重要且复杂。其选择得当与否，直接关系到储备资产盈利与否和安全与否。因此，对国际储备资产进行管理时，不仅要注意汇率、利率的变化，还必须研究证券市场的变化和投资对象的特点等，这就增加了国际储备资产管理的难度和复杂性。

（四）黄金价格的剧烈波动对黄金储备价值的影响

由于黄金价格的剧烈波动会影响黄金储备的价值，因此需加强对黄金储备的管理。自 1971 年 8 月美国宣布停止以 35 美元兑换一盎司黄金的比率向外国中央银行兑换黄金以后，国际黄金市场价格不断上涨。在西方各国通货膨胀加剧、货币汇率和利率动荡的情况下，黄金便成了人们为投机或保值而抢购的对象，导致市场黄金价格经常暴涨暴跌，而许多国家换算黄金储备时经常要参照黄金的市场价格，所以黄金价格涨跌会影响储备资产的价值。黄金虽不像其他储备资产那样可供投资生息，但黄金价格涨跌所带来的收益或损失还是会影响中央银行的黄金买卖决策。因此，也需要加强黄金储备管理。

（五）保持适度的国际储备规模与结构

一国国际储备资产结构及外汇储备的币种结构必须与该国的贸易流向和债务结构

相适应，并保持适度的规模，这样才能满足国际贸易及国际经济往来的需要，而这正是国际储备管理的主要内容。

二、国际储备水平的管理

国际储备水平的管理主要是指保持最适度的国际储备数量或规模，以适应经济发展和对外经济往来的需要。一国的国际储备总额应与本国经济的需要相适应：过少，则不能满足需要；过多，则可能造成浪费。如何保持最适量的国际储备水平，降低国际储备管理成本，就成为各国国际储备管理中的首要问题，同时也揭示了国际储备水平管理的实质。

（一）国际储备水平的概念

所谓国际储备水平，是指一国持有的国际储备数额及其与相关经济指标之间的对应关系。一个国家应该持有多少国际储备，在国际上并没有成文或统一的规定。因为不同国家在不同的发展阶段和不同的情况下，对国际储备水平的要求是不尽相同的。保持多少国际储备最为适度，取决于各国经济的实际需要，但一般地说，也有一些确定适度国际储备水平的基本因素。

（二）影响国际储备水平的主要因素

1. 经济活动规模

经济活动规模可用国民生产总值（GNP）来体现。从理论上讲，如果一国的经济活动规模大，而该国又非储备货币发行国，则会增加国际储备需求；反之，经济活动规模小，会减少国际储备需求。一般来说，国际储备水平与一国经济活动的规模成正比。

2. 国际收支差额

国际储备的主要作用之一是弥补国际收支逆差，因此一国的国际收支状况对该国的国际储备需求具有决定性的影响。一般来说，一国国际储备需求与其国际收支逆差呈正方向变化，逆差出现的频率越高、数额越大，国际储备需求也就越大；一国国际储备需求与其国际收支顺差呈反方向变化，一国若出现持续性顺差，其国际储备需求就会相应地减小；如果一国国际收支平衡，则国际储备维持正常状况即可。多数发展中国家因受经济结构不平衡、经济政策失当以及不合理的国际经济秩序的影响，国际收支出现逆差，这迫使它们提高国际储备水平。

3. 外汇管制与汇率制度安排

如果一国经济开放度低，对外实行严格的外汇管制，一切外汇收支都必须遵照计划或经批准，则用汇量必然受到限制。在这种情况下，国际储备需求一般会小些；反之，国际储备需求会大些。与外汇管制相关的一个措施便是一国的汇率制度安排。外汇储备的一个主要作用是平衡国际收支，另一个主要作用是干预汇率，因此国际储备需求与汇率制度安排是密切关联的，无论是实行固定汇率制，还是选择有管理的浮动汇率制，都会影响国际储备水平。

4. 信用水平与融资能力

一般来说，如果一国有良好的信用和形象，可以在必要时较容易或迅速地筹措到各种外汇资金，那么该国的国际储备需求会小些；反之，国际储备需求会大些。与此相关，一国在国际金融市场上的融资能力与国际储备需求也存在密切关系。如果一国有能力通过各种方式（借款、发行债券、设立基金、争取国际金融组织的优惠贷款等）获得所需的资金，补充其国际清偿力，抵消可能出现的资金缺口，则其国际储备需求减少；反之，其国际储备需求相应增加。

5. 国际收支调节政策的成本和效果

弥补国际收支逆差的措施是多方面的。例如，在逆差时除可向外部融资以外，还可实行支出调节政策，即支出转换政策和支出削减政策，或者说通过紧缩的财政、货币政策（包括汇率政策）和贸易政策来平衡国际收支。

6. 持有国际储备的机会成本

持有国际储备实际上是成本与收益的统一。持有国际储备显然具有持有效益，如弥补国际收支逆差、干预汇率等，而且储备资产首先是一种外汇资产，存放在外国银行也有利息收入。但同时，储备资产又是一种外国实际资源的象征，不“贮藏”它而及时加以运用，就可用于向国外购买生产必需品或消费品，也可用于进口物资，从而推动经济增长，提高投资收益；“贮藏”它，就等于这段时间放弃对这种实际资源的使用权，丧失由此带来的效益。这就是持有储备的机会成本。一国持有储备的机会成本相对较高，则国际储备需求就相应小些；反之，国际储备需求就相应大些。一国储备需求与持有储备的成本呈负相关关系。

7. 金融市场的发达程度

金融市场是获取国际储备的重要渠道，在发达的金融市场中，金融当局可通过市场操作获取所需的国际储备，也可以通过金融机构迅速地“借入国际储备”，即发达的金融市场存在一种迅速把民间资金或社会资金转换为中央银行直接持有的国际储备机制，我们姑且称之为国际储备转换机制。因此，金融市场越发达，国际储备转换机制越完善，货币当局对国际储备的需求“冲动”就越弱；反之，对储备的需求“冲动”就越强。

8. 对外汇储备的经营与管理水平

一国如果具有系统的、专业化的经营与管理机构，就可以根据市场要求的变化，快速地确定某一时期本国需要的主要储备货币或对储备货币进行转换、组合，并确保储备在保值的基础上增值。也就是说，一国对外汇储备的经营与管理水平较高，则可相对减少储备需求；反之，则可相应地增加储备需求。

9. 与他国政府或国际性金融组织的协调程度

如果一国与他国或国际性金融组织（如 IMF、世界银行等）在经济、金融、货币等方面的协调较好，而且还可通过订立某些协议（如互惠信贷协议、备用信贷协议等）互相支持、帮助，则可减少储备需求；反之，就会增加储备需求。例如，过去的欧共体（现为欧盟）各成员国由于在关税、金融、货币等方面的政策与合作较为协调一致，不少国际收支和汇率上的问题可通过协商来解决，因此它们的国际储备并不多。

10. 是否为储备货币发行国

如果一国是储备货币发行国，则该国可直接用本国货币来支付短期逆差，也可通过外国直接投资（FDI）获取更高的投资报酬，从而减少储备需求；反之，则要增加储备需求。当今世界最重要的国际储备货币包括美元、欧元、人民币、日元等。美国是世界上最重要的储备货币发行国，美元是 21 世纪最重要的储备货币，也是关键货币，因此尽管美国的国民生产总值最大，开放度与市场化程度极高，但其国际储备并非最多。

（三）衡量国际储备水平的主要指标

在考虑了影响一国国际储备水平的基本因素的基础上，国际社会设立了一些指标作为标准来衡量一国国际储备水平的高低。目前，使用比较广泛的有以下几项指标。

1. 一国的国际储备水平与该国的国民生产总值之比

这一指标反映了国际储备与前述第一个基本因素的关系。在国际分工条件下，一国的经济规模越大，则对国外市场的依赖程度也相应越高，因而需要较多的国际储备作为后盾；反之，则要求较少的国际储备。

2. 一国的国际储备水平与该国的外贸总额之比

这一指标反映了国际储备与前述第二个基本因素的关系。一国的对外开放程度越高，外贸规模越大，对外贸易依存度越高，则需要有越多的国际储备。这也是反映一国对外清偿力和信用水平的一个重要指标。

3. 一国的国际储备水平与该国的月平均进口额之比

这是国际上最常用的一个指标。因为国际收支中最重要的项目是贸易收支，如果一国进口大于出口，而非贸易账户或资本账户又没有足够的顺差来抵补，就需要动用其国际储备。所以，国际储备管理最重要的就是满足短期贸易逆差支付的需要。因此，国际上广泛使用这一指标来衡量一国的国际储备水平是否适度。

据测算，一般国家的国际储备占进口额的比例为25%左右，相当于三四个月的进口额。因此，一般认为一国的国际储备保持在相当于本国三四个月的进口额的水平上比较适度。

(四) 适度国际储备水平的确定

适度国际储备水平的确定是一个十分复杂的问题，在理论与实践上目前都难以得出一个比较一致的理论。西方经济学家关于适度国际储备水平的研究已有诸多成果，这里主要介绍以下四种。

(1) 比例分析法。该分析法是一种简单的测量国际储备需求的方法。该分析法的特点是把国际储备需求与某一个或某些数量相比，得出一个比例结果，此结果就可以作为衡量国际储备水平是否适度的一个标准。早在19世纪初，人们就已运用该法来探讨国际储备需求的若干问题，一些著名的经济学家也从该法入手，创立了影响颇为深远的国际储备需求理论。例如，在1802年，亨利·桑顿在其所著的《大不列颠的票据信用的性质和作用的探讨》一书中便认为，一国的黄金储备应该用于为贸易提供融资，因而把储备与贸易联系起来了。在金本位制盛行之后，人们便十分关注储备与货币供应量之间的关系。第二次世界大战期间及之后，人们又把目光转向储备与贸易的关系，典型代表人物是美国的经济学家罗伯特·特里芬（Robert Triffin），他认为储备需求会随国际贸易的发展而增加，从而推导出了储备占进口额的比例可作为衡量国际储备充分性（reserve adequacy）的标准。1960年，特里芬在其著名的论著《黄金与美元危机：自由兑换的未来》中再次强调了该论点，提出了迄今仍有广泛影响的“一国储备量应以满足三个月的进口为宜”的结论，即人们所称的“特里芬法则”。该法则的特点是把储备与进口这个变量挂钩，因此也称为储备-进口比例计算法。

除了典型的储备与进口额的比例法外，还有以下两种比例分析法比较重要：①结合进口支付和外债还本付息的比例法。该法在一些具有较多外债的国家和地区比较流行。它是在特里芬的比例法的基础上，加上按外债余额的10%计算的还本付息额。②结合外国直接投资资金回流的综合比例法。该法考虑了外国直接投资资金汇出对国际储备的影响，是对上述两种比例法的补充。

比例法的最大优点是简便易行，但因选择的变量有限，计算的结果准确性不高，因此该法可作为一种参考，但不能作为衡量国际储备水平是否适度的唯一标准。

(2) 成本-收益分析法。该分析法是20世纪60年代以来西方一些学者用以研究适度国际储备水平的一种新方法。该分析法可以从全球的角度和一国的角度来分析国际储备的适度水平，一般情况下常用于后者。其特点是通过对一国持有储备的成本和收益进行分析，进而根据储备持有成本和收益的均衡求出储备的适度水平。它的主要代表人物是海勒（Heller）和阿加沃尔（Agarwal），并形成了两种主要的分析模式：海勒模式和阿加沃尔模式。

（3）货币学派分析法。该分析法的主要观点是：国际收支不平衡本质上是一种货币现象，当国内货币供应量超过国内需求时，货币就会流向国外，从而引起国内现金余额的减少。由此推得：国际储备需求主要取决于国内货币供应量的增减。该分析法在解释长期储备行为方面有些参考价值，但无法说明现实的国际储备水平。

（4）标志分析法。该分析法的主要观点是：储备短缺或过剩将对某些关键经济变量产生影响，这种影响通过国内货币供应量或特定政策发生作用，因此人们通过观察所执行的政策或某些关键经济变量，就可得出储备是否充分的结论。一般认为，紧缩性需求政策、利率上升、汇率下跌、进口限额和出口补贴等是储备不充分的标志；反之，扩张性需求政策、利率下跌、汇率上升、进口自由化和控制资本内流等是储备过剩的标志。IMF也曾提出储备不充分的客观指标，但要在实践中运用这些指标，并且使其数量化，是一个难题。而且，该分析法所说的储备充分性和适度性的标志也非由严格的理论模型导出，因而缺乏严密性。

三、国际储备结构的管理

国际储备资产的构成是多种多样的，包括黄金、外汇、储备头寸以及特别提款权等。国际储备资产结构的管理，就是指对这些资产的管理，即确定这些资产之间的最佳构成比例，以应付各种国际支付，避免国际金融市场动荡带来的风险。

（一）国际储备结构的管理应遵循的原则

一般说来，国际储备结构管理中主要遵循安全性、流动性和盈利性原则，但安全性、流动性和盈利性三者之间往往有矛盾。收益较高的储备资产运用方式，如投资于外国证券，往往有风险，流动性也较低；流动性较高也较安全的方式，如存入外国活期存款账户，则收益较低。所以，必须在三者之间进行权衡，合理配置。

从安全性角度考虑，大多数国家都采取分散风险的方式，使储备资产多元化，把储备分散在多种货币及多种资产上。不仅各种货币要占一定比例，而且每种货币要选择不同的投资方式，即把资金分散在不同的资产上，实现币种多元化、资产形式多样化，也就是所谓的“不把所有鸡蛋放在同一个篮子里”。投资于多样化混合资产的风险小于仅投资于其中任何单一资产的风险。投资组合理论可以为这样的选择提供理论基础。

从流动性角度考虑，必须根据本国对外经济活动与对外政治关系的需要，使流动性较高的储备资产的持有与进口支付及政府干预市场所需的货币保持一致。除此之外，还要综合考虑外贸进出口结构，商品流向、数量及价格结构，收付货币的币种结构，期限结构等因素，安排好储备货币及储备资产的结构。

从盈利性角度考虑：首先，考虑各种储备货币的汇率高低及其变动；其次，考虑各种货币汇率与利率之间的关系；最后，对比不同币种及不同储备资产形式收益率的高低，把储备分别投资于相应币种及不同形式的资产。

（二）国际储备结构管理的内容

1. 黄金储备的管理

黄金储备的管理是指确定黄金储备数额及其在储备总额中所占的比重，这取决于黄金的性质。从安全性角度来看，黄金的内在价值相对稳定且具有相对独立性，因而黄金的安全性较高。这是因为：一方面，以黄金作为国际储备可以不受任何国家的强力干预；另一方面，在纸币本位制下，以黄金作为国际储备可避免因通货膨胀而遭受贬值损失，因为黄金价格会随通货膨胀率的上升而相应上升，从而保持其原有的实际价值。从流动性角度来看，自20世纪70年代末“黄金非货币化”以来，黄金不能再直接用于国际支付，而只有在黄金市场上出售，换成可兑换货币后才能使用，因而流动性较低。从盈利性角度来看，由于金价波动较大，持有黄金既不能获得利息收入，又需要支付较高的保管费用。由此可见，黄金具有较高的安全性，但缺乏流动性和盈利性，因此许多国家对持有黄金储备大多采取保守的态度，一般倾向于维持原有的储备水平。

2. 外汇储备的管理

外汇储备的管理一般是指外汇储备比例的确定，包含两重含义：一是外汇储备与黄金储备及其他储备资产的比例的确定；二是外汇储备中各种货币构成比例的确定，即最优结构的确定。前者在黄金储备比例确定后，也就基本上确定下来了；后者则较为复杂，尤其储备货币多元化后，美元、欧元、人民币、日元等多种储备货币并存，因此，怎样确定外汇储备中各种货币的最佳比例，避免遭受汇率变动可能带来的损失，变得至关重要。

各国货币当局如何选择和确定外汇储备中各种货币的最佳比例？

（1）储备货币的币种选择。在一般情况下，应尽可能地增加硬货币的储备量，减少软货币的储备量。但必须注意，并非硬货币持有得越多越好。这是因为：①硬货币的利率一般比软货币低，持有硬货币可避免汇率风险，但会损失一定的利息收入；②一国储备中的货币总是有“软”有“硬”，如果是“清一色”的硬货币，那么到了支付时，还需要兑换成软货币，这既会面临汇率风险，也会增加一定的兑换费用；③硬货币与软货币的区分只是相对的，即硬货币在某一时期可能会变“软”，如果全部持有硬货币，那么一旦硬货币变成软货币，就要承受汇率变动所引起的损失了。因此，软、硬货币如何组合，还得根据长期与短期的汇率波动状况进行全面考察与选择。

（2）储备货币的汇率选择。各国货币当局应根据各种储备货币汇率变动的幅度进行选择。一般来说，应尽可能增加汇率波动幅度较小的货币的储备量，减少汇率波动幅度较大的货币的储备量。由于在短期内国际金融市场汇率变动频繁，加之政府可能会干预，因此汇率的变动趋势很难预测，这时可以通过比较各种储备货币长期汇率波动的平均幅度来做选择，以减少汇率波动造成的贬值风险。

（3）储备货币的需求选择。它包括两方面：一是指根据本国对外贸易结构和其他金融活动对储备货币的支付需求进行选择，即对某种储备货币需求大，就尽可能增加其储备量；反之，就减少其储备量。二是指根据本国干预外汇市场、维持本国货币汇率稳定对储备货币的需求进行选择。一种货币被用来干预市场的次数多的话，就多储备；反之，则少储备。一些储备货币发行国尽管能用本国货币支付逆差，但也要选择其他国家的货币作为国际储备，以备随时干预外汇市场之需。

由于外汇储备能够克服黄金储备的弱点，流动性高、盈利性强，因此世界各国持有的外汇储备较其他储备资产比例都高，其中仍以美元占比最高，但美元占比有不断下降的趋势，而其他货币占比则有上升之势。

（4）储备头寸和特别提款权的管理。各成员方分到的储备头寸和特别提款权的数量取决于各国向 IMF 缴纳的份额，且受 IMF 控制，不能随意变更。自 20 世纪 80 年代以来，这两种储备资产在各成员方储备资产总额中所占的比重始终未突破 9%，而黄金储备与外汇储备所占的比重则达 90%以上。

第三节　国际债务危机

一个经济体国际储备管理不当、宏观经济结构失衡导致的最直接的后果便是国际储备不足，最终引发国际债务危机。

一、国际债务危机的概念和产生的原因

（一）概念

国际债务危机指一国不能按时偿付其国外债务，包括主权债务和私人债务，表现为大量的公共或私人部门无法清偿到期外债，被迫要求债务重新安排和国际援助的现象。

（二）国际债务危机产生的原因

国际债务危机的爆发是国内、国际因素共同作用的结果，但外因往往具有不可控性，且外因总是通过内因起作用。因此，从根本上说，债务危机产生的直接原因是内因，即不顾自身经济实力，不认真管理自己的官方储备，盲目借入国际资本后使用不当、管理不善。

1. 外债规模膨胀

如果把外债视为建设资金的一种来源，就需要确定一个适当的借入规模。1960 年美国经济学家特里芬提出，一国的国际储备与进口额的比例是一国确定适度外汇储备规模的参考指标之一，即该国全年国际储备占进口额的比例应在 25%左右，国际储备应该能满足 3 个月的进口需要。因为资金积累主要靠本国的储蓄来实现，外资只能起辅助作用，如果在缺乏相应的国内资金及其他条件的配合的情况下过多地借债，宏观经济效益就得不到应有的提高，沉重的债务负担超出了一国的偿债能力就会导致债务危机。

关于一个经济体的偿债能力，从宏观角度看，国际上通行的衡量指标包括：

（1）偿债率，也叫外债偿还率，指当年中长期外债应还本付息额加上短期外债应还本付息额与当年货物和服务项下外汇收入之比，用以反映一个国家当年的还本付息能力，警戒线一般为 20%（偿债率＝外债还本付息额/出口外汇收入）。

（2）债务率，指年末外债余额与当年货物和服务贸易外汇收入之比，用以反映一国对外债总余额的承受能力，警戒线一般为 100%（债务率＝外债余额/出口外汇收入）。

（3）负债率，指外债余额与国民生产总值之比，用以反映一国国民经济状况与外债余额的适应关系，警戒线一般为 20%（负债率＝外债余额/国民生产总值）。

2. 外债结构不合理

在其他条件相同的情况下，外债结构对债务的变化起着重要作用。外债结构不合理主要表现在以下几方面。

（1）商业贷款比重过大。商业贷款的期限一般较短，在经济较好或各方一致看好经济发展时，国际银行就愿意不断地贷款，因此，这些国家就可以不断地通过借新债还旧债来“滚动”发展。但当经济发展中出现某些不稳定因素，如政府的财政赤字、巨额贸易逆差或政局不稳等使市场参与者失去信心，外汇储备不足以偿付到期外债时，汇率就必然大幅度下跌。

（2）币种过于集中。如果一国外债集中于一两个币种，汇率风险就会变大，一旦该外币升值，外债就会增加，偿还起来就更加困难。

（3）期限结构不合理。短期外债比重过大，超过国际警戒线，或未合理安排偿债期限，都会造成偿债时间集中，若储备资产流动性不足以支付到期外债，就会爆发危机。

3. 外债使用不当

借债规模与结构确定后，将其投入适当的部门并最大限度地发挥其使用效益，是偿还债务的最终保证。偿债能力从长期看取决于一国的经济增长率，短期内则取决于它的出口率，所以人们真正担心的不是债务的规模，而是债务的生产能力和创汇能力。许多债务国在大量举债后，没有根据投资额、偿债期限、项目创汇率以及宏观经济发展速度和目标等因素综合考虑，制定外债使用方向和偿债战略，不顾国家的财力、物力和人力等因素的限制，盲目从事大工程建设。这类项目所耗资金多、工期长，短期内很难形成生产能力并创造出足够的外汇，因此会造成债务积累加速。此外，还有相当一部分外债根本没有流入生产领域或用在资本货物的进口方面，而是被用于盲目、过量地进口耐用消费品和奢侈品，这必然导致投资率的降低和偿债能力的减弱。而不合理的消费需求又是储蓄率降低的原因，它使得内部积累能力跟不上资金的增长，进而使外债进一步增加。有些国家则大量借入短期贷款在国内进行长期投资，而投资的方向又主要是房地产和股票市场，于是形成了泡沫经济，一旦泡沫破灭，危机也就来临了。

4. 对外债缺乏宏观上的统一管理和控制

国家需要对外债和资产实行技术和体制方面的管理，提高国际借款的收益，减少外债的风险，使风险和收益实现最好的结合。这种有效的管理是避免债务危机的关键所在。管理的范围相当广泛，涉及外债的借、用、还各个环节，需要政府各部门进行政策协调。如果对外债管理混乱，多头举债，无节制地引进外资，往往会使债务规模处于失控状态，债务结构趋于非合理化，从而妨碍政府根据实际已经变化了的债务状况对政策进行及时调整，而当政府发现政策偏离计划目标过多时，偿债往往已经面临困难。

5. 外贸形势恶化，出口收入锐减

由于出口创汇能力决定了一国的偿债能力，因此一旦一国未适应国际市场的变化及时调整出口产品结构，其出口收入就会大幅减少，经常项目逆差就会扩大，从而严重影响其还本付息能力。同时，巨额的经常项目逆差进一步造成了对外资的依赖，一旦国际投资者对债务国经济前景的信心大减，停止向其贷款或拒绝延期，债务危机就会爆发。

二、国际债务危机的影响

债务危机会严重干扰国际经济关系发展的正常秩序，是国际金融体系的一大隐患，尤其对危机爆发国的影响更是巨大，会给经济和社会发展造成严重的后果。

1. 国内投资规模会大幅缩减

首先，为了还本付息，债务国必须大幅压缩进口以获得相当数额的外贸盈余。因此，为满足经济发展和结构调整所需的材料、技术和设备等的进口必然受到严重抑制，从而造成生产企业投资的萎缩，甚至导致正常的生产活动都难以维持。

其次，债务危机的爆发使债务国在国际上的信用水平大大降低，进入国际资本市场筹资的渠道受阻，不仅难以借到条件优惠的贷款，甚至连条件苛刻的贷款也不易借到。同时，国际投资者也会视危机爆发国为高风险地，减少对该国的直接投资。外部资金流入减少使债务国无法筹措到充足的建设资金。

最后，危机爆发后国内资金的持有者对国内经济前景持悲观态度，也会纷纷抽回国内投资，这不仅加重了国家的债务负担，也使国内投资资金减少，无法维持促进经济发展所必需的投资规模。

2. 通货膨胀会加剧

债务危机爆发后，流入债务国的资金大量减少，而为偿债流出的资金却越来越多。资金的流出实际上就是货物的流出，因为债务国的偿债资金主要是依靠扩大出口和压缩进口来实现的。一方面，由于投资的缩减，企业的生产能力受到影响，产品难以同时满足国内需求与出口需求。为还本付息，国家只能将出口需求置于国内需求之上。另外，进口商品中一些基本消费品也大幅减少。当国内市场的货物供应量减少到不能满足基本需求，以至于发生供应危机时，通货膨胀就不可避免。此外，在资金巨额净流出、头寸短缺的情况下，债务国政府往往还会采取扩大国内公债发行规模和提高银行储蓄利率等办法来筹措资金，但筹措到的资金中相当大一部分是被政府用于从民间购买外币偿还外债，这必然造成国内市场货币流通量增多。由于这部分资金较少用于投资，所以它不具有保值效应，更无增值效应。这样，在公债到期偿还或储户提款时，国家银行实际上并无能力偿还，于是不得不更多地发行利率更高、期限更短的新债券，并扩大货币发行量，在这种情况下，通货膨胀不可避免。

3. 经济增长会减慢或停滞

为制止资金外流，控制通货膨胀，政府会大幅提高利率，使银根进一步收紧，而为了偿债，需兑换大量外汇，这又使得本币大幅贬值，企业的进口成本急剧升高。资金的缺乏及生产成本的上升使企业的正常生产活动受到严重影响，甚至破产、倒闭。投资下降、进口减少虽然有助于消除经济缺口，但生产的下降势必影响出口的增长。出口若不能加速增长，就无法创造足够的外汇偿还外债，国家的债务负担也就难以减轻。这些都会使国家经济增长放慢，甚至出现较大幅度的倒退。例如，20 世纪 80 年代拉丁美洲爆发债务危机后，其经济基本上在原地踏步。整个 80 年代，拉丁美洲国内生产总值累计增长了 12.4%，而人均增长率为－9.6%。2010 年，欧洲爆发国家主权债务危机后，当年希腊经济大幅萎缩 4%，整个欧盟和欧元区 2010 年经济增长率仅分别为 1%和 0.9%。

4. 社会后果严重

随着经济衰退的加深，大批工厂、企业倒闭或停工停产，致使失业人口剧增。在高通货膨胀情况下，职工的生活也受到严重影响，工资购买力不断下降，低收入劳动者更是入不敷出。失业率的上升和实际工资的下降使债务国人民日益贫困，穷人队伍越来越庞大。此外，为了偿债，债务国实行紧缩政策，在公共社会事业发展上的投资经费会越来越少，人民的生活水平也会日趋恶化。因此，人民的不满情绪日增，他们反对政府降低人民的生活水平，反对解雇工人，要求提高工资。而政府在债权银行和国际金融机构的压力下，又不得不实行紧缩政策。在此情况下，民众会用游行示威甚至暴力的方式表达其对现状的极度不满，从而引起政局不稳和社会动乱。

5. 对国际金融体系的影响明显

债务危机的产生对国际金融体系运作的影响也是十分明显的。首先，债权国与债务国同处于一个金融体系之中，一方遭难，势必会牵连另一方。债权人若不及时向债务国提供援助，就会引起国际金融体系的进一步混乱，从而影响世界经济的发展；其次，对于那些将巨额贷款集中在少数债务国身上的债权银行来说，一旦债务国倒账，其就必然遭受严重损失甚至破产；最后，债务危机使债务国国内局势急剧动荡，也会从经济上甚至政治上对债权国产生不利影响。在这种情况下，债权人不得不参与债务危机的解决。

三、解决国际债务危机的措施

在国际经济一体化的背景下，债务危机威胁到整个国际金融领域及世界经济的稳定。同时，债务危机还威胁到国际货币体系的稳定。发展中国家的债务大都来自国际商业银行，尤其是欧洲货币市场。债务危机会导致大量银行倒闭，从而产生连锁反应，威胁国际货币体系的稳定，引发金融危机。

在面临日益严重的债务危机时，债务国会积极对经济进行调整，力图依靠自己的力量与国际社会的协调及合作尽快渡过危机。其可以采取的措施主要有以下五条：

（1）与国际社会密切合作，重新安排债务。这是指在国际社会的安排下，对债务国进行债务重整，延长其宽限期或偿还期，或允许其借新债还旧债。而各债务国则利用这一机会加速调整经济发展计划，大多数国家会不同程度地执行经济紧缩计划，以配合国际社会的安排或措施。

（2）在经济增长的基础上进行调整。例如，与南美债务国不同，同为债务国的韩国当时采取了“稳定、效率、均衡”的增长性经济调整计划，坚持其出口导向，并完成了由贸易立国到技术立国的转变，扭转了债务危机。韩国从 1986 年起不再借债，债务负担逐年减轻，并于 1991 年还清了所有债务。

（3）调整经济结构。许多债务国在调整经济发展战略的同时，改革经济结构，建立了比较完整的工业体系，并强调政策配合，从各方面推动出口，以提高偿债能力。

（4）债务资本化。这是指通过转换机制把部分债务转变为债权国对债务国企业的证券投资，使银行信贷资产证券化。将银行信贷转为债券后，债权银行可以通过卖掉那些风险很高的债券减少敞口，以稳定信用水平。而将债权转换成股权后则可以保证债权银行按期分享股息。同时，债务国把债务转化为股权不仅可以减轻债务负担，而且可以促进资本内流，增强发展生产的能力。

（5）实行金融体制改革。金融是商业之首，是经济运转的润滑剂。例如，与南美债务国不同，韩国政府当时清醒地认识到了金融体制改革的重要性，经济、金融双管齐下，采取了本币贬值、开放资本市场及促进经济发展等措施，一方面促进出口，培养偿债能力；另一方面在挖掘国内资金潜力的同时，有效利用外资。这些做法对韩国摆脱债务危机起到了很大作用。

第四节 资本外逃和货币危机理论

一国国际储备规模迅速缩小，以至于债台高筑，币值暴跌，经济溃败，危机爆发的直接导火索就是严重的资本外逃。资本外逃在第二次世界大战后，特别是在 20 世纪 70 年代之后，在发展中国家表现得十分普遍。几乎每一个危机爆发国都走过了“资本外逃—本币暴跌—金融危机—经济危机—社会危机”的危机爆发路径。

一、资本外逃的定义综述

在学术界，资本外逃（capital flight）是一个带有较强价值判断和争议的概念。目前有代表性的定义有以下几种：

（1）金德尔伯格（Kindleberger）的“避险”说。该学说认为，资本外逃是“投资者恐慌和怀疑所造成的异常的资本流出”。这里的异常，是指资本从利率高的国家流向利率低的国家。投资者力图躲避的风险涉及汇率风险、恶性通货膨胀、金融动荡以及国内债权缺乏保障等。

（2）卡丁顿（Cuddington）的“投机”说。该学说将资本外逃看成“短期投机资本即游资（hot money）的异常外流”。该定义与“避险”说的主要区别在于它不考虑长期资本外逃。

（3）杜利（Dooley）和金（Kim）的“规避管制”说。杜利将资本外逃界定为“居民希望获得不受本国政府控制的金融资产和收益而进行的资本流出”；金将其界定为“从发展中国家流出的、躲避官方管制和监测的私人短期资本”。后者与前者的区别在于后者不考虑长期资本外逃。

（4）托尼尔（Tornell）和世界银行的“福利损失”说。托尼尔将资本外逃界定为“生产资源由贫穷国家向富裕国家的流失”，该定义涉及资本外逃以及自然资源和人力资源流失；世界银行则将其界定为“债务国居民将财富转移到国外的任何行为”。

（5）伊格·沃尔特（Ingo Walter）的“违背契约”说。该学说将资本外逃界定为违背隐含的社会契约（implied social contract）的私人资本流出。违背契约指私人的资产调配威胁到政府宏观经济目标的实现或增加了其实现成本。

二、资本外逃的原因

（1）金融抑制（financial repression）。根据爱德华·肖（Edward S. Shaw）的观点，发展中国家普遍存在金融抑制，主要表现为金融机构高度国有化、金融市场不发达、政府过分控制金融操作、人为压低利率或使本币高估、资本分配效率低。金融抑制使得国内缺乏有利可图的投资渠道，国内投资风险较大，容易引起资本外逃。由外汇管制引起的资本外逃也被认为是“鼠夹效应”（mouse trap effect）的例子，即政府对资本流入和流出管制的不对称性，使居民不愿将外汇留在国内以避免丧失今后用汇的灵活性。

（2）投资环境恶化。当政府宏观经济政策失误造成国内财政赤字、通货膨胀或经济衰退时，居民为避免通货膨胀税和其他损失，会将资产转移至国外。若政府大量举借外债，以弥补资本外逃造成的缺口，则会增强居民对征税还债的预期，形成“资本外逃—举借外债”的恶性循环。投资环境恶化会同时降低居民和非居民对本国经济的信心，由它引起的资本外逃是单向的，也被称为“真实”的资本外逃。

（3）固定汇率制下的实际汇率高估。相对而言，发展中国家的汇率制度缺乏弹性。其实际汇率高估容易诱发资本外逃，后者可能在一定条件下引发货币危机。

（4）国际信息的不对称性。沃尔特在传统的资产组合理论中引入了保密性这种新因素。考虑资本外逃的投资者在构建资产组合时要权衡预期收益、风险和保密性。

（5）人力资本的国际差异。卢卡斯（Lucas）认为，发达国家的劳动中包含大量的发展中国家无法比拟的人力资本因素，因此发达国家的资本边际报酬可能高于部分发展中国家。这为资本从发展中国家流向发达国家提供了新的解释。

（6）对居民与非居民的差别待遇。奥利弗·威廉姆森（Oliver Williamson）认为，发展中国家存在某些歧视性的宏观经济和管理政策，如显性和隐性的税收差别、差别担保、不同的利率上限、拥有外币资产的难易程度不同等。差别待遇一方面导致居民的资本外逃，另一方面引起非居民的资本流入。它还可能造成“过渡性”资本外逃，即居民先将资本转移到国外，再以非居民身份对国内投资。

（7）发展中国家的国内资产存在公共产权。安德烈斯·维拉斯科（Andres Velasco）认为，在发展中国家，政府和一些利益集团可能拥有对其他利益集团资产的公共产权，即缺乏严格排他性的产权设置和较高程度的产权保护。各利益集团为避免国内资产被其他利益集团侵占，会将其资本转移到国外私有产权保护程度较高的地方。

（8）政策的不确定性。亚利桑那·泰柏林（Arizona Tebolin）认为，发展中国家存在政策不确定性。它们构造了一个左翼和右翼政府随机执政的非合作动态博弈模型，说明了居民对政府未来政策取向的不确定性会导致资本外逃和政府大量举借外债并存。

三、货币危机理论

从理查德·坎蒂隆（Richard Cantilon）1755 年的著作《商业性质概论》（*Essay on the Nature of Commerce in General*）开始，经济学家对金融危机进行了多年的研究。但是，直到 20 世纪 70 年代以前，国际金融市场的发展一直是比较平稳的，没有发生大的货币危机。所以，关于货币危机的理论是零星的、不成体系的。从 20 世纪 70 年代开始，国际金融市场危机频现，引发了金融危机理论的大发展。相应的货币危机理论开始形成比较独立和完整的理论体系。按照时间脉络，货币危机理论可以划分为以下几个阶段。

（一）第一代货币危机理论

保罗·R. 克鲁格曼（Paul R. Krugman）在 1979 年发表的《国际收支危机模型》（A Model of Balance-of-Payments Crises）一文中构造了货币危机最早的理论模型。

该理论模型认为：扩张性的宏观经济政策导致了巨额财政赤字，为了弥补财政赤字，政府只好增加货币供给量，同时为了维持汇率稳定而不断抛售外汇储备，一旦外汇储备减少到某一临界点，投机者就会对该国货币发起冲击，在短期内将该国外汇储备消耗殆尽，政府要么让汇率浮动，要么让本币贬值，最后，固定汇率制崩溃，货币危机发生。后来许多经济学家又对该理论进行了改进和完善，最终形成了第一代货币危机理论。

第一代货币危机理论从一国经济基本面的角度解释了货币危机的根源在于经济内部均衡和外部均衡的冲突，即如果一国外汇储备不够充足，那么财政赤字的持续货币化会导致固定汇率制的崩溃并最终引发货币危机。

第一代货币危机理论比较成功地解释了 20 世纪 70—80 年代的拉美货币危机。

（二）第二代货币危机理论

1992 年，英镑危机爆发，当时英国不仅拥有大量的外汇储备，而且其财政赤字也未出现与其稳定汇率不和谐的情况。第一代货币危机理论已无法对其作出合理解释，经济学家开始从其他方面寻找危机发生的原因，并逐渐形成了第二代货币危机理论。

第二代货币危机理论中最具代表性的是由莫里斯·奥伯斯法尔德（Maurice Obstfeld）于 1994 年提出的。他在寻找危机发生的原因时强调了危机的自我实现（self-fulfilling）性，引入了博弈论，关注政府与市场交易主体之间的行为博弈。奥伯斯法尔德在其《自我实现的货币危机模型》（Models of Currency Crises with Self-Fulfilling Features）一文中设计了一个博弈模型，说明了动态博弈下自我实现的货币危机模型的特点，指出其呈现出“多重均衡”性质。

该模型认为：一国政府在制定经济政策时存在多重目标，经济政策的多重目标导致了多重均衡，因而政府既有维持汇率稳定的动机，也有放弃汇率稳定的动机。在外汇市场上，中央银行和广大的市场投资者双方根据对方的行为和自身所掌握的对方的信息，不断修正自己的行为选择，这种修正又影响着对方的下一次修正，形成了一种自我实现机制，当公众的预期和信心的偏差不断累积，使得维持汇率稳定的成本大于放弃汇率稳定的成本时，中央银行就会选择放弃汇率稳定，从而导致货币危机的发生。

以奥伯斯法尔德为代表的学者在强调危机的自我实现时，仍然重视经济基本面的情况，如果一国经济基本面的情况比较好，公众的预期就不会发生大的偏差，就可以避免危机的发生。与此同时，另一些第二代货币危机理论则认为，危机与经济基本面无关，可能纯粹由投机者的攻击导致。投机者的攻击使市场上广大投资者的情绪、预期发生变化，产生“传染效应”（contagion effect）和“羊群效应”（herd effect），导致了危机的爆发。货币危机之所以发生恰恰是因为它们正要发生。

第二代货币危机理论的政策启示在于：一是要重视提高信息的透明度，消除高阶不确定性和噪声信息，促进常识的建立，扭转预期，例如，要定期公开货币政策、财政政策和其他各种政策的目标。二是提高交易成本。当投机攻击能为投机者带来的收益相对来说比较小的时候，将交易成本提高较小幅度就会较大程度地削弱投机行为，但是当投机者的预期收益很高时，提高交易成本的作用就比较有限了。同时，提高交易成本一般都是采用对交易征税或是提高利率等方法，在长期内会产生副作用。

第二代货币危机理论与第一代货币危机理论相比较，它们的区别主要在于：(1) 第一代货币危机理论强调政府过度扩张的财政政策导致的经济基础恶化是引发对固定汇率制的投机攻击并最终引发货币危机的基本原因，而第二代货币危机理论则认为货币危机的爆发是由贬值预期的自我实现所导致的，并不是由经济基础恶化引起的。(2) 第二代货币危机理论在分析货币危机爆发的路径时认为利率是关键变量，而第一代货币危机理论则认为一国的外汇储备是关键变量。(3) 第一代货币危机理论主张应对危机必须要实施紧缩性的财政货币政策，而第二代货币危机理论则主张要提高信息的透明度和投机者的交易成本。

第二代货币危机理论较好地解释了 1992 年英镑危机的爆发原因：当时英国政府面临着提高就业水平与维持汇率稳定的两难选择，因而放弃了有浮动的固定汇率制。

（三）第三代货币危机理论

前两代货币危机理论无法解释 1997—1998 年的东南亚货币危机与 2009 年的欧债危机。这两次危机与以往的货币危机有明显的区别，存在两个显著特征："双危机"或"多危机"（如货币危机、银行危机与主权债务危机交织）和"传染性"。为解释这两次不同于以往的货币危机的危机，以克鲁格曼为代表的经济学家提出了第三代货币危机理论，这一代货币危机理论强调道德风险带来的严重后果，并将传染效应作为货币危机的关键决定因素。

克鲁格曼认为，这两次危机对于远在千里之外的国家的经济都造成了影响，因此多重均衡是存在的。在以往的货币危机理论中，模型的构造者将注意力放在投资行为上，并没有过多地关注实体经济，而单商品假定又忽视了贸易和实际汇率变动的影响。因此，货币危机理论应该重点讨论由实际贬值或者经济衰退所带来的经常账户逆转以及与之相对应的资本流动逆转的需求问题。他认为，这两次危机的关键并不在于银行，而在于企业，本币贬值、高利率以及销售的下降恶化了企业的资产负债表和财务状况。克鲁格曼在单商品的假定之下，建立了一个开放的小国经济模型，在这一模型中增加了商品对进口商品的不完全替代性，分析了贸易及实际汇率变动的影响与效应。

克鲁格曼在第三代货币危机理论中还提出了金融过度（financial excess）的概念，这一概念主要是针对金融中介机构而言的。在金融中介机构无法进入国际市场时，过度的投资需求并没有导致大规模的过度投资，而是导致了市场利率的升高。当金融中介机构可以自由进出国际金融市场时，金融中介机构的道德风险会转化成证券金融资产和房地产的泡沫，这就是金融过度。金融过度加剧了一国金融体系的脆弱性，当外部条件合适时，泡沫破裂，危机发生。亲缘政治的存在提高了金融过度的程度，这种国家表面上财政状况健康，实际上有大量的隐性赤字存在，政府向与政客们有“裙带关系”的银行、企业提供各种隐性担保，增加了金融中介机构和企业道德风险的可能性，它们的不良资产就反映了政府的隐性财政赤字。

克鲁格曼的道德风险论的结论是：政府的隐含担保导致的道德风险是引发危机的真正原因，货币价值的波动只不过是危机的一个表现而已。但是，如果政治或经济制度向有利的方向发展（或人们这样预期），道德风险的危害性就会被削弱。所以，防范危机的关键在于尽可能减少政府与金融中介机构之间的“裙带关系”和过于密切的往来，同时加强对金融体系和资本市场的监督和管制。

（四）第四代货币危机理论

第四代货币危机理论是在已有的三代成熟的货币危机理论的基础上建立起来的。该理论认为，本国企业部门的外债水平越高，“资产负债表效应”越大，经济出现危机的可能性就越大。其理论逻辑是：企业持有大量外债导致国外的债权人悲观地看待这个国家的经济，减少对该国企业的贷款，导致其本币贬值，企业的财富减小，从而能申请到的贷款减少，全社会投资规模下降，经济陷入萧条。第四代货币危机理论目前尚不成熟，有待进一步完善。

（五）其他较有影响的货币危机理论

1. 货币政策失误论

米尔顿·弗里德曼（Milton Friedman）的货币政策失误论认为，因为货币需求函数具有相对稳定性，货币供求失衡的根本原因在于货币政策的失误，并且这种失误（如突然的通货紧缩）可以使一些轻微的、局部的金融问题通过加剧银行恐慌演变为剧烈的、全面的金融动荡。

2. 金融不稳定假说

海曼·P. 明斯基（Hyman P. Minsky）对金融的内在脆弱性进行了系统分析，提出了金融不稳定假说。他将市场上的借款者分为三类：第一类是套期保值型借款者（hedge-financed unit）。这类借款者的预期收入不仅在总量上超过债务额，而且在每一时期内，其现金流入都大于到期债务本息。第二类是投机型借款者（speculative-fi-nanced unit）。这类借款者的预期收入在总量上超过债务额，但在借款后的前一段时间内，其现金流入小于到期债务本息，而在这段时间后的每一时期内，其人均现金流大于到期债务本息。第三类是庞氏型借款者（Ponzi unit）。这类借款者在每一时期内的现金流入都小于到期债务本息，只有在最后一期，其收入才足以偿还所有债务本息，因而他们不断地借新债还旧债，把“后加入者的入伙费充作先来者的投资收益”，以致债务累积得越来越多，潜藏的危机也越来越大。

在一个经济周期开始时，大多数借款者都属于“套期保值”型借款者，当经济从扩张转向收缩时，借款者的盈利能力缩小，逐渐转变成投机型借款者和庞氏型借款者，金融风险增大。因此，金融体系具有内在的不稳定性，经济发展周期和经济危机不是由外来冲击或失败的宏观经济政策导致的，而是经济自身发展的必经之路。

3. 银行体系关键论

托宾于 1981 年提出银行体系关键论，其核心思想是：银行体系在金融危机中起着关键作用。在企业过度负债的经济状态下，经济、金融扩张中积累起来的风险增大并显露出来，银行可能遭受损失，所以银行为了控制风险，必然提高利率，减少贷款。银行的这种行为会使企业减少投资，或引起企业破产，从而直接影响经济发展，或者使企业被迫出售资产以清偿债务，造成资产价格急剧下降。这种状况会引起极大的连锁反应，震动也极强烈，使本来已经脆弱的金融体系崩溃得更快。托宾认为，在债务—通货紧缩的状况下，“债务人财富的边际支出倾向往往高于债权人”，因为在通货紧缩—货币升值的状况下，不仅债务人出售的资产贬值，而且其拥有的资产也贬值。在债务人预期物价继续走低的情况下，其变卖资产还债的倾向必然增强。

4. 金融恐慌理论

道格拉斯·戴蒙德（Douglas Diamond）和菲利普·戴维格（Philip Dybvig）认为银行体系的脆弱性主要源于存款者对流动性要求的不确定性以及银行的资产相较负债缺乏流动性之间的矛盾。他们在 1983 年提出了银行挤兑理论（又称 D-D 模型）。其基本思想是：银行的重要功能是将存款人的不具流动性的资产转化为流动性的资产，以短贷长，实现资产增值。在正常情况下，依据大数定律，所有存款者不会在同一时间取款，但当经济中发生某些突发事件（如银行破产或经济丑闻）时，就会发生银行挤兑。一些原本不打算取款的人一旦发现取款队伍变长，也会加入挤兑的队伍，引发金融恐慌。

金融恐慌理论的政策启示是：第一，国际金融市场容易受到金融恐慌的影响，需要有一个公平有效的组织充当最后贷款人，以及时防止金融恐慌的爆发和蔓延；第二，政策制定者必须全面且谨慎地制定和采取措施，并在危机初现端倪时就采取微调的手段，防止短期行为对市场情绪产生不利影响。

阅读专栏

官方汇率一夜贬值 90%　黎巴嫩快要被现金经济拖垮

对黎巴嫩人来说，2023 年 2 月 1 日（周三）既是平凡的一天，又是不平凡的一天。

就在前一天，黎巴嫩央行行长里亚德·萨拉梅（Riad Salameh）表示，2 月 1 日起将采用新的官方汇率，即 1 美元兑换 15 000 黎巴嫩镑，这意味着黎巴嫩镑相比旧有汇率下的币值贬值了近 90%。

即便如此，新汇率与平行市场（黑市）周二的汇率相比仍有不小差距，市场上基本以 1 美元兑 57 000 黎巴嫩镑的价格易手。

里亚德·萨拉梅表示，调整汇率是朝着统一多种汇率迈出的第一步，这也符合黎巴嫩去年与 IMF 达成的协议草案。后者希望黎巴嫩当局立即统一汇率，并预先处理此前该国金融部门发生的近 700 亿美元损失。

到目前为止，黎巴嫩镑仍存在多种汇率，包括官方汇率、中央银行 Sayrafa 平台的汇率以及平行市场汇率。

国际货币基金组织的协议被广泛视为黎巴嫩开始恢复金融体系信心的唯一途径。然而，这个新汇率的出现对黎巴嫩人来说实际上并没有多大的意义。

现金经济

黎巴嫩最火爆的交易不是能源，也不是食品，而是货币兑换。

黎巴嫩贝卡谷地的一位货币兑换店店主笑着对顾客说“欢迎来到黎巴嫩华尔街”，但他的身后同时还放着一把机关枪。

在他的背后，员工们大声喊出各种汇率，顾客则蜂拥而至，拿着不断贬值的黎巴嫩镑购买美元。

成群结队的流动货币兑换商穿梭于办公室和住宅之间，黎巴嫩高速公路上则到处是点钞机的广告牌。甚至连黎巴嫩财政部都开始考虑让进口商用现金支付新增的关税。

银行文件显示，2019 年 9 月至 2022 年 11 月间，流通的当地货币激增了 12 倍。当地人和企业现在几乎完全依靠现金交易。

研究组织信息国际（Information International）的经济专家穆罕默德·查姆塞丁（Mohammad Chamseddine）指出，黎巴嫩向现金经济的转型意味着当地经济的崩溃。

如何崩溃

黎巴嫩当地一家纺织公司的首席执行官保罗·阿比·纳斯尔（Paul Abi Nasr）表示，现金经济使得国家几乎不可能征税，因为所有交易都可以在银行之外进行。

而政府能否在未来保持稳健的财务状况取决于税收，纳斯尔还担忧现金经济可能会让黎巴嫩成为洗钱和恐怖主义盛行的国家。

黎巴嫩比布鲁斯银行的首席经济学家纳西布·戈布里尔（Nassib Ghobril）警告称，黎巴嫩镑的持续贬值也意味着当地的现金经济正走向美元化，他预计美元交易已经占到黎巴嫩经济活动的70%～80%。

目前的黎巴嫩，大多数餐馆和咖啡馆则挂出抱歉的标志，表示不接受信用卡付款，但可以按照平行市场的汇率支付美元。

此外，在进行大宗交易时，由于不信任银行转账，人们用手持美元的照片作为其资产证明。在照片中，他们展开美元钞票并记录每一张纸币的序列号，从而向卖方提供证明。

分析师还表示，由于经济越来越美元化，黎巴嫩央行调整汇率的措施对经济的整体影响很小，因为大多数交易都是根据平行市场汇率进行的。

美元化倒是可以解决黎巴嫩流动货币不断贬值的麻烦，但也意味着黎巴嫩失去了货币主权，该国央行也形同虚设。这对当地经济的长期发展来说并非明智的选择。

令人为难的是，央行无法一步到位统一汇率，必须保证金融机构在汇率波动时有足够的缓冲消化损失；而时间的拉长正在持续打击人们对黎巴嫩金融系统的信心，让现金带来的噩梦造成更大的伤害。

资料来源：马兰．官方汇率一夜贬值90%　黎巴嫩快要被现金经济拖垮．财联社网站，2023-02-01.

延伸阅读：中国视角

全面注册制来了

全面注册制时代来了！

2023年2月1日，证监会宣布，近日党中央、国务院批准《全面实行股票发行注册制总体实施方案》，证监会就主要制度规则草案向社会公开征求意见。

消息一出，市场倍感振奋。多名券商人士表示，这是国内资本市场发展的重大里程碑，有助于提升资本市场服务实体经济的效率，推动更多科技创新企业实现跨越式发展。对券商而言，增量空间有望打开。有卖方测算发现，主板注册制推行后有望为投行板块带来109亿元的增量收入。

由于这两天市场对此已有预期，A股相关板块提前迎来大涨。2月1日，Wind数据显示，券商指数大涨近3%。创投板块表现同样吸睛，当日板块指数上涨0.42%，前一交易日已大涨2.74%。北交所指数连续大涨，两天涨幅超6%。

2月1日，证监会表示，经过4年的注册制试点，市场各方对注册制的基本架构、制度规则总体认同，资本市场服务实体经济特别是科技创新的作用明显提升，法治建设取得重大突破，发行人、中介机构的合规诚信意识逐步增强，市场的优胜劣汰机制更趋完善，市场结构和生态显著优化，具备了向全市场推广的条件。

高盛高华总经理索莉晖表示，全面注册制改革的落地是国内资本市场发展的重大里程碑，其推出广受市场期待，必将释放资本市场支持实体经济发展的更大潜力。

中金公司投资银行部负责人王曙光谈到，全面注册制实施的意义在于推动更多科技创新企业借助资本市场的力量实现跨越式发展；完善多层次市场体系；提升资本市场包容度；激发创新效果不断突显；规范市场运行，建立良好生态；发行定价更加市场化，更好支持实体经济发展。

瑞银证券全球投资银行部联席主管孙利军认为，全面注册制的实施将对A股资本市场产生深远影响。一是主板新股发行的条件进一步放宽，将有助于扩大企业准入范围，进一步增强资本市场的包容性，加快企业上市融资速度，提升直接融资比例。二是占A股总市值约2/3的主板市场新股发行定价将完全市场化，资本市场优胜劣汰的功能将得到更好的发挥，市场活力也将进一步增强。三是全面注册制将进一步提升审核效率，降低企业的融资成本，提升新股发行效率。

备受市场关心的是：进入全面注册制时代，IPO数量是否会激增？是否会对大盘流动性有所影响？

对此，资深投行人士王骥跃认为，全面注册制并不会引起IPO数量暴增，每年的新上市企业家数还会是400～500家，因为市场稳定是更重要的事，市场承受力决定着注册企业数量。

公开资料显示，2019年科创板正式试点注册制；2020年创业板改革并试点注册制；2021年北交所揭牌开市同步试点注册制。在这几年间，平均每年IPO数量为462家。由此可以看出，近三年资本市场上的IPO企业家数并没有出现大幅变动。而在2017年（核准制时代），IPO企业家数也曾达到400家以上。

有券商投行人士认为，一直以来监管机构保持定力，持续提高直接融资比例，推动IPO发行常态化已深入人心。大盘近年来的表现足以证明，IPO不是洪水猛兽，不宜将新股发行常态化与市场涨跌直接挂钩。

投行、创投迎来战略机遇期

随着全面注册制落地，证券公司或迎来更多发展机遇。2月1日，券商指数大涨2.96%，其中红塔证券涨停，湘财股份大涨6.8%，中信建投上涨5.59%，国金证券和第一创业均上涨4%以上，东方财富上涨3.87%。

东亚前海研究所分析师郑倩怡表示，投行作为资本市场发行上市的直接参与主体，有望全面受益。“我们对主板注册制推行后投行增量收入进行了简单测算，得出在中性情况下，首发+增发共有望为投行带来109亿元的增量收入，占2021年证券行业投行业务收入的13%。”

事实上，市场扩容后，除了投行收入上升外，跟投等资本化收入也能得以增厚。

根据中金公司研究所此前的统计，以科创板为例，2019—2022年期间，科创板跟投累计为券商带来了89亿元增量收入，对应的收益率为34%。此外，伴随注册制改革，境内上市方式退出项目金额大幅增长，券商私募股权业务亦将有所受益。2021年私募股权及创业投资基金项目实际退出金额9 527亿元，其中以境内上市方式退出本金823亿元，同比增长48.5%，整体回报达3.35倍。“投资+投行”的模式有望深度参与企业全生命周期的服务，增厚业务链收益。

中金公司投资银行部负责人王曙光谈到，在全面注册制改革扎实推进的大背景下，投资银行业务已步入战略机遇期。一是企业融资环境改善，为投资银行带来增量业务。二是基础制度不断完善，推动投资银行充分发挥作用，更加注重挖掘拟上市公司的核心竞争力、商业模式、科研创新实力，综合评估公司的价值与风险因素，建立与企业共赢的模式。三是推动投资银行业务转型，以综合金融服务实体经济。

国新证券董事长张海文表示，全面注册制打开了资本市场改革发展的新局面，提升了对科技创新的服务功能，同时也对中介机构把好入口关提出了更高的要求。对证券公司而言，要坚决压实“三道防线”责任，严把上市公司质量关，深刻理解“零容忍”的执法司法体制机制，提高专业能力、提升执业质量、加强警示教育、严控项目风险，切实履行好保荐机构作为资本市场“看门人”的责任。

全面注册制的消息也提振了创投行业的积极性。1月31日，创投指数上涨2.74%，其中创业黑马上涨11.02%，鲁信创投上涨6.13%。

有业内人士曾指出，注册制的实施使得基金的退出渠道更加畅通，流动性提高，提升了创投基金的退出效率，对改善创投行业募资难和LP结构组成有重要意义，能够更好地发挥创投行业支持创新驱动发展战略实施和科技强国的功能。

招商证券非银团队表示，创投公司迎来了历史性机会，一级退出更加通畅。注册制疏通了“募投管退”最后、最难一环，创投企业投资周转率提升，业绩确定性走高，聚焦专精特新行业的创投受益明显。长期来看，一级投资市场环境改善有助于创投向资本市场输送更多优质企业，更好服务实体经济。

资料来源：苏可，刘艺文，孙翔峰，等．全面注册制来了，中概股全线大涨！IPO会不会暴增？市场影响多大？．证券时报网，2023-02-02.

本章思考题

1. 国际储备水平管理和结构管理的内涵是什么？
2. 如何确定一国的适度国际储备水平？
3. 发展中国家出现资本外逃的主要原因有哪些？
4. 第一代、第二代和第三代货币危机理论对危机爆发的路径分析有何不同？

第九章 国际货币制度

引导案例

中国连抛 1 809 亿美债

根据美国财政部日前公布的数据，中国已经连续 6 个月减持美债，截至 2023 年 1 月，中国持有的美债数额仅为 8 594 亿美元，降到了 2009 年 5 月以来的最低点。从 2022 年 1 月算起，中国抛售美债的数额达 1 809 亿美元，此举引发了美方的担忧。

除了中国外，日本和欧洲也开始选择抛售美债，就连加拿大、澳大利亚、以色列等美国盟友也纷纷效仿。美债是美国输出通胀的重要途径，世界范围内的美债抛售热潮给美国经济和美元霸权都带来了极大挑战。

中国等国家抛售美债的原因不难理解，一方面是对美债的信任度出现了下滑，在特朗普和拜登两届政府的挥霍下，美国的国际信用已经丧失殆尽；另一方面，考虑到目前美国金融市场的爆雷，许多国家已经提前做好了美债崩盘的准备。

在美国硅谷银行、签名银行相继关停后，美国各大银行股价暴跌，并蔓延到美国其他行业。3 月 17 日，美股三大指数集体收跌，第一共和银行大跌 33%，美联储一年来的疯狂加息终究遭到了金融反噬。与此同时，美国目前的国债总额高达 31.62 万亿美元，已经突破了 31.4 万亿美元的法定上限，如果美国两党未就提高债务上限达成一致，美国将面临债务违约，可以说，目前的美国面临着经济和金融双重灾难。

在此形势下，美国参议院举行听证会，商讨应对危机的方案，共和党提出了一项优先偿付方案，主张优先偿付公共债务和社会保障支出，美国财长耶伦对此表示了反对，称由于债务优先级的因素，中国的债务优先于美国的社会养老金、民众福利等支出，也就是说，中国会先拿到钱。

耶伦强调，就算支付了部分债务，那些没有按时支付的账单也会导致另一种形式的债务违约，所以此举风险极大，将引发美国的经济和信用灾难。不难看出，债台高筑的美国，已经做好了赖账的准备，中国等国家提前抛售美债十分必要。

作为美债两大持有国之一，中国抛售美债除了规避金融风险外，还表明了一种态度。近期，美方在科技、经贸等领域对华频频亮剑，联合日、荷两国对华实施芯片封锁，并频繁制裁中国实体和个人，同时不顾警告，在外交和军事领域与台勾连，干涉中国内政，中国抛售美债很大程度上是对美国的反制手段之一。

除了经济反制外，中国外交也开始发力，3 月 10 日，中国、沙特阿拉伯、伊朗发表联合声明，沙、伊两国达成和解，美国在中东的影响力受到重挫，在俄乌问题上，中国提出和平方案，并先后同俄乌接触，展开劝和促谈的进程，在中俄关系上，两国双边贸易额不断提升，中俄关系不断深化，种种迹象无不表明，中国正在为世界秩序拨乱反正，国际多极化的进程正在加快。

资料来源：中国连抛 1 809 亿美债，美方欲优先偿付中方债务，耶伦急称：风险极大．军情急报百家号，2023-03-18.

教学目的

通过学习本章，应掌握国际货币制度的基本框架和内容、国际货币制度演变的历史沿革；了解国际金本位制的特征，熟悉布雷顿森林体系的内容、作用及崩溃的原因；知晓牙买加体系的内容、运行特征。

中国视角

通过学习国际货币制度的相关知识，了解国际货币制度演变的历史沿革和运行规律，正确认识美元霸权的实质和改革现行国际货币制度的必要性，打造国际金融人才应具有的宽广视野和人民币汇率制度改革对国际货币制度建设的深远意义。

国际货币制度（international monetary system），也称国际货币体系，在国际金融领域具有基础性作用，对国际贸易支付结算、国际资本流动、各国外汇储备、汇率调整、国际收支都会产生重大的影响，同时也是各国国内金融稳定的重要保证。

第一节 国际货币制度概述

国际货币制度指各国通过国际惯例、协议和国际经济组织，对各国货币发挥世界货币职能所作出的制度性安排。这些安排也被人们称为“游戏规则”。

一、国际货币制度的主要内容

因为各国在政治上是独立的，而在经济和金融上却是相互依赖的，所以需要一种货币制度来协调各个独立国家的经济活动。货币制度的产生既可以是自下而上的，即依靠市场自发形成，经过实际经济活动的检验证明有效后，以法律等形式固定下来；也可以是自上而下的，即先以法律等形式确定下来，然后在制度的框架内指导经济活动。

随着货币承担的职能逐渐丰富，当不同国家之间的沟通从单纯的商贸往来升级成更加错综复杂的经济金融活动时，国际货币制度就被赋予了更重大的使命，升级为全球层面的金融体系。历史表明，一种理想的国际金融体系能够促进国际金融运行的协调和稳定，促进国际贸易和国际资本流动的顺利发展，并使各国公平合理地享受国际经济交往的利益；反之，则成为国际经济发展的阻碍因素。国际货币制度应包括以下内容。

1. 汇率制度的确定

汇率作为两国货币的比价，其决定和变动受各国国内及国际金融市场上多种复杂因素的影响。在一定时期内，如何确定各国货币之间的比价？如何确立货币比价的依据或标准？如何确定货币比价的波动界限？如何调整或维持货币比价？这些问题不仅是由一国货币制度及汇率制度所决定的，而且也是国际货币制度协调和管理的重要内容。

2. 国际货币和储备资产的确定

确定国际货币和储备资产时，要确定以下内容：以什么作为国际货币（黄金或某国货币）用于国际支付；一国政府应持有何种资产作为各国普遍接受的储备资产；为满足国际支付和调节国际收支的需要，一国应持有的储备资产总额和构成。

3. 国际收支的调节机制

国际收支从总体上反映了一国对外经济交易的状况。任何国家在任何时候都难以做到收支完全相抵，恰好平衡，而是经常处于不平衡状态。但如果一国长期处于顺差或逆差状态，则需要进行调整。在国际经济一体化背景下，一国国际收支的调整势必影响该国与其他相关国家的经济关系。因此，国际货币制度要对各国国际收支的调节机制进行协调和约束，制定相应的规则和制度。

4. 各国货币的可兑换性与国际结算原则

它包括：一国货币能否自由兑换；在结算国家间债权债务时，采取何种结算方式；

对支付是否加以限制；等等。

在以上几方面的内容中，汇率制度的确定居于核心地位，它制约着国际货币制度的其他方面，反映了一定时间内国际货币制度的特征。

二、国际货币制度的类型

国际货币制度作为一个有组织的整体，可以是体制或惯例逐步发展并最终得到公认而形成的，也可以是通过国际会议确立的。从历史发展过程看，国际金本位制是一种自发形成的国际货币制度；布雷顿森林体系则是一种通过国际会议建立起来的国际货币制度；牙买加体系是继布雷顿森林体系之后出现的国际货币制度，也是现行的国际货币制度。三个不同时期的国际货币制度可以根据两种不同的标准，即货币本位和汇率制度进行分类。

（一）以货币本位为标准对国际货币制度进行的分类

货币本位是国家以法律形式规定的基本货币单位的价值标准。它涉及储备资产的性质，是国际货币制度的一个重要方面。以货币本位为标准，国际储备资产按性质可以分为两大类，即商品储备和信用储备。而根据储备资产的性质，可以将国际货币制度分为三种类型，即商品本位制度、信用本位制度及混合本位制度。

1. 商品本位制度

商品本位制度主要是指以特殊商品黄金作为一国基本货币单位的价值标准，并将金属货币用于实际商品流通和货币流通的制度。例如，金本位制度就是以黄金这种特殊商品作为一国基本货币单位的价值标准，将货币定量为吨、千克、克及盎司等单位并在流通中广泛使用的制度。与此同时，黄金本身作为一种特殊商品，还在国际上充当世界货币和国际储备资产。国际金本位制就是一种典型的商品本位制度。

2. 信用本位制度

信用本位制度是指以信用货币所代表的价值量作为一国基本货币单位的价值标准，并将信用货币用于实际商品流通和货币流通的制度。在这种制度下，黄金已经非货币化，而且纸币的发行也已脱离了与黄金的联系，不再以黄金作为货币的定值标准，纸币不再能够与黄金相互兑换。例如，不兑换的信用货币制度就是以各国法定发行的纸币所代表的价值量作为一国基本货币单位的价值标准，将纸币定量为名称各异的货币单位，并在流通中广泛使用的制度。例如，美国的美元、美分，英国的英镑、新便士，中国的元、角、分。之所以将它称作“不兑换的信用货币”，是因为现代纸币是各国根据经济增长的需要，通过以中央银行为核心的信用渠道发行的。一国纸币发行的总量与一国一定时期国民收入的总量相当，是由国民收入规模所决定的，因此纸币所代表的价值量实质上就是国民收入的价值量。手持纸币相当于对中央银行的债权，据此可获得购买一般商品的权利，但已经不能兑换黄金。与此同时，一些西方发达国家的可自由兑换货币实际上充当着世界货币和国际储备资产的角色。在牙买加协议基础上建立起来的现行国际货币体系就是典型的信用本位制度。

3. 混合本位制度

混合本位制度是指以黄金作为一国基本货币单位的价值标准，但以纸币作为黄金的代表用于实际商品流通和货币流通的制度。在这种制度下，纸币的发行受黄金准备金的约束，单位纸币有规定的法定含金量，而且纸币与黄金之间可以进行有限兑换。例如，金汇兑本位制度就是以黄金准备作为纸币发行的基础及一国基本货币单位的价值标准，并以纸币的含金量为依据，将纸币定义为名称各异的货币单位，并在流通中广泛使用的制度。与此同时，黄金和某种国际中心货币在国际上充当世界货币和国际储备资产。布雷顿森林体系就是典型的混合本位制度。

（二）以汇率制度为标准对国际货币制度进行的分类

汇率表示两国货币的比率或比价，是国际货币制度协调机制的核心内容之一。汇率制度的不同主要表现在汇率弹性的差异上。根据汇率弹性的大小可以将国际货币制度分为三种类型。

1. 固定汇率制

固定汇率制是指通过实施某种限制或规定使汇率在一定范围内波动的制度。汇率波动受到约束，因此弹性较小。在历史上，国际金本位制与布雷顿森林体系都实行固定汇率制。前者是自发地以两国货币的含金量为基础确定两国货币的比价，并以黄金输送点为汇率波动幅度的自然界限；后者则是由国际货币会议人为地确定了各国货币之间的比价及波动幅度。

2. 浮动汇率制

浮动汇率制是指主要由外汇供求关系的自发作用决定和影响汇率的制度。汇率波动受到的约束较少，因此弹性较大。现行国际货币制度实行的就是浮动汇率制。不过，尽管目前国际上普遍实行浮动汇率制，但完全听任市场自发作用，对汇率自由涨落放任不管的情况几乎是不可能发生的，各国都在不同程度上对汇率进行控制或调节。

3. 介于固定汇率制与浮动汇率制两者之间的汇率制度

介于固定汇率制与浮动汇率制两者之间的汇率制度，如管理浮动制、联系汇率制、联合浮动制等，或以固定汇率为主兼有浮动汇率的性质，或以浮动汇率为主兼有固定汇率的特征。

其中，管理浮动制是自由浮动制的对称，是一种可以由货币当局自主调节和管理汇率的涨落，使汇率按照当局的意图进行浮动的汇率制度。联系汇率制也称钉住汇率制，是指将一国货币与另一国货币保持固定联系的汇率制度。实行联系汇率制或钉住汇率制的国家的货币一般是钉住美元、英镑等西方发达国家的货币，使本币与美元、英镑等货币的比价保持固定，然后根据钉住的方式或程度的不同再进一步划分为有调整的钉住汇率制、爬行钉住汇率制等。联合浮动制是单独浮动制的对称，是指由一些国家组成货币集团，并规定集团内部各国货币的比价和波动幅度，而对集团之外的货币按照统一幅度进行波动的汇率制度。

第二节　国际货币制度的演进

从国际货币制度发展演变的整个过程来看，每一时期的国际货币制度都不同程度地存在一些矛盾和冲突，并经常由此导致各种危机的发生。国际货币制度的发展过程大体经历了三个时期，即国际金本位制时期、布雷顿森林体系时期和牙买加体系时期。

一、国际金本位制

国际金本位制（international gold standard system，以下简称金本位制）是 19 世纪初到 20 世纪上半叶，在西方各国普遍实行的一种自发性的国际货币制度。英国在 1816 年实行金本位制，此后其他资本主义国家纷纷效仿英国，在 19 世纪后期普遍实行金本位制。这样在各国之间就自然形成了一种统一而松散的国际货币制度——国际金本位制。

（一）金本位制的特点及作用

1. 金本位制的特点

金本位制作为一种国际货币制度，其特点是：

（1）统一性。统一性表现为：主要国家都实行金本位制，各国都为本国货币规定了含金量，采取大致相同的政策措施，各国之间的货币比价被固定下来。也就是说，在西方国家普遍采用金本位制后，金本位制才算建立起来。

（2）松散性。松散性指国际金本位制是自发形成的，没有统一的章程，也没有一个国际组织进行领导和监督。

2. 金本位制的作用

从金本位制的以上特点可以看出，金本位制是一种比较稳定、健全的货币制度，对当时资本主义各国及世界经济的发展起了一定的积极作用，具体表现在以下三个方面：

（1）金本位制条件下币值稳定，有利于商品流通和信用的扩大，从而促进了各国生产的发展。

（2）金本位制条件下汇率稳定，降低了国际贸易和国际资本流动的风险，为各国经济往来和世界经济的发展创造了有利条件。

（3）黄金自由输出输入还可以起到自动调节国际收支的作用。由国际收支逆差引起的黄金外流会导致逆差国国内货币供给减少，物价下跌，从而产生刺激出口及改善国际收支的结果。

（二）金本位制的历史演变及崩溃

金本位制经历了金币本位制、金块本位制和金汇兑本位制三个历史发展阶段。

1. 金本位制的历史演变

第一次世界大战前夕，西方各国为了准备战争，加紧对黄金的掠夺，使许多国家金币的自由铸造与自由兑换受到了严重的削弱，黄金输出输入受到了严格限制。战争爆发后，参战各国由于军费开支猛增大量发行纸币或银行券，加之经济危机导致商品输出减少，资本外逃严重，黄金短缺，各国纷纷停止金币铸造和兑换，禁止黄金输出，从根本上动摇了金币本位制赖以存在的必要条件。因此，即便是在战争结束后的相对稳定时期，各国也未能恢复传统的金币本位制，而是实行残缺不全的金本位制，即金块本位制和金汇兑本位制。

（1）金币本位制。第一次世界大战以前，西方国家实行典型的金币本位制。在金币本位制下，流通中的货币为金币和纸币，其典型特征是“三大自由”，即金币自由铸造、自由兑换，黄金自由输出输入国境。

金币自由铸造是指：金币可以根据黄金持有人的申请自由铸造，同时，人们也可以自由地将金币熔成金块，退出流通领域。金币的自由铸造保证了黄金的市场价格既不会低于货币的价值，也不会高于货币的价值，从而保证了黄金市场价格的稳定。

金币自由兑换是指：事先为一国货币单位确定一个含金量，或规定每单位黄金的价格，允许银行券流通，但它只是作为黄金的符号，纸币可以按票面额自由兑换成黄金。这一规定可保障货币与黄金的固定联系，保证纸币价值稳定。

黄金自由输出输入国境使黄金的国内外价格得以维持同等水平，从而使本国货币与外国货币之间的汇率得以保持稳定。

在金币本位制下，一国国际收支失衡是由黄金自由输出输入，即“现金—物价流动机制”调节的。但事实上，许多国家往往不愿牺牲国内利益来维持国际收支平衡，而是想方设法采用各种手段限制黄金的自由输出输入。

第一次世界大战爆发后，交战各国的金本位制面临崩溃。第一次世界大战结束后，许多国家出现了严重的通货膨胀，现钞和黄金之间的自由兑换和黄金的自由流通遭到破坏，金币本位制崩溃，一些国家相继实行两种变形的金本位制，即金块本位制和金汇兑本位制。

（2）金块本位制。金块本位制是以黄金作为发行纸币的准备金，以纸币作为价值符号充当流通手段的一种货币制度，是在金币本位制的三个特点已不完全具备条件下的一种残缺不全的金本位制。能够维持金块本位制的国家是那些有一定黄金存量的资本主义强国，即当时的一些殖民地宗主国。第一次世界大战结束后，除美国还能继续实行金币本位制外，英、法等国都无法维持金币本位制，而不得不实行金块本位制。

由于当时西方各国经济政治发展不平衡，黄金存量集中于少数帝国主义强国之手，其他国家金币自由铸造和自由兑换的基础遭到削弱，因此在金块本位制下，实行纸币流通。黄金只是作为纸币发行的准备而存于国库，不再铸造金币，但货币单位仍规定含金量。

同时，由于战争使财政支出猛增，各国政府不得不发行纸币或银行券来维持巨额军费开支，结果纸币发行数量大大超过了流通中所需要的货币量，纸币贬值，破坏了纸币自由兑换黄金的原则。因此，在金块本位制下，价值符号只能在规定限额下兑换黄金，而且为了防止黄金外流，各国纷纷采取了严格限制黄金输出输入的措施。

（3）金汇兑本位制。金汇兑本位制又称虚金本位制，是以外汇资产作为发行纸币的准备金，实行纯粹纸币流通的货币制度，是在金币本位制的三个特点已基本不具备条件下的一种残缺不全的金本位制。实行金汇兑本位制的国家是那些没有能力维持金块本位制的弱小的落后国家，即当时的一些殖民地附属国。它们以外汇资产即殖民地宗主国的货币作为发行纸币的准备。其特点是：纸币流通，但货币单位仍规定含金量；本国纸币完全不能与黄金兑换，但可以与外汇资产兑换；严格禁止黄金自由输出输入。

2. 金本位制的崩溃及其原因

在金本位制产生后近一个世纪的时间内，由于世界经济发展较为稳定，同时也由于当时重要金矿的发现和开采使黄金产量增长较快，供应充足，金本位制没有受到过严峻考验，一直保持顺利运行。但第一次世界大战后，金本位制赖以存在的基础遭到严重破坏，面临崩溃。究其原因，可以简单归纳为以下两个方面：

（1）战争和危机动摇了金本位制赖以存在的必要条件。从金币本位制过渡到金块本位制及金汇兑本位制的整个过程，都与战争和经济危机的爆发直接相关。第一次世界大战是导致金本位制难以维持的导火索，而在1929—1933年的世界性经济危机大爆发后，金本位制则基本上已经瓦解。

（2）黄金产量不足以满足流通中对货币的需要，以及黄金在世界各国的分布不均。这是金本位制崩溃的根本原因。从自由竞争过渡到垄断，资本主义世界经济得到了空前发展，各国商品流通及国际贸易规模与速度的增长远远超过了生产的增长，而黄金的产量却远远不能满足流通中对货币的需求。同时，世界各国经济政治发展不平衡使得黄金分布不均衡，导致金本位制难以维持，以至于最终崩溃。

另外，用黄金作为货币材料本身也是对资源的一种浪费。因为从本质上讲，货币只是一种用于商品交换的媒介。在交换中，人们并不关心货币的材质，而只关心货币的面值。而且，在实践中人们已经认识到，完全可以用相对低廉的材料代替黄金这种贵金属来充当货币。

二、布雷顿森林体系

第二次世界大战即将结束时，资本主义世界建立了一种以美元为中心的国际货币制度，即布雷顿森林体系，这个体系是英、美两国在国际金融领域争夺主导权的产物。

（一）布雷顿森林体系建立的时代背景

第二次世界大战使西方各国之间的实力对比发生了巨大变化。一方面，以英国为代表的老牌帝国主义国家受到了严重的战争创伤，国民经济遭到严重破坏，但英镑区和帝国特惠制仍然存在，英镑仍然是一种主要的国际储备货币，国际贸易的40%左右仍用英镑结算，所以英国仍欲竭力保持其国际地位。另一方面，第二次世界大战后，美国经济实力大大增强，急欲建立美元霸权。第二次世界大战结束时，美国的工业制成品占世界工业制成品总量的一半；对外贸易额占世界贸易总额的1/3以上；对外投资迅速增长，成为世界最大的债权国；黄金储备占世界黄金储备总额的近2/3。美国雄厚的经济实力为建立美元霸权奠定了充足的物质基础。

因此，英、美两国都从本国利益出发，设计新的国际货币秩序，于1943年4月7日分别提出了各自的方案，即美国的“怀特计划”和英国的“凯恩斯计划”。

1. 美国方案

美国方案是由时任美国财政部官员的怀特提出的，全称为国际稳定基金计划，简称怀特计划。其主要内容如下：

（1）设立国际货币稳定基金，资金总额为50亿美元。基金采取存款制，其存款份额由各会员国以黄金、外汇及本币或政府债券认缴。认缴份额的多少取决于各国黄金外汇储备、国民收入及国际收支差额变化等因素。会员国认缴份额的数量又决定了其在 IMF 相关事务中投票权的多少。

（2）IMF 拟发行一种名为“尤尼他”（Unita）的国际货币作为计价单位，规定其含金量相当于当时的 10 美元。而且，这种国际货币可以兑换黄金，也可以在会员国之间相互流通。

（3）采用固定汇率制。IMF 要求各国规定其本币与尤尼他之间的法定平价，而且平价一旦确定，则非经 IMF 同意不得任意变动。

（4）会员国在应付临时性国际收支逆差时，可用本币向基金组织购买所需外汇，但数额不得超过其所认缴的基金份额。

从怀特计划的主要内容不难看出，美国设计该方案的目的就是要凭借美国当时拥有的雄厚财力和绝对优势，由其一手操纵和控制 IMF，从而获得对国际金融领域的统治权，而最终正是通过建立布雷顿森林体系实现了怀特计划。

2. 英国方案

英国方案是由时任英国财政部顾问的凯恩斯提出的，全称为国际清算同盟计划，简称凯恩斯计划。其主要内容如下：

（1）建立一个国际清算联盟，但此联盟不需要各国以黄金或货币缴纳份额，而是采取透支制，透支总额为 260 亿美元。联盟各国的透支份额以第二次世界大战前三年的进出口贸易平均额计算。

（2）发行一种名为“班柯”（Bancor）的国际信用货币作为国际清算单位。

（3）班柯以一定黄金量表示，而联盟各国货币直接与班柯联系，但允许各国调整汇率。

（4）各国在联盟设立往来账户。当发生国际收支顺差时，将其盈余存入账户，但不得兑换黄金和现款，只能用于对外投资和购买支付。当发生国际收支逆差时，则按规定份额申请透支或提取存款进行支付。

与怀特方案的设计目的不同，凯恩斯方案是从英国当时的困境和需要出发，尽量贬低黄金的作用，意欲建立一个有利于英国的国际货币制度。

两个方案的提出反映了英、美两国经济地位的变化及两国争夺世界金融霸权的斗争。经过激烈的争论后，在美国强大政治经济优势的压力下，英国被迫放弃国际清算同盟计划，接受美国方案。美国也作出了一些让步。最后双方达成协议，在 1944 年的联合国货币金融会议上通过了以怀特计划为依据的《布雷顿森林协定》，并在此协定的基础上建立了布雷顿森林体系，确立了美元霸权。

（二）布雷顿森林体系的主要内容

布雷顿森林体系建立了成员方之间的货币平价和固定汇率制，实行所谓的双挂钩制度，即美元与黄金挂钩，各国货币与美元挂钩的制度，同时建立了一个永久性的国际金融机构——IMF，由它负责国际金融协调和管理。

双挂钩制度是布雷顿森林体系的核心内容，可用图 9－1 表示。

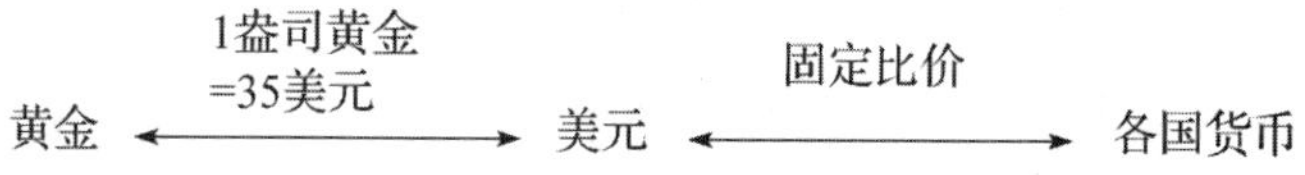

图 9－1　双挂钩制度

布雷顿森林体系的具体内容包括以下五点。

1. 以美元作为最主要的国际货币，实行美元-黄金本位制

美元与黄金直接挂钩，规定 1 盎司＝35 美元的黄金官价，美国保证各国中央银行可随时按官价用持有的美元向美国兑换黄金，这表明布雷顿森林体系实际上是一种国际金汇兑本位制。同时，其他各成员方根据自身状况确定其货币与美元的平价，这一平价一旦确定下来，就不得随意更改，并且成员方有义务干预市场以维持汇率稳定。这种制度安排使美元成为一种关键货币，国际储备和国际清算支付手段主要依赖美元，各国中央银行通过持有美元保持国际储备，相当一部分国际储备以美国财政部或美联储发行的债券和美元短期存款形式被各国持有。

2. 实行可调整的钉住汇率制

布雷顿森林体系下的汇率制度安排是一种双挂钩制度，即美元与黄金挂钩、各国货币通过与美元挂钩而间接与黄金挂钩。这种双挂钩制度构成了布雷顿森林体系的两大支柱。《IMF 协定》规定，成员方中央银行有义务通过外汇市场交易保证汇率波动的幅度维持在平价上下 1％以内，只有当成员方出现“根本性国际收支失衡”时，才可以较大幅度地调整汇率。在平价 10％以内的汇率变动须通知 IMF，超过 10％的汇率调整则须经 IMF 批准，所以这是一种可调整的钉住汇率制。在实际运行中，成员方对汇率进行调整的情况很少。偶有变动，也是贬值多于升值。

3. 确定国际收支的调节机制

（1）针对逆差国，确定了两种调节机制。对于短期的暂时性失衡，可通过向 IMF 进行资金融通而加以解决。对于国际收支出现的“根本性不平衡”，IMF 规定可对平价进行调整，实行法定升值或法定贬值。但由于“根本性不平衡”较抽象，没有明确标准，因而在实际中难以运用。

（2）针对顺差国，制定了所谓的稀缺货币条款。所谓“稀缺货币”是指，当一国国际收支持续盈余，并且该国货币在 IMF 的库存下降到份额的 75%以下时，IMF 可以宣布该国货币为“稀缺货币”。IMF 可按逆差国的需要对“稀缺货币”实行限额分配，其他国家有权对“稀缺货币”采取临时性兑换限制，或限制进口该国商品和劳务。这一条款旨在规定顺差国和逆差国共同调节的责任。但是，这一构想难以真正实现，因为条款中还同时规定，IMF 为解决“稀缺货币”而确定采取何种办法时，要有“稀缺货币”国家的代表参加。这样，在布雷顿森林体系下，国际收支调节的责任实际上主要是由逆差国来承担的。

4. 取消对经常账户的外汇管制，但允许对国际资本流动进行限制

《IMF 协定》第 8 条规定：成员方不得限制经常账户支付，不得采取歧视性货币措施，要在兑换性的基础上实行多边支付。但有三种情况例外：

（1）允许成员方对资本项目实施外汇管制。

（2）成员方在第二次世界大战后的过渡时期可以延迟履行货币可兑换义务。

（3）允许成员方对“稀缺货币”采取临时性兑换管制。

5. 建立一个永久性的国际金融机构——IMF

IMF 是第二次世界大战后国际货币制度的核心，它的建立旨在促进国际货币合作，维持国际金融体系的稳定。IMF 主要有以下职能：①监督，即监督成员方遵守协定各项条款，以维护国际金融秩序；②磋商，即定期举行世界经济形势与前景的磋商，并针对个别成员方出现的问题进行磋商；③资金融通，即为成员方提供信贷。

（三）布雷顿森林体系的特点

布雷顿森林体系是在美国经济实力雄厚、国际收支大量顺差、黄金储备充足的条件下建立起来的。这些条件决定了布雷顿森林体系的基本特点和作用。此外，在当时特定的历史时期，布雷顿森林体系确立的固定汇率制以及创立的 IMF 对维护国际金融秩序和协调国际金融关系都曾起到重要的积极作用。布雷顿森林体系建立后，国际金融关系出现了一些新的特点，主要表现在以下四个方面：

（1）在布雷顿森林体系下的国际储备中，黄金和美元并重。美国凭借其第二次世界大战后所拥有的巨额黄金储备，不仅强调黄金的作用，而且将美元与黄金挂钩，使美元等同于黄金，与黄金并重，突出美元霸权。

（2）在所有西方国家货币中，美元是唯一的中心货币和主要的储备资产。而第二次世界大战前处于统治地位的储备货币除英镑外，还有包括法国法郎、美元等在内的其他西方国家货币。因此，保持美元单一中心货币是布雷顿森林体系的显著特点。

（3）只允许外国政府而不允许外国居民用美元向美国政府兑换黄金。而第二次世界大战前，英、美、法等国都允许居民兑换黄金，那些实行金汇兑本位制的国家也允许居民用外汇向英、美、法等国兑换黄金。

（4）建立了IMF作为维持国际金融秩序的中心机构。而第二次世界大战前，虽然英国在国际货币领域里占统治地位，但从未建立起一个全球性的国际机构。

（四）布雷顿森林体系的缺陷及崩溃

虽然布雷顿森林体系的运转在客观上发挥了一定的积极作用，成功地推动了一系列国际货币合作，但其运行机制有很大的内在缺陷，所以导致其最终崩溃。

1. 布雷顿森林体系的缺陷

导致布雷顿森林体系最终崩溃的根本原因在于，其赖以建立的基础具有内在的不稳定性，以及其运行机制存在内在矛盾。

（1）储备货币发行国与其他国家之间的利益分配不公平。布雷顿森林体系建立之时，美国垄断了世界上绝大多数黄金储备，在经济上占有绝对优势。美元作为主要的国际储备资产，享有一种相当稳固的特权地位。美国不仅可以利用美元操纵国际金融事务，而且还可以利用美元弥补其国际收支赤字。同时，各国货币钉住美元，实际上造成了各国货币对美元的依附关系，因而美国货币政策的实施对各国经济都会产生重大影响。另外，1盎司黄金等于35美元的黄金官价是1934年规定的，第二次世界大战后美元早已贬值。而美国正是在美元短缺或“美元荒”的情况下，通过高估美元来低价购买黄金和其他原材料，同时高价倾销出口商品，掠夺他国资源，攫取超额利润。

然而，当实力对比发生不利于美国的变化，即当美元从短缺变成泛滥，过去美国政府对外投放的大量美元，被各国政府按官价向美国政府兑换大量黄金时，美国黄金储备就大量流失，频频引发美元危机，导致国际金融领域的动荡。

此外，在第二次世界大战后初期，由于各国无力与美国竞争，因此美元高估并未对美国出口贸易造成不利影响。但当西欧、日本经济恢复，具备一定实力后，美元高估不利于美国出口的负面影响就日益突出，加剧了美国国际收支的不平衡，也增加了美元危机爆发的可能性。

（2）布雷顿森林体系存在无法克服的“特里芬难题”。首先，美元作为单一中心货币和国际储备资产，包含内在矛盾，从而使美国处于两难境地。随着国际贸易规模的迅速扩大，各国国际储备必然相应增加。一方面，各国国际储备的增长，需要通过美国国际收支的持续逆差来实现。而美国国际收支长期保持逆差不但会导致美元汇率下跌，而且会导致各国政府以大量美元向美国政府兑换黄金，引起美国黄金大量外流，从而影响美元信誉，甚至引发美元危机。同时，如果美国为弥补国际收支逆差而滥发美元，还会引起国内通货膨胀。另一方面，如果美国保持其国际收支的平衡，抑制国内通货膨胀，则当然有利于保持美元汇率的稳定，但又会因此断绝其他国家国际储备的来源，导致其国际清偿力不足。

其次，为维持美元汇率的稳定，按照IMF的规定，西方各国政府有义务对外汇市场进行干预，从而使西方各国政府也处于两难境地。因为在美元过剩的情况下，布雷顿森林体系的固定汇率制实际上助长了美国输出通货膨胀，不但引发和加剧了世界性通货膨胀，而且使各国政府面临维持国际金融秩序还是维持国内经济稳定的两难选择。一方面，如果美元汇率下跌，各国官方金融机构就必须在外汇市场上大量抛出本币，同时购进美元，以刺激美元需求的增加，使美元汇率回升，维持国际金融秩序的稳定，结果会导致这些国家的货币供给过多，出现通货膨胀。而且在美元过剩的情况下，持有美元显然会遭受美元贬值的损失，这就相当于以牺牲这些国家的国内经济平衡为代价来换取国际金融秩序的稳定。另一方面，如果各国致力于维持国内经济的稳定，切断美国输出通货膨胀的通道，同时避免美元贬值的损失，就必须将手中持有的大量美元抛售，结果又会引发美元危机和国际金融领域的动荡。

（3）布雷顿森林体系实行的固定汇率制使汇率对国际收支的调节作用失灵。固定汇率制虽然降低了国际贸易和国际资本流动的风险，有利于国际经济的发展，但布雷顿森林体系过分强调汇率的稳定，而忽视了汇率对国际收支的调节作用。因为在固定汇率制条件下，各国不能利用汇率的变动来达到调节国际收支逆差的目的，只能消极地实行贸易管制，或在国内采取紧缩政策。贸易管制会阻碍其对外贸易的正常发展，国内紧缩政策则违反了稳定发展本国经济的原则。因此，由于汇率缺乏弹性，不能适应各国国内经济情况及对外经济关系的变化，所以汇率对国际收支的调节机制失灵。

另外，布雷顿森林体系建立在不平等的基础上，发展中国家获得的基金份额及参与国际金融事务的投票权过少，利用IMF贷款的条件过严，因而难以及时有效地调节其国际收支不平衡，也不利于国际金融的稳定。

2. 美元危机爆发与布雷顿森林时代的结束

美元危机是指由于美元国际信用下降而发生抛售美元抢购黄金及其他国家货币，致使美元汇率下跌，黄金价格及其他国家货币汇率上涨的状况或风潮。

美元危机产生的主要原因是：20世纪50年代以来，美元大量外流，美国国际收支持续逆差，黄金储备不断下降，人们对美元的信心发生动摇，纷纷抛售美元。美元危机频频爆发是布雷顿森林体系崩溃的导火索。

美元危机爆发后，国际社会与美国一起采取了许多措施，做出了种种努力，但最终仍未能从根本上解决问题，反而使危机愈演愈烈，最终导致了布雷顿森林体系的崩溃。

第一次美元危机爆发于 1960 年 10 月。当时，国际金融市场上掀起了抛售美元、抢购黄金的风潮；伦敦黄金市场的金价由 35 美元/盎司的官价暴涨到 41.5 美元/盎司，高出官价 18.5%。同时，西方各国外汇市场剧烈动荡。这是美元危机对国际金融市场造成的第一次大冲击。这次危机之后，国际社会采取了建立黄金总库、订立货币互换协定、设立借款总安排等措施，但未能阻止危机继续发生。到 1967 年，美国对外短期债务激增至 331 亿美元，而黄金储备则降至相当于 121 亿美元，从而严重影响了美元的国际信誉。

第二次美元危机于 1968 年 3 月爆发。由于美国的黄金储备短期内急剧流失，半个月内流失量达 14 亿美元，巴黎市场金价涨到 44 美元/盎司，而伦敦市场黄金日交易量达到 350～400 吨，迫使西欧大多数黄金市场停止交易，伦敦证券市场、外汇市场和黄金市场被迫关闭。1968 年 3 月 6 日，美国与相关国家举行紧急会议，宣布解散黄金总库，实行黄金双价制，美元变相贬值，同时提议创立特别提款权。

第三次美元危机于 1971 年 5 月爆发。同年 8 月 5 日，尼克松政府就宣布实行所谓的新经济政策，不仅停止履行美元兑换黄金的义务，而且加强商品进口管制，对进口商品征收 10%的附加税，因此引起了国际金融市场的混乱。同年 12 月 18 日，十国集团举行会议，达成《史密森协议》，决定美元官价贬值 7.89%，金价升至 38 美元/盎司，但这一举措并未阻止美元危机的继续爆发。

1972 年 2 月，第四次美元危机爆发。抢购黄金及联邦德国马克和日元的风潮袭击了整个西方国际金融市场，导致各国外汇市场纷纷关闭。

1973 年 2 月，第五次美元危机爆发，迫使西方各国外汇市场再度关闭。1973 年 2 月 12 日，美国被迫宣布美元官价再度贬值 10%，金价升至 42.22 美元/盎司。但这时各国已不愿再继续承担干预外汇市场汇率的义务，纷纷实行浮动汇率，从而宣告了布雷顿森林体系的全面瓦解。多次美元危机已从根本上破坏了布雷顿森林体系双挂钩制度的基础，导致了布雷顿森林体系的彻底崩溃。

（五）布雷顿森林体系时期的国际金融合作

为了缓解美元危机，美国与国际社会进行了一系列国际金融合作，力图维持布雷顿森林体系的正常运行。其所采取的一些措施和办法虽未能改变布雷顿森林体系崩溃的命运，但仍不失为国际金融合作的范例。

1. 成立黄金总库

黄金总库是指 1961 年 10 月美国与欧洲七国（英国、法国、联邦德国、意大利、瑞士、荷兰、比利时）为维持黄金官价及美元汇率的稳定而共同建立的黄金储备账户。

其作用是干预黄金市场，使金价稳定在35美元/盎司的官价水平上：金价上涨，则卖出黄金；金价下跌，则买入黄金。总库所需黄金由各国分摊，指定英格兰银行为总库代理机构。

黄金总库的成立未能阻止金价的继续上涨及美元危机的爆发。1967年6月，法国宣布退出黄金总库。1968年3月，美元危机又一次爆发，黄金总库遂宣布解散。

2. 订立货币互换协定

货币互换协定是1962年3月由美国联邦储备银行与西方14国达成的关于互换一定量的对方货币，以干预外汇市场、稳定美元汇率的协定。最初的协定总金额为117.3亿美元，1973年7月扩大为197.8亿美元。

3. 提出借款总安排

借款总安排也称为一般借款协定或十国借贷，即十国集团各国分别向IMF提供备用信贷的特别协议。

英、美两国为使英镑和美元摆脱困境，早在1961年举行的IMF第16届年会上就提出了将IMF的贷款额增加60亿美元，以稳定国际金融秩序的建议。同年11月，美国、英国、法国、联邦德国、意大利、瑞典、荷兰、比利时、日本和加拿大十国在巴黎举行会议，决定成立十国集团（又称巴黎俱乐部），并达成借款总安排协议。1962年1月5日，IMF同意了十国集团设立借款总安排的建议，该建议于1962年10月开始生效。这样，由IMF与十国签订的60亿美元的借款预约信贷就作为IMF的补充资源供必要时使用，以维持布雷顿森林体系下的国际金融秩序。

4. 实行黄金双价制

黄金双价制是IMF对成员方买卖黄金所规定的两种价格制度。由于第二次美元危机爆发迫使西欧大多数黄金市场停止交易，所以在1968年3月16日，美国与黄金总库各国举行紧急会议，决定废除黄金总库，实行黄金双价制。35美元/盎司的官价只限于成员方政府或中央银行向美国兑换黄金时使用，而黄金市场上的金价则由市场供求关系自行决定。从此，国际黄金市场出现两种黄金价格，美元变相贬值。

5. 创立特别提款权

特别提款权是由IMF创设，分配给成员方使用的一种新的国际储备货币单位，是一种无形货币，只作为成员方的账面资产发挥作用，是成员方原有普通提款权之外的一种特别提款权利。初创时，其含金量与美元等值。美元贬值后，特别提款权遂与黄金脱钩，而以本国出口占世界出口总额1%的西方16国的16种货币加权定值，由于计算复杂等原因，后改为以世界最大的五个劳务和商品出口国——美国、德国、日本、法国、英国——的货币加权定值。

早在1965年，为缓解美元危机，美国就提出了创立特别提款权的方案，提议将特别提款权与黄金、美元一起作为国际储备资产。1969年9月，IMF第24届年会通过了设立特别提款权的决议。由此，特别提款权与黄金、美元并列，被称为“纸黄金”(paper gold)。

特别提款权的创立有利于维护以美元为中心的国际货币制度。由于特别提款权是根据成员方在IMF的份额按比例分配的，而美国在IMF所占的份额最大，因而分到的特别提款权最多。这就等于增加了美国的黄金外汇储备，提高了美国应对国际收支逆差的能力。同时，当外国政府或中央银行用其持有的美元向美国政府兑换黄金时，美国就可利用特别提款权来应对，从而减少其黄金储备的流失。而且，由于特别提款权只限于政府持有，只能用于成员方政府间的结算，而不能直接用于贸易和非贸易支付，因此国际上为数众多的债权债务清算仍必须使用美元，美元仍保持了其作为国际支付手段的中心地位。

6. 签订《史密森协议》

《史密森协议》是1971年12月18日IMF和十国集团为缓和危机，全面调整固定汇率而达成的。该协议以美元贬值、美国不再承担兑换黄金义务及扩大各国货币兑美元汇率的波动幅度为主要内容，力图维持以美元为中心的国际货币制度。根据该协议，美元贬值7.89%，黄金官价由35美元/盎司提高到38美元/盎司，但不再实行美元与黄金的兑换；仍维持固定汇率，但各国货币兑美元汇率的波动幅度由原来的上下各1%扩大为上下各2.25%。同时，协议还要求美国取消尼克松“新经济政策”实施的10%的进口附加税。

《史密森协议》的寿命很短，因为其决定太过仓促，只是应付美元危机的一种暂时性措施，并没有解决国际货币金融关系中的根本性问题。因此，当1973年2月美元再次贬值，同年3月主要货币汇率又开始浮动时，布雷顿森林体系全面瓦解，布雷顿森林时代也由此结束。

三、牙买加体系

布雷顿森林体系崩溃后，国际金融形势动荡不安，国际社会为建立一个新的国际货币体系进行了长期的讨论和协商。这个过程中充满了各种矛盾和斗争，最终各方通过妥协就一些基本问题达成共识，于1976年1月在牙买加首都金斯顿签署了一个协议，即《牙买加协议》。同年4月，IMF理事会通过了《IMF协定第二次修正案》，该修正案于1978年4月1日正式生效。从此国际货币体系进入了一个新的时期——牙买加体系时期。

(一) 牙买加体系的内容及特点

1.《牙买加协议》的主要内容

参与《牙买加协议》的有关各方进行了一系列讨论和协商，通过妥协就一些基本问题达成了共识，并成立了专门研究国际货币制度改革问题的机构。协议的主要内容包括以下五个方面：

(1) 承认浮动汇率合法化或汇率安排多样化。1973 年美元危机之后，各国普遍实行浮动汇率制，导致布雷顿森林体系崩溃。修改后的《牙买加协议》承认了这一既成事实，并规定成员方可自行选择汇率制度，但不允许各国操纵汇率或采取损人利己的汇率政策。

(2) 宣布“黄金非货币化”(demonetization of gold)。黄金非货币化即黄金与货币彻底脱钩，黄金不再作为各国货币的定值标准，原协议中所有关于黄金的条款均被废除，它削弱了黄金在国际货币制度中的作用。

(3) 强调特别提款权的作用，扩大特别提款权的使用，并规定以特别提款权作为主要的国际储备资产和各国货币的定值标准。

(4) 将成员方在 IMF 的份额由原来的 292 亿特别提款权增加到 390 亿特别提款权。

(5) 扩大对发展中国家的资金融通规模，增加基金信用贷款额度，设立专门基金向最不发达国家提供优惠贷款。

2. 牙买加体系的特点和作用

《牙买加协议》对有关黄金、特别提款权和汇率的条款都做了一些修改，对国际货币制度的改革也起了一定作用，从而为现行国际货币制度的形成奠定了基础，并使现行国际货币体系得以运转。但是，建立在《牙买加协议》基础上的现行国际货币制度的形成只是承认了一些既成事实，并没有取得重大突破，国际金融领域存在的问题并没有从根本上得到解决，因此现行国际货币制度仍存在严重缺陷，这造成了国际金融领域的不稳定局面。现行国际货币制度的特点和作用表现在以下几个方面：

(1) 黄金非货币化。

在现行的国际货币制度下，黄金脱去了布雷顿森林体系下国际货币的外衣，不再是各国货币的平价基础，也不能用于官方之间的国际清算。

(2) 浮动汇率合法化。

在牙买加体系下，各国货币当局不再规定本币与外币汇率波动的界限，汇率主要根据外汇市场的供求情况自发形成与浮动，或实行有管理的浮动。

(3) 国际储备体系多元化。

国际储备体系的根本问题是以哪种储备资产作为中心货币。在金本位制下，黄金作为公认的国际储备资产起到了中心货币的作用；布雷顿森林体系是以美元为中心的；在牙买加体系中，黄金的作用已大大降低，美元也丧失了其单一中心货币的地位。进入 21 世纪后，随着各国发展和世界竞争格局的演变，欧元、日元、英镑和人民币的地位都发生了较大变化，国际储备体系呈现储备资产多元化局面。

（4）汇率制度多元化。

《牙买加协议》允许各国自由作出汇率安排，也允许固定汇率制与浮动汇率制并存，因此有些国家的货币比价随市场供求变化而自由浮动；有些国家的货币比价互相固定，而对外联合浮动；有些国家将自己的货币与另一种货币建立固定比价（如与英镑、美元建立固定比价），或与一组货币（如 SDR）建立固定比价，有些国家实行无本国法定货币的汇率安排；等等。一些国际金融学家将这种多元化汇率安排制度称为无体制的体制或混合体制。可以看出，国际货币制度多元化是当今及今后相当长时期内的一个主要特点。

（5）国际收支调节机制多样化。

除利用利率机制、IMF 短期信贷与干预措施调节国际收支外，在牙买加体系下，发达国家还实行浮动汇率制，并利用汇率机制来调节国际收支。此外，通过 IMF 年会、磋商会议制定稳定金融与国际收支的准则以加强国际协调在调节国际收支中的作用也较明显，特别是从 1975 年开始的历届七国首脑会议在协调各国经济金融政策、保持金融稳定方面也起着不可忽视的作用。

（二）国际货币制度的改革

从布雷顿森林体系开始，国际货币制度的内在矛盾就使得危机频频爆发，导致国际金融领域常常处于动荡和混乱中，因而不断受到国际社会的指责，要求对国际货币制度进行改革的呼声也日益高涨。为此，IMF 成立了负责国际货币制度改革的专门机构，以研究国际货币制度改革的相关问题。改革的内容主要围绕国际储备体系及汇率制度展开，国际社会及国际金融领域的专家学者也就此提出了种种改革方案。虽然目前国际货币制度改革仍未取得任何重大进展，但在主要问题上也达成了一些共识。

1978 年 4 月修改后生效的《牙买加协议》实际上就是在负责国际货币制度改革的专门机构的主持下签订的，而《牙买加协议》的主要内容也是有关国际货币制度改革的基本内容。它包括：国际储备体系的结构问题，建立合理的汇率制度问题，国际收支调节的责任划分问题，区域性货币集团与国际货币制度的关系问题，以及发展中国家在国际货币制度中的地位问题等。

（1）国际储备体系的结构问题。这实际上是以哪种储备资产作为本位货币或中心货币的问题。布雷顿森林体系崩溃以后，一些国家的政府或经济学家先后提出了一些改革方案和建议。归纳起来，主要包括恢复金本位制或继续维持美元本位制，以及建立特别提款权本位制等内容。但实际上，在目前情况下，这些方案的实施都存在难以克服的矛盾。

布雷顿森林体系瓦解后，美元的国际货币主导地位随着全球经贸格局的变化遭受了两个重大挑战：日元的国际化趋势与欧元的出现。如果说日元的国际化是在美国推动下，用来平衡两国经贸关系的政策措施，那么欧元区的创设曾让各国对出现一个更加平衡的国际货币体系充满期待。然而，遗憾的是，虽然欧元区占国际贸易的比例（14%）超过了美国占国际贸易的比例（11%），但美元作为唯一的全球货币的事实却并未发生改变。

进入21世纪第三个十年后，无论从货币的交易媒介功能，还是从货币的储备功能和外汇交易量来看，美元、欧元、英镑、日元、人民币一起构成了世界的主要货币体系。但近三十年来，互联网技术、人工智能革命、数字经济等的发展突飞猛进，使政府与市场的边界变得日益模糊，就连最需要国家信用的制度安排——货币制度——也受到了数字化服务平台的挑战［如脸书（Facebook）的Libra］。相比稳定运行且多数有效的国内货币制度，国际货币金融体系面临的潜在挑战最多，众多主体——各国政府、非政府组织（NGO）、跨国公司等也都有改革国际货币制度的动机。数字经济时代的到来提供了国际货币制度从边缘变革的可能性，也将原先不是主要问题的问题，如隐私保护、个人的全球化意愿推到了国际货币制度演化的中心，带来了更丰富的国际货币制度图谱。

（2）建立合理的汇率制度问题。在布雷顿森林体系崩溃以后，各国普遍实行浮动汇率制。虽然纯粹由外汇市场供求关系决定的自由浮动汇率制事实上不可能存在，但无论哪一个国家都会或多或少对外汇市场进行干预，但即便是在这样的情况下，固定汇率制也是无法恢复的。这是因为：在世界范围内实行固定汇率制，无论弹性大小，首先都要解决以哪种物质作为统一的定值标准这一根本性问题。在金本位制下，黄金是各国货币的定值标准，各国货币同黄金挂钩，自发地决定了各国货币之间的比价。在布雷顿森林体系下，采取双挂钩制度，即美元与黄金挂钩，各国货币与美元挂钩，由此人为地确定了各国货币之间的比价。但牙买加会议后，黄金非货币化，美元汇率又不稳定，要恢复金本位制或美元本位制的固定汇率显然不现实，而目前也还没有任何一种货币可以填补黄金和美元留下的空缺。尽管《牙买加协议》规定把特别提款权作为各国货币的定值标准，但由于特别提款权实际上是以“一篮子货币”定值，本身价值就不固定，所以在操作上也很难与各国货币保持固定比价。

由于无法恢复以黄金和美元为本位货币的固定汇率制，而以特别提款权作为各国货币的定值标准也很难操作，因此，世界上大多数国家实行管理浮动制的既成事实就有一种长期化的趋势。

（3）国际收支调节的责任划分问题。许多国家提出，国际收支调节的责任不应该只落在逆差国家或非储备货币发行国身上。尤其发展中国家常常由于贸易条件的恶化而出现国际收支逆差，同时又没有发行储备货币的特权，单凭自身的努力很难解决国际收支不平衡的问题，所以应由逆差国和顺差国共同采取措施解决该问题。

（4）区域性货币集团与国际货币制度的关系问题。这主要是在目前世界多极化发展的情况下，如何使区域性货币集团逐步过渡到全球统一的国际货币制度的问题。欧元区的形成无疑树立了一个区域性国际货币金融合作的典范，对区域内各国经济的发展也可以起到较大的促进作用。但同时也应该看到，虽然实现了区域内货币的统一，但欧盟在区域内货币金融事务的管理上，以及在协调各国之间关系的问题上，仍需要费很多周折，花很大力气。因此，在全球范围内实现进一步的国际金融合作还有待时日。

（5）发展中国家在国际货币制度中的地位问题。这一问题实际上从 IMF 建立时就已经存在。发展中国家在 IMF 中得到的份额过少，因而它们对国际金融事务的发言权很小，能够从 IMF 获得的帮助也相当有限。因此，它们强烈要求改革不合理的国际货币制度和管理办法，希望实现国际货币金融事务管理的民主化，能够同发达国家一样参与国际货币金融事务的管理。

国际储备资产的多元化、管理浮动制的长期化及区域性货币集团的发展，是现行国际货币制度的主要特征。因此，现行的国际货币制度是一种极不稳定的国际货币制度，可能会加剧国际货币金融领域的动荡或混乱，而且这种局面在今后相当长的一段时间内都有可能继续下去。尽管各国政府和许多经济学家提出了改革国际货币制度的种种方案和建议，但事实上要真正建立一种公平合理、稳定有序的国际货币制度，还有很长的路要走。

第三节 欧洲货币一体化

一、货币一体化的概念

货币一体化指若干国家的货币当局通过政策协调、建立国际金融机构和签订国际协议等方式，在国际货币领域加强合作的过程。它有多种表现形式。

(1) 汇率制度的合作。布雷顿森林体系的建立是世界范围内的汇率制度合作的结果，原欧洲经济共同体的联合浮动也是比较成功的汇率制度合作尝试。

(2) 货币政策的协调。在当前的管理浮动制的基本格局下，货币政策会产生明显的溢出效应。例如，高利率政策可能吸引资本流入，引起本币对外升值，这可能会对别国产生紧缩效应。

(3) 资本流动方面的合作。这主要涉及取消资本项目的外汇管制和实行投资自由化等。

(4) 国际金融机构的建立。IMF 的建立是世界范围货币一体化的重要表现，但是其作用与布雷顿森林体系时期有了重大变化。世界银行集团、亚洲开发银行、非洲开发银行等是以促进贸易和经济发展为宗旨的另一类国际金融机构。欧洲中央银行达到了国际金融机构的最高层次，它具有实施统一货币政策和发行单一货币的职能。

二、欧洲货币一体化的驱动力

(一) 提高欧洲在世界货币体系中的地位

布雷顿森林体系的崩溃使欧洲不再相信美国会继续将国际货币职责放在其国家利益之前。面对美国越来越自私的政策，欧盟国家为了更加有效地维护自己的核心利益，决定在货币问题上采取一致行动。

(二) 把欧盟变成一个真正统一的市场

一般而言，国家与国家之间的贸易流量通常会受到以下三个因素的影响：贸易保护政策的限制；由空间距离和运输成本所造成的贸易壁垒；由货币因素所造成的贸易壁垒。货币因素之所以会成为国际贸易的一种壁垒，是因为不同货币的兑换不仅会产生交易费用，而且还会因为各国政府对汇率的干预造成贸易双方竞争力的变化，进而对贸易产生不利影响。

尽管 1957 年《罗马条约》的签订使欧盟建立了关税同盟，但在欧洲内部，商品和要素的流动仍存在很大的官方障碍。欧盟的长远目标就是消除所有这些障碍，把欧盟变成一个巨大的统一市场。欧洲各国认为，汇率的不确定性是欧盟内部贸易减少的主要原因之一。它们担心，如果汇率波动引起欧洲内部的相对价格大幅变动，那么它将阻碍欧洲内部自由贸易的发展。

(三) 维护欧洲政治稳定

理解欧洲为何能在市场和货币一体化方面取得如此大的进展的关键在于理解欧洲

备受战争摧残的历史。许多欧洲国家的领导人都认为，经济合作和一体化是防止20世纪两次世界大战重演的最好保证。这也使得各国愿意放弃国家部分经济政策权利，将经济主权转移给集中的欧盟实体。

三、欧洲货币一体化的进程

欧洲货币一体化是布雷顿森林体系崩溃之后国际货币合作的典范，它的发展大体经历了四个阶段。

（一）1957—1971年的货币合作萌芽阶段

1957年3月，欧洲六国（法国、联邦德国、意大利、荷兰、比利时、卢森堡）于罗马签订了《欧洲共同体条约》（也称《罗马条约》）。该条约虽涉及了一些货币合作的内容，但基本停留在一般的政策协调方面，实际进展不大。在布雷顿森林体系下，相关各国都采取钉住美元的固定汇率制。欧共体一体化的重点在于建立关税同盟和实施共同农业政策。显然，在经济一体化未达到一定程度时，货币合作也缺乏经济基础。

（二）1972—1978年的联合浮动时期

布雷顿森林体系的逐步瓦解促使欧洲主要国家建立了欧洲货币联盟（EMU），并于1972年正式实行成员方货币汇率的联合浮动。所谓联合浮动，是指对内参与该机制的成员方货币彼此之间保持可调整的钉住汇率，并规定汇率的波动幅度，对外则实行集体浮动汇率。虽然布雷顿森林体系的崩溃、石油危机以及20世纪70年代的经济危机使得欧洲货币联盟计划“夭折”，但在此期间创立的众多制度为欧洲货币一体化积累了宝贵的经验。

（三）1979—1998年的欧洲货币体系时期

迈向欧洲货币一体化的具有重要意义的第一步是建立欧洲货币体系（EMS）。欧共体九国首脑于1978年在布鲁塞尔达成协议，于1979年建立起EMS。它主要包括三项内容。

（1）创建欧洲货币单位（ECU）。ECU是由欧共体各国货币组成的一篮子货币。各种货币的权数取决于该成员国在集团内贸易中所占的比重及其国民生产总值规模，每5年调整一次。它类似于特别提款权，并可以作为成员国货币当局之间的清算手段和结算工具。

（2）建立汇率机制（ERM）。汇率机制要求每一个参与国确定该国货币与欧洲货币单位之间的固定比价（也称中心汇率）。汇率机制允许各国市场汇率相比中心汇率有

2.25%的浮动空间，特殊情况下浮动的界限可以调整。

（3）建立欧洲货币基金（EMF）。EMF集中了欧共体九国20%的黄金、外汇储备，拥有远超原欧洲货币合作基金的实力。它可向出现国际收支逆差的成员国提供更多的信贷支持，曾在短期内动用500亿美元大规模干预外汇市场，有效地维护了汇率机制的运行。

欧洲货币体系基本上维持了成员国货币间汇率的稳定，有利于成员国间通胀差异的缩小、经济政策的协调，扩大了欧洲货币单位在官方领域和私人领域的使用，为统一货币的推行创造了条件。

（四）1999年至今的欧盟单一货币时期

1991年12月，欧共体成员国在荷兰马斯特里赫特签署《经济与货币联盟条约》和《政治联盟条约》（合称《欧洲联盟条约》，又称《马斯特里赫特条约》，简称《马约》）。《马约》的主要内容是：在政治上于1993年11月1日建立欧洲联盟，实行共同的安全和外交政策；从1999年1月1日起，开始实施欧洲单一货币计划。

《马约》为单一货币制订了包括三个阶段的货币一体化计划。它要求成员国在1993年年底前全部加入汇率机制；在1997年建立作为欧洲中央银行前身的欧洲货币局；1999年1月1日前发行单一货币——欧元。

《马约》还规定了成员国加入欧洲经济与货币联盟的四条标准：第一，通货膨胀率不得高出三个表现最好的国家的平均水平1.5个百分点；第二，当年财政赤字不得超过GDP的3%，累积公债不得超过GDP的60%；第三，政府长期债券利率不得超过三个长期债券利率最低国家平均水平2个百分点；第四，前两年不调整中心汇率且保持汇率稳定。

行使欧元区货币政策权力的欧洲中央银行体系（ESCB）由设在法兰克福的欧洲中央银行（ECB）和15个国家的中央银行组成。由6名成员组成的ECB执行委员会和各国中央银行行长组成的ECB管理委员会通过投票作出ESCB的决策。《马约》赋予ESCB的首要职责是保持价格稳定，为此《马约》中制定了许多旨在把货币政策独立于政治的条款。任何对《马约》的修正都要由欧盟的每个成员国通过立法或投票批准。

四、最优货币区理论与欧元面临的问题

（一）最优货币区理论

最优货币区理论认为，一国加入一个实行固定汇率安排的货币区（以下简称固定

汇率区）后的得失主要取决于该国经济与区域内贸易伙伴的一体化程度。

1. 经济一体化和固定汇率区的利益：GG 曲线

加入固定汇率制的货币效率收益等于加入者所避免的因汇率浮动带来不确定性、复杂性以及结算与贸易成本而造成的损失。由此可知，一国与一个固定汇率区的经济一体化程度越高，该国通过加入该货币区所得到的货币效率收益越大，所以，图 9－2 中的 GG 曲线具有正斜率。

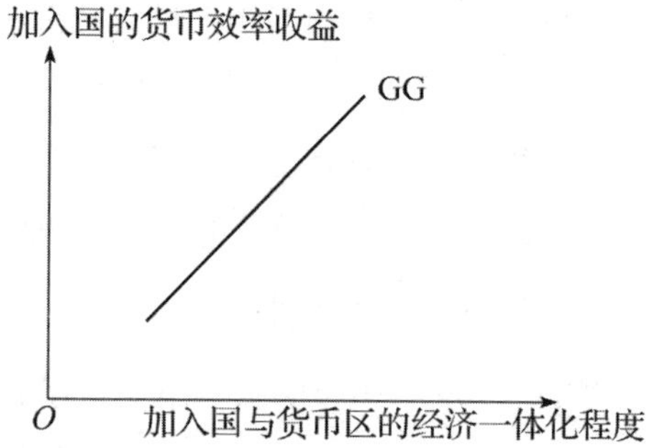

图 9－2　一国加入固定汇率区的货币效率收益

2. 经济一体化和固定汇率区的利益：LL 曲线

一个国家采用固定汇率，意味着其放弃了运用汇率和货币政策使就业与产出保持稳定的权利，所以加入货币区也会给该国经济带来不稳定因素，即造成经济稳定性损失。需要注意的是，一国与一个固定汇率区的经济一体化程度越高，一方面，其要素的自由流动可以越好地轧平经济波动对该国造成的影响；另一方面，该国为加入货币区所作的调整也会越小。由此可知，一国与一个固定汇率区的经济一体化程度越高，经济波动时，经济稳定性损失越少，所以图 9－3 中的 LL 曲线具有负斜率。

3. 加入货币区的决策

我们将 GG 曲线与 LL 曲线结合起来，讨论该国是否应当加入货币区。如图 9－4 所示，GG 曲线与 LL 曲线交于点 A，该点对应的一体化程度 θ 即该国加入货币区所应达到的最小一体化程度。因为当一体化程度大于 θ 时，加入货币区的收益大于损失；反之，加入货币区的损失将大于收益。

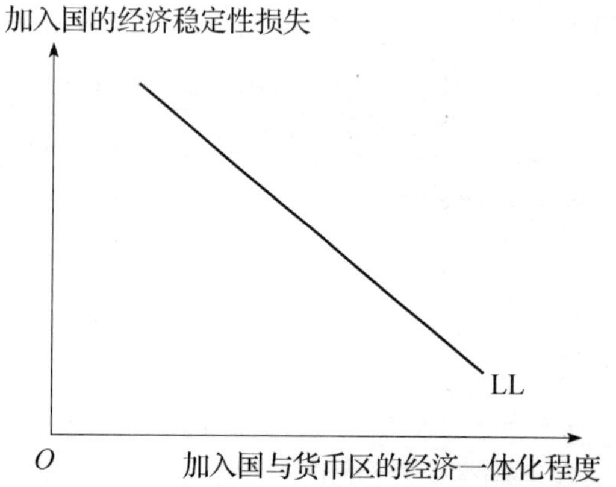

图 9－3　一国加入固定汇率区的经济稳定性措施

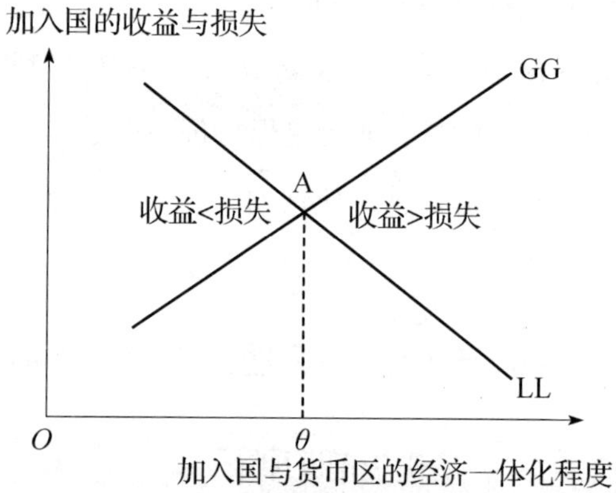

图 9－4　一国加入货币区的收益与损失

（二）欧洲货币一体化存在的问题

2009年以来，欧洲主权债务危机的蔓延暴露出了欧元及其制度存在的诸多缺陷，这些缺陷使得欧元及欧盟面临前所未有的严峻考验。总体来看，欧洲货币一体化存在以下几个问题：

1. 欧元区内部经济发展不平衡

欧元区内各国的经济结构与经济发展水平存在较大差异，不同国家在经济总量、对外贸易总量、区内贸易总量以及贸易占比等指标上存在较大差异。欧元区主要成员国之间几乎在所有重要的宏观经济指标上都存在相当明显的差距。在遭受同样的外部冲击后，各国经济受到的影响也大为不同，这就要求各国采取不同的经济政策来应对危机。然而，由于货币政策要根据欧元区主要国家的要求制定，因而很可能恶化一些国家的经济不平衡状况。

2. 存在货币政策与财政政策的二元结构

为了在统一的货币政策下给各国保留一些宏观经济调整的空间，以便使统一的货币政策能够与成员国的经济形势大体相适应，财政政策的决策权仍然保留在各成员国政府手中。

各国财政指标虽受到《马约》的约束，但是在货币政策和财政政策不对称的结构下，各国财政预算存在超支的内在动机。欧洲中央银行的成立以及共同货币政策的实施使各国财政政策的制定者不再担心自身财政政策的实施会对本国货币和物价的稳定造成不利影响。欧元区金融市场一体化的发展使各国财政融资范围扩大，融资成本相对下降，各国财政融资的效率提高，这进一步方便了各国政府以债务的形式融通资金。此外，在原来的财政体制下，融资风险由各国政府独自承担，那时必须考虑自身的承受能力，而现在各国会转而依赖超国家的货币当局的支持，这就引发了道德风险问题。在这种激励机制下，成员国财政政策会存在赤字倾向。

在经济受到冲击时，由于无法制定货币政策，各国只能采取财政政策来应对，这使得各国更倾向于发行债券，增加政府支出，这会导致财政赤字进一步恶化。由于欧洲中央银行不得回购成员国发行的国债，也不设立财政救助条款，以避免各国政府的道德风险，所以当成员国面临主权债务危机时，它只能以更高的利率发行债券，于是融资成本和债务负担不断攀升，更难走出经济困局。

3. 欧元区成员国缺乏严格的财政约束机制

《稳定与增长公约》规定各成员国年度财政赤字不得超过其GDP的3%，国债规模不得超过其GDP的60%。为了保证这些措施的有效性，该公约甚至规定，如果某个成员国的年度财政赤字连续三年超标，将被处以最高相当于其GDP 0.5%的罚款，国债规模超出限额也将受到惩罚。但是由谁监管，谁来罚款，都不明确。全球金融危机发生后，欧元区所有成员国都无法严格遵守《稳定与增长公约》规定的财政纪律，这在客观上为一些成员国财政赤字的失控提供了借口，惩罚只能不了了之。

同时，各国在财政扩张与信贷扩张之间的选择进一步增加了财政约束的难度。以爱尔兰为例，爱尔兰财政部一直严格遵守《稳定与增长公约》对财政赤字流量和存量的限制，但是银行信贷从 2004 年以来逐渐扩张。在过去 6 年多的时间内，银行信贷在欧元区的占比一直维持在超出其 GDP 在欧元区的占比 50%以上的水平。银行信贷的快速扩张不可避免地影响到银行体系的稳定，政府救助最终又恶化了财政状况。事实上，2009 年爱尔兰年度财政余额与 GDP 的比值也从此前的 0.25%急剧恶化为－7.23%。因此，爱尔兰危机在 2010 年年底开始快速发酵。

五、欧洲货币联盟的未来

（一）欧洲货币一体化的积极作用

（1）欧洲货币一体化减少乃至完全消除了欧盟内贸易和投资活动的汇率风险，从而促进了欧盟国家资源的自由流动和经济一体化程度的提高。

（2）欧洲货币一体化促进和完善了欧洲统一大市场，这有助于竞争机制的强化、企业规模经济效益的提高和资源配置的优化。

（3）欧洲货币一体化在抑制通货膨胀方面取得了明显成效，减轻了各国货币当局货币政策“损人利己”的溢出效应，减少了“零和博弈”的发生。从长期来看，它为经济持续增长创造了条件。

（4）欧洲货币一体化对美元霸权提出了挑战。如果欧元能够成功经受住各种考验，世界储备资产中欧元比重将明显增加，国际货币制度会出现美元与欧元的二元格局。这也会迫使美国在国际货币事务中采取更加合作的态度。

（二）欧盟的选择与出路

欧元区内部的不对称性不是一朝一夕可以消除的，单纯依靠最优货币区内生性的作用耗时太久，人为限制大国对区内宏观经济指标平均水平的影响权重不仅没有充分的理论依据，而且在现实中很难得到大国的认同。放宽欧洲《经济与货币联盟条约》的趋同标准则会进一步造成对一体化的偏离，加剧欧元区成员国之间的不对称。事实已经证明：只要存在不对称性，在统一的货币政策下，类似欧盟《稳定与增长公约》对成员国财政状况的有限约束就难以保证欧元区的稳定，彻底放松财政约束更不可行。

因此，消除欧元区内不对称性的根本出路在于真正推进经济一体化，而不是简单追求区内成员国经济指标的趋同。欧元区各国财政政策在配合货币政策的实践中也在积极寻求协调一致，未来欧元区的财政政策与货币政策走向对称化是必然的趋势。统一的货币政策和逐步统一的财政政策产生的溢出效应将会继续推动欧洲一体化的进程。

第四节 美元化与铸币税、通货膨胀税和证券市场税

一、美元化的概念

美元化（dollarization）是一个含义比较广泛的概念。

美元化是由市场力量推动的货币变革，是在货币需求中外币对本币的替代。该定义侧重于从非官方角度，将美元化视为货币替代的一种表现形式。

世界银行从三个方面定义了美元化：①资产美元化，即以美元代替本币行使价值贮藏、交易媒介和价值尺度的职能；②债务美元化，即美元债务在一个国家债务中的比重上升到较高水平或占据主导地位；③完全美元化，指货币当局废弃本币，采用美元作为本国法偿货币。该定义既涉及非官方的美元化，又涉及官方的美元化，只不过将后者局限于完全美元化。

美元化作为一种事实，指美元在世界各地已经扮演重要角色；作为一种过程，指美元在境外货币金融活动中的作用增强；作为一种政策，指货币当局让美元逐步取代本国货币并主动放弃货币和金融主权的行为。根据该定义，采取钉住美元的汇率制度，从而允许自己的货币政策自主权受到影响的国家，都在一定程度上实施着美元化政策。这种定义涉及面较宽，与通行的定义有明显差异。

本节主要讨论美元化与铸币税之间的关系，考虑到这一目的，这里把美元化定义为美元作为价值贮藏手段和交换媒介在美国境外的运用。

二、铸币税的概念

铸币税（seigniorage）的概念在不同的历史阶段含义有所不同。

该词从法语中的“seignur”（封建领主）一词演变而来，原指封建领主的铸币收益。他们在铸币之后，要向铸币购买者收取一笔费用，这笔费用除弥补铸造成本之外，还有剩余。这笔剩余是依靠铸币特权获得的，类似于依靠权力征收的税收，故称铸币税。

在铸币的发展过程中，出现了铸币削边，即封建领主通过发行不足值的货币以获取铸币利益。这样，就得出了铸币税的计算公式，即铸币税等于铸币面值与铸造成本之差。

在银行券进入流通领域的商品本位制时期，私人银行曾凭借其银行券发行权，利用监督漏洞，发行超过其金银准备金的银行券。由于银行券的印制成本很低，因此超额发行的银行券可看成铸币税收入。

当中央银行垄断货币发行权之后，铸币税泛指中央政府在货币发行业务中获得的利润。它包括：①中央银行通过购买国债向政府提供的资金；②中央银行在创造基础货币过程中通过其资产负债业务所创造的利润；③财政发行硬币（有些国家硬币发行由财政负责）所获收益。简单说来，铸币税来自国内基础货币的发行，数量上等于基础货币发行量和几乎为零的发行成本之间的差额。

假设货币发行成本为零，并考虑物价变动对名义铸币税的影响，布兰查德（Blanchard）提出了实际铸币税的概念，其计算公式为：

$$S_r = \Delta M/P = \Delta M/M \times M/P \qquad (9-1)$$

式中，S_r 表示实际铸币税；M 为货币供给（基础货币）；ΔM 为货币供给（基础货币）增量；P 为物价水平。

三、国际铸币税

国际铸币税指储备货币发行国通过向境外发行储备货币而获取的收益。

由于货币发行的成本极低，为简化分析，假设其为零。考虑到货币流出必须经过国际收支逆差渠道，从狭义角度，我们可将国际铸币税流量界定为国际收支逆差额，其计算公式为：

$$IS = -B* = \Delta R \qquad (9-2)$$

式中，IS 表示国际铸币税收入；$-B*$ 表示储备货币发行国的国际收支逆差；ΔR 在这里表示世界其他国家持有的该储备货币增量。

从广义来看，国际铸币税不仅来自发行成本极低的信用货币而节约的实际资源，而且来自官方资本流入。这里，我们不再将铸币税收益主体看成货币发行机构，而是将主体看成储备货币发行国。无论流出的储备货币在境外经历了多少流通环节，它最终都会转化为官方的外汇储备并流向储备货币发行国。经私人投资渠道流回的货币已在统计国际收支逆差时予以扣除。鉴于不仅要考虑官方外汇储备的盈利性，还要特别关注其安全性和流动性，这里假设其主要以储备货币发行国的短期国库券为载体。这样，储备货币发行国可以获得条件优惠的官方资本流入，而本国国库券利率低于国际金融市场利率的利息差额构成国际铸币税的又一来源。即广义国际铸币税可用下式计算：

$$IS=-B*\times(1+i_1-i_2),\quad i_1>i_2 \tag{9-3}$$

式中，i_1 为国际金融市场利率；i_2 为储备货币发行国短期国库券利率。$i_1>i_2$ 给储备货币发行国带来了一笔利差收入。

该式表明国际收支逆差是储备货币发行国获取铸币税的必要条件。在国内，铸币税反映永不偿还的中央银行负债；但是在国际上，国际收支顺差可以代表储备货币发行国的债务偿还行为，它用实际资源兑现了货币的面值。

从长期来看，储备货币在国际上也具有永不偿还的性质。只要世界经济正常发展，它对储备货币的需求就会增加。这种储备货币需求可能提高储备货币汇率，从而使其发行国容易出现经常项目逆差。无论具体的储备货币发行国的地位是否出现升降交替，世界范围内的铸币税总额都会随世界经济发展呈上升趋势。

四、通货膨胀税

通货膨胀税（inflation tax）指通货膨胀所造成的财产向政府的无偿转移。这种实际资源转移也是政府运用扩张性货币政策的结果，具有与税收类似的性质。通货膨胀税的计算公式为

$$IT=\Delta P/P\times M/P \tag{9-4}$$

式中，IT 表示通货膨胀税。该式表明通货膨胀税是通货膨胀率 $\Delta P/P$ 与实际货币余额 M/P 的乘积。

由式（9-1）和式（9-4）可以看出，如果物价上涨率和货币增长速度相同（$\Delta P/P=\Delta M/M$），那么实际铸币税和通货膨胀税相等。也就是说，在特定前提下，二者是可以混用的概念。

在封闭经济分析中，人们更多地使用通货膨胀税的概念，因为当货币供给增加时，公众为保持既定的实际货币余额（实际购买力），必然相应地增加名义货币需求。

但是，在全球宏观经济分析中，储备货币发行国获取的通货膨胀税和铸币税存在另外一种表现。当其发生恶性通货膨胀时，其他国家会减少该储备货币持有额，增加其他储备货币持有额。

通货膨胀税的必要条件是通货膨胀率大于零，这也表明了它与铸币税的根本区别。当通货膨胀率为零时，政府获取的货币发行利益全部是铸币税。随着货币发行过程中

物价的上涨，部分铸币税会转化为通货膨胀税。二者存在此消彼长的关系。

五、证券市场税

如果美国的国际收支是平衡的，那么经常项目逆差与金融项目和资本项目顺差相等，因而美元化还可以给美国带来另一项收益，即证券市场税。由于投资者主要想获取证券的买卖差价，而不是红利所得或资本利得，因此美国政府主要获取的是印花税，而不是红利所得税和资本利得税。鉴于美国已成为世界最大债务国，证券市场税也并非小数字。

当外国投资者大量购买美国国库券时，美国国库券的发行成本可相应降低。

六、美元化给美国带来的其他利益

（1）由于美国的外债主要表现为美元债务，所以它可以通过美元贬值减轻自己的债务负担。例如，美元在 1985 年 3 月至 1986 年 3 月的贬值使美国的外债大约减少了 1/3。

（2）当出现经常项目逆差时，美国可以印刷美钞，将它转化为私人资本流入或增加其他国家美元储备，从而减轻国际收支危机和货币危机。

（3）美元化使美国可在一定程度上操纵其他国家的货币政策。美国的货币政策对其他国家的溢出效应因美元化而得到增强。

本节对美元化的讨论也提到了其他储备货币。这种讨论从一个侧面说明了发达国家努力推行金融自由化和金融全球化的原因。但是，对实施美元化的微观主体和各国政府而言，美元化是其特定条件下的理性选择。

阅读专栏

美联储发出警告：投资加密货币要做好资产归零的准备

美东时间周五（2023 年 2 月 10 日），美联储理事沃勒警告称，加密货币无非是一种投机性资产，没有内在价值，相关投资者要有资产归零的准备，并表示涉足该领域的金融机构肩负提防欺诈的额外责任。

在加州拉霍亚举行的一场加密货币大会上，沃勒表示，参与加密货币资产相关活动的银行面临一项关键任务，即符合“认识你的客户”以及反洗钱的要求，这些要求绝不容忽视。

沃勒提醒投资者："如果人们想要投资这样的资产，那就去吧，但我不会这样做。如果你购买了加密货币资产，之后某时其价格跌至零，请不要对此感到惊讶，也不要指望纳税人分担你的损失。"

他强调，到目前为止，加密货币（风险）对更广泛的金融体系的溢出效应是"微乎其微的"，但监管机构必须确保减轻与加密行业相关的金融风险。

近几个月以来，加密货币市场陷入了剧烈的动荡之中，加密货币行业遭受了一系列打击，包括一种加密货币及其姊妹币的崩溃，以及一家数字衍生品交易所 FTX 的内爆。

不过由于市场预计美联储今年有望停止加息周期并可能降息，加密货币近期出现了反弹。在乐观情绪推动下，比特币价格一度触及去年 8 月以来的最高水平。

在同一场会议上，美国证券交易委员会（SEC）主席根斯勒也表示，加密货币公司通常不遵守 SEC 的规定，加密货币质押交易对投资者构成风险，因为其缺乏必要的信息披露。

根斯勒指出，加密货币公司需要妥善保管客户的资产，SEC 正在与其他监管机构一同就加密货币监管进行合作。

在上周，伯克希尔·哈撒韦公司（Berkshire Hathaway）的副董事长查理·芒格（Charlie Munger）也敦促美国政府禁止加密货币，他认为缺乏监管导致了令人无法容忍的过度行为和赌博心态。

芒格表示，加密货币就是一种赌约，而赌庄几乎占有 100%的优势。美国现在应该颁布一项新的联邦法律禁止加密货币。

资料来源：牛占林．美联储发出警告：投资加密货币要做好资产归零的准备．财联社，2023-02-11.

延伸阅读：中国视角

硅谷银行破产事件给我国商业银行的启示

硅谷银行破产的深层次原因

一是风险偏好较为激进。经济学家早在 1983 年就提出了具有深远意义的银行挤兑模型。由于商业银行的存款合约是基于一定取款概率设计的，只有存款人不同时提款，才能保证银行将其对零散客户的流动性负债转化为对借款人的非流动性债权。如果存款人对银行失去信心，产生恐慌心理，导致同时提款的存款人超过预测的数量，银行将被迫提前清偿部分非流动性资产；如果恐慌扩散，银行将面临挤兑。因此，商业银行具有天生的脆弱性。硅谷银行在利率下行周期，为获得更高收益，将大量资产配置于久期长的住房抵押类证券，资产负债结构严重失衡。这种激进的风险偏好使其面临巨大的流动性风险。

二是风险集中度较高。一方面，硅谷银行专注于服务私募股权/风投机构和初创企业的融资需求，一度成为商业银行服务高科技企业的全球典范。但另一方面，该行客户群体过于集中，其经营状况与高科技企业以及风险投资领域息息相关。传统商业银行来自零售客户的存款占比一般为40%～60%，而该行存款客户主要是企业客户，零售客户存款占比仅为2.5%。在流动性宽松、风险投资风生水起之时，硅谷银行并没有未雨绸缪。尽管该行看似做出了审慎管理的举动，将对初创企业的早期贷款占比从11%压缩到3%，大量买进风险相对较低的抵押证券，但并未重点关注资产结构严重失衡的问题。

三是风险治理存在问题。硅谷银行年报显示，该行风险管理体系依赖于很多定量和定性风险模型。这些模型往往基于大量假设、历史情况分析，一旦模型和风险管理框架与现实情况差异较大，就会引发较大损失。另外，据报道，该行自2022年4月首席风险官离职后，直到2023年1月才任命新的首席风险官，而这8个月恰恰是金融市场发生巨大变动的时候。

四是美国对中小银行的监管较为宽松。2018年，美联储基于《经济增长、监管放松和消费者保护法案》(Economic Growth, Regulatory Relief, and Consumer Protection Act)，对金融机构监管标准进行了修订，将银行分为五档，对第四、第五档银行的资本要求、流动性监管要求均有所放松。硅谷银行处于第四档银行范畴，根据监管要求，不需要设置逆周期资本缓冲，可以将累计其他综合收益(AOCI)项目从资本中扣除。AOCI包括某些资产和负债在变现前未实现的收益或亏损，将该项目从资本中扣除后，即便银行出现浮亏，资本充足率仍保持“虚高”。此外，每两年自行开展一次资本压力测试，无须进行监管资本压力测试，对流动性覆盖率(LCR)、净稳定资金比例(NSFR)也没有监管要求。

相关启示

在对硅谷银行的破产原因进行剖析的过程中，该行的风险管理漏洞、美国中小银行的监管不足也逐渐显露出来。一方面，当前正值我国《商业银行资本管理办法(试行)》修订之际，需要深入分析国内外银行风险案例，将提高资本管理的敏感性、可比性、透明性，强化流动性风险管理，实施大额客户集中度管理等国际监管新趋势有机融入我国银行监管要求。另一方面，无论是综合化经营的大型商业银行还是专注于某一领域走差异化经营路线的中小商业银行，均要严格遵守风险管理的基本逻辑和方法。银行一旦违背风险管理的基本逻辑，往往就会面临巨大风险。

一是坚持商业银行风险管理的基本原则。银行在经营管理中应该始终坚持安全性、流动性、盈利性三大原则，强化稳健经营。硅谷银行将三大原则的顺序倒置，重点关注盈利性，忽视了流动性。纵观全球银行发展史，银行忽视基本原则，铤而走险，导致风险迅速积聚、银行危机接踵而至的案例比比皆是。2008 年国际金融危机期间，英国北岩银行流动性较差的资产占比高达 86%，最终因流动性枯竭而破产。

二是设定稳健审慎的风险偏好。存款硬约束、贷款软约束导致了商业银行的内在脆弱性，这进一步要求我们设定稳健审慎的风险偏好。风险偏好是银行在自身风险承受能力范围内所愿意接受的风险水平，体现为在资本约束的前提下，理性预期经营环境，主动安排各类风险结构，合理确定风险边界。一家银行的市场风险偏好应该符合整体资产负债组合管理的需要，实现风险控制与经营业绩、当期收益与远期价值之间的合理平衡。硅谷银行的风险偏好较为激进，忽视了资产负债组合管理，导致期限错配严重。我国商业银行要在稳健审慎的风险偏好下，不断优化风险管理的组织架构，强化风险治理。

三是确立跨周期经营理念。当前，美国大型商业银行的准备金与总资产之比为 10%，而小型商业银行相应的指标为 6%，跨周期抵御风险的能力较差。我国商业银行需要提高宏观经济分析能力、对经济周期的研究能力以及对行业、产品的选择能力，做好跨周期经营。

四是强化流动性风险管理。《巴塞尔协议Ⅲ》强调了流动性风险管理的重要性，建立了流动性覆盖率、净稳定资金比例等流动性风险管理监管标准。包括硅谷银行在内的银行破产案例中，流动性危机往往是“压死骆驼的最后一根稻草”。以硅谷银行为例，其显然在流动性风险压力测试及应急处置方案方面存在较大问题。我国银保监会于 2018 年发布了《商业银行流动性风险管理办法》，确定了我国商业银行流动性风险管理框架。我国商业银行要充分利用压力测试等风险管理工具，在设定情景时，全面考虑宏观和微观经济变动因素、交易对手的信用变化，评估银行短期应对流动性停滞的敏感性以及中长期内解决资产负债期限错配的能力。

五是实施风险集中度管理。硅谷银行客户主要为科技、生命科学、医疗等领域的企业，且该行将 59%的资产投资于债券，风险高度集中。我国商业银行在利用比较优势专注发展某一领域客户和业务的同时，要密切关注行业、区域、客户、产品的风险集中度，适度分散资产组合；要根据银行自身业务规模、复杂程度、偏好等设定现金流缺口限额、负债集中度限额等流动性风险限额。

资料来源：谢晓雪．硅谷银行破产事件对商业银行的启示．中国金融，2023（7）：34－35.

本章思考题

1. 布雷顿森林体系的两大支柱是什么？

2. 什么是特里芬难题？

3. 牙买加体系下决定汇率的基础是什么？

4. 货币一体化的内涵是什么？《马约》对成员国的通胀率、债务率等有哪些规定？

5. 国际铸币税的主要来源是什么？

第十章 国际金融组织

引导案例

中国从欧美连续运回黄金

作为美国国债发行方的美国财长耶伦在2023年3月23日罕见地发出了对美元储备地位表示担忧的信号，称美国债务违约将削弱美元的储备货币地位，若不提高债务上限将导致美国经济衰退或更糟糕的情况发生。耶伦进一步解释称，中国及俄罗斯有动机尝试开发美元的替代品。她表示："我当然希望看到美元继续作为世界储备货币，但中国及俄罗斯有动机尝试开发另一个避免使用美元的体系。"

事实上，俄罗斯早在2021年之前就已接近清空了美国国债，并且已经连续数月都没有出现在美国国债前三十大持有国名单中。在这一过程中，俄罗斯曾经连续保持全球最大黄金买家的地位。俄罗斯相关人士也曾表示，俄罗斯拥有一座可对冲价值千亿美元的"金山"。分析认为，这也是俄罗斯过去几年不断开展全面去美元化操作的深度布局。

实际上，面对今天美国的银行和债务困境，加之连曾经的中立国瑞士都打破口碑赖账，于北京时间3月20日突然宣布瑞士信贷高达172亿美元的债券清零，导致全球投资者血本无归，相当于间接没收了全球投资人的172亿美元，减少美欧多国债券类资产，并增加黄金储备的现象变得更加普遍。

中国自2019年以来，已经连续数月不再是美债的第一大持有国，尽管目前依然还是美债的第二大持有国，但持有美债规模已降至8 594亿美元，位于美国金融危机以来最低水平区间，相比2013年曾高达1.32万亿美元的峰值，中国已经累计净抛售了超4 500亿美元的美国国债，占比约35%。

从2022年11月至今年4月，中国连续四个月共增持102吨黄金储备，使黄金储备达到了2 050吨的历史最高点，约占外汇储备的3.8%。但与德意法等欧洲国家的黄金占比甚至高达约65%的状态相比，这意味着中国或还将大幅增加黄金储备，并继续加速清算美国国债。

而在市场采购方面，世界黄金协会公布的黄金进出口数据显示，2017—2022年的6年间，中国买家进口了6 135吨黄金。而瑞士海关3月21日发布的最新报告显示，作为全球最大黄金精炼中心的瑞士2月向中国市场运送了约93吨黄金，高于1月的53吨。这些数据叠加在一起表明，自2017年至今年2月，美欧市场至少向中国运送了6 281吨黄金。

而美国财经博客门户网站零对冲、全球知名战略咨询机构西蒙·亨特、黄金分析第一人阿拉斯戴尔·麦克劳德等多方分析，中国实际或拥有超过3万吨黄金，仅“中国大妈”已经在过去数年里不断囤积黄金这一点就似乎说明了问题。

值得一提的是，多方分析认为，在美欧银行业危机，以及美国债务困境加剧的背景下，包括实物黄金在内的全球大量资产或将涌入中国市场。例如，美国消费者与商业频道3月24日援引花旗经济学家的观点表示，面对全球银行业压力，中国是“避风港”，资本流入中国的狂欢将持续。

花旗经济学家表示，中国央行下调存款准备金率的决定显示出其在全球动荡中提供政策支持的保证。预计人民币兑美元汇率将在6～12个月内升至6.6左右。

资料来源：中国从欧美连续运回黄金. BWC中文网，2023-03-27.

教学目的

通过学习本章，应了解国际货币基金组织、世界银行集团及国际清算银行和亚洲开发银行、亚洲基础设施投资银行、巴塞尔委员会等国际金融组织成立的宗旨、资金的来源、成员方权益的分配、贷款的种类等内容，了解国际金融组织的运作方式和特点，正确把握国际金融监管机构的监管趋势。

中国视角

通过学习国际金融组织的相关知识，掌握国际金融组织运行的规律和特点，了解中国在国际金融组织中发挥的重要作用，为促进国际金融组织的发展和帮助中国获得更大话语权打下坚实的理论基础。

国际金融组织泛指从事国际融资业务、协调国际金融关系、维持国际货币及信用体系正常运转的超国家机构，是国际金融制度发展的必然产物。

第一节　全球性国际金融组织

国际金融组织大体分为两种类型：一类是全球性的国际金融组织，如国际货币基金组织、世界银行等；另一类是区域性的国际金融组织，如亚洲开发银行、非洲开发银行等。国际金融组织的主要业务是向其成员方提供用于进行工业、农业等项目建设的优惠性贷款。不同机构的贷款条件是不同的，但都具有援助性质。使用贷款采购物资则多要求采用国际招标方式。历史上最早建立的国际金融组织是 20 世纪 30 年代成立的国际清算银行。第二次世界大战后，国际金融领域的动荡严重阻碍了国际贸易的发展和世界经济的稳定，为了协调各国之间的货币金融关系，加强国际金融合作，各种不同形式的国际金融组织纷纷建立。

第二次世界大战末期，为了结束国际货币金融领域的动荡局面，由西方主要国家牵头组织，着手筹建国际金融组织。1944 年 7 月召开的布雷顿森林会议达成了《国际货币基金组织协定》和《国际复兴开发银行协定》（两个协定于 1945 年 12 月 27 日生效），由此建立起了全球性的国际金融组织——国际货币基金组织和世界银行集团。

一、国际货币基金组织

国际货币基金组织（International Monetary Fund，IMF），是联合国管理和协调国际金融关系的专门机构。我国是 IMF 的创始国之一。1980 年 4 月，IMF 恢复了中华人民共和国在该组织的合法席位后，我国开始派出自己的代表参加 IMF 的活动。

（一）成立的背景

IMF 成立于 1945 年 12 月 27 日，它是特定历史条件下的产物。鉴于金本位制崩溃之后，国际货币体系长期混乱及其所产生的严重后果，进行新的国际货币制度安排日益成为突出的问题。为此，在第二次世界大战期间，英美两国政府就开始筹划战后的国际金融工作。1943 年，英、美两国分别公布了国际货币问题的“凯恩斯计划”和“怀特计划”，1944 年 2 月，又发表了关于建立 IMF 的专家联合声明。1944 年 7 月，英美等国利用参加筹建联合国会议和机构的机会，在美国新罕布什尔州的布雷顿森林召开了具有历史意义的联合国货币与金融会议，并通过了成立国际货币基金组织作为国际性常设金融机构的决议。1945年12月27日，代表该基金初始份额的80%的29国政府在华盛顿签署了《国际货币基金组织协定》(《IMF协定》)，自此，IMF宣告正式成立。IMF的成立为第二次世界大战后以美元为中心的国际货币体系的建立与发展奠定了组织基础。

（二）IMF的宗旨

IMF的宗旨包括：

(1) 设立一个永久性的就国际货币问题进行磋商与合作的常设机构，促进国际货币合作。

(2) 促进国际贸易的扩大与平衡发展，借此提高就业和实际收入水平，开发成员方的生产性资源，以此作为经济政策的主要目标。

(3) 促进汇率的稳定，保持成员方之间有秩序的汇率安排，避免竞争性的货币贬值。

(4) 协助成员方建立经常性交易的多边支付制度，消除妨碍世界贸易发展的外汇管制。

(5) 在有适当保证的条件下，向成员方提供临时性的资金融通，使其有信心且能够利用此机会纠正国际收支失衡，而不用采取危害本国或国际经济的措施。

(6) 根据上述宗旨，缩短成员方国际收支不平衡的时间，减轻不平衡的程度。

IMF成立以来，已对协定作过三次修改，但这些宗旨并没有改变。由此可见，半个多世纪以来，虽然世界经济与政治格局发生了巨大的变化，但是国际货币合作的重要性并未随时间的推移而减弱。相反，随着新成员的不断增加、各国间经济依赖性的不断增强以及国际金融危机更加频繁的爆发，这种国际货币、汇率政策的合作与协调将显得更加重要。随着各种新情况的出现与复杂化，IMF的改革也势在必行。

（三）组织形式

IMF是一个以成员方入股的方式组成的经营性组织。它与一般股份公司的不同之处只在于它不以营利为经营的直接目的。

IMF的管理机构由理事会、执行董事会、总裁、副总裁及各业务机构组成。最高权力机构是理事会，由成员方各选派一名理事和副理事组成。理事一般由各国财政部部长或中央银行行长担任。负责日常工作的机构是执行董事会。董事会由当时认缴份额最多的美国、英国、德国、法国、日本五国各委派一名执行董事，我国、俄罗斯和最大的债权国沙特阿拉伯各单独委派一名执行董事，以及按国家或地区推选出的16名执行董事，共24人组成。IMF的最高行政领导人是由执行董事会推选出的总裁。总裁任期 5 年，同时兼任执行董事会主席，但总裁平时并无投票权，只有在执行董事会进行表决且双方票数相等时，总裁才拥有决定性的一票。总裁之下设副总裁协助总裁工作。

另外，IMF 还设有“临时委员会”，负责有关国际货币体系的管理和改革问题，并且还与世界银行共同设立了“发展委员会”，专门研究和讨论向发展中国家提供援助和转移实际资源的问题。

IMF 的重大决议和活动要由成员方投票决定。凡是重大问题，都要有 80%～85%的赞成票才能通过。各成员方都有 250 票的基本投票权，然后在基本投票权的基础上，再按认缴份额增加票数，每 10 万美元增加一票。所以，各国投票权的多少主要由各成员方在 IMF 的认缴份额所决定，认缴份额多则投票权就多。美国认缴份额最大，所以其拥有的投票权最多，在 IMF 拥有最大的表决权和否决权。

(四) 资金来源

作为一个以成员方入股方式组成的经营性组织，IMF 的资金来源主要有三个渠道。分别是份额、借款和信托基金。

1. 份额

份额构成 IMF 资金的基本来源。

根据《IMF 协定》，成员方都必须向 IMF 缴纳一定份额的基金。1975 年以前，成员方份额的 25%以黄金缴纳，但在 1976 年牙买加会议以后，IMF 废除了黄金条款，这 25%的份额改成以特别提款权或可自由兑换货币缴纳。份额的 75%可以用成员方的本币缴纳，即以本国货币缴纳并存放于本国中央银行，但在 IMF 需要时可以随时动用。

各成员方认缴份额的大小由基金理事会决定，主要综合考虑成员方的国民收入、黄金与外汇储备、平均进出口额及其变化率，以及出口额占 GNP 的比重等多方面的因素。根据 IMF 的规定，对成员方的份额，每隔 5 年重新审定和调整一次。份额的单位原为美元，后改为以特别提款权计算。

根据 2021 年 4 月 IMF 网站上有关成员方份额及投票权的数据，IMF 份额最大的成员方是美国，其份额约为 830 亿特别提款权，约合 1 181 亿美元（USD1＝SDR0.702 5）。份额最小的成员方是图瓦卢，其份额为 250 万特别提款权（约合 356 万美元）。

我国是 IMF 的创始国之一，新中国与 IMF 的关系于 20 世纪 80 年代后逐渐密切。1980 年 4 月 17 日，IMF 的执行董事会通过了由中华人民共和国政府代表中国的决议，恢复了中华人民共和国在 IMF 的合法席位；同年 9 月，IMF 通过决议，把中国的份额从 5.5 亿特别提款权增加到 12 亿特别提款权；11 月，中国的份额又随同 IMF 的普遍增资而进一步增加到 18 亿特别提款权。

2001年2月5日，中国的份额增至63.692亿特别提款权，占总份额的2.98%，升至第8位，投票权也增加至2.95%，中国也由此获得了在IMF单独选区的地位，从而有权选举自己的执行董事；2008年，IMF通过改革增加54个国家的份额，提高了有活力经济体的代表权，并通过将基本票增加至原来的近3倍，提高了低收入国家的发言权和代表权。而中国的份额增至80.901亿特别提款权，仅次于美、日、德、英、法五大股东国，投票权上升到3.65%。

2015年12月1日，IMF宣布把人民币纳入特别提款权（SDR）货币篮子，在SDR货币篮中的权重被最终定为10.92%（美元41.73%，欧元30.93%，人民币10.92%，日元8.33%，英镑8.09%），这也被视为人民币国际化过程中的里程碑事件。

2016年1月27日，IMF宣布2010年份额和治理改革方案已正式生效，这意味着中国正式成为IMF第三大份额国（6.394%），仅次于美国（17.407%）和日本（6.464%）。

2. 借款

借款是IMF另一项重要的资金来源，但借款总额有限度，一般不得超过基金份额总量的50%～60%。IMF可以通过与成员方协商，向成员方借入资金，作为向成员方提供资金融通的来源。它可以选择任何货币和任何来源寻求所需款项，不仅可以向官方机构借款，也可以向私人组织借款，包括向商业银行借款。

3. 信托基金

1976年，IMF决定，在市场上出售一部分成员方原来缴纳的黄金，将其部分所得利润建立“信托基金”，向最贫穷的成员方提供信贷。这是一项新的特殊的资金来源。

（五）业务活动

1. 汇率监督与政策协调

为了保证有秩序的汇兑安排和汇率体系的稳定，取消不利于国际贸易的外汇管制，防止成员方操纵汇率或采取歧视性的汇率政策以谋求竞争利益，IMF对成员方的汇率政策进行监督。这种监督有两种形式：第一，在多边基础上的监督。IMF通过分析发达国家的国际收支和国内经济状况，评估这些国家的经济政策和汇率政策对维持世界经济稳定发展的总体影响。第二，在个别国家基础上的监督。这种监督主要是检查各成员方的汇率政策是否符合《IMF协定》所规定的义务和指导原则。近年来，随着成员方之间经济依赖性的增强、国际经济一体化和国际资本流动的加速以及国际金融市场的动荡，第一种形式显得越来越重要。

根据《IMF协定》第四条第三款，汇率监督有三个主要的指导原则：第一，成员方应避免为了调整本国的国际收支，或为了取得对其他成员方的不公平的竞争优势而操纵汇率或国际货币体系；第二，成员方在必要时应干预外汇市场，以应付混乱局面，尤其是本国货币汇率出现破坏性的短期波动时；第三，成员方在采取干预政策时，应考虑其他成员方的利益，包括货币受到干预的国家的利益。

除了对汇率政策进行监督外，原则上 IMF 每年与各成员方进行一次磋商，以便对成员方经济和金融形势以及经济政策作出评价。这种磋商的目的是使 IMF 能够履行监督成员方汇率政策的责任，帮助 IMF 了解成员方的经济发展状况和采取的政策措施，从而能够迅速处理成员方申请贷款的要求。IMF 每年派出由经济学家组成的专家小组到成员方搜集统计资料，听取政府对经济形势的估计，并同一些特别重要的国家进行磋商。

2. 贷款业务

根据《IMF 协定》，当成员方发生国际收支不平衡时，IMF 为成员方提供短期信贷。这些短期信贷具有下列特点：①贷款对象限成员方政府，IMF 只同成员方的财政部、中央银行及类似的财政金融机构往来；②贷款用途只限于解决短期性国际收支不平衡，用于贸易和非贸易的经常项目的支付；③贷款期限限于短期，属短期贷款；④贷款额度是按各成员方的份额及规定的各类贷款的最高可贷比例确定的；⑤贷款方式是根据经磋商同意的计划，由借款成员方使用本国货币向 IMF 购买其他成员方的等值货币（或特别提款权），偿还时，用特别提款权或 IMF 指定的货币买回过去借用时使用的本国货币（一般称为购回）。

IMF 发放贷款的条件比较严格，贷款国必须向 IMF 阐明其为改善国际收支状况而采取的政策措施，并受 IMF 的监督，以保证实施。其贷款种类主要有以下几种。

（1）普通贷款（normal credit tranches）。普通贷款即“普通提款权”（GDR），是 IMF 最基本的贷款，也称为基本信用贷款（basic credit facility），主要用于成员方短期国际收支逆差的资金需求。它是 IMF 利用各成员方认缴的份额形成的基金向成员方提供的短期信贷，贷款期限一般不超过 5 年，利率随期限递增。IMF 对成员方的普通贷款采取分档政策，即将成员方的普通提款权划分为储备部分贷款和信用部分贷款。贷款额度最高不超过成员方缴纳份额的 125%，其中的 25%即储备部分贷款，又称作“成员方在 IMF 的储备头寸”。由于有成员方以黄金或外汇及特别提款权缴纳的份额作为保证，因此成员方可自动提取，不必经过专门批准。其余贷款即信用部分贷款，分为四个档次，每档占 25%，IMF 对每档分别制定了不同的政策。贷款条件的严格程度逐级递增，贷款档次越高，贷款条件越严。

（2）出口波动补偿贷款（compensatory financing facility）。它是 IMF 为稳定原料

出口价格，缓和与发展中国家的矛盾，缓解以初级产品出口为主的发展中国家由于出口收入暂时下降或谷物进口支出增加而面临的国际收支困难而于 1963 年 2 月设立的一项专用贷款，贷款期限为 3～5 年。贷款额度最初规定为成员方缴纳份额的 25%，1966 年 9 月提高到缴纳份额的 50%。后经 IMF 同意，最高贷款额度可达缴纳份额的 100%。1989 年 1 月，IMF 以补偿与应急贷款（compensatory and contingence facility）取代了出口波动补偿贷款。补偿应急贷款的最高额度为缴纳份额的 120%。贷款条件是借款国出口收入下降或谷物进口支出增加应是暂时性的，而且是成员方本身无法控制的原因造成的，同时借款国必须同意与 IMF 合作执行国际收支调整计划。

（3）缓冲库存贷款（buffer stock financing facility）。它是 IMF 为稳定成员方初级产品出口价格、满足建立国际商品缓冲库存的资金需要而于 1969 年 6 月向初级产品出口国提供的一种专项信贷。其作用是在初级产品价格波动时，通过所设立的国际商品缓冲库存来抛售或购进该初级产品，以稳定其价格，保证出口国的收入。该贷款期限为 3～5 年，贷款最高限额不超过成员方缴纳份额的 50%。IMF 认定的用于缓冲库存贷款的初级产品有锡、可可、糖、橡胶等。

（4）石油贷款（oil facility）。它是 IMF 为帮助成员方克服因石油涨价引起的国际收支困难而于 1974 年 6 月设立的临时性专项信贷。其贷款期限为 3～7 年，贷款最高额度最初为成员方缴纳份额的 75%，1975 年提高到缴纳份额的 125%。其资金来源主要是从产油国和发达国家的借款，到 1976 年 5 月已全部发放完毕。

（5）中期贷款。又称扩展贷款（extended facility），是 IMF 为帮助成员方弥补长期国际收支逆差而于 1974 年 9 月设立的专项贷款，主要用于满足成员方调节长期国际收支逆差的资金需求。其贷款期限为 4～10 年，贷款最高限额为借款成员方缴纳份额的 140%。贷款采取分期发放与分期偿还的方式。

（6）信托基金贷款（trust fund facility）。它是 IMF 以出售黄金的收入，为支持最穷的发展中国家的经济发展而于 1976 年 1 月设立的专项信贷。信托基金是用 IMF 出售黄金时的市场价格超过成员方缴纳份额时所规定的黄金官价的那部分收入建立起来的。该贷款的期限为 5 年，主要面向 1973 年人均国民收入不超过 300 特别提款权单位的国家。

（7）补充贷款（supplementary financing facility）。它是 IMF 在成员方国际收支严重不平衡、出现持续性逆差时，用于弥补普通贷款和中期贷款的不足而于 1977 年 4 月设立的专用信贷。由于此项贷款是根据 IMF 第五任总裁亨德里克斯·约翰尼斯·维特芬（Hendrikus Johannes Witteveen）的建议而设立的，因此又被称为“维特芬贷款”。其资金主要由石油生产国与发达国家提供，贷款期限为 0.5～7 年，备用安排期为 1～3

年，1981 年 4 月已全部发放完毕。

(8) 扩大贷款。它是在补充贷款发放完成后，IMF 以同样条件对那些份额少而经济面临严重困难，需要大规模调整的，而且出现持续性、巨额国际收支逆差的成员方提供的一项贷款。

(9) 结构调整贷款与加强的结构调整贷款。它们是 IMF 为了帮助低收入发展中国家解决长期性国际收支不平衡、进行经济结构调整而分别于 1986 年 3 月和 1987 年 12 月所设立的贷款项目。其资金来源为信托基金贷款的还款及 IMF 的利息收入与对外借款。其贷款条件较为优惠，期限较长，利率较低。贷款额度主要取决于借款国与 IMF 的合作态度及其为改善经济结构所作的努力。

(10) 制度转型贷款。它是 IMF 为了帮助苏联和东欧国家解决由计划经济向市场经济转型过程中所出现的国际收支困难而于 1993 年 4 月设立的专项贷款。贷款期限为 4～10 年，贷款最高限额为成员方缴纳份额的 50%。此项贷款的获得与否及额度多少主要取决于借款国与 IMF 的合作态度及其为经济转型所作出的切实有效的努力。

除上述各项贷款外，IMF 还设置了突发情况下的紧急贷款机制。这一机制可以保证当成员方国际收支账户出现危机或受到威胁从而可能引发危机时，IMF 能够立即做出反应，迅速进行相应的贷款安排，以使危机尽快得到解决。

IMF 在安排成员方贷款额度时，所遵循的一般原则是：1 年内安排的额度最多为成员方缴纳份额的 150%；3 年内安排的额度最多为份额的 450%；在规定情况下，累计最高限额可达份额的 600%。但实际上，单个成员方是不会同时借到上述各类款项的。另外，IMF 在发放贷款时，除按规定收取不同形式及不同比例的贷款利息外，还要收取贷款手续费和承诺费。

IMF 贷款与其他商业性贷款有很大区别，其中一个重要区别在于它的条件。IMF 发放各类贷款，对成员方克服国际收支方面的困难及稳定汇率无疑有积极作用，但其附加的条件及贷款所产生的负面效果，至今仍招致不少议论与批评。IMF 对成员方的贷款发放始终是很慎重的，对那些已陷入危机、需要巨额援助的成员方，甚至会附加严格的贷款条件。一般来说，当一个成员方向其申请贷款时，IMF 首先会组织专家小组直接赴借款国实地考察，分析该国的经济形势尤其是国际收支存在的问题，并由专家小组制定一组综合的经济政策和经济目标，即经济调整计划，借款国只有同意并接受该调整计划，才能获得贷款资格。而且，IMF 对贷款的发放也不是一步到位，而是以一定的时间间隔分期发放，如果借款国没有履行贷款条件，IMF 便会停止发放新的贷款。这种经济调整计划一般都会包括以下几项内容：减少财政赤字，削减各种开支，实行紧缩的货币政策，增加出口或减少进口及扩大金融市场开放度等。从 IMF 的角度来讲，它可能会认为所有这些措施都是为了维护国际金融秩序，降低贷款风险，帮助成员方渡过难关。但对具体的受援国来讲，这些条件和措施是“良药”还是“劣药”，可能还得具体分析。

二、世界银行集团

世界银行集团（World Bank Group）是若干全球性金融机构的总称。目前由世界银行本身，即国际复兴开发银行（International Bank for Reconstruction and Development，IBRD）、国际开发协会（International Development Association，IDA）、国际金融公司（International Finance Corporation，IFC）、多边投资担保机构（Multinational Investment Guarantee Agency，MIGA）和解决投资纠纷国际中心（International Center for Settlement of Investment Disputes，ICSID）五个机构组成。世界银行集团的主要职能是促进成员方经济长期发展，协调南北关系和稳定世界经济秩序等。下面对世界银行、国际开发协会和国际金融公司这三个主要机构进行具体分析。

（一）世界银行

1. 世界银行的宗旨与职能

世界银行是1944年7月布雷顿森林会议后，与IMF同时产生的两个国际性金融机构之一，也是联合国下属的一个专门机构。世界银行于1945年12月正式宣告成立，1946年6月开始办理业务，1947年11月成为联合国的专门机构。该行的成员方必须是IMF的成员方，但IMF的成员方不一定都参加世界银行。

世界银行与IMF两者起着相互配合的作用。IMF主要负责国际货币事务方面的问题，主要任务是向成员方提供解决国际收支暂时不平衡的短期外汇资金，以消除外汇管制，促进汇率稳定和国际贸易的发展。世界银行则主要负责经济的复兴和发展，主要向各成员方提供用于发展经济的中长期贷款。

按照《国际复兴开发银行协定条款》的规定，世界银行的宗旨是：

（1）通过对生产事业的投资，协助成员方的经济复兴与发展，鼓励不发达国家开发资源。

（2）通过担保或参加私人贷款及其他私人投资的方式，促进私人对外投资。当成员方不能在合理条件下获得私人资本时，可运用该行自有资本或筹集的资金来补充私人投资的不足。

（3）鼓励国际投资，协助成员方提高生产能力，促进成员方国际贸易的平衡发展和国际收支状况的改善。

（4）在提供贷款保证时，应与其他方面的国际贷款配合。

世界银行在成立之初，主要是资助西欧国家恢复被战争破坏了的经济，但在1948年后，欧洲各国开始主要依赖美国的“马歇尔计划”来恢复战后的经济，世界银行于是主要转为向发展中国家提供中长期贷款与投资，以促进发展中国家经济和社会的发展。

2. 世界银行的组织机构

世界银行是具有股份性质的一个金融机构，设有理事会、执行董事会、行长及具体办事机构。理事会是世界银行的最高权力机构，由每一成员方委派理事和副理事各一名组成。执行董事会负责银行的日常业务，行使理事会授予的职权。银行政策管理机构由行长，若干副行长、局长、处长及工作人员组成。世界银行对我国的贷款业务由东亚及太平洋地区国家三局负责，国家三局也称中国和蒙古国家局，简称“中蒙局”。

3. 世界银行的资金来源

世界银行的资金主要来源于三个方面：

（1）成员方缴纳的股金。

世界银行成立之初，法定股本为100亿美元，分为10万股，每股10万美元。后来进行了几次增资，截至1993年6月，法定股本为1 530亿特别提款权。根据世界银行原来的规定，成员方认缴的股金分两部分缴纳：第一，成员方参加时应缴纳认缴股金的20%，其中2%必须用黄金或美元支付，这一部分股金世界银行有权自由使用，其余的18%用成员方的本国货币支付，世界银行须征得该成员方同意才能将这部分股金用于贷款。第二，成员方认缴股金的80%是待缴股本，它可在世界银行因偿还借款或清偿债务而催缴时，以黄金、美元或世界银行需用的货币支付。但在1959年增资时，成员方实缴股金降为10%，以黄金、美元缴纳的部分降为1%，成员方以本币缴纳的部分降为9%，其余部分为待缴股金。

（2）发行债券取得的借款。

在实有资本极其有限而又不能吸收短期存款的条件下，世界银行主要通过在各国和国际金融市场发行债券来筹措资金。在世界银行的贷款总额中，约有80%是依靠发行债券借入的。世界银行在借款方面的基本政策是：借款市场分散化，以防止对某一市场的过分依赖。世界银行发行债券的方式主要有两种：一是直接向成员方政府、政府机构或中央银行出售中短期债券；二是通过投资银行、商业银行等中间包销商向私人投资市场出售债券。以后一种方式出售的债券的比重正在不断提高。由于世界银行信誉优良，其发行的债券一直被评为AAA级，因而在国际资本市场上获得了比较优惠的融资条件，并成为世界上最大的非居民借款人。

（3）留存的业务净收益和其他资金来源。

世界银行从 1947 年开始营业以来，除第一年有小额亏损外，每年都有盈余。世界银行将历年业务净收益大部分留作银行的储备金，小部分以赠款形式拨给国际开发协会作为贷款资金。

世界银行还有两种辅助的资金来源：一种是借款国偿还的到期借款额；另一种是银行将部分贷款债权转让给私人投资者（主要是商业银行）而收回的资金。

4. 世界银行的主要业务活动

向成员方尤其是发展中国家提供贷款是世界银行最主要的业务。世界银行贷款从项目的确定到贷款的归还，都有一套严格的条件和程序。

（1）贷款的条件。

第一，世界银行只向成员方政府，或经成员方政府、中央银行担保的公私机构提供贷款。

第二，贷款一般用于世界银行审定、批准的特定项目，重点是交通、公用工程、农业建设和教育建设等基础设施项目。只有在特殊情况下，世界银行才考虑发放非项目贷款（non-project loan）。

第三，成员方确实不能以合理的条件从其他方面取得资金来源时，世界银行才考虑提供贷款。

第四，贷款只发放给有偿还能力且能有效运用资金的成员方。

第五，贷款必须专款专用，并接受世界银行的监督。世界银行不仅可以对使用款项方面，而且可以对工程进度、物资保管、工程管理等方面进行监督。

（2）贷款的特点。

第一，贷款期限较长。按借款国人均国民生产总值将借款国分为四组，每组期限不一，第一组为 15 年，第二组为 17 年，第三、四组为最贫穷的成员方，期限为 20 年。贷款宽限期为 3～5 年。

第二，贷款利率参照资本市场利率而定，一般低于市场利率，采用浮动利率计息，每半年调整一次。

第三，借款国要承担汇率变动的风险。

第四，贷款必须如期归还，不得拖欠或改变还款日期。

第五，贷款手续严格，从提出项目、选定、评定，到取得贷款，一般要 1.5～2 年时间。

第六，贷款主要向成员方政府发放，且与特定的工程和项目相联系。

（3）贷款的程序。

第一，借款成员方提出项目融资设想，世界银行与借款国洽商，并进行实地考察；

第二，双方选定具体贷款项目；

第三，双方对贷款项目进行审查与评估；

第四，双方就贷款项目进行谈判、签约；

第五，执行贷款项目并进行监督；

第六，世界银行对贷款项目进行总结评价。

(4) 贷款的种类。

第一，项目贷款。这是世界银行传统的贷款业务，也是最重要的业务。世界银行贷款中约有 90%属此类贷款。该贷款属于世界银行的一般性贷款，主要用于成员方的基础设施建设。

第二，非项目贷款。这是一种不与具体工程和项目相关，而是与成员方进口物资、设备及应付突发事件、调整经济结构等相关的专门贷款。

第三，技术援助贷款。它包括两类：一是与项目结合的技术援助贷款，如对项目的可行性研究、规划、实施，项目机构的组织管理及人员培训等方面提供的贷款；二是不与特定项目相联系的技术援助贷款，也称“独立”技术援助贷款，主要用于资助为经济结构调整和人力资源开发而提供的专家服务。

第四，联合贷款 (co-financing facility)。这是一种由世界银行牵头，联合其他贷款机构一起向借款国提供的项目融资。该贷款设立于 20 世纪 70 年代中期，主要有两种形式：一是世界银行与有关国家政府确定贷款项目后，即与其他贷款者签订联合贷款协议，而后它们各自按通常的贷款条件分别与借款国签订协议，各自提供融资；二是世界银行与其他借款者按商定的比例出资，由前者按贷款程序和商品、劳务的采购原则与借款国签订协议，提供融资。

第五，“第三窗口”贷款 (the third window facility)。也称中间性贷款 (intermediate financing facility)，是指在世界银行和国际开发协会提供的两项贷款 (世界银行的一般性贷款和国际开发协会的优惠贷款) 之外的另一种贷款。该贷款的条件介于上述两种贷款之间，即比世界银行贷款条件宽松，但不如国际开发协会贷款条件优惠，期限可长达 25 年，主要贷放给低收入的发展中国家。

第六，调整贷款 (adjustment facility)。它包括结构调整贷款和部门调整贷款。结构调整贷款的目的在于：用 1～3 年的时间促进借款国宏观或部门经济范围内政策的变化和机构的改革，有效地利用资源，5～10 年内实现借款国持久的国际收支平衡，维持经济的增长。结构调整问题主要是宏观经济问题和影响若干部门的重要部门问题，包括贸易政策 (如关税改革、出口刺激、进口自由化)、资金流通 (如国家预算、利率、债务管理等)、资源有效利用 (如公共投资计划、定价、刺激措施等)，以及整个经济和特定部门的机构改革等。部门调整贷款的目的在于支持特定部门全面的政策改变与机构改革。

1984 年，世界银行对贷款方式进行了新的分类，包括：①特定投资贷款；②部门贷款；③结构调整贷款；④技术援助贷款；⑤紧急复兴贷款；⑥联合贷款。其中，“特定投资贷款”的全部和“部门贷款”的一部分属项目贷款，其余基本上属非项目贷款。

（二）国际开发协会

国际开发协会是一个专门向欠发达的发展中国家提供期限长的贷款和无息贷款的国际金融组织。世界银行的成员方均可成为国际开发协会的成员方。1959 年 10 月召开的 IMF 和世界银行年会通过了建立专门资助最不发达国家的国际开发协会的决议。1960 年 9 月 24 日国际开发协会正式成立，并于 1961 年开始营业。

1. 国际开发协会的组织形式

国际开发协会是世界银行的附属机构，它的组织机构与管理方式与世界银行相同，甚至相应机构的工作人员也是由同一批人员兼任，而且也只有世界银行成员方才能参加该协会。但是，国际开发协会又是一个独立的实体，有自己的协定、法规和财务系统，其资产和负债都与世界银行分开，业务活动也互不相关。

国际开发协会的最高权力机构是理事会，下设执行董事会处理日常业务。协会会员通过投票参与决策活动，成员方的投票权与其认缴的股本成正比。成立初期，每一会员有 500 票基本票，另外每认缴 5 000 美元股本增加一票。在 1975 年第四次补充资金时，每个成员方已有 3 850 票基本票。

2. 国际开发协会的资金来源

（1）成员方认缴的股金。国际开发协会成立时的法定资本为 10 亿美元，其成员方分为两组：第一组为发达国家，共 21 个，这些国家认缴的股金必须全部以黄金或可兑换货币缴纳；第二组为发展中国家，其认缴股金的 10%必须以可兑换货币缴纳，其余 90%可用本国货币缴纳。协会要动用这些国家的货币发放贷款时，必须先征得各国的同意。

（2）成员方提供的补充资金。因成员方认缴的股金极其有限，远远不能满足贷款需求，1965 年以来，国际开发协会已经多次补充资金。在全部资金中，来自美、英、德、日、法等国的资金占大部分。

（3）世界银行的赠款。从 1964 年开始，世界银行每年将净收益的一部分以赠款形式转拨给国际开发协会，作为国际开发协会的资金来源。

（4）国际开发协会本身经营业务的盈余。国际开发协会发放开发信贷时会收取较低比例的手续费，另外从投资收益中也可以获得业务收益。

3. 国际开发协会的主要业务

国际开发协会的主要业务是向欠发达的发展中国家的公共工程和发展项目提供比世界银行贷款条件更优惠的长期贷款。这种贷款也称为开发信贷，它有如下特点：

第一，期限长。最初开发信贷的期限可长达 50 年，宽限期 10 年。1987 年，国际开发协会执行董事会通过协议，将贷款划分为两类：①向被联合国确定为最不发达国家的国家的贷款，其期限为 40 年，包含 10 年宽限期；②向经济状况稍好一些的国家的贷款，其期限为 35 年，也含 10 年宽限期。

第二，免收利息。即对已拨付的贷款余额免收利息，只收取 0.75%的手续费。由于国际开发协会的贷款基本上都是免息的，故称为软贷款，而条件较为严格的世界银行贷款，则称为硬贷款。

第三，信贷偿还压力小。第一类国家在宽限期过后的两个 10 年每年还本 2%，以后 20 年每年还本 4%；第二类国家在第二个 10 年每年还本 2.5%，其后 15 年每年还本 5%。

国际开发协会贷款的条件包括：

①借款国人均国民生产总值须低于一定数额；

②借款国无法按借款信誉从传统渠道获得资金；

③所选定的贷款项目必须既能提高借款国的劳动生产率，又具有较高的投资收益率；

④贷款对象为成员方政府或私人企业（实际上都是贷给成员方政府）。

（三）国际金融公司

国际金融公司是世界银行的另一个附属机构，但从法律地位和资金来源的角度看，又是一个独立的国际金融机构，也是联合国的专门机构之一。之所以成立国际金融公司，是由于 IMF 和世界银行的贷款对象主要是成员方政府，而私人企业的贷款必须由政府机构担保，从而在一定程度上限制了世界银行业务活动的扩展。因此，1951 年 3 月，美国国际开发咨询局建议在世界银行下设国际金融公司，1956 年 7 月 24 日，国际金融公司正式成立，世界银行的成员方均可成为该公司的成员方。

国际金融公司的宗旨是向发展中国家尤其是欠发达成员方的生产性企业提供无须政府担保的贷款与投资，鼓励国际私人资本流向这些国家，促进私人企业部门的发展，进而推动成员方经济的发展。

1. 国际金融公司的组织结构

国际金融公司设有理事会、执行董事会和以总经理为首的办事机构，其管理方法与世界银行相同。与国际开发协会一样，公司总经理和执行董事会主席由世界银行行长兼任，但与国际开发协会不同的是，公司除了少数机构和工作人员由世界银行相关人员兼任外，还有自己独立的办事机构和工作人员，包括若干地区局、专业业务局和职能局。按规定，只有世界银行成员方才能成为国际金融公司的成员方。

2. 国际金融公司的资金来源

国际金融公司的资金主要来源于成员方认缴的股金和外部借款，另有一部分是公司各项业务积累的收入。根据规定，公司成立时的法定资本为1亿美元，分为10万股，每股1 000美元，必须以黄金或可兑换货币缴付。多年来公司进行了多次增资。为了补充自有资本的不足，国际金融公司还从外部筹借资金，主要方式是在国际资本市场上发行国际债券（约占借款总额的80%）。国际金融公司还从世界银行及成员方政府取得贷款。此外，国际金融公司对贷款和投资业务管理得力，基本上年年有盈利，积累的净收益也成为公司资金来源的一部分。

3. 国际金融公司的营运特点

（1）贷款对象是成员方的私人企业，贷款无须有关政府担保，但它有时也向公私合营企业以及为私人企业提供资金的国有金融机构发放贷款。

（2）除长期贷款外，还可以直接入股私人企业，即它既可以贷款，又可以入股。

（3）贷款期限较长，一般为7～15年，如确有需要还可延长。从贷款到开始还本，有1～4年的宽限期。贷款利率视资金投放风险、预期收益、国际金融市场的利率变化情况和每个项目的具体情况而定，但利率一般高于世界银行的贷款利率。对未提用部分的贷款每年征收1%的承担费，还款时须以原借入货币偿还。

（4）贷款具有较大的灵活性，既可用于满足项目建设的外汇需要，也可用于本地货币开支；既可作为流动资金，又可用于购置固定资产。

（5）通常与私人投资者、商业银行和其他金融机构联合提供贷款。

4. 国际金融公司的主要业务

国际金融公司的主要业务活动是向成员方的私人企业或私人与政府合资经营的企业提供贷款或协助其筹措国内外资金。国际金融公司还从事其他旨在促进私人企业提高效率和发展的活动，如提供项目技术援助、政策咨询以及一般的技术援助等。其贷款主要发放给制造业、加工业、开采业以及公用事业与旅游业等。

国际金融公司的贷款政策是：①投资项目必须对所在国的经济有利；②投资项目必须有盈利前景；③投资项目必须是无法以合理条件得到足够私人资本的项目；④所在成员方政府不反对该投资项目；⑤本国投资者必须在项目开始施工时就参与投资。

国际金融公司在发放贷款时还会考虑以下因素：政府所有权和控制的程度、企业性质和管理效率，以及将来扩大私人所有权的可能性。

第二节 区域性国际金融组织

20 世纪 60 年代前后，欧洲、亚洲、非洲、拉丁美洲及中东等地区先后建立起区域性的国际金融组织，为支持和促进本地区经济发展提供金融服务。其中，亚洲开发银行、非洲开发银行和泛美开发银行（美洲开发银行）是分别服务于亚、非、拉广大地区的区域性国际金融组织。此外，还有其他一些区域性国际金融组织，如亚洲基础设施投资银行、国际清算银行等。

一、亚洲基础设施投资银行

（一）亚洲基础设施投资银行成立的背景及宗旨

亚洲基础设施投资银行（简称“亚投行”），作为支持基础设施发展的多边金融机构，旨在通过与现有多边开发银行开展合作，更好地为亚洲地区长期的巨额基础设施建设融资缺口提供资金支持。亚投行的设立有助于从亚洲域内及域外动员更多的急需资金，缓解亚洲经济体面临的融资瓶颈，与现有多边开发银行形成互补，推进亚洲地区实现持续稳定增长。

2014 年 10 月，首批 22 个意向创始成员国在北京签署了《筹建亚投行备忘录》。随后，先后有 35 个域内外国家作为意向创始成员国加入了亚投行。2015 年 6 月 29 日，《亚洲基础设施投资银行协定》（以下简称《协定》）签署仪式在北京举行，亚投行 57 个意向创始成员国的财长或授权代表出席了签署仪式，其中，已通过国内审批程序的 50 个国家正式签署《协定》。各方商定于 2015 年年底之前，经合法数量的国家批准后，《协定》即告生效，亚投行正式成立。

（二）亚投行的成员资格及结构

亚投行的法定股本为 1 000 亿美元，分为 100 万股，每股的票面价值为 10 万美元。初始法定股本分为实缴股本和待缴股本。实缴股本的票面总价值为 200 亿美元，待缴股本的票面总价值为 800 亿美元。

域内外成员出资比例为 75：25。经理事会超级多数同意后，亚投行可增加法定股本及下调域内成员出资比例，但域内成员出资比例不得低于 70%。域内外成员认缴股本在 75∶25 范围内以 GDP（按照 60％市场汇率法和 40％购买力平价法加权平均计算）为基本依据进行分配。初始认缴股本中实缴股本分五次缴清，每次缴纳 20％。

（三）亚投行的业务运营

亚投行的业务分为普通业务和特别业务。其中，普通业务是指由亚投行普通资本（包括法定股本、授权募集的资金、贷款或担保收回的资金等）提供融资的业务；特别业务是指为服务于自身宗旨，以亚投行所接受的特别基金开展的业务。两种业务可以同时为同一个项目或规划的不同部分提供资金支持，但应在财务报表中分别列出。

亚投行可以向任何成员或其机构、单位或行政部门，或在成员的领土上经营的任何实体或企业，以及参与本区域经济发展的国际或区域性机构或实体提供融资。在符合银行宗旨与职能及银行成员利益的情况下，经理事会多数投票同意，也可向非成员提供援助。亚投行开展业务的方式包括直接提供贷款、开展联合融资或参与贷款、进行股权投资、提供担保、提供特别基金的支持以及技术援助等。

二、国际清算银行

（一）国际清算银行成立的背景及宗旨

国际清算银行（Bank for International Settlement，BIS）是英、法、德、意、比、日等国的中央银行与代表美国银行界利益的摩根银行、纽约和芝加哥的花旗银行组成的银团，根据《海牙国际协定》于 1930 年 5 月共同组建的。国际清算银行最初创办的目的是处理第一次世界大战后德国的赔偿支付及其有关的清算等业务问题。第二次世界大战后，它成为经济合作与发展组织成员国之间的结算机构，该行的宗旨也逐渐转变为促进各国中央银行和货币当局之间的合作，为国际金融业务提供便利，并接受委托或作为代理人办理国际清算业务等。国际清算银行不是政府间的金融决策机构，也非发展援助机构，实际上是西方中央银行的银行。

该行的宗旨是促进各国中央银行和货币当局之间的合作；为国际金融活动提供更多的便利；在国际金融清算中充当受托人或代理人。它是各国（地区）“中央银行的银行”，向各国中央银行（或货币当局）并通过中央银行（或货币当局）向整个国际金融体系提供一系列高度专业化的服务，办理多种国际清算业务。国际清算银行的主要任务是“促进各国中央银行之间的合作并为国际金融业务提供新的便利”。因为扩大各国中央银行和货币当局之间的合作始终是促进国际金融稳定的重要因素之一，所以随着国际金融市场一体化的迅速推进，这类合作的重要性显得更为突出。因此，国际清算银行便成了各国中央银行和货币当局进行合作的理想场所、中央银行家的会晤场所。

（二）国际清算银行的业务活动

国际清算银行建立时的最初任务是办理第一次世界大战后德国战争赔款支付及协约国之间的债务清偿事务。1944年，根据《布雷顿森林协议》的规定，该行应被撤销，但为了贯彻美国援助西欧、日本的“马歇尔计划”而被保留下来。1948年，该行成为欧洲经济合作组织的银行；1950年和1954年，又先后成为“欧洲支付同盟”和“欧洲煤钢联营”的银行。

在美元危机频频爆发、布雷顿森林体系的稳定运行受到严重威胁的年代里，国际清算银行较好地发挥了其协调国际金融关系、维护国际金融秩序的作用。1961—1968年，该行作为各成员方中央银行和十国集团活动的中心，为挽救美元危机承担了“黄金总库”的“代理人”。之后，随着美元地位的日益衰落，国际清算银行的业务不断扩大，对国际金融事务的影响力不断加深，逐步发展成为全球性的国际金融组织。其主要业务活动包括以下几方面：

（1）处理国际清算事务。第二次世界大战后，国际清算银行先后成为欧洲经济合作组织、欧洲支付同盟、欧洲煤钢联营、黄金总库、欧洲货币合作基金等国际机构的金融业务“代理人”，承担着大量的国际结算业务。

（2）办理或代理有关银行业务。第二次世界大战后，国际清算银行业务不断拓展，目前可从事的业务主要有：接受成员方中央银行的黄金或货币存款，买卖黄金和货币，买卖可供上市的证券，向成员中央银行贷款或存款，也可与商业银行和国际机构进行类似业务，但不得向政府提供贷款或以其名义开设往来账户。目前，世界上很多中央银行在国际清算银行存有黄金和硬通货，并获取相应的利息。

（3）定期举办中央银行行长会议。国际清算银行于每月的第一个周末在巴塞尔举行西方主要国家中央银行的行长会议，商讨有关国际金融问题，协调有关国家的金融政策，促进各成员方中央银行的合作。

（三）国际清算银行的组织结构

国际清算银行是一个具有股份公司性质的国际金融组织，其资金是靠发行股票筹集的。其中80%的股份是由相关国家中央银行持有，其余20%的股份则由私营银行或个人持有。

国际清算银行的最高决策机构是董事会。董事会下设经理部、货币经济部、秘书处和法律处等。董事主要由成员的中央银行行长担任。

（四）国际清算银行的资金来源

国际清算银行的资金主要来源于三个方面：

（1）成员缴纳的股金。该行建立时，法定资本为 5 亿金法郎（gold franc），1969 年增至 15 亿金法郎，之后几度增资。该行股份 80％由各国中央银行持有，其余 20％由私人持有。

（2）借款。该行可以向各成员中央银行借款，补充该行自有资金的不足。

（3）吸收存款。该行可以接受各成员中央银行的黄金存款和商业银行的存款。

三、亚洲开发银行

（一）亚洲开发银行的建立与宗旨

亚洲开发银行（Asian Development Bank，ADB）简称“亚开行”或“亚行”，是西方国家和亚洲及太平洋地区发展中国家联合创办的、面向亚太地区的区域性政府间金融机构。它是根据联合国亚洲及太平洋经济与社会委员会的决议，并经于 1963 年 12 月在菲律宾首都马尼拉举行的第一届亚洲经济合作部长级会议决定，在 1966 年 11 月正式成立，并于同年 12 月开始营业的，总部设在马尼拉。亚行初建立时有 34 个成员，目前其成员不断增加，凡是亚洲及远东经济委员会的会员或准会员，亚太地区其他国家以及该地区以外的联合国及所属机构的成员均可参加亚行。到 2023 年，亚行的成员增加到 68 个。

亚行的宗旨是向成员提供贷款与技术援助，帮助协调成员在经济、贸易和发展方面的政策，同联合国及其专门机构进行合作，以促进亚太地区的经济发展。

（二）亚洲开发银行的组织结构

亚行的机构设置与 IMF 及世界银行大致相同，其管理机构由理事会、执行董事会、行长组成。理事会是最高权力机构，由成员方各选派一名理事和副理事组成。执行董事会是负责日常工作的常设机构，由 12 名董事和 12 名副董事组成。行长由董事长兼任，负责主持银行的日常工作。银行的重大事务由理事会和执行董事会投票表决。理事会和执行董事会中的投票权主要按成员方认缴股本的多少进行分配。日本和美国认缴的股本最多，其拥有的投票权也最多。

（三）资金来源

（1）普通资金（ordinary capital）。它是亚行业务活动的主要资金来源，由股本、借款、普通储备金（由部分净收益构成）、特别储备金和其他净收益组成。这部分资金通常用于亚行的硬贷款业务。

（2）特别基金（special fund）。这部分资金由成员认缴股本以外的捐赠及从认缴股本中提取的 10％的资金组成，主要用于向成员方提供贷款或无偿技术援助。目前该行设立了三项特别基金：①亚洲开发基金。它主要用于向亚太地区的贫困成员方发放优惠贷款。②技术援助特别基金。它是为提高发展中成员方的人力资源素质和加强执行机构的建设而设立的。③日本特别基金。它是由日本政府出资建立的，主要用于技术援助与开发项目。

（四）亚洲开发银行的业务活动

（1）提供贷款。亚行的贷款按贷款条件分为硬贷款、软贷款和赠款。如果按贷款方式，那么亚行的贷款可分为项目贷款、规划贷款、部门贷款、开发金融贷款、综合项目贷款及特别项目贷款等。其中，项目贷款是亚行传统的也是主要的贷款形式，该贷款是为成员方发展规划的具体项目提供融资，这些项目必须有良好的经济效益、有利于借款成员的经济发展，且借款成员方有较好的信誉，贷款周期与世界银行相似。

（2）提供联合融资。它是指亚行与一个或一个以上的区外金融机构或国际机构共同为成员方的某一开发项目提供融资。该项业务始办于1970年，与世界银行的联合贷款相似，目前主要有平行融资、共同融资、伞形或后备融资、窗口融资、参与性融资等类型。

（3）提供股权投资。它是指通过购买私人企业股票或私人开发金融机构股票等形式，为发展中国家私人企业提供融资。亚行于1983年起开办此项投资新业务，目的是为私营企业利用国内外投资起促进和媒介作用。

（4）提供技术援助。它是指亚行在项目的不同阶段，如筹备、执行等阶段，向成员方提供资助，目的是提高成员方开发和完成项目的能力。目前，亚行的技术援助分为项目准备技术援助、项目执行技术援助、咨询性技术援助、区域活动技术援助。技术援助大部分以贷款方式提供，有的则以赠款或联合融资方式提供。

四、非洲开发银行

非洲开发银行（African Development Bank，AFDB）是非洲国家政府合办的具有互助性质的区域性国际金融组织，于1964年9月成立，1966年7月开始营业，总行设在今科特迪瓦的首都阿比让，2002年因政局不稳，临时搬迁至突尼斯至今。为了吸收更多资金，扩大银行的运营能力，1980年5月，非洲开发银行第15届年会通过决议，允许非洲区域以外的国家投资入股加入该行。我国于1985年入股成为该行会员国。

（一）非洲开发银行的宗旨

非洲开发银行的宗旨是为非洲会员国经济和社会发展提供投资和贷款，或给予技术援助，充分利用非洲的人力和资源，促进各国经济的协调发展和社会进步，协助非洲制定总体发展战略和各成员国的发展计划，以实现非洲经济一体化。

（二）非洲开发银行的组织结构

非洲开发银行的管理机构由理事会、董事会、行长组成。理事会是最高权力机构，由成员国各指派一名理事和一名副理事组成，理事一般由成员国的财政部部长或中央银行行长担任。由理事会选出的董事会是常设的执行机构。行长由董事会选出，并兼任董事长，负责主持银行的日常工作。银行的重大事务由理事会和董事会投票表决。理事会和董事会中的投票权主要按成员国认缴股本的多少计算。

（三）非洲开发银行的资金来源及业务活动

非洲开发银行的资金来源主要是成员国认缴的股本。除此之外，还通过与私人资本及其他信用机构合资合作，广泛动员和利用各种资金以扩大银行的业务。

非洲开发银行的主要业务活动是向非洲区域内的成员国发放贷款。其贷款主要分为普通贷款和特别贷款两种。特别贷款不计息，条件优惠，贷款期限最长可达50年。

五、泛美开发银行

泛美开发银行（Inter-American Development Bank，IDB）是由美洲国家组织与欧亚其他国家联合起来共同创立的区域性国际金融组织。该行于1959年12月正式成立，1960年10月开始营业，总行设在华盛顿。该行是拉丁美洲国家和其他西方国家联合组建的政府间国际金融组织。

（一）泛美开发银行的宗旨

泛美开发银行的宗旨是，动员美洲内外的资金向拉美会员国的经济和社会发展项目提供贷款，以促进和协调会员国社会进步和经济发展，促进拉美国家之间的经济合作，实现区域经济增长。

（二）泛美开发银行的组织结构

泛美开发银行的管理机构由理事会、执行董事会、行长、副行长组成。理事会是最高权力机构，由会员国各指派一名理事和候补理事组成；执行董事会是负责银行日常工作的常设机构；行长是银行的最高行政领导人；银行的重大事务由理事会和执行董事会投票表决。理事会和执行董事会中的投票权主要按会员国认缴股本的多少进行计算。美国认缴份额最多，投票权也最多。

（三）泛美开发银行的资金来源及业务活动

泛美开发银行的资金来源主要是会员国认缴的股本。另外，还通过借款和发行短期债券的形式来筹集资金。

泛美开发银行的主要业务活动是向拉美会员国政府及其他公私机构的经济项目提供贷款。其贷款主要分为普通业务贷款和特种业务贷款两种。普通业务贷款的利率高于特种业务贷款，而贷款期限则比特种业务贷款短，且必须用借款货币偿还。特种业务贷款可全部或部分用本币偿还。此外，该行还设立了条件优惠的信托基金贷款。

第三节　国际金融监管组织

20 世纪以来，两次全球经济金融危机的爆发不仅让世界各国认识到了金融体系“牵一发而动全身”的关键地位，而且对一般国际金融组织在处理危机过程中的表现、效率提出了更高的要求。面对金融危机爆发的新形式、新特点，加强金融监管的职能，强化国际金融监管组织的作用显得更为重要。

金融监管是指一国或地区金融管理当局对金融机构、金融市场、金融业务进行审慎监督管理的制度、政策和措施的总和。随着经济全球化和金融国际化的发展，跨国银行在世界经济中发挥着越来越重要的作用，各国金融业的联系和相互影响程度不断增加。随之而来的是，银行业风险的扩散对各国金融稳定的威胁越来越明显。以国界为范围的金融监管漏洞开始被人们注意，各国金融监管当局之间加强联系和合作显得十分必要。推动金融监管国际合作的最主要的国际组织之一，是设在国际清算银行的巴塞尔银行监督管理委员会（Basel Committee on Banking Supervision，BCBS，简称巴塞尔委员会）。

一、巴塞尔委员会简介

巴塞尔委员会是银行审慎监管的主要全球标准制定者，为各国央行在银行监管事项方面的定期合作提供了平台。其 45 名成员包括来自 28 个司法管辖区的中央银行和银行监管机构。巴塞尔委员会最初被称为银行管理和监督实践委员会（Committee on Banking Regulations and Supervisory Practices），是在 1974 年国际货币和银行市场发生严重动荡（特别是赫斯塔特银行倒闭）之后，由十国集团的中央银行行长组建的。

该委员会总部设在巴塞尔，旨在通过提高世界范围内银行监管的质量来增强全球金融稳定，并作为其成员方之间就银行监管事项进行定期合作的论坛。巴塞尔委员会第一次会议于 1975 年 2 月举行，此后每年定期举行三四次会议。自成立以来，巴塞尔委员会已将其成员从十国集团扩大到来自 28 个国家和地区的 45 个机构，由各国家或地区的中央银行和正式负责监管银行业务的当局组成。此外，该委员会还有 9 名观察员，包括央行、监管机构、国际组织和其他机构。

从 1975 年首次发布《巴塞尔协议》并多次修订起，巴塞尔委员会就制定了一系列银行监管的国际标准，其中最著名的是其出版的具有里程碑意义的关于资本充足率的标准，通常称为《巴塞尔协议Ⅰ》、《巴塞尔协议Ⅱ》和《巴塞尔协议Ⅲ》。

二、《巴塞尔协议》

《巴塞尔协议》是国际清算银行成员方的中央银行在瑞士巴塞尔达成的若干重要协议的统称，是国际银行业风险管理的理论指导、行动指南和实践总结。国际清算银行的研究显示，全世界有 100 多个国家采纳了《巴塞尔协议》。

从银行风险管理的角度看，《巴塞尔协议》从 1988 年开始，始终强调稳妥处理“资本、风险、收益”三者的关系，其中最重要的是“资本与风险”的关系。新旧巴塞尔协议都把资本充足率作为协议框架的第一支柱。新协议更加强调资本应精确地反映银行实际经营中的风险，保证银行稳健经营。

1.《巴塞尔协议Ⅰ》(1988 年出台)

1988 年的《巴塞尔协议》全称为《关于统一国际银行资本衡量和资本标准的国际协议》，其目的是通过规定银行资本充足率，减少各国规定的资本数量差异，加强对银行资本及风险资产的监管，消除银行间的不公平竞争。

《巴塞尔协议Ⅰ》的基本内容如下：

(1) 资本的组成。巴塞尔委员会认为银行资本应分为两级。

第一级是核心资本，要求银行资本中至少有 50%是实收资本及从税后利润保留中提取的公开储备。

第二级是附属资本，其最高额可等同于核心资本额。附属资本由未公开的储备、重估储备、普通准备金（普通呆账准备金）、带有债务性质的资本工具、长期次级债务和资本扣除部分组成。

(2) 风险加权制。对不同种类的资产根据其广泛的相对风险进行加权，制定风险加权比率，作为衡量银行资本是否充足的依据。这种权数系统的设计应尽可能简单，目前使用的权数有五个，分别是 0、10%、20%、50%和 100%。

(3) 目标标准比率。为保证国际银行长期拥有一个稳定的资本比率，总资本与加权风险资产之比为8%（其中核心资本部分至少为4%）。银行资本充足率=总资本/加权风险资产。

（4）过渡期和实施安排。过渡期从协议发布起至1992年年底止，到1992年年底，所有从事大额跨境业务的银行的资本金要达到8%的要求。

《巴塞尔协议Ⅰ》主要有三大特点：一是确立了全球统一的银行风险管理标准；二是突出强调了资本充足率标准的意义，通过强调资本充足率，促使全球银行经营从注重规模转向注重资本、资产质量等因素；三是受20世纪70年代发展中国家债务危机的影响，强调国家风险对银行信用风险的重要作用，明确规定不同国家的授信风险权重比例存在差异。

《巴塞尔协议Ⅰ》的不足之处在于：①容易导致银行过分强调资本充足率，从而忽略盈利性和其他风险，银行即使符合资本充足率的要求，也可能因为其他风险而陷入经营困境，如巴林银行；②对国家风险的权重处理比较简单；③仅注意到信用风险，而没有考虑到银行经营中影响越来越大的市场风险和操作风险等。

2.《巴塞尔协议Ⅱ》(2004年出台)

《巴塞尔协议Ⅱ》的基本内容如下：

（1）最低资本金要求。新协议保留了1988年《巴塞尔协议Ⅰ》中对资本的定义，以及相对加权风险资产资本充足率为8%的要求，但风险范畴有所拓展，不仅包括信用风险，而且覆盖了市场风险和操作风险。

内部评级法（IRB法）是《巴塞尔协议Ⅱ》的核心内容，银行将账户中的风险划分为以下六大类：公司业务风险、国家风险、同业风险、零售业务风险、项目融资风险和股权风险。银行根据标准参数或内部估计确定其风险要素，并计算得出银行所面临的风险。这些风险要素主要包括：违约概率（PD）、违约损失率（LGD）、违约风险值（EAD）及期限（M）。风险权重、计提资本根据内部风险评估结果确定。

（2）监管当局的监督检查。监管当局进行监督检查的目的是要通过监管银行资本充足状况，确保银行有合理的内部评估程序，便于正确判断风险，促使银行真正建立起依赖资本生存的机制。监管当局的监督检查是最低资本规定的重要补充，它适合处理以下三个领域的风险：第一支柱中已涉及但没有完全覆盖的风险；第一支柱中未加以考虑的风险；银行的外部风险（如经济周期的影响）。第二支柱中更为重要的一个方面，是对第一支柱中较为先进的方法是否达到了最低的资本标准和披露要求进行评估，特别是针对信用风险的管理与内部评级法（IRB法）和针对操作风险的高级计量法的评估。监管当局必须确保银行自始至终符合这些要求。

（3）强化信息披露，引入市场约束。这要求银行不仅要披露有关风险和资本充足状况的信息，而且要披露风险评估和管理过程、资本结构以及有关风险与资本的匹配状况的信息；不仅要披露定量信息，而且要披露定性信息；不仅要披露核心信息，而且要披露附加信息。

《巴塞尔协议Ⅱ》有三大特点：①要实现向以风险管理为核心的质量监管模式过渡；②将信用风险、市场风险和操作风险全面纳入资本充足率计算模型，使资本状况与总体风险相匹配，提高了监管的全面性和风险的敏感度；③推进旨在解决信息不对称问题的信息披露，重点向资本充足率、银行资产风险状况等市场敏感信息集中，确保市场对银行的约束效果，代表了未来银行业风险管理发展的方向。

3.《巴塞尔协议Ⅲ》(2010 年出台)

2008 年全球金融危机的爆发促使全球金融监管当局反思监管框架并加强了对大型金融机构的监管，尤其是系统性风险的防范问题、对次贷危机和《巴塞尔协议Ⅱ》的争议和反思直接推动了《巴塞尔协议Ⅲ》的迅速出台。

《巴塞尔协议Ⅲ》对监管的大规模改革主要集中在以下领域：一是资本监管要求，包括对资本进行了重新定义和对资本留存缓冲、逆周期资本缓冲和杠杆比率进行了调整；二是调整了流动性监管要求，给出了流动性监管的一些工具；三是对《巴塞尔协议Ⅲ》的过渡期做出了安排。

《巴塞尔协议Ⅲ》在资本结构的框架方面发生了较大变化：

一是一级资本尤其是普通股的重要性上升，二级、三级等较低级资本的重要性削弱；

二是资本充足率的顺周期性减弱，逆周期或者风险中立的资本要求明显上升；

三是正视“大而不能倒”问题并提出了资本配置要求，旨在确保银行拥有稳健运行的能力。新资本结构框架包括更强的资本定义、更高的最低资本要求以及新资本缓冲的引入，目的是确保银行能更好地抵御经济和金融风险，从而促进经济增长。

总体来看，随着金融危机后全球金融形势的深刻变化，金融监管制度已经发生了重大变革，包括《巴塞尔协议Ⅲ》在内的金融监管改革已经表现出了四方面的明显趋势：一是微观审慎监管和宏观审慎监管统筹兼顾；二是资本监管和流动性监管同等重要；三是银行业监管“质量齐升”；四是金融机构内部约束与外部监管有机结合。

三、《有效银行监管的核心原则》

《有效银行监管的核心原则》，简称《核心原则》，也是巴塞尔委员会的工作成果之一，于 1997 年 9 月正式公布，是巴塞尔委员会继 1988 年《巴塞尔协议》之后又正式推出的一份具有划时代意义的文件。它包括 25 条原则，对有效银行监管的先决条件、发照程序和对机构变动的审批、持续性银行监管的安排、监管者的正规权力、跨国银行业等方面提出了基本要求（也是最低要求）。各国和国际监管组织可结合促进宏观经济发展和金融稳定的要求，利用核心原则强化其监管安排。这是确保一国及国际金融稳定的重要步骤。

《核心原则》和《巴塞尔协议Ⅰ》共同构成了对外资银行风险监管的基本规定。《核心原则》作为国际上有效银行监管的通行标准，不仅为评价银行监管体系的有效性提供了评判准绳，也为评估各国在银行监管方面存在的差距和问题提供了方法，不仅为十国集团所遵循，也陆续得到了其他国家的认同，并被作为建立和完善本国银行监管体系的指导准则。

四、《关于内部控制制度的评价原则》

《关于内部控制制度的评价原则》是巴塞尔委员会于 1998 年 2 月公布的。有效的内部控制制度是银行管理的重要组成部分，也是银行机构安全、良好运行的基础。一套健全有效的内部控制制度有助于银行机构内部经营目标的实现，有助于确保银行财务与管理报告的可靠性，也有助于银行在经营过程中遵循法律法规及银行内部的政策、计划、规定和程序，从而减少意外损失或银行信誉受损的风险。

巴塞尔委员会的内部控制原则共 14 条，分为六大组成部分，分别是：管理层应营造监管与控制的文化氛围；风险的识别与评估；控制活动与职责分离；信息与交流；监督评审活动与缺陷的纠正；银行监管当局对内部控制制度的评价。

阅读专栏

德银爆雷，欧美银行系统遭受重创

2023 年 3 月 25 日，继瑞士信贷（以下简称瑞信）惊雷后，欧洲银行业又响起一声惊雷，可能也要爆：德国资产值最大的银行德意志银行（以下简称德银）的信用违约掉期（CDS）保险成本飙升，股价更是创下三年来最大跌幅，影响迅速蔓延到所有欧洲大型银行，可见市场的担忧之深，或将再次引发欧洲和美国的银行业风暴。

而就在 3 月 24 日，瑞士总统阿兰·贝塞特（Alain Berset）表示，瑞信“不受控制的崩溃”将会给瑞士和欧洲金融体系带来“不可估量的后果”。专家警告称，瑞信垮掉，严重打击了瑞士作为全球领先的财富管理中心的地位，使其在稳定性、监管和公司治理方面的声誉受到质疑。

几天前，作为瑞士第二大银行的瑞信历经多年的企业丑闻、内讧和错误的投资轰然倒下后，其命运似乎已经确定，但是，为了尽快推进瑞银对瑞信的收购事项，作为中立国的瑞士几乎用一种双重标准的强盗逻辑，通过紧急修改法规来达成协议。瑞士甚至以一种国家赖账的方式将瑞信债主所持有的170余亿美元的额外一级债券资产清零，并强行剥夺了收购方瑞银在瑞士和美国两地股东的投票权，颠覆了瑞士金融系统百年来所享有的安全、稳定和可预测的信誉，让瑞信的主要股东沙特国家银行对瑞信的投资损失了约八成（至少10亿美元）的本金，成为被瑞士收割的一块“韭菜地”，此后中东地区其他国家可能会对涉及欧洲金融公司的交易更加谨慎。

此前，瑞信主要股东沙特国家银行表示不会再向该银行继续投资资金，为其他国家和地区敲响了警钟。正在这个关键时刻，全球信贷市场上出现了一件意想不到的事情。

美国财经博客门户网站零对冲3月24日报道称，目前，美国的一些对冲基金已经开始押注瑞银对瑞信的收购最终会失败，因而正在大肆疯抢瑞信那些被瑞士当局清零的上百亿美元的额外一级债券，押注这些债券最终将通过法律途径赢得丰厚的回报。

因为，就在一天前，被彻底激怒的包括美国投资者在内的瑞信债券受害投资者和股东们已经联合起来，准备起诉瑞士当局，随后，瑞士金融市场监管局在3月24日发布声明辩解称，瑞士将瑞信风险最大的债主们所持有的额外一级债券资本强制清零的决定是无懈可击的，是符合合同约定的。

而就在3月22日，为了平息市场的愤怒，欧元区的三家最高金融监管机构还强调瑞信债券清零事件只是个例，暗示包括瑞士在内的欧元区国家央行以后不会再出现这种颠覆金融准则的案例，更不会以国家的名义支持赖账的行为。无独有偶，正在这个关键时刻，在瑞士又出现了一件预料之外的事情。

在欧元区最高金融监管机构发表声明的同时，瑞士海关为挽回人们对瑞士金融系统的信心，似乎也特意选择在这个时刻，在3月22日公布了一份重要的黄金出口报告，数据显示，2023年前两个月，瑞士向主要黄金大买家中国运送了146吨黄金，创下自2022年12月以来的最高月度水平，数据还表明，2022年也有524吨黄金从瑞士运抵中国，且是自2018年以来最多的一次。

这表明瑞士似乎希望黄金这个信任锚在危机时期发挥战略性价值。数据显示，全球有超过70%的黄金在瑞士精炼，且瑞士是世界上最大的黄金运输枢纽，这暗示着瑞士的银行系统仍是世界最安全的地方之一。

尽管如此，但市场并不买账，因为瑞士当局将瑞信债券清零的依据是瑞银收购瑞信的当天新颁布的《紧急情况条例》和债券发行说明书，瑞士财政部部长卡琳·凯勒-

祖特尔（Karin Keller－Sutter）还在新闻发布会上透露，这些措施是在与美国财长耶伦和英国财政大臣亨特一起沟通后才达成的。

对此，美国知名对冲基金 Appaloosa Management 的创始人大卫·泰珀（David Tepper）在接受媒体采访时表示：如果放任瑞士这种强盗逻辑行为继续下去，那么欧洲其他货币管理当局也都能在金融债券出现危机后紧急修改法规，如此一来投资者怎么能相信瑞士发行的任何债券，甚至是整个欧洲发行的债券？

很明显，瑞士在处理瑞信事件时所采取的这些极其罕见的行为，会在未来几年甚至几十年内玷污瑞士的国家声誉，让该国经济陷入自 20 世纪 40 年代以来最严重的危机之中，一些华尔街人士甚至把瑞士这个多山的中欧国家视为金融“香蕉共和国”。

“香蕉共和国”这个词由美国作家欧·亨利（O. Henry）在 1904 年首创，以此来影射被美国控制经济命脉的洪都拉斯、哥斯达黎加等中美洲依靠香蕉等农作物支撑经济的国家。这表明，瑞士丢掉全球财富管理的“王冠”只是时间问题，这可能将有利于包括新加坡在内的其他财富管理中心的发展。

市场非常担心随着瑞信债券清零的冲击波继续波及美国金融市场，反噬本已摇摇欲坠的美国银行业。特别是，一项最新研究表明，在美国硅谷银行和签名银行相继倒闭后，美国还有 186 家中小银行也面临着被挤兑或倒闭的风险，面临着像瑞信一样被随时甩卖的命运，这可能会成为引爆美国金融系统的下一颗“核弹”。

资料来源：欧阳山峰．德银响雷，瑞士向中国运送 670 吨黄金，清零债券遭抢，印度或成韭菜地．网易网，2023－03－26.

延伸阅读：中国视角

港交所推出“港元-人民币”双柜台模式

“人民币港股”实现在即。

2022 年 12 月 13 日，港交所宣布旗下证券市场即将推出“港元-人民币”双柜台模式（简称双柜台模式）及双柜台庄家机制，进一步支持人民币柜台在香港上市、交易及结算。

新制度下，港交所支持证券在多个柜台以不同币值（港元、人民币及美元）上市、交易及结算。证券可在不同货币的柜台交易，但一般属于同一类别，拥有相同的持有人权利及权益，并可在柜台之间完全互换。

港交所首席营运总监及市场联席主管姚嘉仁指出，推出“港元-人民币”双柜台模式及双柜台庄家机制是市场发展的重要举措。配合其他市场举措，这一安排将有助于吸引更多双柜台证券在香港上市，与现有产品发挥良好的协同效应。

新安排具有一石二鸟的效果。对于香港而言，将提升其作为全球领先离岸人民币中心的地位；对内地投资者来说，则增加了便捷投资的渠道。

“采用双币交易，对香港股市发展也是一个利好。对投资者来说，多了一个新的投资选择。一旦新机制运行成熟，双币交易规模会扩大，港交所的交易量也会上升，随即带动香港特别行政区政府增加印花税收入。”萨摩耶云科技集团首席经济学家郑磊告诉界面新闻记者。

巩固“超级联系人”

此前，港交所股票大多通过港元柜台交易，股票以港元报价、交易和结算。人民币柜台的增设意味着金融产品能够以人民币报价、交易和结算。

不过，这并不意味着港交所没有使用人民币交易的历史。最早的“人民币港股”可以追溯到2011年。

郑磊提到，2011年港交所已推出人民币计价证券，并拥有“人民币单币IPO”及“双币双股”两种发行模式。后者指的是使用人民币与港元在港交所分别挂牌并各自交易，即设置所谓的“人民币柜台”与“港元柜台”，但发行价相同，不同之处在于两种货币的汇率。

2012年10月，合和公路基建在港交所挂牌上市，成为全球第一只以人民币和港元计价及买卖的“双币双股”股票。合和公路基建在港交所拥有两个股份交易代码，一个代表人民币股票，另一个代表港元股票。

相比之下，此次人民币港股最大的突破在于有了中国证监会的背书。在2022年9月初，中国证监会发布了三项措施：支持将在香港上市的外国公司纳入港股通；研究允许在港股通增加人民币股票交易柜台；支持香港推出国债期货。

9月中旬，香港金管局总裁余伟文明确表示，会扩大人民币在香港股票市场交易中的使用。证监会、香港交易所和金管局组成的工作小组研究了允许港股通股票以人民币计价的可行性，并正在与内地政府进行讨论。

在最新的双柜台模式下，投资者可以互换同一个发行人发行的港元柜台及人民币柜台证券，现行的上市、交易、结算及交收安排亦将大致适用于双柜台模式下的人民币柜台证券。

港交所表示，将适时公布双柜台模式的实施日期以及符合纳入庄家机制的合资格双柜台证券名单，各项新措施亦将为后续内地投资者通过港股通交易以人民币定价的证券做好前期准备工作。

人民币港股也进一步巩固了香港“超级联系人”的角色。一方面，国际投资者可以通过港交所投资内地企业；另一方面，内地资本也有了更便捷的国际投资渠道。

长期以来，香港股市以人民币计价的股票极少且不算热门，内地投资者亦无法通过简单直接的方式投资于海外或外国公司。如果想要买卖在港上市的中国企业，投资者需要经过将人民币转为港元这一步骤，增加了额外的交易成本。

想办法降低交易成本成为香港金融市场保持竞争力的重要方式。双柜台模式提供了更便捷的互联互通机制，也给内地资本寻求更多国际机遇提供了便利。

"香港交易所要做的就是为投资者提供更多选择，致力于构建更好的领先市场。"姚嘉仁强调，随着市场对人民币产品的需求日增，以及投资者使用人民币管理仓位，双柜台机制将会是一个重要的发展。

做市商参与是关键

值得注意的是，港交所首次推出人民币交易以失败告终。2018 年 9 月，合和公路基建被深圳市投资控股有限公司收购，并改名为"湾区发展"，因为人民币代码交投偏少，只保留了港元代码。

"之前之所以没做起来是因为投资者很少用人民币买卖那几只证券，也没有其他跟进和促进措施，流动性太差，可以说是应者寥寥。"在郑磊看来，当时投资者和机构都没有参与的积极性，所以政策未能持续实施并不奇怪。

流动性不足是 2011 年人民币港股的"致命伤"。余伟文曾公开表示，在香港的资本市场交易中促进人民币的使用需要在三个因素上发力，包括流动性、产品和基础设施，其中流动性是市场发展的最重要因素。

也就是说，一旦流动性缺失，港股市场就很难利用人民币进行有效交易，甚至难以维持以人民币计价的证券。

"需要仔细考虑的是，如何推动发行人和投资者对人民币股票产品的需求，如何确保价格的衔接，以及如果香港上市的股票有人民币和港元的双柜台，那么如何减少市场分化的风险。"余伟文提道。

为了提高人民币柜台的流动性，港交所推出了双柜台庄家机制，以收窄两个柜台之间的价差。待相关法例通过后，从事流通量供应活动的市场庄家在进行特定交易时可以豁免印花税。

11 月 18 日，香港特别行政区政府发布了《2022 年印花税（修订）条例草案》，香港特别行政区政府发言人表示，建议的印花税豁免是要创造有利条件，让庄家以较低交易成本进行庄家活动及流通量供应活动，从而推动人民币证券的交易，增大在港使用人民币投资的规模。

郑磊告诉记者，印花税就是针对做市商的税收优惠，做市商的积极参与是做大人民币计价交易股票规模的重要条件："如果做市商参与进来，起码能提高交易量。交易量和流动性一放大，就有可能吸引更多投资者加入。"

"如果日后能将人民币计价交易的港股纳入港股通，就更容易做大规模了。但这是后话，现在香港首先要完成双柜台市场的初期建设，这相当于一个新业务，要培育市场。"郑磊说。

双赢局面

内地和香港股票市场的互联互通趋势在放大。2014 年沪港通开通，首次开创了投资者和企业直接参与两地股票市场的渠道。

截至 2022 年 11 月底，北向沪股通和深股通 2022 年日均成交额已达 1 011 亿元人民币，为 2014 年以来新高；南向港股通 2022 年日均成交额则达 305 亿港元。

最新的双柜台模式和双柜台庄家机制释放了更大力度的信号。港交所表示，待监管机构批准及市场准备就绪后，各项新措施的登记程序预计可于 2023 年上半年开始推行。

此前，香港财经事务及库务局局长许正宇曾表示，在港股通增加人民币股票交易柜台方面，目标是在明年第二季度香港上市发行人增设有关人民币股票交易柜台。

允许直接以人民币买卖港股能带来不少利好。有意见指出，这对港交所和人民币国际化是双赢。

目前香港正处于分水岭，面对着内部及来自海外的前所未有的巨大经济挑战。2022 年以来，由于外围环境恶化，港股市场持续低迷。自美国进入加息周期以来，香港股市下挫，港元兑美元汇率从 2022 年 5 月起一直处于弱方水平。

港股市场允许用人民币报价及买卖，将促使国际投资者持有人民币，减少港元受到游动资金冲击的机会，变相稳定了港元汇率，有利于促进香港发展为更全面的离岸人民币枢纽和风险管理中心。

而在人民币国际化方面，2022 年 9 月 29 日，余伟文透露香港金融管理局正研究关于扩大人民币在香港股票市场中的使用时曾提道："现在是推动人民币国际化的合适时机"。香港特别行政区政府发言人在 11 月 18 日亦提到"助力人民币国际化的进程"。

目前，香港拥有最大的离岸人民币存款基础，在股票市场推广人民币的使用实际上有助于推动相关的人民币外汇、衍生品或融资活动，通过推动人民币在投资市场的交易促进人民币的贸易结算。

不过，郑磊则持不同意见："香港是中国的一部分，虽然是境外，但是人民币与港元的交易将主要在香港进行，对人民币国际化的带动作用很有限。"

资料来源：张熹珑．人民币也可以买港股，港交所推出"港元—人民币"双柜台模式．界面新闻网，2022-12-15.

本章思考题

1. 国际货币基金组织和世界银行的宗旨有什么区别?
2. 份额对 IMF 成员方具有什么意义和作用?
3. 世界银行贷款的突出特点是什么?
4. 亚洲基础设施投资银行设立的意义是什么?

本书阅读推荐

［1］鲍静海，马丽华. 商业银行经营与管理. 2 版. 北京：高等教育出版社，2018.

［2］滋维・博迪，亚历克斯・凯恩，艾伦 J. 马库斯. 投资学（第十版）. 汪昌云，张永骥，等译. 北京：机械工业出版社，2017.

［3］吴敬琏，樊纲，刘鹤，等. 中国经济 50 人看三十年：回顾与分析. 北京：中国经济出版社，2008.

［4］贾雷德・戴蒙德. 枪炮、病菌与钢铁：人类社会的命运. 谢延光，译. 上海：上海译文出版社，2016.

［5］弗兰克・J. 法博齐，维诺德・科塞瑞. 资产证券化导论. 宋光辉，刘璟，朱开屿，译. 北京：机械工业出版社，2014.

［6］弗雷德里克・费尔德坎普，克里斯托弗・惠伦. 金融稳定：欺诈、信心和国家财富. 胡志浩，译. 北京：经济管理出版社，2017.

［7］管涛. 汇率的本质. 北京：中信出版集团，2016.

［8］约翰・赫尔. 期权、期货及其他衍生产品（第 10 版）. 王勇，索吾林，译. 北京：机械工业出版社，2018.

［9］胡滨，郑联盛. 全球量化宽松：十年演进. 北京：中国金融出版社，2019.

［10］胡滨，郑联盛. 监管沙盒：理论框架与国际经验. 北京：中国金融出版社，2020.

［11］蒋先玲. 货币银行学. 2 版. 北京：对外经济贸易大学出版社，2012.

［12］劳伦斯・S. 科普兰. 汇率与国际金融（第 5 版）. 刘思跃，叶永刚，等，译. 北京：机械工业出版社，2011.

［13］李成. 金融监管学. 2 版. 北京：高等教育出版社，2016.

［14］李扬，张晓晶. 中国国家资产负债表 2020. 北京：中国社会科学出版社，2021.

［15］刘鹤. 两次全球大危机的比较研究. 北京：中国经济出版社，2013.

［16］斯蒂芬・A. 罗斯，伦道夫・W. 威斯特菲尔德，杰弗利・F. 杰富，等. 公司理财（第 11 版）. 吴世农，沈艺峰，王志强，等，译. 北京：机械工业出版

社，2017.

[17] 卡尔·马克思. 资本论. 何小禾，译. 重庆：重庆出版社，2014.

[18] 弗雷德里克·S. 米什金. 货币金融学（第 11 版）. 郑艳文，荆国勇，译. 北京：中国人民大学出版社，2016.

[19] 海曼· P. 明斯基. 稳定不稳定的经济：一种经济不稳定视角. 石宝峰，张慧卉，译. 北京：清华大学出版社，2015.

[20] 弗瑞迪·萨林格. 保理法律与实务. 刘园，叶志壮，译. 北京：对外经济贸易大学出版社，1995.

[21] 王广宇. 负利率：销金时代与货币狂潮. 北京：中信出版集团，2020.

[22] 王国刚. 资本市场导论. 2 版. 北京：社会科学文献出版社，2014.

[23] 魏丽莉. 经济思想史. 北京：机械工业出版社，2019.

[24] 肖钢. 中国资本市场变革. 北京：中信出版集团，2020.

[25] 杨涛，程炼. 互联网金融理论与实践. 北京：经济管理出版社，2015.

[26] 易纲. 中国的货币化进程. 北京：商务印书馆，2003.

[27] 易会满，牛刚，戴志华. 商业银行事后监管：理论实务与战略转型. 北京：中国金融出版社，2013.

[28] 尹振涛. 监管科技：面向未来的监管变革. 北京：中国金融出版社，2020.

[29] 张化桥. 影子银行内幕：下一个次贷危机源头?. 修订版. 黎木白，译. 北京：中国人民大学出版社，2016.

[30] 张明. 宏观中国：经济增长、周期波动与资产配置. 北京：东方出版社，2020.

[31] 张维迎. 博弈与社会. 北京：北京大学出版社，2013.

[32] 中国证券监督管理委员会. 中国证券监督管理委员会年报 2019. 北京：中国财政经济出版社，2020.

[33] 刘园，陶煜，彭翱，等. 固定收益证券. 北京：首都经济贸易大学出版社，2017.

[34] 刘园. 国际金融. 3 版. 北京：北京大学出版社，2017.

[35] 刘园. 国际金融风险管理. 2 版. 北京：对外经济贸易大学出版社，2012.

[36] 刘园，耿晔强，周杨. 国际金融实务. 3 版. 北京：高等教育出版社，2017.

[37] 刘园，袁博. 金融风险管理. 3 版. 北京：首都经济贸易大学出版社，2016.

[38] 刘园，彭烨春. 外汇交易与管理. 3 版. 北京：首都经济贸易大学出版社，2020.

图书在版编目（CIP）数据

国际金融 / 刘园主编；郑晓佳副主编. -- 北京：
中国人民大学出版社，2024.6
经济管理类课程教材 . 国际贸易系列
ISBN 978-7-300-32492-0

Ⅰ.①国… Ⅱ.①刘… ②郑… Ⅲ.①国际金融－高
等学校－教材 Ⅳ.①F831

中国国家版本馆 CIP 数据核字（2024）第 018764 号

经济管理类课程教材·国际贸易系列
对外经济贸易大学国际贸易教材编写组
国际金融
主　编　刘　园
副主编　郑晓佳
Guoji Jinrong

出版发行	中国人民大学出版社		
社　　址	北京中关村大街 31 号	**邮政编码**	100080
电　　话	010－62511242（总编室）		010－62511770（质管部）
	010－82501766（邮购部）		010－62514148（门市部）
	010－62515195（发行公司）		010－62515275（盗版举报）
网　　址	http://www.crup.com.cn		
经　　销	新华书店		
印　　刷	北京七色印务有限公司		
开　　本	787 mm×1092 mm　1/16	**版　　次**	2024 年 6 月第 1 版
印　　张	20.75 插页 1	**印　　次**	2024 年 6 月第 1 次印刷
字　　数	386 000	**定　　价**	48.00 元

教学支持说明

1. 教辅资源获取方式

为秉承中国人民大学出版社对教材类产品一贯的教学支持，我们将向采纳本书作为教材的教师免费提供丰富的教辅资源。您可直接到中国人民大学出版社官网的教师服务中心注册下载——http://www.crup.com.cn/Teacher。

如遇到注册、搜索等技术问题，可咨询网页右下角在线 QQ 客服，周一到周五工作时间有专人负责处理。

注册成为我社教师会员后，您可长期根据您所属的课程类别申请纸质样书、电子样书和教辅资源，自行完成免费下载。您也可登录我社官网的“教师服务中心”，我们经常举办赠送纸质样书、赠送电子样书、线上直播、资源下载、全国各专业培训及会议信息共享等网上教材进校园活动，期待您的积极参与！

2. 高校教师可加入下述学科教师 QQ 交流群，获取更多教学服务

经济类教师交流群：781029042

财政金融教师交流群：766895628

国际贸易教师交流群：162921240

税收教师交流群：119667851

3. 购书联系方式

网上书店咨询电话：010－82501766

邮购咨询电话：010－62515351

团购咨询电话：010－62513136

中国人民大学出版社经济分社

地址：北京市海淀区中关村大街甲 59 号文化大厦 1506 室　100872

电话：010－62513572　010－62515803

传真：010－62514775

E-mail：jjfs@crup.com.cn